AF456956

apaotient a Couotin

N° 62 prumiboparty
aut la seconde count 5 # 5f

APOLOGIE DE MONSIEVR IANSENIVS EVESQVE D'IPRE.

&

DE LA DOCTRINE DE S. AVGVSTIN, expliquée dans son Liure, intitulé,

AVGVSTINVS

CONTRE TROIS SERMONS DE *Monsieur Habert, Theologal de Paris, Prononcez dans Nostre-Dame, le premier & le dernier Dimanche de l'Aduent 1642. & le Dimanche de la Septuagesime 1643.*

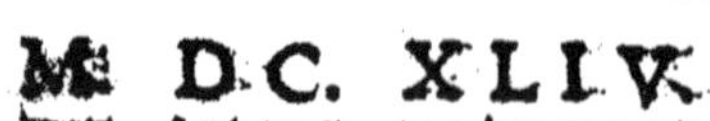

M. D.C. XLIV.

ADVIS AV LECTEVR.

OV L'ON REND RAISON POVRquoy on n'a pas produit plustost cette Apologie.

NE vous estonnez pas (mon cher Lecteur) *de voir paroistre si tard cette Apologie, pour Monsieur l'Euesque d'Ipre, contre les sermons preschez il y a desia long temps. Elle fut faite aussi-tost apres que ces Predications eurent esté acheuées, comme sçauent tres-bien des personnes de grande condition, qui l'ont veüe dés ce temps-là, & qui en ont tesmoigné vne estime particuliere. Mais quoy que des raisons importantes qui sont marquées dans la Preface, nous portassent à la publier; neantmoins l'affection que nous auons pour la paix, que nous taschons autant qu'il nous est possible, de conseruer auec tout le monde, & auec ceux mesmes qui la violent, & qui ne la veulent pas garder auec nous, pour suiure l'exemple de ce sainct Prophete, qui demeuroit en paix auec les ennemis de la paix; nous fit resoudre à demeurer dans vne plus grande retenüe, qu'il n'estoit peut-estre à propos pour l'interest de la verité, & pour l'honneur de l'Eglise.* Cum his qui oderunt pacem, eram pacificus.

Nous esperions que nostre patience & nostre moderation pourroit adoucir l'esprit de Mr le Theologal, & luy faire conceuoir quelque regret d'auoir traitté auec tant de violence & tant d'iniures, ceux qui n'ont point d'autre crime que de suiure selon l'ordonnance des Papes & des Conciles, la Doctrine celeste de S. Augustin dans la matiere de la Grace, que Mr Iansenius Euesque d'Ipre a si clairemẽt & si solidement expliquée. Et nous croyons aussi qu'ayant tesmoigné dans tous ses discours plus de chaleur, que de connoissance des choses dont il parloit, il pourroit temperer son zele lors qu'il s'en seroit mieux instruit, & ne prendre pas si facilement pour des erreurs, des heresies, des impietez & des blasphemes, ce que la lecture des Saincts Peres qui ont defendu contre les Pelagiens la Grace du Fils de Dieu, qu'il paroissoit auoir peu estudiée, l'eussent obligé de reuerer comme des sentimens tres-orthodoxes, & des maximes tres-saintes & tres-pieuses.

En fin le Mandement que Monseigneur l'Archeuesque de Paris, fit publier par toutes les Eglises peu de temps apres ces Sermons de Monsieur Habert, par lequel il marqueit clairement combien il improuuoit la maniere peu Chrestienne dont il s'estoit seruy pour decrier deuant le Peuple la Doctrine de saint Augustin, & ses accusations injurieuses d'erreur & d'heresie, & defendoit estroitement de plus prescher de la sorte, & d'employer dans la Chaire de semblables inuectiues, nous porta encore dauantage à demeurer dans le silence; quelque grand & quelque legitime que fut le sujet que nous auions de parler, parce que d'vn costé le scandale que ces Predications auoient fait, sembloit reparé en partie par l'improbation publique d'vn grand Archeuesque, & que de l'autre l'on deuoit croire qu'on ne troubleroit plus la Paix de l'Eglise par vn procedé si estrange; & que l'authorité si venerable de ce Prelat, arrestoit la hardiesse de ceux que l'exemple de Monsieur Habert eust pû porter à de semblables excés.

Mais nous auons esprouué en cette rencontre ce que l'Histoire de l'Eglise justifie par plusieurs exemples, que les conseils de paix ne sont pas tousiours les plus vtiles dans les affaires de Dieu, & lors qu'il s'agit de soustenir la cause de la verité. Car tant s'en faut que nostre moderation ait adouci Monsieur le Theologal, & que nostre silence l'ait empesché de continuer ses inuectiues, qu'il ne s'est point rencontré d'occasion, qu'il n'ait mesnagée auec soin, pour tesmoigner que le temps estoit plus capable d'allumer que de refroidir la passion qu'il auoit conceuë.

Toute la Sorbonne fut surprise de le voir à la Vesperie de Monseigneur le Coadiuteur de Paris, qui fut la premiere action publique qu'il fit depuis ces Sermons, s'emporter hors du propos iusques à vouloir faire passer les maximes de S. Augustin expliquées par Monsieur d'Ipre pour les heresies de Iansenius & de Caluin, en les appellant DOGMATA CALVINO-IANSENIANA, *sans considerer que ce mot iniurieux ne des-honore pas moins Iesus-Christ, l'Eglise, & tous les Euesques Catholiques, que Monsieur l'Euesque d'Ipre, puis que c'estoit faire vne alliance honteuse & semblable à celle du Tyran, qui ioignoit les corps morts auec les viuans, d'vn Ministre du Demon auec vn Ministre de Iesus-Christ, d'vn pere de l'Heresie, auec vn excellent Enfant de l'Eglise, & d'vn abominable Heresiarque, auec vn Euesque plus recommandable encore pour sa haute pieté, que pour sa grande suffisance.*

Cette action fit douter si Monsieur Habert ne recommenceroit point dans ses Sermons, dont le temps approchoit, à deschirer le Liure de Monsieur d'Ipre, auec la mesme chaleur qu'il auoit fait l'année precedente : mais on auoit beaucoup de peine à se le persuader, non seulement parce qu'il y alloit de son honneur à ne pas faire croire qu'il ne se seruist de la Chaire que pour contenter sa passion, & qu'il n'eust qu'vn seul sujet, dont encore il ne paroissoit pas trop bien instruit, pour entretenir le peuple, Mais principalement, parce que Monseigneur de Paris ayant defendu si estroitement ces inuectiues scandaleuses, & l'insolence du Pere Noüet, l'ayant obligé depuis peu de renouueller son ancienne defense a en y adjoustant la peine de l'excommunication contre ceux qui y contreuiendroient, il y auoit peu d'apparence que Monsieur le Theologal luy voulust faire cette iniure que de violer ses ordonnances par vne infraction si publique, & en preschant dans la propre chaire de son Eglise, en qualité de Theologal. Mais tout cela ne fut pas capable d'arrester le cours de son animosité, Et au grand estonnement de toutes les personnes sages, ces derniers Sermons ont esté aussi pleins d'aigreur & de violence que les premiers: Et ce qui est plus estrange, c'est que deux de ces predications estant acheuées, & la troisiesme luy restant encore à faire, Monseigneur de Paris ayant deffendu de nouueau aux Predicateurs de disputer de ces matieres en Chaire & de condamner d'erreur & d'Heresie, ceux qui ne seroient pas de leurs sentimens, Monsieur le Theologal ne laissa pas de continuer à son ordinaire dans son dernier Sermon, & tout ce que fit cette defense fut, que la voulant eluder par vn artifice grossier, comme il auoit qualifié la Doctrine de S. Augustin si puissamment establie par Monsieur d'Ipre, les Dogmes de Iansenius & de Caluin, il transforma cét Illustre Prelat, en cet infame heretique, & combatit sous le nom de l'vn, ce qu'il auoit auparauant combatu sous le nom de l'autre. Et cette hardiesse choqua tellement l'esprit des personnes moderées, que le iour mesme de cette derniere predication vn de ses Confreres ne pût s'empescher d'en tesmoigner quelque chose en la presence dans vne action celebre, & de representer à des personnes destinées aux fonctions de l'Eglise ausquelles il parloit, combien cette maniere de prescher auec tant d'aigreur & d'inuectiues, estoit peu digne de la Charité d'vn Prestre, & de l'esprit Euangelique d'vn Predicateur de l'Euangile.

a Eo fine decretum edidimus 4. Martij præsentis anni, quo dilti ꝯte cauimus, ne in concionibus, quæ ad populum fiunt intra Diœcesis nostræ fines vllus, harum occasione controuersiatum, in contraria sibi sentientes inueheretur, doctrinam quam non probaret, hæresis, aut erroris condemnaret, néve omnino in iisdem concionibus sub quocunque prætextu, eas difficultates in contentionem, discéptationemque vocaret.

En fin tout ce que Monsieur Habert a dit & a fait sur ce sujet, dans les assemblées de la Faculté, où il ne s'est trouué que pour cela, n'ayant point accoustumé d'y assister auparauant, monstre assez qu'il est encore plus animé que jamais, & il y a de l'aparence qu'il dispose dés ja ses Sermons de l'Aduent prochain pour acheuer la defaite de ce Liure, qu'il se figure comme vn Monstre d'erreurs & d'Heresies, qu'il s'imagine auoir terracé par tant de combats qu'il luy a liurez, & dont il se persuade estre tousjours demeuré victorieux, parce qu'il a combattu seul, & sans que personne luy fit resistance.

Apres cela, mon cher Lecteur, i'espere que vous auoüerez, que si l'Apologie d'vn grand Euesque & de la Doctrine de S. Augustin que nous vous donnons auiourd'huy, a tousiours esté tres-iuste, elle est maintenant non seulement iuste, mais necessaire; que si nous pouuions d'abord parler auec raison, nous ne sçaurions auiourd'huy nous taire sans vne espece de crime; & que nous auons plus à craindre que toutes les personnes qui ont quelque zele pour les choses de Dieu ne trouuent à redire au long silence que nous auons gardé: & ne prennent nostre moderation pour indiference, pour crainte, ou pour lascheté, que non pas qu'il se rencontre quelqu'vne si desraisonnable, qui n'aprouue point qu'enfin nous ayons satisfait à vn deuoir que toutes les loix, & diuines, & humaines, demandoient de nous.

Car cette Apologie comprend dans vne mesme defense la Doctrine toute Diuine, du plus grand Docteur de l'Eglise apres les Apostres, que l'on s'efforce de décrier, comme si elle estoit pleine d'erreur & d'impieté; la memoire d'vn Euesque Illustre par son caractere, par sa vertu, & par sa Science, que l'on descrie auec outrage iusqu'à le comparer aux plus grands Heresiarques: & l'honneur de tant de Religieux, de Theologiens & de Prelats que l'on accuse de faire cabale & conspiration contre la Foy, & de s'estre retirez de la communion de l'Eglise, parce qu'ils ne suiuent pas les opinions communes de l'Escole, c'est à dire, parce qu'ils preferent les sentimens de saint Augustin, autorisez par tant de Papes, aux nouueautez de Molina; & qu'ils demeurent dans cette simplicité, que de croire que ce Sainct Docteur a esté pour le moins aussi esclairé que ce Iesuite, qui se vante d'auoir descouuert de nouuelles lumieres dans la matiere de la Grace, que personne n'auoit connuës auant luy, & dont sainct Augustin mesme ne s'estoit peu apperceuoir, par ce qu'ils estoit enuironné d'vn nuage sombre qui luy en déroboit la veuë.

A nemine quod sciam hucusque tradita Mo- *ina in con- *ord. D. Aug sub quadam qua si caligine ad hæc non attendit. ibid.

Mais peut estre que Monsieur Habert se croit bien plus fort aujourd'huy, qu'il n'estoit au temps que cette Apologie a esté faite à cause de la Bulle du Pape, qui sur les faux rapports faits à sa Saincteté que le Liure de Monsieur d'Ipre causoit du scandale parmy les Catholiques de Flandres, quoy que les plus grands Theologiens de ce Pays, tant du Clergé que des Ordres Religieux, ayent tesmoigné tout le contraire par vn Liure entier d'approbations qu'ils luy ont données; en a defendu la Lecture, aussi bien que des Theses des Iesuites, & de tous les autres ouurages pour & contre. Et c'est en quoy la cause de Monsieur Habert est deuenue plus mauuaise, puis qu'il a abusé de cette Bulle, & qu'il a osé tromper le peuple dans la Chaire de la Verité, en luy faisant croire que le Pape par cette Bulle auoit condamné le Liure de Monsieur d'Ipre comme plein d'erreur & d'Heresies, iusques à dire, que si par vne sinderese & craignant d'estre condamné il n'auoit soumis au Pape son Liure en mourant, on ne pourroit pas mesme prier Dieu pour luy. *Ie reserue pour vne autre occasion a considerer ces paroles si injurieuses à Monsieur l'Euesque d'Ipre, par lesquelles il a voulu faire passer céte soumission si loüable & si Chrestienne au jugement du Pere commun des fidelles, pour vne sinderese & pour vn remors de conscience, contre les termes exprés de son testament; ou soumettant son Liure au Sainct Siege, il declare en mesme temps que pour luy il ne croit pas qu'on n'y doiue rien chãger, & ordõne à ses amis de le donner au public; ce qu'il ne pouuoit faire sans crime, s'il eût eu des remords de conscience pour auoir composé ce Liure, de sorte que ce que Monsieur Habert pretend l'auoir mis en estat de pouuoir estre assisté des prieres des fidelles, nonobstant les Heresies qu'il l'accuse d'auoir enseignées, est ce qui l'en rendroit plus indigne, si ce qu'il dit estoit veritable.*

Mais pour ne parler maintenant que de cette Bulle, il est aisé de faire voir en peu de paroles que Monsieur Habert *ne s'en peut seruir pour iustifier aucun des Chefs des accusations estranges qu'il a proposées contre la personne de* Monsieur *d'Ipre, ou contre la doctrine de son Liure qui n'est que celle de S. Augustin.*

1. *Les doutes si raisonnables, & si legitimes, qui se rencontrent touchant la verité & la validité de cette* Bulle, *& qui ont empeché la Sorbõne de la receuoir quelques sollicitatiõs qu'on luy en ait fai-*

ters, obligent toutes les personnes sages de demeurer en suspens, & d'attendre sur ce suiet auec vne parfaite soumission, le dernier esclaircissement du Pape; qui ayant desia receu & escouté tresfauorablement deux Docteurs celebres deputez sur cette affaire par les Estats de Brabant & l'Vniuersité de Louuain, nous donne suiet d'esperer que dans peu de temps il confirmera les Oracles de ses predecesseurs, & qu'il declarera à toute l'Eglise comme a fait depuis peu Clement VIII. *de glorieuse memoire, & comme sa Sainteté en a desia elle mesme tesmoigné quelque chose;* Que plusieurs des Papes qui l'ont precedé ayant soustenu auec tant de vigueur & protegé auec tant de zele la doctrine de S. Augustin touchant la Grace, qu'ils ont voulu qu'elle demeurast dans l'Eglise, comme luy appartenant par droit de succession, il n'est pas iuste qu'il souffre qu'elle soit priuée de ce bien hereditaire qu'elle a receu de la main des Papes.

Cum multi Pontifices prædecessores nostri Doctrinæ S. Augustini de Gratia, tam acres fuerint assertores ac vindices, vt quasi hæreditario iure eam in Ecclesia relinqui voluerint, æquum non est vt patiar, illam hac quasi hereditate priuari. *Clem. VIII. in Congreg. de Auxiliis.*

2. *Ceux mesmes que l'on escrit de Rome auoir extorqué cette Bulle par leur artifices & leurs faux rapports, l'ont violée si ouuertement, soit en la faisant imprimer auec leurs Theses de Louuain qu'il est defendu d'imprimer par cette Bulle, soit en permettant au P. Peteau de publier ses Liures* des Dogmes de Theologie, *dans lesquels il attaque le Liure* de M. *d'Ipre, ce que cette Bulle deffend aussi sous peine d'excommunication, soit en soustenant publiquement des Theses scandaleuses, ou les maximes de S. Augustin sont proposees comme les Heresies de Caluin; qu'il faut necessairement, ou qu'ils la croyent nulle & sans force d'obliger, ou qu'ils reconnoissent qu'ils se iouënt du Pape, & qu'ils veulent qu'on luy rende vne obeyssance auengle en tout ce qu'il les fauorise, quelque obreptice que puisse estre vne Bulle obtenuë par surprise & sur vn rapport, qu'on a veu depuis estre tres-fauce: mais que pour eux ils regardent le Pape comme* vne puissance estrangere, *& de nulle autorité, lors qu'il censure leurs Liures; comme il a fait depuis peu d'années ceux de Posa, de Cellot, de Bauny, & de Rabardean, Iesuites, ou qu'il fait quelque chose qui ne leur plaist pas.*

a Comme ils l'ont appellé, dans la Responsе à l'Apologie de l'Vniuersité.

Mais M. le Theologal mesme a destruit par son action cette Bulle qu'il a voulu establir par ses paroles, ayant tant parlé & disputé en pleine chaire d'vne matiere dont cette Bulle defend de traiter, & mesme de parler: de sorte qu'il ne doit point estre receu à le proposer contre les autres apres l'auoir violée luy-mesme, selon cette regle si iuste de la Prudence ciuile, frustra auxi-

lium

lium legis expectat, qui eam primus ipse violauit.

3. *Quelque force que puisse auoir cette Bulle, on ne peut dire sans vne visible fausseté qu'elle condamne le Liure de Monsieur d'Ipre cõme Heretique & plain d'erreurs. Qu'on la lise tant qu'on voudra, on ne trouuera point, que le Liure soit condamné, mais seulement defendu, comme sont les Theses Iesuites, & autres ouurages dont les sentimens sont tout opposez: Ce qui fait bien voir que ce n'est qu'vn decret prouisionel, & qui ne touche point au fonds de la Doctrine, comme il paroist encore, en ce que depuis le temps de la datte de cette Bulle, sa Saincteté a fait nommer des Examinateurs pour lire le Liure. Et ce seroit auoir bien mauuaise opinion de sa grande Sagesse, de s'imaginer qu'il eust d'abord condamné vn Liure, & qu'il eust pẽsé depuis à le faire examiner. Et toutes les Lettres de Rome nous asseurent, qu'aussi-tost que les Deputez de Flandres y sont arriuez, & qu'il ont commencé à informer sa Saincteté de la verité de cette affaire, & à l'eclaircir des faux bruits dont les aduersaires de ce grand Euesque l'auoient preuenuë, toutes choses se disposent à voir acheuer en nos iours par le zele du souuerain Vicaire de Iesus-Christ, ce qui fut interrompu par la mort du Pape Clement VIII. c'est à dire la decision de tous les poincts de la Grace selõ la Doctrine celeste de S. Augustin, & la condamnation des nouueautez de Molina.*

La Bulle dit bien que le Liure de Monsieur d'Ipre contient quelques propositions marquées par la Bulle contre Bayus. Mais c'est vne des plus grandes surprises, dont les Ennemis de ce grande Prelat se sont seruis pour extorquer cette Bulle de sa Saincteté, en luy faisant croire qu'il renouuelle les proposions de Bayus, & qu'il les defend contre les condamnations des Papes, auec vn grand scandale & mespris du sainct Siege; *ce que la seule lecture du Liure fait voir estre tres-esloigné de la verité, puis qu'il n'y fait que rapporter la Doctrine de S. Augustin autorisée par tant de Papes. Et par ce que quelques-vnes de ces maximes paroissent d'abord estre du nombre de ces propositions, il répond à cette objection auec toute la modestie imaginable, & tout le respect qu'vn homme tres-Chatholique peut rendre au sainct Siege, se seruant de la mesme solution que beaucoup de Iesuites ont esté obligez d'y apporter, soustenant de leur chef auec plus de hardiesse que luy, quelques propositions expressement marquées dans cette Bulle, aux mesmes termes & au mesme sens qu'elles y sont contenuës.*

Et Monsieur Habert ne peut en aucune sorte autoriser par là toutes les accusations d'erreur d'impieté & d'heresies qu'il a auancées contre le Liure de Monsieur d'Ipre. Car ces propositions de Bayus n'ayant iamais esté censurées en particulier, mais seulement en general, la Bulle portant simplement que quelques-vnes sont Heretiques, d'autres erronées, d'autres suspectes, d'autres temeraires d'autres scãdaleuses, sans que les Papes ayant voulu declarer, mesme en estant requis par l'Vniuersité de Louuain, quelle estoient les Heretiques, quelles les erronées, quelles les suspectes, quelles les scandaleuses & qui causoient du trouble; ie ne pense pas que Mõsieur le Thelogal pretende auoir receu commission de faire plus que le Pape, & dappliquer à telles propositions qu'il voudra les marques d'Heretique *ou* d'erronée, & particulierement *à celles qui se trouuent en termes formels dans sainct Augustin, voire mesme qui composent les maximes fondamentales de sa Doctrine approuuée tant de fois par le S. Siege, comme sont celles qui se rencontrent dans le Liure de Monsieur d'Ipre.*

Quanquam nonnullæ aliquo pacto sustineri possint in rigore & proprio verborum sensu ab assertoribus intento.

Il y a plus, c'est que les Papes ont declaré expressement dans cette Bulle de Rayus, qu'il y a de ces propositions qui se peuuent en quelque sorte soustenir à la rigueur, & dans le propre sens des Autheurs qui les auoient auancées. *Ce qu'estant ainsi, la deference que nous deuons à tant de Papes, qui nous ont asseuré que les sentimens de S. Augustin dans la matiere de la Grace, sont ceux de toute l'Eglise, ne nous oblige telle pas d'appliquer particulierement cette clause à quelques propositions semblables à celles de Bayus qui se trouuent dans M. d'Ipre. qu'on ne peut nier sans vn aueuglement volontaire, & vne opiniastreté prodigieuse, estre des poincts capitaux de la Doctrine de S. Augustin; & qu'on ne peut pas par consequent condamner comme Heretiques ou comme erronées, sans accuser le S. Seige & toute l'Eglise, dauoir approuué des erreurs & des heresies.*

6. *En fin pour derniere consideration qui ne reçoit point de replique, C'est qu'il n'y a aucun des poincts dont Monsieur le Theologal a parlé dans ses Sermons, & sur lesquels il a pris suiet d'accuser le Liure de* Monsieur *d'Ipre d'erreur, d'Heresie, d'impieté & de blaspheme, qui approche de ces propositions de Bayus; Car il n'a tant fait de bruit que sur les questions de la suffisance de l'attriton auec le Sacrement; de la Charité, si*

elle est seule principe de merite; de la Grace suffisante; des moyẽs generaux donnez à tous les hõmes pour se sauuer; de la deliurance de la captiuité du diable, de tous les hommes en particulier, pourueu qu'ils le veuillent; de la Grace donnée à tous abondamment & sur abondamment; de la plainte que les damnez pourroient faire à Dieu s'il ne leur auoit donné des moyens suffisans pour se sauuer; de la grace qu'ont tousiours les plus endurcis, voire plus qu'il ne leur en faut pour se conuertir; & il s'est arresté principalemẽt sur l'explication de ces paroles de S. Paul, Iesus-Christ est mort pour tous: Et c'est sur cela qu'il a creû auoir plus de droit de cõdamner M. d'Ipre d'impieté, d'heresie, & de blaspheme: s'appuyant particulierement sur les Anathemes de Fauste, chef des Semipelagiens, contre la Doctrine de S. Augustin, & la Predestination gratuite des Esleus.

Or en tout cela il n'y a rien qui regarde les propositions de Bayus. Et par cõsequent quãd toutes ces prepositiõs auroiẽt esté condãnées cõme Heretiques ou erronées, ce que nous venons de faire voir par la Bulle mesme estre tres esloigné de la verité, la cause de Mõsieur le Theologal n'en receuroit aucun aduãtage.

Il faut donc qu'il cherche d'autres armes pour defendre les iniures dont il s'est efforcé de noircir la memoire d'vn excellẽt Euesque, & les mauuaises raisons dont il a tasché de renuerser la Doctrine de S. Augustin, que cette derniere Bulle qui ne condamne point le Liure de Monsieur d'Ipre, & qui ne regarde en aucune sorte les poincts de la Doctrine qu'il a attaquez.

Mais il doit considerer auant toutes choses, que s'agissant icy de la defense de Mõsieur l'Euesque d'Ipre, qui n'a eu autre dessein dans son ouurage, que de proposer les sentimens de S. Augustin, touchant la Grace, sans estre obligé de respondre de la verité, ou de la fausseté de ses sentimens, que l'Eglise a si souuẽt & si solẽnellement approuués: Ce qu'il doit faire principalemẽt, c'est de monstrer que les maximes du Liure de Monsieur d'Ipre qu'il a representées comme des erreurs & des heresies, ne sont pas les maximes de sainct Augustin, & que ce sçauant Prelat la mal allegué, mal expliqué, & mal attendu, comme il le luy a reproché dans l'vn de ses Sermons.

S'il le peut faire, nous luy dõnerons les mains sãs difficulté: & cõme nous ne cherchõs que la verité sãs interest & sans passiõ, nous embrasserõs auec ioye les nouuelles Lumieres que Dieu luy aura dõnées pour l'intelligẽce de ce Pere, & cõseruãt tousiours l'estime que nous deuons auoir d'vne Euesque illustre par sa science & sa pieté, nous loüerons son zele qui luy a fait employer plus de vingt annees à s'instruire de la Doctrine de saint Augustin : mais nous plaindrons le succez peu heureux d'vn si grand trauail, qui ne l'auroit pas empesché de prendre des Blasphemes & des Heresies pour les opinions si Sainctes & si Catholiques de cét Excellent Maistre de l'Eglise ; & nous reconnoistrons auec admiration les grands auantages que l'esprit de Monsieur Habert doit auoir au dessus du sien, pour auoir pû en vn moment & sans peine, acquerir plus de connoissance de tous les secrets les plus cachez de la Doctrine profonde de cette incomparable Docteur de la Grace, que Monsieur d'Ipre en tant de temps, & par tant de veilles.

C'est auec cét esprit de docilité, & d'vne soumission parfaite à la verité & à la raison que nous auons publié cette Apologie, estans prests de condamner non seulement ce que le sainct Siege y trouueroit à redire, puis que comme Enfans de l'Eglise, nous ne sçaurions auoir que des pẽsées de respect & d'vne humble deference, pour cette chaire de l'Vnité, & pour cette Pierre immobile sur laquelle Iesus-Christ a voulu que son Eglise fust bastie : mais encore ce que toutes les personnes intelligentes & Monsieur le Theologal mesme, nous feront voir par de bonnes & solides preuues estre contraire à la Doctrine de sainct Augustin, que tant de Papes ont canonizée, puis que c'est là principalement de quoy il s'agit en cette dispute.

Ie dis par des preuues, & non par de injures, & par des cabales. Mais pour les injures, le soin que nous auons eu de les éuiter, & de representer simplement l'iniustice de celles qu'on nous a dites, sans les repousser par d'autres paroles, qui bien que justes, eussent peu paroistre injurieuses, obligera sans doute Monsieur Habert à ne s'en plus seruir à l'auenir, & à imiter la moderation de ceux à qui il auoit donné assez de suiet de se pouuoir dispenser d'vne si grande retenue, sans violer ny la justice ny la charité.

Dans vn libelle intitulé, *Sommaire de la Theologie du sieur Arnauld, &c.* où ils parlẽt ainsi, *Grãds à qui Dieu a donné la puissance de iuger les hommes, quand vous entendez*

Et quant aux Cabales, quelque liaison qu'il ait auec ceux qui n'employent que ces moyens pour étoufer la verité, & pour faire persecuter ceux qui la defendent, iusques à demander leur sang par des libelles publics, & a vouloir inspirer leur fureur dans le cœur des Grands, afin qu'ils les liurent entre les mains des bourreaux, parce que le bannissement & la prison ne suffisent pas pour assouuir leur vengeance ; Nous croyons qu'il se souuiendra qu'il a *l'honneur d'estre du Corps de la Sorbonné, & qu'il aymera mieux suiure l'esprit de cette Illustre Compagnie, qui est vn esprit de paix, de Douceur & de Charité, & sur tout esloigné par vne auersion particuliere des intrigues & des factions, que cet esprit de Cabale qui assiege les Puissances, qui flatte les vns par des soumissions lâche, irrite les autres par des calomnies horribles, & qui par la plus impudente de toutes les impostures traite d'Illuminez, c'est à dire, d'Heretiques, les plus infames de ces derniers siecles, & dont les excés deshonorent la nature; des personnes reconnuës de tout le monde pour tres-Catholiques & tres-Vertueuses.*

Mr. Habert sçait trop bien, que les querelles des gens de lettres se decident auec la plume; Et que c'est vne marque honteuse de foiblesse, ou de lascheté, de s'efforcer d'opprimer par la violence, ceux qu'on ne sçauroit vaincre par les raisons. Quand vn homme respond auec retenüe, & en taschant de ruiner les preuues de son aduersaire, ou de luy en opposer d'autres, beaucoup de personnes, qui n'ont pas assez de lumiere pour iuger du fonds des choses, peuuent croire qu'il a raison, encore qu'il ne l'ait pas. Mais quand il ne respond qu'en colere, & par inuectiues, ou que ne respondãt point en tout, il a recours aux factiõs, & aux artifices; ce seul procedé, si indigne d'vn Theologien, est capable de le ruiner de reputation deuant tout le monde, & de luy faire autant d'ennemis qu'il y a de gens d'honneur.

Ce n'est pas que nous apprehendions dauantage les persecutions que Monsieur le Theologal tascheroit d'exciter contre nous, que ses Sermons ou ses Liures. Ceux à qui Dieu par sa misericorde a donné quelque sentiment de ses veritez, s'estimeront tousiours trop heureux de souffrir pour la moindre d'elles, & encores plus pour cette verité si aymable à tous les vrais Chrestiens, pour la grace de leur Sauueur, pour le prix du sang de leur Maistre. Cette grace, qui par sa puissance victorieuse les deliure de l'amour de toutes les choses que le monde estime le plus, les deliure aussi de la crainte de celles qu'il redoute dauantage. Comme ils ne desirent rien des hommes, ils apprehendent peu tout ce qui leur peut arriuer de la part des hommes. Ils regardent d'vn mesme œil leur menaces & leurs promesses, quand il s'agit de deffendre la verité; Et ils ont appris

nommer les Iansenistes, les Syranistes, les Arnaudistes, tremblez & dites que ce sont des pestes de Religion & d'Estat qu'il faut estoufer en leur naissance & ils disent ensuite, *Qu'il faut ioindre le foudre au tonnerre, & l'epée Royalle, auec celle de l'Eglise pour exterminer ce mal-heur de nos iours.* a Le P. Petau *Liu. 1. ch. 3. n. 3. dans la Respõce à la Theologie Mor. par vn P. de leur compagnie ils ne marquent l'oppositiõ qu'ils ont faite au Liure de la Frequente Com. en disant. Qu'ils se sont opposez aux Illuminez* Pref. p. 29.

des prieres de l'Eglise à demander continuellement à Dieu, de mespriser les prosperitez du monde, & de n'en craindre point les aduersitez.

Que s'ils ne s'exposent pas quelquesfois aux persecutions de leur ennemis, ce n'est pas qu'ils ne les considerent comme des faueurs signalées de Dieu, mais c'est que Iesus-Christ les y oblige par l'Euangile, & que le courage d'vn Chrestien n'est pas le courage d'vn Philosophe superbe, qui affronte les perils auec orgueil: mais vn courage aussi modeste que genereux, qui ne preuient iamais les ordres de Dieu par vne precipitation temeraire, mais qui les suit auec humilité, & qui souffre auec constance tout ce que Dieu luy enuoye d'afflictions & de peines. Ils sçauent que leur vie & leur mort sont entre ses mains, ils ont appris d'vn grand Martyr, que ceux qui par de noires impostures, & des paroles meurtrieres, recherchent la mort des gens de bien, sont homicides deuant Dieu, mais qu'il n'arriue de tous ces desseins funestes, que ce qu'il plaist au souuerain Maistre des creatures. *Et qu'apres tout*, vn Prestre du Seigneur qui suit la regle de l'Euangile, & qui obserue les commandemens de Iesus-Christ, peut estre tué, mais aussi ne peut estre vaincu: Sacerdos Euangelium Christi tenens, & Dei præcepta custodiens occidi potest, non potest vinci. *Mais nous ne doutons point que Monsieur le Theologal ne soit tres-esloigné de ses pensées violentes, & nous esperons de l'amour qu'il doit auoir pour la verité, ou qu'il se rendra à nos raisons, ou plustost à l'authorité & aux lumieres diuines de sainct Augustin, & des autres Saincts defenseurs de la grace du Fils de Dieu, dont nous n'auons faict qu'exposer les sentimens dans cette Apologie; ou qu'il se contentera de nous proposer les siennes dans vn esprit de Paix & de charité, & qu'ainsi cette dispute ne seruira qu'à esclaircir la Doctrine de l'Eglise, sans troubler l'vnion des cœurs, & ce lien d'amour qui doit vnir tous ses membres.*

S. Cypr. p. 55. ad Corn. Gladios quos verbis parricidalibus iactitant nō perhorrescimus. Quod in illis est, homicidæ sunt apud Deum tales: necare tamen nō possunt, nisi eis Dominus necare permiserit.

La Preface suiuante a esté faite auec cette Apologie aussi-tost apres les Sermons.

TABLE DES MATIERES DE CETTE APOLOGIE.

MON CHER LECTEVR,

Ayant esté obligé de suiure dans cette Apologie l'ordre des Sermons de Monsieur Habert, nous auons creu deuoir icy rappeller toutes les matieres sous quelques titres Generaux, dans lesquels nous auons suiuy l'ordre des choses, plustost que celuy de l'Alphabet.

MONSIEVR L'EVESQVE D'IPRE.

MONSIEVR HABERT

pre, & le plus contraire aux opinions de l'Escole; Comme il a approuué aussi le second *Antirrheticus* du P. Sirmond remply d'erreurs & d'heresies, & d'opinions tellement contraires à celles qui s'enseignent dans les Escholes, qu'elles sont condamnées comme heretiques par les Iesuites mesme confreres de l'Auteur. Art. 4. Serm. 2. p. 5. 6. 7

De l'iniure qu'il fait à Monsieur d'Ipre, & à tous ceux qui suiuent auec luy S. Augustin, de les comparer à des heretiques & des Heresiarques. Art. 13. Serm. 5. p. 81

Il a traitté tous les defenseurs de la doctrine de sainct Augustin, comme des infideles & des hypocrites. Art. 6. Serm 3. p. 85

Que saint Augustin a parlé auec plus de moderation contre Pelagius, que Monsieur Habert, contre Monsieur l'Euesque d'Ipre. Art. 5. Serm. 3. p. 83 & suiu.

Qu'on ne peut conceuoir rien de plus iniurieux, que ce que Monsieur Habert a dit contre Monsieur d'Ipre, & tous ceux qui soustiennent auec luy les sentimens de S. Augustin, en publiant qu'ils n'ont pas les pechez corporels, mais les pechez spirituels qui sont incomparablement plus dangereux, *& qu'il n'ont pas les vices des hommes, mais qu'ils sont pleins des vices des diables.* Art. 8. Serm. 3. p. 91 & suiuantes.

Que Monsieur Habert ayant accusé fausement Monsieur d'Ipre de soustenir que depuis cinq cens ans l'Eglise enseigne des erreurs, quoy qu'il ait dit formellement tout le contraire, s'est escrié en suite que sur cela seul il faudroit fermer le Liure & le brusler; comme s'il suffisoit d'imposer à vn ouurage pour le rendre digne du feu. Art. 38. Serm. 3. p. 168

SAINT AVGVSTIN.

Son auctorité touchant la Grace.

Que les Peres, les Papes, les Conciles, & les Docteurs ont reconnu S. Augustin pour Iuge dans la matiere de la Grace. Ce que l'on prouue par les tesmoignages de S. Hierosme, du Pape Innocent I. du Pape Zozime, du Pape Boniface I. du Pape Hormisdas, du Concile de Sardaine composé de plus de soixante Euesques bannis pour la Foy, de S. Fulgence, du Pape Felix IV. du Pape Iean II. du Pape Clement VIII. & de Monsieur le Cardinal du Perron; Et par la reconnoissance de Suarez mesme Iesuite. Dans tout l'Art. 17. du 2. Sermon p. 9. & suiu.

Qu'encore que S. Augustin fust tres-humble, il n'a pas craint neātmoins de dire dans la connoissance claire qu'il auoit des veritez de la Grace, & pour arrester ceux qui luy opposoient sans sujet les les anciens Peres. *Ie suis asseuré que personne n'a pû parler qu'auec erreur contre cette predestination, que nous defendons par l'Escritures Sainctes.* Art. 9. Serm. 2. p. 19

Que par vn honneur qui est tout particulier à S. Augustin, au lieu que les Peres nous renuoyent aux Conciles, les Conciles nous ont renuoyé à luy dans la matiere de la Grace, & ont canonisé sa doctrine, en composant leurs Canōs de ses propres paroles. C'est pourquoy S. Bernard l'a appellé *la Langue de l'Eglise.* Art. 11. Serm. p. 310. & suiuantes.

Que tous les Conciles ont suiuy S. Augustin dans la matiere de la grace. Art. 13. Sem. 2. p. 9

Que S. Hierosme mesme a reconnu

TRADITION DE L'EGLISE

Touchant la doctrine de S. Augustin.

Nouueaux Aduersaires de saint Augustin.

MOLINA.

*

SAINCT THOMAS.

PERES GRECS.

FAVSTE SEMIPELAGIEN.

Concile d'Arles.

Grace d'Adam, & de IESVS-CHRIST.

Grace suffisante donnée à tout le monde.

Qu'il n'est point vray que la Grace soit donnée *abondamment & surabondamment* comme pretend Monsieur Habert, puis qu'elle n'a point esté donnée selon S. Augustin, S. Prosper & les Peres du Concile de Sardaigne, ny aux enfans qui meurent sans Baptesme, ny aux Payens auant Iesus-Christ ny aux peuples qui depuis Iesus Christ n'ont point entendu parler de l'Euangile Art. 28. Serm. 2 p. 61. & suiuantes.

On fait voir par plusieurs passages de S. Augustin, que ce qu'a dit Monsieur Habert est tres-elloigné de verité, Que s'il y auoit vn seul damné qui n'eust point eu de Grace suffisante, il auroit iuste sujet de se plaindre de Dieu. Art. 29. Serm. 2. p. 65. & suiuantes.

Inuectiues de Fauste chef des Semipelagiens, contre ceux qui coyēt que la Grace n'est pas dōnée à tout le monde. Art. 34. Serm. 3. p 258

Que les Saincts Peres ont enseigné constamment comme vne doctrine de l'Eglise Catholique, que la Grace n'est pas donnée à tout le monde; ce que l'on prouue par S. Augustin, S. Prosper, S. Fulgence & autres. Art. 34. Serm. 3, p. 258

EXPLICATION DV PASSAGE.

Dieu veut que tous les hommes soient sauuez.

Que si on est digne d'Anathesme, comme pretend Monsieur Habert apres Fauste, pour ne pas croire que Dieu veüille generalemēt que tous les hommes soient sauuez, il faudra prononcer Anathesme contre S. Augustin, contre S. Prosper, contre l'Autheur du Liure intitulé Hypognosticon, contre S. Fulgence, contre les soixante Euesques du Concile de Sardaigne, contre l'Eglise de Lyon, contre Prudence Euesque de Troyes, cōtre le Maistre des Sentences, contre Alexandre de Hales, contre S. Thomas, & contre les deux Facultez de Louuain & de Doüay. Art. 20. Serm. 3. p. 123. 124. & suiuantes.

Que ce que dit le Concile de Trente touchant la mort de Iesus-Christ pour tous les hommes est tres conforme à ce qu'en a dit Mōsieur d'Ipre. Art. 26. Serm. 3. p. 227

Que le mot de *Tous* ne se prend pas tousiours si vniuersellement dans l'Escriture, qu'il comprenne tous les hommes en general sans en excepter aucun. Art. 31. Serm. 3. p. 134 & suiuantes.

Que les explications que S. Augustin donne au passage de S. Paul. *Dieu veut que tous les hommes soiēt sauuez*, & à cet autre *Iesus Christ s'est dōné pour la redemption de tous*, sont tres-conformes à la vraye raison & au langage de l'Escriture. Ibid. p. 224

L'explication de sainct Augustin sur ces passages, confirmée par Estius, & par plusieurs passages de l'Escriture. Ibidem p. 148

Que cette glose de Mr. Habert, le salut est pour tous, *cela s'entend s'ils le veulent*, est celles des Pelagiens & des Semipelagiens. Art. 17. Serm. 2. p. 56. & suiuantes.

Iesus-Christ est mort pour tout le monde.

On fait voir la calomnie auec laquelle on a voulu descrier Monsieur d'Ipre, en disant qu'il soustenoit contre l'Escriture saincte que Iesus-Christ n'est pas mort pour tout le monde; ce qui est tres-faux, puis qu'il ne fait autre chose que de rapporter en quel sens sainct Augustin & les autres Peres ont entendu cette proposition de l'Apostre. *Iesus Christ est mort pour tout le monde.* Art. 17. Serm. 3. p. 102

Que beaucoup de choses dans l'Escriture paroissēt contraires, qui ne le sont pas neantmoins. Ib. p. 106

On prouue par neuf passages de sainct Augustin que lors qu'il s'agit du salut, & de la redemption, il n'étend pas dãs l'Escriture par le mot de *Tous*, tous les hommes generalement, mais seulement les Esleus ou les fideles. ibidem p. 107

Que Monsieur Habert combat sur ce point la doctrine de sainct Augustin par les mesme passages de l'Escriture dont les Semipelagiens se seruoient. Art. 19. Serm. 3. p. 109

Que les Anathesmes que Monsieur Habert a prononcez sur ce point, contre ceux qui disent que Iesus-Christ n'est pas mort pour tout le monde au sens qu'il l'entẽd, mais seulement au sens de S. Paul expliqué par S. Augustin, ne sõt autre chose qu'vne lettre de Fauste chef des Semipelagiens, qu'il faict passer pour vn Concile d'Arles Art. 20. Serm. 3. p. 113

Iesus-Christ est Redempteur de tous les hommes.

En quelle sorte Iesus-Christ est le Redempteur de tous les hommes Art. 21. Serm. 3. p. 127

Que la comparaison qu'a apportée Mõsieur Habert d'vn Roy qui paye la rançon pour tous ses sujets, mais dont quelques-vns ne veulẽt pas sortir de captiuité, pour monstrer que c'est en cette sorte que I. C. est Redempteur de tous les hõmes est la propre comparaison de Fauste chef des Semipelagiens. Art. 33. Serm. 3. p. 151

Seruitude de l'Ame.

Explication de la seruitude de l'ame; Et que Dieu ne l'en deliure pas en luy laissãt absolumẽt à sõ choix de sortir de ses liens, ou de n'en pas sortir, mais en l'en retirant luy mesme par la puissance de sa Grace, & luy inspirant la volonté d'en sortir, qui est le premier effet de sa deliurance. Ib. p. 152

Conuersion des pecheurs endurcis.

Que ceux-mesmes qui tiennent la Grace suffisante ne croyẽt pas, cõme pretend Mõsieur Habert qu'elle soit tousiours presente aux pecheurs, & endurcis; Ce qui mõstre auec combien peu de raison, il veut faire passer cette doctrine qui est tres-fausse pour vne doctrine de Foy. Art. 40. Serm. 3. p. 218

Preuues de cecy par plusieurs passages. Au mesme Art.

Que ce n'est pas vne impieté, mais grande verité de dire quel les aueuglez & les endurcis tant qu'ils demeurent en cet estat, n'ont pas des Graces suffisantes pour bien viure: quoy qu'il ne faille desesperer de personne, parce qu'il n'y a point d'endurcissement que la Grace ne puisse vaincre.

Sentiment de sainct Augustin sur cette parole, *où il y a necessité, il n'y a point de peché.* Art. 43. Serm. 3. p. 229

Predestination.

Que la doctrine de la Predestinatiõ auãt les merites est claire dans l'Escriture; Et que les Peres n'en parlent pas comme d'vne opinion, mais comme d'vne doctrine de Foy. Art. 44. Serm. 3. p. 232

Cette verité est approuuée par les Peres & les Cõciles. Ib. 254. & su.

Opinions nouuelles.

Qu'õ appelle nouueau dãs l'Eglise, tout ce qui n'est appuyé que sur la raisõ humaine, & non pas sur l'auctorité diuine & sur la Traditiõ de l'Eglise. Que c'est par cette regle que les Heretiques quelquesanciẽs qu'ils soient sont Nouateurs. Art. 9. Serm. 2. p. 7

Qu'il y a bien de la difference entre se separer de la Communion de l'Eglise, & s'esloigner de quel-

dit la mesme chose. p. 39.

Amour de Dieu, Loy nouvelle.

Que c'est vne chose estrange de dire que ce soit obliger les Chrestiens à vne trop grande perfection, que de les obliger à aimer Dieu. Art. 20. Serm. 2. p. 84

Combien est fausse l'imagination de ceux qui croyent que l'auantage de la Loy nouuelle par dessus l'ancienne, consiste en ce que dans l'ancienne on ne pouuoit estre sauué sans aimer Dieu, au lieu qu'on le peut estre dans la nouuelle, par le moyen des Sacremens, encore qu'on ne l'aime pas. Ibid p. 34

Que l'auantage de la L'oy nouuelle par dessus l'ancienne est quelle fait aimer. Art. 20. Serm. 2. p. 6. & suiuantes.

Que la Loy ancienne a esté donnée pour domptet l'orgueil des Iuifs, & les faire recourir à la Grace. Comment selon S. Augustin toutes les vertus sont Charité & amour de Dieu. Art. 22. p. 41

Concile de Trente.

V. Contrition. Et, I. C. mort pour tout le monde.

FIN.

PREFACE.

LES trois Sermons qui ont esté preschez en l'Eglise de Nostre Dame de Paris le premier & le dernier Dimanche de l'Aduent, & le Dimanche de la Septuagesime quelques iours auant le Caresme, touchant la matiere de la Grace, & le liure de Monsieur l'Euesque d'Ipre, ont fait vn si grand bruit parmy les Sçauans & parmy le peuple, & ont excité des pensées si differentes dans tous les esprits, qu'il n'y a personne qui ait le moindre ressentiment des choses de Dieu qui ne iuge qu'il est tres-vtile, voire necessaire d'en considerer auec soin les maximes principales, afin d'appaiser tous les troubles & tous les scandales qui pourroient inquieter les consciences, & ne permettre pas que les fidelles qui ne sont pas assez instruits dans ces Matieres, prennent la verité pour des erreurs, ou les erreurs pour la verité.

Si cette Question auoit esté agitée seulement dans vn liure, & non pas dans les predications publiques, il seroit moins dangereux de la laisser sans responsе; parce qu'outre que ces ouurages se font d'ordinaire en la langue de l'Eglise qui est la Latine, & ainsi ne sont leus & ne sont entendus que des Sçauans. En quelque maniere qu'escriue vn particulier, on le considere tousiours comme particulier, & il ne trouue autre creance dans les esprits, que celle qu'il s'acquiert par sa propre suffisance, & par la force & la solidité de ses preuues & de ses raisons. Mais lors qu'vn hõme parle dans vne chaire deuant vne multitude de personnes, dont la pluspart ne sçauẽt & ne croyent des Mysteres de nostre Foy que ce qu'ils en entendent dire à ceux qui les instruisent, s'il altere la verité en quelque chose, ou s'il iette quelque mauuaise impressiõ dans l'esprit de ceux qui l'escoutent: Il est dautant plus necessaire de les detromper, & de leur esclaircir ce qu'ils ignorent, que le respect qu'ils ont pour ceux qui exercent vne fonction si sainte & si diuine, fait qu'ils se laissent emporter aux moindres apparences de la raison, & qu'ils prennent toutes ses paroles pour des Oracles, principalement lors qu'il leur parle auec hardiesse & auec chaleur, & qu'il les asseure que les choses qu'il leur dit sont des articles de Foy, & des maximes constantes & indubitables de nostre Religion.

C'est pourquoy la premiere chose dont nous auons à nous plaindre de Monsieur le Theologal, c'est de ce qu'il a voulu publier les Mysteres de la Grace deuant le peuple, non pour luy apprendre le besoin qu'il a à tous momens de cette assistance diuine, & comme il la doit implorer sans cesse par les prieres, par le desir du cœur, par toutes les bonnes actions de la vie, en s'humiliant deuant Dieu qui la donne aux humbles, & la refuse aux superbes (qui est la veritable instruction qu'il leur deuoit donner sur ce suit, s'il vouloit imiter les Peres, & particulierement Saint Augustin, qui n'enseigne presque autre chose dans tous ses Sermons) mais pour y faire trouuer des absurditez & des sujets d'horreur & de scandales, en aigrissant par des termes durs & odieux, des veritez qui seroient receuës comme tres-Chatholiques, estant expliquées auec la discretion, & en la maniere que l'Eglise les a tousiours expliqueés.

Il deuoit considerer que c'est vn artifice qui a esté commun à tous les Heretiques anciens, que de rendre ainsi incroyables les plus grands Mysteres en les examinant par des considerations basses & humaines; & qu'encore aujourd'huy nos Heretiques p[illegible]nt plusieurs absurditez apparentes dans la Sacrement de l'Eucharistie, qui seroient capables de troubler ceux qui ne sont pas instruits dans la doctrine de l'Eglise, s'ils n'opposoient à l'incertitude & à la foiblesse de leurs pensées la constance & l'immutabilité de leur Foy.

Car si les Philosophes demeurent d'accord qu'il n'y a presque rien d'asseuré dans la connoissance des choses naturelles, & que celles mesmes qui sont les plus indubitables & les plus sensibles, sont exposées à de si granes difficultez, qu'elles excitent comme vn combat, & vne diuision entre nos yeux qui les voyent, & nostre esprit qui ne les peut conceuoir. Qui s'estonnera que des personnes qui ne sont pas esclairées par la science de Dieu, se laissent aisément esbloüir lors qu'on leur parle des choses inuisibles & spirituelles, qui sont plus esloignées de nostre imagination, & de nostre esprit, que le Ciel n'est esloigné de la terre selon l'Escriture; & que ceux qui leur veulent persuader leurs propres opinions forment aisément dans leur esprit des nuages qu'ils ne peuuent dissiper, & des doutes qu'ils ne peuuent resoudre?

Que si cela est vray generalement de tous les poincts de nostre Religion, combien l'est-il encore dauantage dans la matiere de la Grace que S. Augustin appelle *tres-sublime, tres-profonde, tres-difficile & intelligible à peu de personnes*, dans laquelle il dit que l'Apostre mesme a trouué *vn abysme qu'il ne sonde pas, mais dont il admire la profondeur* en s'écriant frappé d'vne horreur sainte & religieuse, *que les iugemens de Dieu sont impenetrables, & que ses voyes sont incomprehensibles.*

Et ainsi nous pouuons respondre tres-iustement à Mr Habert qui a publié dans ses Sermons, que la Doctrine de Monsieur l'Euesque d'Ipre troubloit & scandalisoit tous les fidelles: ce que le Prophete Elie respondit à vn Roy qui l'accusoit de la mesme chose, *Tu es qui conturbas Israël*, que c'est luy-mesme qui trouble & qui scandalise l'Eglise, puis que c'est luy qui a descouuert le premier aux simples fidelles les Mysteres de la Grace, & qui non seulement les a troublez en les leur descouurant, mais ne les leur a descouuert que pour les troubler, en leur representant cette Doctrine, auec tous les termes & toutes les expressions qui pouuoient la rendre odieuse à ceux qui ne la connoissent pas. 3. Reg. 18. v. 18.

Car quel scandale pouuoit produire vn Liure qui a esté fait pour les Sçauans, & qui a esté escrit en la langue des Sçauans? Qui pouuoit trouuer estrange qu'vn Euesque trauaillast pour l'Eglise? Qu'il prist la Grace pour Matiere, la Tradition pour Regle, Sainct Augustin pour Maistre, les Sçauans pour Arbitres, le Pape pour Iuge? Et qui ne s'estonnera au contraire, qu'vn particulier ose de sa propre authorité censurer vn Euesque? Qu'il responde à trois Tomes par vn Sermon; qu'il renuerse cinq cens passages de sainct Augustin en deux paroles, en disant *qu'on l'a mal entendu*, qu'il prenne le peuple pour iuge de la matiere la plus difficile de toute la Theologie, & qu'il responde en vne heure à vn Liure qui a esté fait en vingt-deux ans?

Certes il est aisé de decider des poincts de Theologie, lors qu'on en parle deuant des femmes, ou deuant des personnes qui ne sont pas instruites dans ces matieres; de proposer des argumens inuincibles, lors que ceux qui nous escoutent ne peuuent faire autre chose que de les escouter & de les souffrir; &

de former des objections sans responſe, lors que perſonne n'oſe nous reſpondre. Il eſt aiſé de combatre & de vaincre lors que l'on combat tout ſeul, & de dreſſer des trophées imaginaires apres des victoires imaginaires.

Ce n'eſt pas que ie ne ſçache que parmy le grand nombre de ſes Auditeurs, il ne ſe ſoit trouué quelques Theologiens fort habiles : mais ie ſçay auſſi que ce ſont eux qui ont ſouffert auec plus d'indignation qu'on abuſaſt ainſi de la credulité des ſimples, & qui euſſent eſté capables de renuerſer aiſement tout ce qu'il diſoit, s'il euſt eſté en vn autre lieu, & s'il n'euſt ſouſtenu la foibleſſe de ſes diſcours par la neceſſité de leur ſilence.

Que ſi cette ſeule entrepriſe de parler ainſi en chaire deuant le peuple contre vne doctrine ſi difficile dans ſa matiere, ſi ſolide dans ſes preuues, ſi inuincible dans ſon authorité, a paſſé dans l'eſprit de tous les hommes Sçauans pour vn deſſein peu digne d'vne perſonne prudente, la maniere dont il l'a executée a eſté ſi eſtrange & ſi inoüie, qu'elle paroiſtroit incroyable à tout le monde, ſi tout le monde n'en auoit eſté teſmoin.

Quand Monſieur l'Eueſque d'Ipre qu'il a traité ſi indignement, n'auroit eu rien de recommandable que ſa dignité d'Eueſque, il n'y a perſonne qui ait ſi peu de reſſentiment du Chriſtianiſme, qui ne iugeaſt que l'Egliſe n'ayant rien defini contre ſon Liure, cette qualité ſeule le deuroit mettre à couuert de toutes les iniures, & de tous les outrages de ſes aduerſaires. Mais quand l'on conſidere que ce Prelat a eſté regardé par tous ceux qui ont eu le bien de le connoiſtre cõme vn des plus grands perſonnages de ces derniers ſiecles, que ſa ſçience a eſté ſi profonde qu'elle l'eût rendu venerable auec vne mediocre vertu, & que ſa vertu a eſté ſi grande qu'elle obſcurciſſoit preſque l'eclat de ſa ſcience; qui ne s'étonnera qu'on ait oſé attaquer auec tant de meſpris vne perſonne en laquelle on a veu tout enſemble vne dignité ſi illuſtre, auec vn merite ſi extraordinaire.

Ceux qui ont parlé de luy apres ſa mort, & qui auoient eſté les teſmoins de ſes actions durant ſa vie nous le repreſentent comme vn de ces Sages, dont la multitude eſt le ſalut du monde. Ils publient qu'il a eſté la lumiere des Docteurs, le miroir des Eueſques, & vn modelle de pieté; Qu'il a paru comme vn Ange ſur la terre, qui auoit touſiours l'eſprit dans le Ciel, qui ne regardoit que Dieu ſeul, qui ne s'attachoit qu'à Dieu ſeul, &

Ces paroles ſont tirées de l'Oraiſon Funebre Latine qui fut faite à ſa mort par vn celebre Religieux de

qui ne se reposoit que dans l'amour de cette verité souueraine & immuable. Qu'on a veu dans luy, la temperance d'vn Religieux, la grauité d'vn Docteur, le courage & la generosité d'vn Euesque, & que son ardente charité l'a tousiours rendu le Pere des Pauures, l'azyle des affligez, & le protecteur des miserables.

l'Ordre de Premôstré, & qui estimprimée.

Il a trauaillé toute sa vie pour attirer dans son ame, par sa pieté & par ses veilles, des lumieres qu'il pût communiquer aux autres. Ils s'est acquis la science de la Theologie, dans la lecture de tous les Peres, où il a esté puiser la verité dans sa source, pour l'apprendre de ceux à qui Dieu mesme l'auoit apprise.

Il a leu Saint Augustin dix fois d'vn bout à l'autre, & plus de trente fois tous ses ouurages sur la Grace, & a esclaircy auec vn trauail infatigable, cette matiere la plus difficile & la plus importante de la Religion, & proposant aux fidelles, non les imaginations de son esprit, mais les maximes Catholiques & Apostoliques de ce grand Saint, authorisées par tant de Papes & de Conciles.

Il a deffendu le Saint Siege & toute l'Eglise contre les heretiques de nostre temps, par des excellens ouurages qui ont soustenu l'honneur de nostre Religion, & ont arresté l'insolence de ses aduersaires qui monta iusqu'à ce point que d'oser attaquer la seconde vniuersité de l'Europe, & la sommer d'entrer en dispute contre elle sur tous les points de nostre Foy, dans lesquels il a fait voir vne force d'esprit & vne solidité de science toute particuliere.

Il a esté reueré estant Docteur & Professeur en Theologie par tous les Theologiens d'vne Faculté celebre, l'ayant deputé en ses affaires les plus importantes comme vn Prestre esleu de Dieu, & comme son Ambassadeur pour porter la parole, & pour la deffendre dans les Conseils des Princes & des Roys; & ses escrits mesmes qui sont des Commentaires sur l'Ecriture, ayant esté desia imprimez deux fois auec l'estime de tous les sçauans.

Et enfin il a vescu de telle sorte qu'il s'est acquis vne reputatiō de saincteté dans l'esprit de tous ceux qui ont esté témoins de l'ardeur & de la pureté de son zele, & qu'il a esté regardé dans son Dioceze comme vne Image viuante de ces anciens Euesques, qui esclairant tous les autres par leur doctrine auoient encore plus de feu que de lumiere, & instruisoient plus

C'est ce que des premieres personnes de France ont tesmoigné n'aguere à toute la Cour

leur peuple par leur exemple que par leurs paroles.

Aussi des personnes sages & intelligentes ont dit auec grande raison, aussi tost qu'ils ont veu publier l'ouurage de ce Prelat, que ce liure estoit vne des marques les plus sensibles du soin auec lequel Dieu veille continuellement sur son Eglise ayant permis que les veritez de la Grace si importātes & si necessaires au salut des ames, ayent esté restablies dans ce siecle en leur premiere splendeur; & que la doctrine qui a esté la voix des Papes, & des Conciles en cette matiere a esté esclaircie si parfaitemēt douze cens ans apres cet excellēt Pere, & en vn temps auquel elle auoit esté tellement ou mesprisée ou obscurcie, que les vns auoient osé mesme rejetter ouuertement son authorité; les autres le trainoient malgré qu'il en eut en des opinions toutes differentes entre elles; & les autres pour s'eschapper de luy plus aisément, ne craignoient point de dire, qu'il auoit escrit si obscurement sur ce sujet, & qu'on en parloit si diuersement, qu'on ne pouuoit pas mesme bien reconnoistre qu'elle auoit esté son opinion.

Voila pour ce qui regarde la personne de Monsieur d'Ipre qu'on a traittée auec si peu de respect dans ses Sermons. Et pour ce qui est de son ouurage sans parler de la fermeté, & de la solidité de ses preuues qui le rend par soy-mesme inuincible & inebranlable, il a esté soustenu par vn si grand nombre d'Approbateurs qu'on a fait vn liure entier qui ne contiēt autre chose que leurs approbatiōs & les loüanges qu'ils luy ont dōnées.

Et pour toucher icy en peu de mots, ce qu'on peut lire plus au long dans ce recueil, il a esté approuué par Monsieur l'Archeuesque de Philippe Vicaire du Pape en Hollande, par six Docteurs de la Faculté de Paris, par quatorze des Facultez de Louuain, de Cologne, & de Doüay, par des Abbez des plus celebres Abbayes, par des Doyens des Eglises Cathedrales, & par des Pasteurs, & diuers Ecclesiastiques tres-habiles du Clergé des Pays-bas. Il a esté approuué par le Superieur des Peres de l'Oratoire en cette prouince au nom de tous les Theologiens de la Congregation, & par des anciens Professeurs en Theologie des ordres de Saint Benoist, de Premonstré, de Saint Augustin, des Cordeliers, des Capucins, des Carmes deschaussez, des autres Carmes, des Minimes, & d'vn Religieux mesme de l'ordre des Chartreux, qui a bien voulu interrompre le silence de sa solitude pour rendre gloire à la verité,

& pour tesmoigner les excellens fruits que ce liure produit dans les ames.

Monsieur l'Archeuesque de Philippe tesmoigne que cet ouurage de Monsieur d'Ipre n'enferme autre chose que la doctrine saine, solide, & Catholique de Saint Augustin, & qu'il sera tres vtile à ceux qui ayment la pieté veritable, & qui taschent de s'establir dans vne humilité vrayement Chrestienne.

Les Docteurs de paris publiēt qu'ils ont leu ce liure auec vne satis faction toute entiere: Que c'est vn ouurage plein de science, plein d'vne doctrine tres-pure & tres-Catholique; vn ouurage tres parfait, & tres-acheué, que Dieu a fait naistre en ce temps pour la consolation des fideiles, & le bien de son Eglise: Que Monsieur l'Euesque d'Ipre a esté choisi par vne particuliere prouidence de Dieu, afin d'establir dans son ouurage l'ancienne, & la veritable doctrine de l'Eglise.

Que descouurant ce qui estoit renfermé dans la foy des fidelles, dans les prieres qu'ils font à Dieu tous les iours, & dans ce grand Maistre de toute la Theologie, il a mis au iour ces Thresors cachez de la Grace auec vn tel succez, qu'on peut dire qu'il se trouuera à peine vn homme depuis Saint Augustin qui ait penetré auec plus de lumiere, & qui ait expliqué auec plus d'intelligence la perfection, & la vigueur de la nature humaine dans son integrité, sa foiblesse & ses playes profondes depuis sa cheute, & l'efficace & la necessité de la Grace que le Sauueur luy a aporté du Ciel pour la deliurer & pour la guerir.

Les Docteurs de Louuain asseurent que la doctrine du liure de Monsieur d'Ipre dans ses principaux points a tousiours esté la doctrine de leur Faculté, qu'elle a censuré il y a trente ans les opinions contraires, & que sur ce qu'on auoit fait courir le bruit quelque temps apres qu'elle auoit changé d'auis, elle protesta publiquement auec le consentement vnanime de tous ses Docteurs, qu'elle auoit tousiours esté dans ces sentimens, & qu'auec la grace de Dieu elle y demeureroit toujours.

Des personnes recommandables par leur suffisance & par diuerses charges Ecclesiastiques, tesmoignent que tant s'en faut que cette doctrine soit nouuelle comme on a voulu faire croire, que si on l'examine plus par l'authorité des Peres, & Canons des Conciles, que par les subtilitez de la Philosophie, on trouuera qu'elle est tres-ancienne, & que c'est la veritable doctrine de Saint Augustin, & de toute l'Eglise.

Le Superieur des Peres de l'Oratoire en Flandres parlant au nom de tous les Theologiens de sa compagnie, declare qu'ayant leu le liure de Monsieur d'Ipre, apres auoir leu auparauant presque tous les Ouurages de Saint Augustin; Ils confessoient tous d'vne voix qu'ils y auoient trouué l'esprit veritable de ce grand Saint represente auec vne Science & vne Pieté incroyable, & qu'il n'y auoit rien de plus injurieux au saint Siege que de feindre & de publier qu il arriueroit vn schisme dans l'Eglise si on n'arrachoit d'entre les mains de tout le monde ce liure qui est l interprete & le depositaire de la verité; & si on vouloit bannir sa doctrine laquelle les Escholes publiques embrassent auec ardeur, & auec vn commun consentement. *In quam scholæ publicæ communi ruunt amplexu.*

Des Professeurs commis par des Archeuesques pour enseigner la Theologie dans leurs Seminaires asseurent, Que ce grand Euesque n'a pas seulement possedé l'esprit, mais le cœur de Saint Augustin: Qu'il n'a pas seulement paru sur la terre comme vn homme remply de sagesse & de pieté, mais qu'on peut dire qu'il y a fait les fonctions des Cherubins & des Seraphins; Et qu'ainsi que la verité increée a produit le saint Esprit qui est l'amour eternel, qu'aussi cette doctrine Sainte, qui est vne emanation de cette verité souueraine produit l'amour & attire le Saint Esprit dans les Ames des Fidelles. Que c'est en vain qu'on publie que cet ouurage excite des diuisions dans l'Eglise, parce que la Doctrine qui apprend la charité aux hommes ne peut corrompre l'vnité qui est l'effect de la charité. Que ce n'est point diuiser les membres de l'Eglise, que de leur apprendre à s'vnir & à s'attacher plus estroittement à leur chef par le lien de la perfection & de la paix, & que c'est la doctrine d'Aristote, & non pas celle de Saint Augustin, qui produit ces troubles & ces inquietudes dans les ames.

Les Religieux de l'Ordre de Premonstré apres auoir rapporté le statut par lequel leur Ordre oblige tous leurs Professeurs de suiure tousiours Saint Augustin en la matiere de la Grace, declarent qu'apres auoir conferé le liure de Monsieur d'Ipre auec diuers ouurages de Saint Augustin, ils y auoient reconnu non seulement la veritable doctrine de ce Pere tres-clairement & tres-fidellement expliquée: mais mesme vne vertu admirable d'enflamer le cœur en mesme temps qu'il esclaire l'esprit; adioutans qu'ils ont veu vn grand nombre de Reli-

gieux

gieux & de Professeurs en Theologie, lesquels ayant leu cet ouurage le releuoient auec toute sorte de loüanges, & racontoient auec ioye les fruits, & l'auancement dans la vertu qu'ils auoient tiré de cette lecture si vtile, en disant qu'il leur sembloit qu'ils voyoient dans cette ouurage Saint Augustin descendu du Ciel parlant par la bouche de ce grand Euesque, soutenant auec vne force inuincible la grace de IESVS-CHRIST, & triomphant de tous ceux qui la combattent.

Et enfin tous ces Religieux de tant d'Ordres differens publient dans ces approbations qu'il n'y auroit rien si vtile pour restablir la pureté des mœurs dans ce siecle corrompu, & la perfection Euangelique, que de procurer que ce liure fût leu de quantité de personnes, qui trauaillassent en mesme temps à grauer cette doctrine dans leur esprit, & à la faire paroistre dans leurs actions. Que tout ce que Sainte Therese, & le B. Iean de la Croix ont escrit de la pieté est estably sur les fondemens de cette doctrine. Qu'ils ne l'ont iamais leu sans en tirer quelque fruit pour leur salut. Que ce Prelat est digne d'vn eternelle memoire; que son ouurage est vrayement diuin; Que si on le rejette, il faut necessairement rejetter Saint Augustin. Que si on treuue que cette doctrine est dure & fascheuse, il faut accuser non seulement S. Augustin mais Saint Paul mesme qui la represente auec des expressiõs encore beaucoup plus fortes; Et que si il y en a qui forment des diuisions à cause d'elle & qui scandalisent les autres, malheur à ceux qui sont les autheurs de ces scandales, mais que cependãt la verité demeure inesbranlable, ne portãt en elle mesme que la trãquillité & que la paix.

Et en fin ce bon Charteux mesme tesmoigne en son approbation pleine d'vne sincerité toute Chrestiẽne & Euangelique, qu'il a tellement gousté cette doctrine, qu'il ne peut trouuer des loüanges ny des paroles pour la releuer comme il desiroit; Que la lecture de ce liure luy a plus seruy pour son auancement dans la vertu, que tous les liures de deuotion, quoy qu'excellens qu'il auoit leus auparauant; & rapporte mesme qu'il connoissoit vn sçauant Theologien, lequel menant auparauant vne vie qui n'estoit pas assez eloignée des mœurs du siecle, aprés auoir leu quatre fois tout le liure de Monsieur d'Ipre s'estoit entierement conuerty à Dieu, & menoit vne vie toute pleine d'vne pitié rare & exemplaire.

Voila la maniere dont ce liure a esté receu parmy les Docteurs, & les plus celebres Theologiens du Pays-bas. Et pour ce qui est de la France sans parler de six Docteurs de la Faculté de Paris que ie viens de rapporter, & de celles de cinq autres Docteurs qui ont approuué vn liure petit en soy, mais plein de choses tres solides & tres excellentes composé par Florentius Conrius Archeuesque d'Hibernie, dans lequel il fait cõme vne chaisne de la doctrine & des propres paroles de Sainct Augustin touchant la Grace, & est dans tous les mesmes sentimens que Monsieur d'Ipre, quoy qu'il soit mort auant l'impression de son ouurage; sans parler dis-je de ces vnze Docteurs qui meritent bien d'estre aussi considerez que M. le Theologal. Il suffit de dire qu'il a esté admiré generallement par les plus sçauans hommes dans toutes les villes & les Vniuersitez de France: Qu'il a esté presché publiquement par l'autorité des Euesques malgré toutes les oppositions de ses aduersaires auec vne satisfaction incroyable des peuples, & vn fruit merueilleux pour la cõuersion des ames: Que des Docteurs celebres preschans les maximes de ce liure dans des premieres chaires de France, ont fait vne telle impression dans les cœurs, par la Grace & la benediction que Dieu respand sur cette doctrine Sainte, auec d'autant plus d'abondance quelques vns s'efforcent de l'opprimer, que des Archeuesques & des Villes toutes entieres les ont redemandez en corps pour leur prescher, & les ont preferez à tous les autres: Qu'vn Predicateur tres sçauant & qui presche la parole de Dieu auec grand succez & auec l'edification generale de tout le monde, a dit à Paris en pleine chaire, deuant l'vn des plus grands auditoires qu'on puisse auoir, qu'il soutiendroit, que les opinions dont on accusoit Monsieur l'Euesque d'Ipre, estoient celles de Saint Thomas, de Saint Augustin, & de l'Escriture Sainte. Et en fin que des Archeuesques & des Euesques tres illustres par leur suffisance aussi bien que par leur dignité font vne estime particuliere de ce liure, aussi bien que plusieurs Docteurs, des Pasteurs des Eglises, des Predicateurs tres-estimez, & des Religieux de la plus part des Ordres, qui en reuerent les sentimens comme n'estant que ceux de Saint Augustin, c'est à dire de la voix & de l'organe de l'Eglise en cette matiere; verifiant ainsi par la solidité de leur iugement, la parole que Monsieur d'Ipre a dite en ce mesme ouurage à la gloire de la France, *Que c'estoit vn pays plein de sçauans hommes, & qui connoissent parfaitement la doctrine ancienne de l'Eglise.*

Nous auons veu que'lle est la personne que M. Habert a entrepris de descrier, quel est l'ouurage qu'il s'est efforcé de destruire; Voyons maintenant de quelle maniere il a voulu vaincre tous ces obstacles & par quelles armes il a tasché de repousser des ennemis qui paroissent si puissans & si redoutables.

Non seulement il n'a pas eu le moindre respect pour vn Prelat de ce merite; mais il l'a traité comme le plus mesprisable & le plus criminel de tous les hommes. Il l'a fait passer par sa seule authorité pour *vn Heretique & vn Heresiarque*, qui forme de *nouuelles heresies*, ou qui *renouuelle les anciennes*: Qui a falsifié & corrompu la doctrine de Saint Augustin: Qui enseigne *des erreurs, des impietez & des blasphemes*. Il l'a representé comme vn monstre d'orgueil, qui *fait parler Saint Augustin en Ange Apostat*; Qui *fait vne transfusion de son esprit superbe dans ses escrits*; Dont *le liure merite d'estre bruslé en* greue, & qui deuroit estre frapé d'anatheme mesme apres sa mort.

Y a-til vn Chrestien qui puisse voir sans indignation qu'on traite auec tant d'outrage vn Euesque qui a paru comme vn des ornemens de ce Siecle, & de toute l'Eglise parmy les Euesques; Et neantmoins Monsieur le Theologal n'en est pas demeuré là: Et voyant bien que le grand nõbre de ceux qui ont approuué, & qui soustiennent la doctrine de Saint Augustin expliquée par Monsieur d'Ipre estoit capable d'effacer toutes les impressions qu'il pourroit respandre pour la descrier dans les esprits; Il s'est efforcé de flettrir par des injures atroces, aussi bien tous ceux qui approuuent & qui soustienent les opinions contenuës en cét Ouurage, que l'Ouurage mesme; pour faire voir qu'il n'espargnoit ni les viuans ni les morts, & qu'il n'estoit touché ni de respect ni de crainte, non plus pour les vns que pour les autres.

C'est pourquoy apres auoir auoüé que ceux qui sont dans ces sentimens sont des personnes d'vne vie exemplaire, & que leur vertu mesme semble passer iusqu'à la sainteté, il a voulu détruire toute leur reputation, en disant, *Que puis qu'il n'y auoit point de foy sans charité, & que ces personnes ont perdu la foy par leurs erreurs* (ainsi qu'il pretend) *toutes leurs vertus sont des vertus feintes, & de pures hypocrisies; Que tant s'en faut qu'ils ayent vne vertu Chrestienne, qu'ils n'en ont pas seulement vne Morale*. Il les a comparez à tous ces grands *Heresiarques qui ont caché le venin de leur Heresie sous vne pieté apparente*. Il a dit *que ce n'estoit plus aux Heretiques de Charenton qu'on auoit affaire, dont le party s'en alloit ruiné : mais contre les enfans mesme de l'Eglise, qui comme des Viperes deschiroient le sein de leur mere.* Il les a comparez à des Moyens fous & extrauagans. Il les a representez comme des personnes *ausquelles on peut appliquer aisement toutes les marques de l'heresie tirées de S. Paul.* Qui enseignent & publient *des impietez, des blasphemes & des heresies condamnées il y a douze cens ans.* Qui font *des assemblées, & des conspirations contre la Foy, que tout le monde sçait, & dont tout le monde est scandalizé,* Qui sont des *Heretiques subtils, n'ayãt pas les vices grossiers, mais les spirituels les plus detestables de tous.* Qui sont *remplis d'vn orgueil excessif, & d'vn autre vice qu'vn grand Theologien appelle vne luxure spirituelle, qui n'est autre chose qu'vn grand amour de soy mesme, qui est la qualité que saint Paul donne aux plus Heretiques;* & en fin qui *n'ont pas les vices des hommes, mais qui sont pleins des vices des Diables. Caremus vitiis hominum, abundamus vitiis dæmoniorum.*

Est-il possible qu'vn Prestre ait peu dire sans crainte, ce qu'on ne peut oüir sans horreur ? Qu'il ait si peu apprehendé les iugemens de Dieu & des hommes, que de traiter comme *Heresiarque* vn Prelat qui a defendu l'Eglise auec tant de gloire contre les Heretiques ; que de faire passer pour des *hypocrites* & des impies tant de personnes qu'il aduoüe, estre d'vne vie exemplaire, par-ce qu'ils soustiennent auec luy l'opinion de S. Augustin; d'entretenir le peuple de discours si peu charitables, au lieu de luy annoncer la parole de DIEV, d'exciter dans l'esprit des simples des troubles & des scandales, au lieu de les instruire de ce qui regarde leur salut, & de dechirer la reputation de tant de personnes illustres & venerables dans l'Eglise, pour satisfaire, ou à quelque animosité secrete, ou à des interests cachez.

Car il est important que le public sçache la veritable cause qui a porté Monsieur le Theologal à condamner auec tant de chaleur la doctrine de Saint Augustin, dont il auoit autrefois approuué les principales maximes en approuuant le liure du P. Gibieuf Docteur de Sorbonne, & vne des plus grandes lumieres de la Congregation de l'Oratoire. Il y a quelques années, que le Pere Sirmond Iesuite, s'estant meslé dans la querelle que cet Illustre Theologien, qui a voulu demeurer caché sous le nom de Petrus Aurelius, auoit entrepris contre ses

Confreres pour la defense des Euesques de France,&de la Faculté de Theologie de Paris,Monsieur le Theologal pour gratifier ce Pere qui estoit pour lors Confesseur du Roy, sans considerer ny l'interest de la verité ny celuy d'vn Corps dont il a l'honneur d'estre membre,&sans regarder la part que Messeigneurs les Euesques & en particulier Monseigneur de Paris son Archeuesque, pouuoient prendre dans la cause d'vne personne qui les auoit defendus d'vne maniere si noble contre les Libelles & les Satyres outrageuses des Iesuites, se voulut declarer l'approbateur d'vn ouurage, qui ruine presque tous les sentimens Catholiques touchant le Sacrement de Confirmation,&qui est plein d'vne infinité d'erreurs. Aurelius estant obligé de respondre à ce liure pour ne pas abandonner le parti de la verité qu'il auoit iusques alors si genereusement soustenu, fit vn liure excellent intitulé *Orthodoxus*, qui a eu cet honneur rare, d'estre authorisé par l'Assemblée generale du Clergé de France, &imprimé par son ordre & à ses despens,auec tous ses autres Ouurages. Et il se creut obligé de dire vn mort dans cette responses au pere Simond de cette approbation de Monsieur Habert, se plaignant que deux Docteurs eussent voulu approuuer vn Liure, que les propres confreres de l'Autheur n'ont pas seulement osé approuuer, & qu'ils l'eussent fait contre le sentiment de leur corps,qui auroit condamné les nouueautez prophanes du Pere Sirmond, s'il n'en eût point esté empesché par des puissances superieures, & sans obseruer les formes de la Faculté, qui ne souffrent point que l'on approuue de Liure sans luy en demander permission; ce que ces deux Docteurs n'auoient ozé faire en cette rencontre.

Cette plainte d'Aurelius, quoy que tres-iuste & tres raisonnable, a si fort aigri l'esprit de Mr le Theologal, qu'il ne s'est pû empescher de recognoistre deuãt ses amis, que c'estoit pour se vanger d'Aurelius, qu'il auoit entrepris de décrier le Liure de Mr d'Ipres à cause que celuy que l'on soupçonne d'auoir escrit sous ce nom deuenu si celebre & si glorieux, a esté amy de ce grand Euesque, & passe dans l'esprit des gens habiles pour l'vn des hommes du monde le plus esclairé dans la doctrine de sainct Augustin. Et c'est pourquoy il ne s'est pas contenté de le déchirer en la personne de son amy, ou parmy la foule de ceux qui soustiennent les opinions qu'il a condamnées dans les sermons, & qui estiment le Liure contre lequel il a tant parlé; mais pour tesmoigner l'animosité particuliere qu'il auoit contre luy, il attaque en particulier son Catechisme, & si fort hors de propos, qu'il paroissoit bien, selon la pensée du Fils de Dieu, que la bouche parloit de l'abondance du cœur. Ce qui a d'autant plus surpris beaucoup de personnes de condition, qu'ils sçauoient qu'auant que le Liure d'Aurelius qui a alteré son esprit, eust paru au iour, il auoit parlé tres-auantageusement de celuy contre lequel il tesmoigne aujourd'huy vne grande passion, & qu'il leur auoit rendu ce tesmoignage si glori ux pour vne personne persecutée, que beaucoup de ses papiers luy ayant esté mis entre les mains pour les voir, & pour les examiner non seulement il n'y a rien trouué que de tres-excellent, mais qu'il n'y auoit rien veu qui ne fust admirable & tres-Catholique, & égal aux productions des anciens Peres.

Voila l'origine de tous ces tumultes par la propre confession de Monsieur Habert, & la vapeur dont se sont formez ces Orages; quoy que l'on n'ignore pas qu'il ne s'y soit pû mesler quelques impressions estrangeres, comme l'on sçait que les puissances de l'Air se meslent souuent dans les orages qui s'y excitent par les exhalaisons de la terre.

Mais parce que la Passion ne nous peut faire escarter du droit chemin de la verité qu'en nous jettant dans des precipices, nous ferons voir dans la suitte de ce discours, que Monsieur le Theologal a soustenu de telle sorte vn dessein conceu par vn desir de vengeance, que ceux qu'il accuse n'ont qu'à produire la maniere dont il les accuse pour iustifier leur innocence & pour condamner son action.

On y verra des Conciles supposez, des passages de l'Escriture alterez, des veritez Catholiques condãnées cõme des erreurs & des erreurs publiées cõme des veritez Catholiques & des articles de foy; des endroits d vn autheur celebre falsifiez, des crimes horribles imposez à vn grãd Euesque, qui dit en termes formels tout le contraire de ce qu'on luy fait dire; Et en fin vn si grand renuersement de toutes choses, qu'il est aisé de reconnoistre la main de Dieu en cette rencontre, qui aueugle de plus en plus ceux qui veulent bien s'aueugler eux mesmes.

Aussi la maniere dont il a attaqué cet ouurage a esté si basse & si peu digne, non seulement d'vn Theologien, mais du moindre Philosophe, qu'il paroist bien que la violence de sa passion ne luy a pas permis d'agir auec toute la clairté de son esprit. Car la dispute qui s'est émeüe sur le suiet du liure de Monsieur d'Ipre estant proprement vne question de fait, sçauoir si ce sçauant Euesque qui n'a eu autre dessein, comme il le témoigne en plusieurs endroits que de proposer à l'Eglise l'opinion de Saint Augustin, laquelle il establit sans cesse par vne infinité de passages & par vn enchaisnement & vne suite necessaire de ses principes & de sa doctrine; a bien rapporté, bien entendu, & bien expliqué les paroles & les maximes de ce Pere: Monsieur Habert s'est contenté de dire voyant bien, qu'il ne s'agissoit que de ce point, que ce liure intitulé par M. d'Ipre, *Augustinus, n'estoit pas le Veritable Saint Augustin mal entendu, mal expliqué, mal allegué*, & n'a apporté nulles autres preuues pour establir sa proposition que sa proposition mesme; croyant peut-estre que ses paroles sont comme celles de Dieu, qui font ce qu'elles disent, ou qu'on les escouteroit comme celles de l'Eglise ausquelles on ne peut resister sans estre heretique, & qu'on diroit de ceux qui auroient la hardiesse de s'y opposer, *Sit tibi sicut & ethnicus & publicanus.*

De sorte que s'imaginant auoir renuersé en vn moment par souffle de ces trois paroles, vn ouurage basty sur la pierre, & qui n'a esté acheué qu'apres vn trauail de vingt deux ans, non seulement il n'a pas prouué la seule chose qu'il deuoit prouuer: mais il n'est pas seulement entré dans la question dont il s'agist, & s'est contenté de faire des exclamations, & des apostrophes au peuple, prenant à tesmoins les Sçauans & les ignorans, comme les maximes de ce liure estoient des erreurs, des impietez & des blasphemes, ne considerant pas que iusqu'à ce qu'il feroit voir qu'on eût alteré vne infinité de passages de Saint Augustin, qui parle incessamment dans cet ouurage, ces erreurs pretenduës passeroient pour les impietez & les blasphemes de ce grand saint, & tout ensemble de l'Eglise Romaine qui nous a apris par la bouche de 12. Papes, à prendre ce Pere pour le Maistre de tous les Fidelles dans la matiere de la Grace, & de reuerer tousiours en luy l'authorité que le Saint Siege, & tant de Conciles luy ont donnée.

Que s'il y eut iamais vn iuste suiet de parler dans l'Eglise, nous pouuons dire que c'est celuy-cy dans lequel il faut deffen-

de la Grace de Iesus-Christ, qui est l'ame & l'essence de nostre Religion, qui est la fin & le fruit de l'Incarnation du Fils de Dieu, qui est le prix du Sang du Sauueur, qui est la gloire de Dieu & la felicité des hommes. C'est pourquoy Saint Iean voulant marquer la nature des deux loix en les opposant l'vne à l'autre, dit que la loy a esté donnée par Moyse, & que la Grace & la verité a esté faite par IESVS-CHRIST, enfermant dans ce mot de Grace toute la loy nouuelle, & marquant qu'elle est en cela differente de la vieille loy; qu'elle n'est pas seulement donnée de Dieu, mais qu'elle est faite & formée par son esprit dans le cœur des hommes, où il produit les mouuemens veritables d'amour & de charité, qui sont proprement la loy nouuelle, & la grace de IESVS-CHRIST. Ce qui est conforme à ces deux paroles de Saint Paul, l'vne que la charité, c'est à dire la Grace, est la plenitude de la Loy; & l'autre que la Loy nouuelle est escrite par le doigt de Dieu qui est son Saint Esprit, dans des tables de chair, c'est à dire dans nos cœurs, au lieu que la vieille Loy n'a esté escrite que sur des tables de pierre.

Il s'agist de detromper les fidelles qu'on a abusez dans la matiere la plus importante pour leur salut; de defendre vn grand Euesque dont on veut noircir la memoire qui sera tousiours en benediction parmy les iustes; de soustenir tant de Prelats & tant de personnes si considerables dans l'Eglise qu'on a deschirez comme des Pharisiens & des Hypocrites, & de iustifier les S. mesmes qui reignent dans le Ciel, dont on a voulu faire passer les maximes les plus constantes & les plus Catholiques pour des impietez & des blasphemes.

Nous n'auons point voulu agir auec la moindre precipitatiō dans cette affaire; encore que la defense d'vne cause si legitime nous donnast vne liberté toute entiere, nous l'auons attendu auec patience iusques à la fin, quoy qu'auant sa troisiesme action nous eussions entre les mains vne response, laquelle estant publiée, eust peut-estre arresté, ou au moins vn peu temperé l'ardeur de son zele. Apres son premier Sermon qui estonna toutes les personnes moderées, on croyoit qu'vne passion si violente ne dureroit pas, & qu'il paroistroit plus moderé en celuy qu'il deuoit faire en suite, mais le second fut encore plus violent que le premier. Apres le second que nous sçauons auoir offensé quelques-vns de ses amis mesme, on croyoit que

ce sera

ce feu s'esteindroit en fin, & que Mr Habert seroit arresté par le grand trouble qu'il auoit excité dans les consciences; mais le troisiesme fut encore plus remply d'iniures & d'outrages, que ny le premier ny le second.

Tout le peuple a esté tellement espouuenté par ses Sermons, qu'ils demandoient en sortant s'il y auoit d'autres Heretiques en France que ceux de Charenton. Et nous sçauons qu'vn Predicateur estimé dans Paris apres l'auoir entendu, a dit à vne personne considerable dans l'Eglise, qu'il estoit vray qu'il n'auoit pas peu encore se rendre tout à fait à tous les sentimens de Monsieur d'Ipre: mais que pour ce qui est du Sermon de Monsieur Habert, il falloit auoüer que c'estoit vne action insolente & indigne d'vn homme de sa qualité.

Monsieur l'Archeuesque mesme s'est creu obligé de publier vn mandement expres pour arrester ces troubles & ces scandales, dans lequel il a marqué particulierement les accusations d'erreur & d'heresie, & les iniures auec lesquels Monsieur le Theologal a deschirez ceux qu'il attaquoit dans ses Sermons.

En quoy il semble qu'il se soit rendu d'autant plus coupable qu'il a scandalisé l'Eglise, non seulement par son action, mais aussi par son exemple, sa hardiesse ayant excité celle des autres qui n'ont pas craint de faire apres luy, ce que luy seul a osé faire le premier sans aucun exemple. Et nous sçauons que des persõnes de tres-grande authorité dans l'Eglise, se sont plains souuent de l'indignité de ces outrages, & que leurs plaintes ont esté iusques à Rome.

Certes s'il est permis à vn particulier de s'emporter impunément dans vne hardiesse si inoüie, de fouler aux pieds tout le respect qu'on doit aux puissances les plus saintes, & les plus inuiolables; de ne censurer pas seulemẽt les opinions, mais les personnes que l'Eglise a souuẽt espargnées apres mesme auoir censuré les opinions, & de ne condamner pas seulement les personnes, mais les noircir par des iniures espouuantable, & qu'on n'ose presque rapportor; nous pouuons dire que tout sera permis desormis, & qu'il ne restera plus aucun moyen pour arrester la licence de ceux qui violeront quand il leur plaira les choses les plus Sainctes, & les plus Diuines, pour satisfaire ou leurs passions, ou celles des autres.

Si Monsieur le Theologal auoit accusé tout ceux qui soustiennent la Doctrine de Monsieur d'Ipre d'estre homicides, où d'estre dans les vices qui des honorent le plus deuant les hommes, tout le monde croiroit que tous ceux qui seroient capables de parler ou dagir pour eux, seroient obligez de les defendre. Et maintenant il ne les accuse pas de'stre homicicides d'vn homme, mais de la verité qui est Dieu mesme; il ne les accuse pas d'estre pleins des vices sensibles, qu'il reconnoist estre les moindres, mais des vices spirituels, qu'il auoüe estre les plus detestable, & du crime de l'heresie, qu'on doit tousiours repousser, & dans lequel la patience nous est interdite, selon Sainct Hierosme; & nous souffrirons qu'on noircisse de la sorte tant de Prelats, c'est à dire ceux qui sont les chefs de l'Eglise, les conducteurs des fidelles, les amis de l'Espoux, les Anges visibles, le Ambassadeurs du Ciel, le sel de la terre, & la lumiere du monde? Nous souffrirons qu'on traitte les dispensateurs des vertus Chrestiennes comme des Maistres de l'erreur & de l'impieté; Les colomnes de nostre Religion, comme des protecteurs des anciennes heresies; Les Ministres de IESVS-CHRIST comme plus dangereux que les Ministres de Charenton; Les Peres de l'Eglise comme des viperes qui deschirent son sein; les Predicateurs de la paix cõme les autheurs des diuisions & des scandales; & ceux que leur charge rend les modelles des vertus des hommes comme remplis des vices des Diables.

Il faut donc nous efforcer de donner quelque lumiere en cette rencontre pour appaiser de si grands troubles, & pour iustiffier l'innocence de tant de personnes accusées. Il faut essuyer cette tache qui pourroit ternir en quelque sorte la gloire d'vn Royaume Chrestien, & si plein de Sçauans hommes: Si on souffroit qu'vn particulier déchirast ainsi impunément, outre tant de Prelats François, des Archeuesques, de Euesques, & tant de Theologiens habilles des Prouinces estrangeres, parce qu'ils suiuent la doctrine de S. Augustin, autherisée par tãt de Papes, & qu'il destruisist les principaux mysteres de la Grace sans que personne s'y opposast, parlant en chaire dans la premiere Eglise de la premiere ville de France; & comme Dieu par vn ordre secret de sa prouidence & de sa iustice, qui reluit d'autant plus dans les actions qui paroissent fortuites, qu'elles ne dependent que de luy seul, & que les hommes n'y ont nulle part, a rendu funeste le iour de son second Sermon, ayant permis qu'vn quart d'heure apres le sang d'vn homme fust respandu dans la mesme Eglise permettant ainsi que la sainteté de son Temple fust prophanée, comme pour punir la prophanation qu'on venoit de faire de sa Verité, qui est encore plus sainte que le Temple mesme.

Il faut ainsi que nous laissions vne marque & vn tesmoignage à tout le monde, que nous auons esté touchez d'vne iuste indignation à la veüe d'vne entreprise si estrange, que nous ne sommes pas demeurez muets, lors que l'on a parlé hautement & publiquement contre la Grace qui nous rend Chrestiens, & contre tant de personnes Illustres & Venerables; que nous auons esté sensibles aux interests de Dieu, & que nous n'auons pas creu lors qu'il s'agissoit de defendre sa cause que l'indiference fût vne vertu, ny que le silence fût vne sagesse & enfin que nous auons fait ce que sa loy demande de nous pour nous opposer à vne action, qui a esté si scandaleuse à son peuple, si pernicieuse à sa verité & si iniurieuse à son Eglise.

Il ne me reste plus rien à dire, sinon que pour ce qui est des extrits de ces Sermons, nous les auons faits auec vne telle fidelité, que nous n'auons mis du premier qu'vne seule parole qui nous a esté rapporté & confirmée par des personnes tres-dignes de foy; Du second ce que nous y auons remarqué estans plusieurs ensemble qui l'ascoutoient; & du troisiesme ce qui a esté escrit soubs luy, par vne personne qui marquoit en l'escoutant tout ce qui regardoit cette dispute. Mais il y a tant de Sçauans Theologiens qui se souuiennent fort bien de ce que Monsieur Habert a dit en ses Sermons, & qui le reconnoistront aisément dans ses extraits, que nous ne desirons rien tant, sinon qu'il nous accuse de luy auoir fait dire, ce qu'il n'a pas dit, afin qu'il condamne luy mesme ses propres Sermons & qu'il leur oste ainsi la creance qu'ils pouuroient auoir acquise dans l'esprit des simples & des ignorans. Nous n'y auons pas mesme voulu mettre vne parole que plusieurs nous ont asseuré qu'il auoit dite, parce que nous ne l'auions pas si bien remarquée que les autres, qui est, que le liure de Monsieur d'Ipre n'estoit qu'vne histoire. Ce que nous sçauons auoir esté desia dit par quelques-vns qui croyoient rabaisser ainsi cet ouurage quoy qu'il n'y ait rien de si glorieux à ce Prelat, que de dire qu'il n'a fait qu'vne histoire de la Grace n'ayant rien auancé de luy mesme: mais ayant rapporté seulement ce que les Peres, &

les Conciles ont estably sur cette matiere, selon cette maxime si constante qui est l'appuy de nostre Religion & la ruine de toutes les heresies, qu'il ne faut donner aux autres que ce que nous auons receu des Peres qui nous ont precedé, & ce qui est venu à nous de Siecle en Siecle par la suite & comme par le canal de la tradition Ecclesiastique.

Mais pour luy oster tout suiet de plainte, s'il se defie de nostre exacteté à receüillir ses Sermons, il peut escrire ses pensées & les signer; & sur tout nous le supplions de nous faire part de la refutation de ces trentes ou quarantes erreurs qu'il a dit dans son troisiesme Sermon auoir remarquées dans le liure de Monsieur d'Ipre, afin que s'il a découuert quelque nouuelle inuention pour nous faire voir tant de taches dans ce Soleil, nous nous rendions aux lumieres d'vn homme si clair voyant, & que si au contraire sa veuë estant vn peu toublée par les nuages de la passiõ, luy a fait prendre les veritez pour des erreurs, comme il a fait dans ses Sermons, nous taschions auec toute la moderation possible de le détromper charitablement, & de maintenir la pureté de la doctrine celeste de Saint Augustin, contre les foibles raisonnemens d'vne vaine Philosophie.

APOLOGIE POVR MR IANSENIVS EVESQVE D'IPRE.

Contre trois Sermons de Monsieur Habert, Theologal de Paris, prononcez dans Nostre Dame le premier & le dernier Dimanche de l'Aduent 1642. & le Dimanche de la Septuagesime 1643.

PREMIER SERMON.

CE n'est plus aux Heretiques de Charenton que nous auons affaire. C'est vn party qui s'en va ruyné. C'est contre les enfans mesmes de l'Eglise que nous deuōs combattre, qui, comme des viperes déchirent le sein de leur Mere. Ils disent qu'ils ont la Charité, mais la Charité sans la Foy, n'est rien.

L'Auteur de cette Apologie n'ayant point assisté à ce premier Sermon n'en a pû rien apprendre de certain & de particulier, que ces paroles qu'vn Docteur en Theologie qui y estoit present, luy a raportées.

RESPONSE.

EST-IL possible qu'on ne soit pas touché de douleur, de voir que la passion agisse si puissamment sur l'esprit des hommes, qu'elle leur fasse oublier leur condition, & le rang qu'ils tiennent dans l'Eglise, qui n'est que celuy de Docteurs particuliers, & les porte à entreprendre de se rendre Iuges des Euesques, & de condamner vn grand Prelat, & ceux qui suiuent auec luy la doctrine de sainct Augustin, comme s'ils estoient des Heretiques, & des Schismatiques, qui n'ont ny la Foy, ny la Charité; qui déchirent le sein de leur Mere, & qui sont plus dangereux que les heretiques de Charenton.

Monsieur le Theologal deuoit craindre qu'accusant auec

tant de violence & tant de scandale des hommes celebres par leur pieté & leur suffisance, d'estre Heretiques, il ne fit conçeuoir à ceux qui ne le connoissent pas des pensées desaduantageuses à sa reputation, & cötraires à l'opinion qu'on doit auoir, non seulement de la charité d'vn Chrestien, mais mesme de la sagesse & de la moderation d'vn homme d'honneur; Et que reprochant à ses freres d'estre Schismatiques, il ne se rendist luy-mesme coupable de schisme; puisque c'est faire schisme dans l'Eglise, que d'entreprendre de luy arracher ses membres sans aucune autorité. Cette entreprise a paru d'autant plus hardie, qu'elle estoit formée contre vn grand nombre de Prelats & de Theologiens, tant du Clergé, que de diuers Ordres Religieux, qui suiuent la doctrine ancienne de l'Eglise, & des plus grands Saincts qui ayent escrit de la Grace: Et d'autant plus scandaleuse, qu'elle s'est produitte au iour dans la Chaire publique de la Ville capitalle du Royaume.

Ainsi Monsieur Habert doit apprehender, qu'on ne luy reproche à luy-mesme, qu'il dechire le sein de sa mere, puis qu'il déchire ses enfans, & que la mere sent toutes les blessures que l'on fait à ceux quelle enferme dans son sein, qui sont nez, qui ont vescu, & sont morts entre ses bras, comme a fait Monsieur l'Euesque d'Ipre, & qui ont voulu demeurer vnis inseparablement auec elle apres leur mort mesme, en luy remettant le iugement de leurs Ouurages & en voulaut que leur esprit, qui reside dans leurs Liures, soit eternellement sousmis à l'Esprit de Dieu, qui reside dans l'Eglise.

SECOND SERMON.

ARTICLE PREMIER.

APres auoir vn peu parlé de la lumiere & des tenebres, il commença aussi-tost à s'écrier: *Nouuelle lumiere d'erreurs, esteins-toy si on te peut appeller nouuelle, puisque tu as esté tirée du tombeau de tant de vieilles heresies, condamnées il y a douze cens ans.*

RESPONSE.

MOnsieur Habert eust pû employer vtilement vne partie de son Sermon à marquer ces vieilles heresies, & les Conciles qui les ont condamnées il y a douze cens ans, plutost qu'à s'estendre en des discours vains, & qui ont paru n'estre pas assez conformes à la science & à la solidité qui doit reluire dans les paroles d'vn Predicateur de l'Euangile. Car ne s'estant pas éclaircy sur ce poinct dans la suitte de son Sermon, il donna sujet de douter aux personnes habiles qui l'oüyrent, si les nouuelles lumieres qu'il tesmoignoit auoir euës sur ce suiect, n'estoient point des nuages formez par la chaleur de certaines impressions secrettes qu'il eust receuës, qui luy eussent fait voir de vieilles heresies qui ne sont point, & qui ne furent iamais, & l'eussent empesché de voir les Veritez anciennes & orthodoxes touchant la Grace, expliquées par Saint Augustin, embrassées par l'Eglise Romaine, & tous les Peres de l'Eglise, depuis douze siecles, & rapportées auec vne fidelité merueilleuse par Monsieur l'Euesque d'Ipre.

ARTICLE SECOND.

IL y a trois choses qu'on peut considerer dans la Foy: Verité, Vnité, Bonté, ou Sainteté. Nous auons parlé de la Verité à l'autre Sermon. Nous parlerons aujourd'huy de l'Vnité. Il y a dans la Foy, vne Vnité qui r'allie, & dans l'erreur vne Vnité de diuision.

RESPONSE.

CEluy qui veut parler de l'Vnité de la Foy doit prendre garde auant toutes choses de ne la pas violer luy-mesme. Et c'est la violer que de condamner comme Heretiques, & Schismatiques ceux que l'Eglise enferme dans son Vnité, & qui l'ont deffenduë tres-glorieusement contre ses ennemis, comme a fait feu Monsieur l'Euesque d'Ipre, par des Liures excellens, & en des occasions tresimportantes. Ce que Monsieur le Theologal n'a pas encore fait; iugeant peut-estre, que le party des Heretiques de Charenton, qui est le mesme que celuy de ceux de Hollande, est trop prest d'estre ruïné pour meriter qu'il se donne la peine de les combattre, & que son zele est mieux employé contre les deffenseurs de la doctrine de saint Augustin, que contre les ennemis publics de l'Eglise.

ARTICLE III.

LA Singularité est vn vice dans les Mœurs, & encore plus dans la Foy.

RESPONSE.

IL n'y a point de plus grande Singularité dans les Mœurs & dans la Foy, que de condamner publiquement, de son authorité priuée, ceux que personne n'a encore osé condamner de cette sorte. Et c'est ce qui seroit difficile, de ne pas attribuer en la personne d'vn particulier à vne grande presomption, si l'on ne sçauoit qu'vn grand engagement dans les passions d'autruy, peut donner autant de hardiesse, qu'vne grande opinion de soy-mesme, ou vne grande authorité.

ARTICLE IV.

CEtte singularité vient d'vn orgueil extraordinaire, & d'vn autre vice, qu'vn grand Theologien apelle vne luxure spirituelle, qui n'est autre chose qu'vn grand amour de soy-mesme. C'est pourquoy entre les marques que Saint Paul donne de ces Heretiques, il les apelle, seipsos amantes. *Et ailleurs, il designe les Heretiques par ces paroles :* Siquis aliter docet &c. *Voyons donc ces nouuelles opinions qu'on veut perfidement glisser dans les esprits des fidelles. Si le temps me le permettoit, il me seroit facile de leur apliquer toutes les autres marques de l'heresie tirées de Saint Paul. Mais ie m'arreste à la premiere marque qu'on y trouue qui est la Nouueauté. Si on doit appeller Nouueauté, de vieilles heresies qu'on à ressuscitées. C'est plustost Singularité.*

RESPONSE.

Quelles sont les opinions qu'on apelle Nouuelles dans l'Eglise.

ON appelle, Nouueau, dans l'Eglise tout ce qui n'est appuyé que sur la raison humaine, & non pas sur l'autorité diuine, & qu'on ne peut faire remonter par le canal de la Tradition iusqu'aux Apostres & à Iesus-Christ, qui est la source de toute Verité. C'est par cette regle que nous demeurons inuiolablement dans l'vnité d'vne mesme Foy. C'est par elle que nous conuainquons les Heretiques qui nient aujourd'huy la realité du sainct Sacrement d'estre Nouateurs, encore qu'il y ait plus de cinq cens ans que leur opinion ait esté soustenuë par Berenger, & que nous condamnons encore de Nouueauté l'heresie des Ariens dans Seruet, & dans ses Disciples, quoy qu'il y ait plus de treize cens ans, qu'elle a commencé, & qu'elle ait souleué pour elle la plus grande partie du monde.

C'est pour cette raison, que sainct Augustin appelle son opinion de la Grace qu'on accusoit de son temps d'estre Nouuelle, *Vne ancienne Verité, Antiqua Veritas.* Et que Monsieur le Theologal mesme a reconnu que nostre Foy doit estre la Foy des anciens Peres de l'Eglise, *Fides Patrum.*

Cette regle estant suposée comme certaine, puis qu'elle ne peut estre combattuë que par les Heretiques, qu'elle rend conuaincus d'erreur & de nouueauté, nous ferons voir premierement dans la suitte de ce discours, Que les points que Monsieur Habert condamne dans Monsieur l'Euesque d'Ipre, comme des impietez & des blasphemes, sont en termes formels les opinions de sainct Augustin & des autres Peres: En suitte nous luy prouuerons à la fin de cette Apologie: Que cette doctrine est venuë par la Tradition des Apostres jusqu'à sainct Augustin qui l'appelle toûjours la Foy Catholique, & Apostolique. Que depuis luy elle a esté de siecle en siecle enseignée par les Peres, authorisée par les Papes, consacrée par les Conciles, qui en ont fait leurs Canons: Qu'apres auoir esté la doctrine de l'Eglise vniuerselle durant pres de huit cens ans, Sainct Bernard l'a suiuie en tous ses points cóme les autres Saints qui l'ont precedé : Qu'apres luy, les Chefs des Theologiens Scholastiques l'ont embrassée: Que depuis quarente ans mesme, vn Pape l'a proposée comme l'vnique regle de tous les sentiments qu'on doit auoir sur la Grace : Et qu'au contraire, l'opinion qu'on oppose à celle-cy comme la Foy ancienne de l'Eglise a esté inuentée en ses principaux poincts par vn Theologien particulier, qui se vante luy mesme qu'elle est nouuelle, & qu'elle a esté inconnuë à toute l'Antiquité: Que ses Confreres l'ont reconnuë pour nouuelle: Que des Ordres entiers l'ont attaquée comme nouuelle : Que des Facultez tres celebres l'ont censurée comme nouuelle: Et qu'ainsi, il n'appartient qu'à celuy qui veut faire passer les sentimens de saint Augustin sur la Grace pour des blasphémes, & ceux de Fauste, Semipelagien pour des articles de Foy, de soustenir, qu'vne opinion authorisée par toute l'Eglise depuis plus de douze cens ans est nouuelle, & qu'vne autre qu'vn particulier se glorifie d'auoir inuentée depuis soixante ans, est ancienne.

Mais ce qu'il y a icy de plus remarquable c'est que Monsieur le Theologal qui a fondé ses principales accusations contre Monsieur d'Ipre sur ce qu'il croit que ses sentimens ne sont pas conformes à ceux qui s'enseignent communement dans les Escoles, a approuué autrefois deux liures dont les veritez de l'vn, & les erreurs de l'autre, sont autant ou plus contraires aux opinions ordinaires des Scholastiques, que les sentimens de saint Augustin expliquez par ce grand Euesque.

L'vn de ces Liures est celuy du P. Gibiœuf, De la Liberté de Dieu & de la Creature, qui contient le principal poinct de la doctrine de Monsieur d'Ipre, & le plus contraire aux opinions de l'Eschole, sçauoir, Que la Liberté ne consiste pas dans l'indifference du bien & du mal, ny mesme dans celle d'agir, ou de ne pas agir, comme presque tous les hommes se l'imaginent d'ordinaire. Ce Liure explique encore beaucoup de choses fort belles touchant la puissance inuincible de la Grace de Iesus-Christ sur le cœur de l'homme, que Monsieur le Theologal condamne auiourd'huy auec autant de chaleur, qu'il auoit autrefois tesmoigné de zele en les approuuant.

L'autre Liure est le second Anthirrheticus du P. Sirmond, remply d'heresies, & d'vne infinité d'erreurs contre le Sacrement de Confirmation que Monsieur Habert ne sçauroit desaduouër estre pour le moins des opinions si nouuelles, qu'aucun Catholique ne les a iamais enseignées. Et ce qui merite d'estre remarqué, c'est qu'il a presché autrefois publiquement pour la deffense de ce Liure de la mesme sorte qu'il fait auiourd'huy contre celuy de Monsieur d'Ipre, comme si l'obligation que sa charge luy donne de prescher trois fois l'année, ne deuoit seruir qu'à contenter ses differentes passions.

C'est pourquoy, ie le supplie de considerer, que s'il suffit de tenir quelques opinions contraires à celles de l'Eschole, pour estre accusé du crime, dont saint Paul accuse les plus grands Heresiarques, c'est à dire, *D'enseigner autrement que Iesus-Christ & les Apostres, n'ont enseigné, Aliter docere*, pour estre deschiré, comme *ayant perdu la foy*, comme *estant plus dangereux que les heretiques de Charenton*, comme *faisant vne Caballe, & vne Faction contre la Foy*, comme *engeance de viperes, & deschirant les entrailles de l'Eglise*: Il doit auoir peur, qu'il ne se soit rendu coupable de tous ces crimes, en approuuant vne doctrine, & la deffendant publiquement dans la Chaire, qu'il ne peut nier estre non seulement contraire à tout ce qu'on enseigne dans les Escholes Catholiques, mais estre condamnée d'erreur, & d'heresie par les plus celebres Docteurs, de la Compagnie mesme de celuy qui a fait ce Liure.

Que si pour se lauer de toutes ces taches, il est obligé de soustenir, qu'on peut ne pas suiure les opinions ordinaires de l'Eschole, sans tomber dans le crime *de la maniere d'enseigner, que sainct Paul reproche aux heretiques, sans perdre la Foy, & deschirer le sein de sa Mere*: Ie ne sçay comme il se pourra purger deuant Dieu, & deuant les hommes des iniures atroces dont il a voulu flestrir la reputation d'vn Euesque illustre, & d'vn grand nombre d'autres Euesques, & d'autres Theologiens tres Catholiques, pour auoir fait vne chose qu'il a faitte aussi-bien qu'eux, auec cette seule difference. qu'ils n'ont abandonné quelques opinions qui sont auiourd'huy les plus commune dans l'Eschole, que pour suiure des veritez anciennes, que les Peres leur ont enseignées; au lieu que luy n'abandonne les sentimens de tous les Scholastiques, que pour suiure des erreurs condamnées par toute l'Antiquité, aussi bien que par l'Eschole.

ARTICLE V.

Cette Singularité paroist en ce qu'on fait Caballe, On choisit des esprits particuliers à qui on descouure ces mysteres secrets qu'on cache aux autres.

RESPONSE.

Monsieur le Theologal deuoit marquer clairement & distinctemẽt les personnes & les lieux où l'on fait cette Cballe, & ce choix d'esprits particuliers, & considerer que c'est le propre de ceux qui veulent noircir par des calomnies la reputation des gens de bien, de proposer des accusations vagues, & confuses pour couurir leur medisance.

Mais il faut que Monsieur Habert ait eu bien mauuaise opinion de ses Auditeurs, s'il a creu pouuoir faire passer dans leur esprit l'amitié Chrestienne pour vne Caballe, & l'vnion saincte que l'Esprit saint fait entre ceux qui ne cherchent en ce monde que la gloire de Dieu, & le seruice de Iesus-Christ, pour vne conspiration contre l'Eglise. C'est le plus grand honneur qu'il pouuoit faire à ceux qu'il attaque auec tant de violence, que de ne leur reprocher autre chose, que ce que les Payens ont reproché autrefois aux premiers Chrestiens, qu'ils font Caballe, parce qu'ils ne font ensemble *qu'vn cœur & qu'vne ame*, comme il est dit des premiers fidelles. *Regardez* (disoient les Payens au rapport de Tertulien) *quelle affection ces Chrestiens se portent les vns aux autres*. Certes ceux qui taschent autant qu'ils peuuent, de suiure quoy que de loin, la vertu & la pieté de ces premiers Chrestiens, se doiuent estimer heureux, d'auoir part à vne accusation si glorieuse!

ARTICLE VI.

L'Eglise n'agit pas de la sorte. On ne choisit point les personnes pour entendre les Sermons, & les Veritez de l'Eglise. On ne choisit point les personnes pour estudier en Theologie.

RESPONSE.

C'Est de cette liberté publique qu'a tout le peuple d'aller au Sermon, sans distinction, ny choix de personnes habiles ou ignorantes, dont on peut dire que Monsieur le Theologal a abusé. Car s'il n'eust eu à parler que deuant des hommes intelligens, & capables de iuger de l'iniustice de ses accusations, il auroit peut estre eu moins de hardiesse pour les aduancer. Mais il esperoit, qu'vne grande partie de ses Auditeurs, ne seroient pas instruits dans les matieres dont il parloit. Et qu'ainsi, ne pouuant iuger par eux-mesmes de la verité des choses, ils ne pourroient pas croire qu'vn Predicateur osast publier tant de choses si estranges, & si contraires à la verité du mesme ton, que l'on prononceroit des Oracles.

ARTICLE VII.

ON veut reformer toute la Theologie, par vn seul Liure, par vn seul Auteur, sçauoir par Sainct Augustin.

RESPONSE.

Que les Peres, les Papes, les Conciles, & les Docteurs ont reconnu saint Augustin pour Iuge dans la matiere de la Grace.

IL faut pardonner à Monsieur Habert, s'il ne peut souffrir que saint Augustin soit reconnu pour Reformateur & pour Iuge de toute la Theologie dans la matiere de la Grace. Car le Liure de Monsieur Iansenius Euesque d'Ipre qu'il a intitulé AVGVSTINVS, ayant éclaircy toute la doctrine de ce Pere par la deduction claire, & par l'enchainement perpetuel de tous ses principes, on ne doit pas s'estonner si Monsieur le Theologal a de la peine à reconnoistre pour son Iuge celuy qui condamne visiblement toutes ses nouuelles & fausses maximes.

Auant l'ouurage de Monsieur l'Euesque d'Ipre, les Theologiens de l'vn & de l'autre party se declaroient Sectateurs de saint Augustin, les vns pour l'amour de sa doctrine qui leur estoit venerable, les autres par la consideration de son authorité qui leur estoit redoutable. Et bien que ceux cy tesmoignassent assez qu'ils la condamnoient dans leur cœur, puis qu'ils l'alteroient dans leurs escrits, & qu'ils n'auoient pas pour but de regler leurs sentimens sur ceux de ce Pere, mais d'accommoder les sentimens de ce Pere aux leurs : Neantmoins, toute la doctrine de ce grand Saint n'estant pas alors si clairement expliquée, ny si puissamment affermie, qu'elle a esté par ce grand Prelat, ils trouuoient quelques obscuritez fauorables à leurs suittes, & à leurs deguisemens, & se seruans de ces nuages pour se mettre à couuert contre les rayons d'vne si viue, & si diuine lumiere, ils ne refusoient pas de s'y exposer, parce qu'ils ne craignoient pas qu'elle refutast assez visiblement par sa clarté seule toutes les vaines imaginations de leurs esprits.

Mais apres que Monsieur d'Ipre a dissipé tout ce qu'ils auoient recherché pour l'obscurcir, & qu'il n'y a presque plus que les aueugles volontaires, qui ne la voyent pas à descouuert, il ne faut pas s'estonner, si estans plus amoureux de leurs opinions, que de la Verité, & plus jaloux d'vne fausse reputation de science, que d'vne science veritable; ils ont commencé comme ces peuples barbares à ietter des fleches contre cette lumiere, & cette clarté brillante qui les ébloüit, & qui les brusle.

C'est là le premier effet du Liure de Monsieur d'Ipre, qui a autant trauaillé à establir l'authorité de saint Augustin en cette matiere sur les tesmoignages solemnels de toute l'Eglise, estant asseuré qu'il suiuoit exactement sa doctrine en tous ses poïnts, ainsi que tant de sçauans Theologiens ont reconnu par leurs Approbations, comme les autres trauaillent à l'affoiblir, sçachans en leur conscience qu'ils corrompent ses Maximes.

Mais l'authorité de ce grand Maistre, & de ce Chef de toute la Theologie touchant la Grace, est appuyée sur des fondemens si inébranlables, que Monsieur le Theologal fait plus de tort à sa reputation, qu'il n'en peut faire à celle de ce Docteur incomparable, en l'attaquant publiquement, & en luy voulant oster cet honneur qu'elle a receu de la bouche de tant de Saints, & de tant de Papes, d'estre la regle vnique & inuiolable de toutes les opinions des particuliers en cette matiere, & l'Oracle de l'Eglise vniuerselle.

Car pour ne point dire, que saint Hierosme reconnoist, Que ce grand esprit & ce grand Saint auoit puisé dans la source diuine des Escritures la doctrine de l'Eglise touchant la Grace, & employé tellement toutes les forces de la Verité, que les Escriuains Ecclesiastiques ne deuoient point se mettre en peine d'attaquer l'heresie Palagienne, parceque luy seul l'auoit trespuissamment combatuë. Pour ne point dire, qu'il luy escrit à luy-mesme: Que ses trauaux & ses Ouurages pour la Grace *l'auoient rendu celebre dans toute la terre; que les Catholiques le reueroient cóme le Restaurateur de l'ancienne Foy, & qu'il estoit le principal autheur de la ruine de l'heresie de Celestius.*

Dialog. 3. contra Pelagianos.

In orbe celebraris. Catholici te conditorem antiquæ rursum fidei venerantur atq; suspiciunt. S. Hieron. Epist. ad Alip. & ad August.

Le Pape Innocent premier, à qui saint Augustin auoit escrit contre les ennemis de la Grace au nom du Concile de Mileuis, luy répond: *Qu'il ne iugeoit pas necessaire d'alleguer des exemples des Liures saints pour refuter cette erreur, sa Lettre estant remplie de tant de puissantes preuues tirées de l'Escriture, que cette heresie pouuoit estre estouffée par elles seules.*

Innoc. in Epist. ad Conc. Mileuit. inter Augustinianas 93.

Le Pape Zozime ne l'a condamnée par vn Decret encore plus solemnel que celuy de son Predecesseur, que sur les instructions des Conciles d'Afrique, dont saint Augustin, selon saint Prosper, *a esté l'ame & l'esprit.*

Le Pape Boniface premier, *bien que tres-sçauant*, auoit vne si haute estime de la suffisance de saint Augustin en cette matiere, *qu'ayant à destruire les erreurs des Liures des Palagiens, il le consultoit* comme l'organe de toute l'Eglise, & le vase que Dieu auoit choisi pour y respandre auec plus de plenitude la connoissance profonde des plus grands Mysteres de la Grace.

Carm. de ingrat. Sanctæ memoriç Papa Bonifacius cum esset doctissimus, aduersus libros tamen Pelagianorum Beati Augustini Episcopi responsa poscebat. S. Prosper contra Collat. cap. 41.

Le Pape Celestin cõdamne les Prestres de Marseille comme d'vne insolence insupportable de ce qu'ils osoient *pretendre, que sainct Augustin auoit en quelque chose passé les bornes de la verité dans ses Liures de la Grace.* Il declare, *Que sa memoire est Sainte dans toute l'Eglise: Que sa doctrine n'a iamais receu la moindre tache: Et qu'il a esté si eminent en science, que les Papes, ses Predecesseurs, l'ont mis au rang des plus excellens Maistres de l'Eglise, & qu'il a esté tousiours aimé, &*

Magistris tamẽ nostris tanquam necessariũ modum excesserint obloquuntur. Augustinũ sanctæ recordationis virũ pro vita sua atque meritis in nostra cõ-

reueré de tout le monde.

Saint Prosper rapportãt ces grands Eloges des Papes, declare : *Qu'il s'estonne comment apres ces magnifiques loüanges, & ce bruit si éclattant de cette trompette Apostolique, apres ce tesmoignage sacré si venerable à tous les fidelles, il y en a qui osent l'eluder par vne interpretation malicieuse.* Il tesmoigne au mesme Liure : *Que l'Eglise a combattu, & vaincu durant vingt ans les ennemis de la Grace sous la conduitte de ce Saint.* a Qu'on ne peut attaquer sa doctrine *sans attaquer en sa personne tous les Euesques du monde, & particulieremẽt les Papes;* Et il declare à vn Catholique auquel il escriuoit ; b *Que s'il desiroit s'instruire sur ces questions selon les regles de la verité, comme il y estoit obligé, il deuoit employer tout son soin dans la lecture des Ouurages de ce Sainct, afin qu'il acquist la plus pure, & la plus seure intelligence de la doctrine Euangelique, & Apostolique en ce qui regarde la Grace de Iesus-Christ.*

Le Pape Hormisdas escrit à vn Euesque d'Afrique : c *Que l'on peut apprendre des differens Ouurages de saint Augustin, & principalement de ceux qu'il a addressez à Hilaire, & à S. Prosper, quelle est la doctrine constante & asseurée de l'Eglise Romaine, c'est à dire de l'Eglise Catholique, touchant la Grace, & le libre Arbitre.*

Le Concile de Sardagne, d composé de plus de soixante Euesques d'Afrique, bannis pour la Foy, ordonne à des Prestres de faire lire à des Catholiques, qui estoient mal instruits de la Grace ces mesmes Liures de saint Augustin, rapportant sur ce sujet les mesmes paroles de ce saint Pape comme vn tesmoignage glorieux de la doctrine toute Catholique qu'ils contenoient.

Saint Fulgence au mesme temps ne releue pas moins hautement le merite, & l'eminence de la doctrine de ce Pere, & la grandeur des seruices qu'il a rendus à l'Eglise.

munione sẽper habuimus, nec vnquam hunc sinistræ suspicionis saltẽ rumor aspersit. Quem tantæ scientię olim fuisse meminimus, vt inter Magistros optimos etiã à meis semper Præcessoribus haberetur, vtpote qui vbique cũctis & amori fuerit, & honori. Cælestinus Papa Epist. ad Episcopos Gallię. Contra istam clarissimæ laudationis tubã, contra sacratissimi testimonii dignitatem audet quisquã malignæ interpretationis murmur emittere. Contra Collat. c. 42. Viginti amplius annis contra inimicos gratiæ Dei Catholica acies huius viri ductu pugnat & vincit. Contra Coll. c. r.

a Ex ipsa iniuriæ magnitudine, quam in vno cũctis ac pręcipuè sedis Apostolicæ Pontificibus intulerunt.

b Tu autem, dilectissime, si vere de his quęstionibus instrui desideras, sicut desiderare te conuenit, ipsis B. Augustini disputationibus cognoscendis impende curam, vt in confitenda Dei gratia defœcatissimam ac saluberrimam Euangelicę Apostolicęque doctrinę intelligentiã consequaris. S. Prosp. in Ep. ad Ruff.

c De arbitrio tamen libero, & gratia Dei, quid Romana, hoc est Catholica, sequatur & asseueret Ecclesia, licet in variis libris B. Augustini & maximè ad Hilarium & Prosperum possit cognosci, &c. epist. 70. ad possess. Episc.

d Epist. Synod. Episc. Afric. in Sardinia exulum. Prę omnibus studium gerite libros Augustini, quos ad Prosperum & Hilarium scripsit, memoratis fratribus legendos ingerere, quorum mentionem B. memorię Hormisda, sedis Apostolicæ gloriosus Antistes in Epistola cum consulenti se S. Fratri consacerdotique nostro possessori rescripsit, cum magno præconio Catholicę laudis inseruit, cuius hæc verba sunt, De arbitrio tamen libero, &c.

Voicy ses belles paroles [a] *Saint Augustin ayant esté remply d'enhaut d'vne force celeste & diuine, a plus trauaillé que tous les autres dans l'explication de la Grace, ou plustost ce n'est pas luy qui a trauaillé, mais la Grace de Dieu auec luy, puisque Dieu s'est seruy de son esprit pour donner aux fidelles sur ce poinct vne lumiere plus grande, & vne instruction plus parfaite.* Car *l'Heresie Pelagienne s'estant esleuée de son temps & ayant excité vne reuolte contre l'Eglise par vne audace aussi dãgereuse que criminelle; Dieu a voulu faire paroistre sa bonté & sa misericorde sur elle en mettant entre les mains de ce grand homme qu'il auoit choisi pour deffendre sa cause les armes de sa Grace spirituelle, & en luy donnant vne force d'autant plus grande, que le Diable animoit contre elle les ministres de sa haine, & les vases de la cholere du Ciel. Ainsi ce grand Euesque se renfermant dans la Grace mesme, comme dans vne forte tour, & brisant de là par vne vertu diuine, tous les traits, & toutes les machines de ses ennemis, non seulement il a remporté la victoire & a triomphé de ces Heretiques, mais mesme a prescrit l'ordre qu'on deuoit garder pour les combattre & pour les vaincre, si iamais cette Heresie detestable qu'il auoit terrassée s'efforçoit de se releuer apres sa cheute.* Et plus bas : [b] *Que tous ceux qui veulent acquerir la vie eternelle lisent les Ouurages de ce Saint, prians auec humilité le Dieu de misericorde qu'il leur inspire le mesme Esprit, & la mesme intelligence qu'il luy a inspiré pour les escrire, & qu'il leur donne la mesme Grace, & la mesme lumiere pour apprendre, qu'il a donné à ce grand Saint pour éclairer, & pour instruire les autres.*

a Beatus Augustinus indutus virtute ex alto abundantius illis omnibus laborauit, non autem ipse, sed gratia Dei cum illo. Ipsius enim ministerio Dominus vberiorem huius rei fidelibus suis instructionem præbuit : quippe adhuc ipso in corpore constituto Pelagiana hæresis aduersus gratiã Dei mortiferis ausibus rebellauit : Nec defuit in vita benignitas miserãtis Dei, quæ militem suum spiritalis gratiæ armis tanto fortius præcingeret, quanto acrius aduersus eandem vasa iræ diabolus instigaret. Proinde memoratus Dei Pontifex turrim fortitudinis ipsam gratiam tenens, & exinde cũcta hostilium machinamenta telorum cælestis iuuaminis virtute confringens, non solum ipse de hoste victoriam referens triumphauit, quin etiam posteris certandi, & vincendi ordinem si quando victa prauitas reciduo ausu infandum caput erigere niteretur, ostendit S. Fulgent. l. 2. de verit. Præd. & Gr. Dei. c. 18.

b Hunc legat omnis qui salutem æternam adipisci desiderat, humiliter orans misericordiæ Dominum, vt eundem spiritum intelligentiæ legens accipiat, quem ille accepit vt scriberet, & eandem illuminationis gratiam adipiscatur vt discat, quam ille accepit vt doceret. Ibidem.

Le Pape Felix quatriéme dans le sixiéme siecle voulant fortifier les Euesques de France dans la Foy Catholique touchant la Grace, & le libre Arbitre, & les rendre plus capables d'estouffer les erreurs des Semipelagiens, dont le venin s'estoit conserué en France, leur enuoya les principales Maximes de saint Augustin tirées de ses Liures, & conceus en ses mesmes termes, comme la regle de la creance

In Præfatione Synodi Arausicanæ.

Catholique, dont ils composerent les Canons du second Concile d'Orange, auquel presida saint Cesarius, Archeuesque d'Arles, & grand Disciple de ce mesme Pere.

Sanctus Augustinus cuius doctrinam secundum Prædecessorum meorum statuta Romana sequitur & probat Ecclesia. Epist. 3. ad quosdam Senatores.

Le Pape Iean II. peu de temps apres declare dans vne de ses Lettres: *Que l'Eglise Romaine suit, & approuue la doctrine de sainct Augustin selon les Decrets de ses Predecesseurs.*

Et en nos iours, le Pape Clement huitiéme a renouuellé toutes ces Ordonnances des Papes, qui l'ont precedé, en declarant, que toutes les questions de la Grace se deuoient decider par l'autorité de saint Augustin, ne proposant que luy seul entre tous les Peres Grecs & Latins. Voicy ses paroles extraites d'vn Liure Manuscrit dont l'Original a esté mis entre les mains du Pape par Monsieur de Bethune, lors qu'il estoit Ambassadeur extraordinaire à Rome, composé par le Pere le Bossu, Benedictin, Docteur de Sorbonne, si celebre à Rome, & en France, pour sa pieté, & pour sa doctrine, que le Pape auoit choisi auec d'autres pour assister aux Conferences qui furent faites à Rome sur ce suiet en presence de sa Sainteté : lesquelles paroles ont esté raportées par le P. Gibiœuf de l'Oratoire dans son Liure de la Liberté approuué par Monsieur Habert. *Encore que ie ne doiue rendre compte de mes actions qu'à Dieu seul, ie diray neantmoins presentement les raisons qui m'ont fait resoudre à prendre pour regle dans toute cette dispute la doctrine de saint Augustin touchant la Grace.*

Quamuis nemini nisi Deo rationem reddere debeam mearũ actionum, dicã tamen impræsẽtiarum rationes propter quas astringere statui totam hanc disputationem ad normam doctrinæ S. Augustini de gratia.

Prima est, quod si teste B. Prospero fere initio Libri contra Collatorẽ viginti annorum spatio acies Ecclesiæ ita dimicauit pro gratia cõtra pelagianos, vt tandem Augustino duce vicerit, oportet etiam vt in causa simili eumdem ducem agnoscamus, & sequamur.

La premiere est, Que si, au rapport de saint Prosper, vers le commencement de son Liure contre Cassien, l'Eglise a tellement combattu pour la Grace contre les Pelagiens durant l'espace de vingt ans, qu'enfin elle est demeurée victorieuse sous la conduite de saint Augustin, il faut qu'en vne cause semblable, nous reconnoissions le mesme Chef, & le mesme General.

Secunda est, quod idem sanctus nihil videtur prætermisisse eorum quæ ad præsentes con-

La seconde, Que ce Saint paroist n'auoir rien obmis de tout ce qui regarde les presentes questions. Puisque s'il s'agit de la necessité de la Grace, il la descrit en disant : Qu'il est necessaire qu'elle nous preuienne, nous accompagne, & nous suiue. S'il s'agit de sa force, & de sa vertu, il declare : Qu'elle donne des forces tres-efficaces à la volonté. S'il s'agit de son effet, il tesmoigne; Qu'elle fait vouloir celuy qui ne vouloit pas. S'il s'agit de la maniere, il asseure, Que Dieu fait cette operation auec vne facilité toute puissante. Et enfin il resout tellement toutes les obiections,

qu'il enſeigne, Que le libre Arbitre non ſeulement s'accorde bien auec la Grace, qu'il deffend, mais meſme qu'il deuient plus libre, lors qu'il eſt deliuré par elle.

trouerſias pertinent, quandoquidem, Si agitur neſſitate gratiæ, eam deſcribit dicens eſſe neceſſe vt nos præueniat, comitetur, & ſequatur. Si de vi, aſſerit vires efficaciſſimè præbere voluntati. Si de effectu, teſtatur facere de nolente volentem. Si de modo, aſſerit Deum id facere omnipotentiſſima facilitate. Denique ſic diſſoluit objectiones, vt doceat liberũ arbitrium non tantum benè cum illa gratia quam defendit cohærere, ſed etiam fieri liberius, quando ab illa fuerit liberatum.

La troiſiéme raiſon eſt, Que pluſieurs des Papes qui m'ont precedé, ayant ſouſtenu auec tant de vigueur, & protegé auec tant de zele la doctrine de S. Auguſtin pour la Grace, qu'ils ont voulu qu'elle demeuraſt dans l'Egliſe, comme luy appartenante par droit de ſucceſſion; il n'eſt pas iuſte, que ie ſouffre qu'elle ſoit priuée de ce bien hereditaire, qu'elle a receu de la main des Papes, mes Predeceſſeurs.

Tertia tandem ratio eſt, quod cum multi Pontifices Prædeceſſores noſtri doctrinæ S. Auguſtini de gratia tam acres fuerint aſſertores, ac vindices, vt quaſi hereditario iure eam in Eccleſia relinquere voluerint, æquum non eſt, vt patiar illã hac quaſi hæreditate priuari.

Et depuis Clement huitiéme, Monſieur le Cardinal du Perron appelle S. Auguſtin *le plus grand Docteur au poinct de la Predeſtination* (qui comprend en eminence toute la doctrine de la Grace) *qui ait eſté depuis les Apoſtres, voire l'organe, & la voix de l'ancienne Egliſe pour ce regard.*

Dans la Replique Liure 1. c. 12.

Enfin, Suarez entre les nouueaux Scholaſtiques recõnoiſt ingenuëment: *Que rien n'a rendu S. Auguſtin ſi admirable & ſi venerable dans l'Egliſe que ſa doctrine de la Grace. Et que s'il eſtoit tombé en quelque erreur en l'enſeignant, & en l'expliquãt, ſon authorité ſeroit extremement affoiblie, & l'Egliſe n'auroit pas eu raiſon de ſuiure auec tant d'aſſeurance comme elle a fait le iugement de ce Pere dans l'explication de ſa doctrine, ce qui ſeroit impie de penſer. C'eſt pourquoy,* dit-il, *ie conclus enfin, Que non ſeulement dans les choſes que S. Auguſtin tient pour certaines, mais meſme dans toutes celles qu'il embraſſe ſimplement comme plus probables en tous les endroits où il en parle, demeurant touſiours dans le meſme aduis, ſon opinion doit eſtre preferée, ſi ce n'eſt que l'authorité commune des Peres, & de l'Egliſe ne s'y oppoſe. Ce qui n'arriuera que rarement, ou iamais.*

Nihil tam admirandum, & ſuſpiciendum Eccleſiæ reddidit Auguſtinum, quam doctrina de gratia. At ſi in ea tradenda, & explicanda aliquando fuiſſet in errorem lapſus, multum labefactaretur eius autoritas, immeritòq; Eccleſia tam fidẽter iudicium eius in hac doctrina tradenda fuiſſet ſecuta: [Quod impium eſſet cogitare] Vnde tandem concludo non tantum in rebus quas Auguſtinus certas exiſtimat, ſed etiam in his omnibus quæ ſimpliciter tanquam probabiliora conſtanter & vbicunque amplectitur [ſententiam eius eſſe præferendam,] niſi communis Patrum & Eccleſiæ auctoritas obſtare videatur, quod raro vel nunquam continget. Suarez Prol. c. 6. de Gratia

Et au meſme endroit: *Nous paſſons plus auant,* dit il, *& nous ſouſtenons, Que tout ce que Saint Auguſtin aſſeure en cette matiere comme certain, & faiſant partie des dogmes de la Foy, doit eſtre tenu, & deffendu par tous les ſages, & ſçauans Theologiens, quoy qu'il ne fuſt pas tout*

Vlterius addimus quicquid in hac materia Auguſtinus vt certum affirmat,

a fait certain, & constant que ce poinct de sa doctrine auroit esté definy par l'Eglise. Car l'Eglise ayant si particulierement estimé, & reueré le iugement de saint Augustin en cette matiere qu'elle a suiuy sa doctrine dans la condamnation des erreurs contraires à la Grace de Dieu, ce seroit vne grande temerité à vn Docteur particulier, d'oser contredire ce Pere en quelque chose, lors qu'il establit vne verité comme Orthodoxe, touchant la Grace; veu principallement, qu'il a trauaillé durant tant d'années auec tant de suffisance, tant d'esprit, tant de soin, & tant d'assiduité, & ce qui est plus considerable que tout, auec tant de dons de Dieu, & d'assistances celestes pour deffendre, & pour expliquer la Grace.

& ad dogmata fidei pertinens à quolibet sapiēte, & erudito Theologo esse tenēdum ac defendendū: etiāsi non certo constet esse ab Ecclesia definitum; tum quia cum Ecclesia tantum in hac materia detulerit Augustino, vt eius doctrinam in damnandis erroribus gratiæ Dei contrariis secuta fuerit, magna esset temeritas priuati Doctoris, qui Augustino aliquid de gratia Dei tanquā Orthodoxū dicenti contradicere auderet. Præsertim cum tot annis, tanta sapientia, tanto ingenio, tanta diligentia, & instantia, & quod caput est, tot Dei donis & auxilijs præditus pro diuina gratia tuenda & explicanda aborauerit, Ibid.

Qui ne voit apres tant de grands & d'illustres tesmoignages anciens, & nouueaux depuis douze siecles iusqu'à nous, que, *reformer*, toute la Theologie dans les poincts de la Grace (de laquelle seule Monsieur d'Ipre a traitté dans son Ouurage) par les Maximes de saint Augustin, ce que Monsieur Habert ne peut souffrir, n'est pas la reformer par l'opinion d'vn seul Pere, mais par le sentiment vniuersel de toute l'Eglise Catholique, des Conciles, & des Papes, qui ne consultent que luy seul en cette matiere, & qui ne r'enuoyent qu'à luy seul pour Maistre, & pour Iuge; Et qu'il est bien estrange qu'vn Theologien ose reprocher comme vn crime à vn Euesque, d'auoir suiuy la regle inuiolable que les Papes & les Peres ont prescritte à tous les Docteurs, pour instruire les fidelles dans la matiere de la Grace, & qu'il veüille ainsi *reformer*, par sa seule autorité le iugement de toute l'Eglise.

ARTICLE VIII.

CEla est horrible, qu'on ait veu à la teste d'vn Liure imprimé, Que le seul saint Augustin est necessaire, & les autres Peres vtiles.

RESPONSE.

PVis que Monsieur Habert auoit entrepris de combattre le Liure & les sentimens de Monsieur d'Ipre, il se fût bien passé de tesmoigner tant de chaleur contre vne parole qu'il n'a point mise dans son Liure, mais qui se trouue seulement rapportée de luy dans vn abregé de sa vie, & pour marquer la necessité que les Theologiens ont de lire saint Augustin plus qu'aucun des autres Peres. Ce qui est si conforme aux sentimens de tous les habiles hommes, voire de toute l'Eglise, que nous lisons dans l'office de la Feste de ce grand Saint: *Que ceux qui ont enseigné la Theologie par methode*, c'est à dire les Scholastiques, *l'ont pris pour leur modelle & pour leur Maistre*. Et il faut auoir peu de connoissance de leurs Liures, pour ne sçauoir pas, que le Maistre des Sentences, le Pere de tous les Theologiens de l'Escholle n'a presque fait autre chose dans son Ouurage, que d'extraire diuers passages de ce Pere, ayant pris de luy la plus-part de ses questions, & de ses responses.

Tam multa piè, subtiliter & copiosè scripsit, vt Christianam doctrinam maxime illustrarit. Quem in primis secuti sunt qui postea Theologicam disciplinam via & ratione tradiderunt.

Et sant Thomas apres luy, a composé vne grande partie de sa Somme des sentimens de ce pere; ce qui est si vray que le Pape Vrbain V. escriuant à ceux de Thoulouze, entre les loüanges qu'il donne à S. Thomas c'est d'auoir ainsi beaucoup esclairé l'Eglise par sa science. En sorte qu'il verifie clairement ce que Monsieur Habert condamne auec tant d'exaggeration, Que saint Augustin est necessaire & les autres Peres vtiles, puis qu'il resout presque toutes les questions qui regardent la Theologie par les principes de ce Saint, comme celles qui regardent la Philosophie par les principes d'Aristote. Ce qui se trouue conforme à vne parole remarquable du Cardinal d'Arles, qui parlant dans l'Assemblée de Basle, selon le raport d'Æneas Syluius, qui fut depuis le Pape Pie II. appelle saint Augustin, *l'Aristote des Theologiens*, comme reconnoissant que ce Pere tient le mesme rang parmy les Theologiens, qu'Aristote parmy les philosophes; & qu'il est aussi necessaire pour aprendre la science des plus profonds Mysteres de la Religion Chrestienne, & de la Theologie, que ce Philosophe pour s'instruire des secrets de la nature, & des regles du raisonnement.

Beati Augustini vestigia insequēs Ecclesiam doctrinis ac scientiis quamplurimis adornauit. Vrban. V. de sancto Thoma Epist. ad Tolos.

Il paroist par là, que Monsieur Habert a alteré cette parole en la prenant dans vn sens tout contraire à celuy de Monsieur d'Ipre. Car au lieu qu'on ne la rapporte de luy, que comme vn aduis, qui regarde le choix des Liures que doit faire vn Theologien dans ses estudes, & de la meilleure maniere pour s'instruire des Veritez de nostre Religion. Monsieur le Theologal l'a tousiours prise dans ses Sermons, comme si Monsieur d'Ipre auoit voulu par cette parole mespriser le consentement des Peres, & ne reconnoistre que saint Augustin seul pour vnique Iuge de tous les dogmes de l'Eglise, & pour le seul, dont l'authorité fust considerable dans la decision des poincts de la Foy Et c'est sur ce faux pretexte qu'il l'a accusé comme s'il auoit ruiné la pratique perpetuelle des Conciles, comme *s'il auoit fait Schisme entre les Peres*, & comme s'il auoit fait parler saint Augustin *en Ange Apostat*.

Mais pour renuenser cette fausse accusation, il ne faut que considerer la maniere dont Monsieur d'Ipre s'est seruy pour establir la doctrine de l'Eglise contre ceux qui la combattent. Qu'on lise l'excellent Liure qu'il a fait contre les Ministres de Hollande, & l'on verra qu'il deffend les veritez de nostre Religion par le consentement de tous les Peres Grecs & Latins, & qu'il prouue mesme tres-puissamment cet article capital de toute les controuerses, lequel Monsieur le Theologal l'accuse de destruire. Que la regle de la Foy se doit prendre de la Tradition de l'Eglise, & de la succession de sa doctrine qui se conserue dans les Liures des Peres.

Intitulé, Alexipharmacum & Spongia notarũ, &c.

Qu'on lise ses Commentaires sur l'Euangile, & sur le Pentateuche, & on y reconnoistra clairement cette verité. Car bien qu'il se soit rabaissé dans ses Escrits, & qu'il n'ait pû y faire paroistre auec tant d'éclat la grandeur de son esprit, & la profondeur de sa science, parcequ'il estoit obligé de se renfermer dans l'explication breue du sens litteral, il est aisé neantmoins d'y remarquer la mesme solidité, la mesme suffisance, & la mesme pieté, que dans son grand Ouurage de la Grace.

Mais nous pouuons encore dire, que les personnes que Monsieur Habert attaque auec tant d'animosité, ont beaucoup plus de respect, & de reuerence pour l'authorité de tous les Pere, qu'il n'en a luy-mesme: Et peut-estre qu'il se rencontrera des occasions où il taschera de les rabaisser tous ensemble, comme il tasche maintenant de rabaisser saint Augustin en particulier.

ARTICLE IX.

Saint Augustin a-t'il voulu qu'on le preferast aux autres Peres? Il tesmoigne bien que non, en citant tous les Peres contre Iulien.

RESPONSE.

CE n'est pas de saint Augustin qu'on doit apprendre les Eloges & les aduantages qui luy sont deus. Monsieur Habert prouuera par là, qu'il n'est pas vn des plus grands Saints de l'Eglise, parce qu'il n'a pas dit qu'il le fust; ny sçauant, parce qu'il ne s'est point vanté de sa Science. Et par le mesme raisonnement il prouuera encore quand il luy plaira, que saint Paul est le dernier non seulement des Apostres, mais aussi des fidelles, parce qu'il a dit: *Mihi omnium Sanctorum minimo, A moy qui suis le moindre des Saints.* Ephes. 3. v. 8.

Mais encore que saint Augustin ne se soit pas preferé à tous les autres Peres, cela n'a pas neantmoins empesché, qu'il n'ait preferé son sentiment sur cette matiere, dans laquelle Dieu l'auoit tres-particulierement éclairé, comme il tesmoigne luy-mesme, à celuy de tous ceux qui en pourroient auoir de contraires.

C'est ce que nous voyons dans le Liure du Don de Perseuerance, où apres auoir monstré, qu'on pouuoit donner vn bon sens à ce que les Semipelagiens rapportoient des anciens Peres contre sa doctrine, il adiouste ces paroles pleines d'vne sainte confiance dans la connoissance claire de la verité, que Dieu luy auoit donnée: *Ie suis asseuré que personne n'a pu parler qu'auec erreur contre cette Predestination que nous deffendons par les Escritures saintes.* Hoc scio contra istam Prædestinationem quam secundum Scripturas sanctas deffendimus, neminem nisi errando disputare potuisse. De dono perseuerantiæ. c. 19.

C'est pourquoy encore que pour l'establissement de la Foy Catholique touchant le peché Originel, qui est le fondement de toute la doctrine de la Grace, il ait allegué plusieurs Peres contre Iulien, comme dit Monsieur Habert, neātmoins en ce qui regarde les questions les plus cachées, comme est celle de la Predestination, il ne craint point de dire dans son Liure de la Predestination des Saints: *Qu'il n'est point necessaire de consulter sur cela ce que les autres Peres en ont dit auant la naissance de l'heresie Pelagienne.* Car apres auoir rapporté ce que saint Prosper & saint Hilaire luy auoient escrit, *Que les Semipelagiens se rendroient à son opi-*

nion de la Grace, s'il l'a pouuoit par l'authorité des Peres qui l'auoient precedé, il respond, qu'il n'est point necessaire de rechercher ces preuues dans leurs Ouurages. *Qu'est-il besoin*, dit-il, *de consulter particulierement leurs Liures sur ce suiet, puisque cette heresie n'estant pas encore née de leur temps, ils n'ont pas esté obligez de trauailler exactement sur cette matiere si difficile, ne s'employans qu'à combattre les heresies de leurs siecles, & à instruire les hommes dans la vertu.*

Quid opus est vt eorũ scrutemur Opuscula, qui priusquam ista hæresis oriretur, non habuerunt necessitatem in hac difficili ad soluendum quæstione versari, &c. Aug. de Prædest. sanct. c. 14.

ARTICLE X.

IL tesmoigne luy-mesme qu'il a peur d'asseurer les choses, & qu'il ne veut point passer pour regle de la Foy.

RESPONSE.

PLVS sa modestie a esté grande, & esloignée de la presomption de ceux qui parlent si hardiment de ce qu'ils ignorent; plus il est croyable dans ce qu'il asseure, & qu'il asseure comme veritez Catholiques, & articles de Foy. Car, comme le Cardinal Bellarmin, a fort bien remarqué, *Saint Augustin ne pourroit estre excusé d'vne grande temerité, si non seulement il auoit combattu auec tant de chaleur pour des opinions fausses, mais que de plus il les eust voulu faire passer pour des veritez de foy*. Or il est constant, qu'il a maintenu comme des articles de Foy ce que Monsieur le Theologal decide aujourd'huy comme des erreurs, ainsi que nous le ferons voir sur l'Article 28. de la suitte de ce Sermon, touchant la pretenduë necessité d'vne Grace suffisante également commune à tous les hommes. C'est donc vne chose tout à fait hors de raison de vouloir ruyner son authorité par sa modestie, puisque c'est elle au contraire qui l'a confirme.

Lib. 2. de Grat. & lib. Arbitr. c. 11.

ARTICLE XI.

C'Est là parler en saint Augustin, & non pas le faire parler en Heretique, & en Ange Apostat comme ils font.

RESPONSE.

IL paroist icy que Monsieur Habert auoit entrepris d'exprimer par des paroles extraordinaires la grandeur de la passion qui l'animoit, & de persuader que sa colere estoit juste, en la faisant paroistre si violente.

Il ne pouuoit certes traitter Monsieur d'Ipre auec plus d'iniustice, & plus d'aigreur, que de l'accuser *de faire parler saint Augustin en Ange Apostat*, c'est à dire, non seulement d'auoir vn orgueil de Demon, mais de le vouloir communiquer au plus humble de tous les Peres. Car si c'est faire parler ce grand Saint *en Ange Apostat*, que de reconnoistre apres toute l'Eglise les aduantages que Dieu luy a donnez par dessus les autres Peres; les Papes saint Innocent, saint Zozime, saint Boniface premier, saint Celestin, Hormisdas, Felix quatriéme, Boniface second, Iean second, Clement huitiéme, & tant d'autres auec eux sont coupable de cet excez si horrible, non seulement parce qu'ils ont creu que saint Augustin estoit necessaire pour la matiere de la Grace, comme a dit Monsieur d'Ipre, mais mesme parce qu'ils ont creu, & tesmoigné par leurs actions, qu'il estoit le seul necessaire entre tous les Peres, l'ayant tousiours pris pour le seul Maistre, la seule regle, & le seul Iuge de toutes les matieres de la Grace.

Et non seulement les Papes, mais encore les Conciles se sont rendus coupables de cet excez, lors que voulant faire leurs ordonnances & leurs decisions, ils ne se sont point seruis du consentement des Peres, mais des maximes du seul saint Augustin: Et par vn honneur qui luy est tout particulier, & qui le releue au dessus de tout ce qu'on peut dire à son aduantage, au lieu que les Peres nous renuoyent aux Conciles, les Conciles nous ont renuoyé à ce seul Pere, & ont voulu tellement asseurer les fidelles, que sa doctrine n'estoit point sa doctrine, mais celle de l'Escriture, & vne effusion particuliere de la lumiere de Dieu en luy, qu'ils ont cõposé leurs Canons de ses propres paroles, & ont cherché dans ses Escrits les Oracles que le saint Esprit deuoit prononcer par leur bouche. De sorte que c'est auec grande raison, que saint Bernard a apellé ce grand Saint, *La Langue de l'Eglise, Linguam Ecclesiæ*; puisque lors que l'Eglise a voulu parler par la bouche de ses Euesques, les Euesques ont voulu parler par celle de saint Augustin.

Bern. serm. de S. Stephano, vel si quis est alius autor huius sermonis.

Quelle doit estre donc la passion de Monsieur Habert de proposer vn monstre d'orgueil qui respand son venin sur les autres, & qui fait parler les Saints *en Anges Apostats*? Et quel doit estre le iuste ressentiment de tous ceux qui prennent quelque part aux choses de Dieu, de voir qu'vn Euesque si digne de toutes sortes de loüanges, est traitté si iniurieusement, parce qu'il a suiuy les sentimens de toute l'Eglise, & qu'on s'efforce de le noircir par des iniures qui sont capables de faire horreur, & qui retombent sur les Papes, les Peres, & les Conciles ?

ARTICLE XII.

C'Est pourquoy on a bien fait de mettre en teste le saint Augustin d'vn tel. Car ce n'est pas le veritable saint Augustin, mais vn saint Augustin mal entendu, mal expliqué, mal allegué.

RESPONSE.

SI Monsieur d'Ipre a mal entendu, mal expliqué, ou mal allegué saint Augustin, comme le pretend Monsieur le Theologal, pourquoy ne le fait-il pas voir ? Pourquoy ne s'est-il point mis en peine en pas vn endroit de ses sermons de produire les principes de S. Augustin qu'il pretend que Monsieur d'Ipre n'a pas compris, les sentimens qu'il a corrompus, & les passages qu'il a alterez ? Est-ce vne chose si peu importante, que d'accuser vn Prelat venerable à tous les fidelles par son caractere, & à tous les sçauans par sa doctrine, d'auoir falsifié les paroles du plus eminent de tous les Peres, qu'on se doiue contenter de l'accuser d'vn si grand excez sans en apporter aucune preuue ? Les fautes de ce Liure, qui a esté admiré par tant d'Euesques, & d'habiles Theologiens, sont-elles si visibles, qu'il ne faille que les lire, pour les reconnoistre ? Ou Monsieur Habert a-t'il vne si grande autorité dans l'Eglise, que toutes ses paroles doiuent passer pour des Oracles, & que ses iugemens aussi bien que ceux de Dieu *soient iustifiez par eux-mesmes* pour vser des termes de l'Escriture ? Qui ne sçait que c'est à celuy qui accuse à prouuer ce qu'il aduance : & qu'ainsi que les accusations qui sont vrayes, condamnent les personnes accusées, celles qui sont sans preuue les iustifient, & ne condamnent que l'accusateur :

Et certes qui croiroit vray-semblable que Monsieur le Theologal, qui a peut estre leu auec plus d'attention les Menologues, & les euchologes Grecs que les Ouurages de saint Augustin sur la Grace, entende mieux cette matiere, qu'vn des plus sçauans Theologiens de ce siecle, qui a trauaillé plus de vingt ans auec vne tres grãde lumiere d'esprit & de pieté pour penetrer parfaitement toute la doctrine de ce Pere : qui l'a leu & examiné dix fois d'vn bout à l'autre, & trente fois tout ce qui regarde particulierement la Grace auec vn soin, & vne exacteté incroyable ?

Aussi, ce reproche qu'il fait contre Monsieur d'Ipre est si visiblement contraire à la verité, que ceux qui ne suiuent pas encore son opinion, & vne partie mesme de ses aduersaires, reconnoissent, qu'il a fort bien entendu S. Augustin, & qu'il en a rapporté les passages auec vne fidelité toute entiere, se plaignans seulement que cette doctrine de S. Augustin leur semble vn peu seuere, à quoy nous respondrons en vn autre endroit. Et quant ceux qui le combattent le plus, n'auoüeroient pas cette verité par leurs paroles, ils la reconnoissent assez par leur silence, puisque depuis trois ans personne n'a pû encore faire voir qu'il ait, ou mal entendu ou mal allegué vn seul de tant de passages dont il a remply son Liure.

Mais il est clair, que Monsieur Hab[illegible]t ne l'a accusé ainsi de n'auoir pas entendu, ou d'auoir alt[illegible]é S. Augustin, que parce qu'il voyoit que son Liure n'estant autre chose qu'vn enchaisnement perpetuel des principes, & vne explication des propres paroles de ce Pere, s'il ne disoit d'abord qu'il auoit corrompu, & alteré ses sentimens, toutes les injures dont il s'est seruy pour descrier la doctrine de Monsieur d'Ipre, & ceux qui la suiuent, retomberoient sur ce grand Saint.

Mais comme il n'a fait en cela, que dire en l'air ce qu'il deuoit establir par des preuues claires & indubitables, il deuoit prendre garde, que c'est tomber dans le plus grand vice du discours, ou vn homme raisonnable puisse tomber ; & qui choque également la Dialectique, & le sens commun, que de supposer ce qu'on doit prouuer. Et qu'ainsi toutes ses inuectiues n'ont esté que des égaremens, & tous ses anathemes n'ont esté lancez que contre S. Augustin, puis qu'il n'a pû monstrer par la moindre preuue que les opinions qu'il condamne ne soient pas celles de ce Pere. Ce que Monsieur d'Ipre a estably, non par des paroles vagues, mais par des volumes entiers, & par des raisons inuincibles, que Monsieur le Theologal non seulement n'a pas destruites, mais qu'il n'a pas seulement osé toucher.

Apres cela, nous pouuons dire que son accusation iustifie Monsieur d'Ipre, & le condamne luy-mesme, puis qu'il n'y a personne qui ne voye, que c'est vne methode bien facile de refuter les grands hommes, que de les accuser ainsi d'erreur & de falsifications sans en aporter aucune preuue principalement en des lieux où l'on parle seul, & où tous les Censeurs, & tous les Iuges se tiennent dans le silence.

ARTICLE XIII.

L'Eglise ne suit point dans ses Conciles cette maxime pernicieuse (sçauoir de ne s'arrester qu'à l'opinion d'vn seul Pere) Le cinquiéme Concile où il estoit question de sçauoir si on pouuoit prononcer anatheme contre les Auteurs qui auoient auancé des heresies dans leurs Escrits, quoy qu'ils fussent morts dans la Communion de l'Eglise, raporte bien vn passage de saint Augustin, mais cite en suitte les autres Peres. Et c'est par l'authorité d'eux tous, que l'Eglise a definy, Qu'on pouuoit prononcer anatheme contre la memoire des morts: Et l'Eglise le pourroit bien faire encore. Le sixiéme Concile se sert aussi de l'authorité de saint Augustin, mais non pas de saint Augustin seul.

REPONSE.

Que tous les Conciles ont suiuy saint Augustin dans la matiere de la Grace.

IL deuoit dire au contraire, Que dans la matiere de la Grace dont il s'agit, l'Eglise a tousiours suiuy cette maxime, qu'il iuge si pernicieuse, de s'arrester aux sentimens de saint Augustin, sans auoir recours aux autres Peres.

Carm. de ingratis c. 2. Qui ne sçait qu'il a esté *l'ame & l'esprit*, comme dit saint Prosper, des Conciles d'Afrique qui ont estouffé les premiers l'heresie Pelagienne? Qui ne sçait, que ces mesmes Aug. Epist. 110. Conciles ont iugé ses trauaux si necessaires à l'Eglise, qu'ils luy ont ordonné de se décharger sur quelqu'vn des fonctions de sa charge pour se donner tout entier à la deffence de la verité? Qui ne sçait, que les Papes ont emprunté de ce Saint les armes dont ils ont terrassé les ennemis de la Grace?

Grace? Qui ne sçait, que le second Concile d'Orange, qui est celuy de tous les anciens Conciles qui a le plus clairement determiné ces matieres, n'est composé que de ses sentimens? Qui ne sçait, que le Concile de Sardagne renuoye les Catholiques aux Liures de ce grand Saint, comme à l'Oracle qu'ils doiuent consulter pour s'instruire des matieres de la Grace? Qui ne sçait, que le Concile de Trente à l'imitation des autres a emprunté les paroles de ce grand Docteur, pour en former la pluspart de ses decisions touchant ce poinct?

Apres cela que Monsieur Habert ne s'efforce pas d'affoiblir par les Conciles l'authorité de saint Augustin, puisque les Conciles l'ont encore plus puissamment establie que tous les Peres, & les Saints qui l'ont suiuy: Et qu'il considere que le cinquiéme, & le sixiéme Concile ne parlent point de la Grace, & que Monsieur d'Ipre n'a traitté que de la Grace dans son Ouurage, & n'a pris saint Augustin pour regle, qu'en cette matiere.

ARTICLE XIV.

AVcun des Peres n'est necessaire en particulier. L'Eglise a esté 400. ans auant saint Augustin. Et s'il ne fust point venu, ne s'en fust-elle pas bien passée? Fust-elle perie pour cela?

RESPONSE.

L'Eglise a duré quelques années, & a fleury dans la terre auant les quatre Euangelistes, & les Escrits des Apostres. Et elle ne fust pas perie, quand elle ne les eust point eus. S'ensuit-il pour cela que ces diuines Instructions ne luy sont pas necessaires? Elle a subsisté auant saint Paul, & malgré saint Paul: Et neantmoins il a esté si necessaire dans l'ordre de Dieu pour l'aduancement, & pour la gloire du Royaume de Iesus-Christ; qu'il voulut descendre du plus haut du Ciel pour le conuertir, l'enleua dans le Paradis, luy descouurir des mysteres ineffables, luy dõna vne science, & des reuelations prodigieuses, & l'enuoya par vne Mission extraordinaire pour estre le Docteur des Nations, & le grand Predicateur de la Grace dans toute la terre.

Iesus-Christ a tousiours soin de pouruoir aux besoins & aux necessitez de son Espouse. Il luy donne de grands inſtrumens, lors qu'ils luy ſont neceſſaires pour produire de grands ouurages. Et parce qu'il n'y a point de plus grand ouurage dans ſon Royaume, que la ruine des hereſies qui s'eſleuent pour le ruiner; il eſt certain, que ceux d'entre les Peres que Dieu a ſuſcitez particulierement pour deffendre ſon Egliſe contre les erreurs & les hereſies, comme ſaint Athanaſe, & ſaint Hilaire contre l'Arianiſme, ſaint Cyrille d'Alexandrie contre le Neſtorianiſme, & ainſi des autres, luy ont eſté neceſſaires.

Que ſi cela eſt vray de quelque Pere, cela l'eſt encore plus de ſaint Augnſtin, puiſque tout le monde reconnoiſt auec ſaint Proſper, & auec les Papes, que c'eſt par ſes armes & ſous ſa conduitte, que l'Egliſe durant vingt ans a combattu & vaincu les Pelagiens. De ſorte qu'il faut qu'vn General ne ſoit pas neceſſaire à vne armée, ſi ſaint Augustin n'a pas eſté neceſſaire à l'Egliſe. Et il ne faut pas oppoſer comme fait icy Monſieur Habert, *que l'Egliſe ne fuſt pas perie, quand elle n'euſt pas eu ſaint Auguſtin.* Car c'eſt parce que l'Egliſe ne pouuoit perir, qu'elle ne pouuoit manquer d'auoir vn tel deffenſeur; puiſque la perpetuité de l'Egliſe eſt eſtablie ſur les moyens par leſquels Dieu de toute éternité a reſolu de la conſeruer.

ARTICLE XV.

SAint Dorothée rapporte l'hiſtoire d'vn Moine qui vint en vn tel orgueil par cet eſprit de Singularité, qu'il n'eſtimoit de tous les Peres que ſaint Baſile, & ſaint Gregoire, puis ſaint Macaire, puis ſaint Pierre, & ſaint Paul. Et enfin la Trinité ſeule. Ie ne fais point l'application.

RESPONSE.

MOnſieur le Theologal a bien fait de ne point faire l'application de cette hiſtoire, parce qu'il n'en pouuoit faire qui fuſt raiſonnable. Et tout ce qu'on en peut conclure, c'eſt qu'il faut auoir beaucoup de paſſion pour s'emporter iuſques là, que de comparer vn Prelat recommandable par sa pieté & par sa doctrine à vn Moine fou, & extrauagant.

ARTICLE XVI.

IL arriua vn schisme dans l'Eglise d'Orient pour sçauoir, qui deuoit estre le plus estimé de ces trois Saints, saint Basile, saint Gregoire, et saint Chrysostome, qui s'apparurent à vne personne, & luy reuelerent, qu'ils estoient tous trois égaux en gloire. Dont on establit vne feste particuliere à Constantinople.

RESPONSE.

MOnsieur le Theologal deuoit reseruer cette vision des Menologes des Grecs pour vne meilleure occasion. Il s'agit de sçauoir, si l'on peut sans crime reconnoistre en saint Augustin quelques aduantages au dessus des autres Peres. Que fait à cela, que saint Basile, saint Gregoire de Nazianze, saint Iean Chrysostome soient égaux entre eux, & dans le mesme degré de gloire? Et que peut-on conclure de cette histoire au desaduantage de la preeminence de saint Augustin, reconnue par la voix publique des sçauans, à moins que de vouloir tirer de ce fait particulier cette conclusion generalle des Caluinistes, que tous les Saints sont égaux en gloire?

Si Monsieur Habert auoit dessein d'entretenir ses auditeurs de visions, il en deuoit chercher qui fussent plus propres à son sujet. Il deuoit se ressouuenir de l'histoire qui se trouue à la teste des Moralles de saint Gregoire, où il est rapporté, qu'vn saint Euesque d'Espagne, nommé Tagion ayant esté enuoyé à Rome, pour en rapporter vn exemplaire des Moralles de saint Gregoire, & passant la nuit en prieres dans l'Eglise de saint Pierre, ce Saint luy apparut auec vne grande foule de ses Predecesseurs, & luy reuela l'endroit où il trouueroit les Liures qu'il estoit venu chercher de si loin. Et comme cet Euesque, qui n'estoit pas moins passionné pour les Ouurages de saint Augustin que pour ceux de ce Saint, (car ç'a tousiours esté vne inclination generalle des grands hommes de l'Eglise, d'auoir vn amour extraordinaire pour ce Docteur incomparable) luy eust de-

Beatum Augustinum virum excellẽtissimum altiorà nobis continet locus.

mandé lequel de ces Saints qui l'auoient accompagné estoit saint Augustin, il en receut cette responſe: *Ce grand Saint, & cet excellent homme que vous desirez de voir, est dans une place esleuée au dessus de nous.*

D'où nous aprenons que ce n'est pas vn si grand excez que Monsieur le Theologal se le persuade, d'auoir vne estime particuliere de saint Augustin au dessus des autres Peres, puisque tant d'hommes Apostoliques que Dieu a donnez pour Pasteurs à toute l'Eglise, & qu'on ne peut nier estre des plus grands Saints qui soient dans le Ciel, reconnoissent que saint Augustin est dans vn degré de gloire plus esleué qu'eux.

ARTICLE XVII.

IL faut donc se seruir de tous les Peres. Fides Patrũ. *Mais ils sont differens. Non, ils s'accordent tous.*

RESPONSE.

C'Est donc en vain que Monsieur Habert parle tant cõtre ceux qui font profession de suiure saint Augustin; puisque les peres s'accordant tous, celuy qui en suit vn, suit necessairement tous les autres. Ce qui est principalement vray de ceux qui suiuent les Peres que Dieu a suscitez pour éclaircir contre les Heretiques les points de la foy, dont les anciens auoient parlé plus obscurement. Car c'est par eux qu'il faut expliquer ce qu'il y a d'obscur dans ceux qui les ont precedez, & non pas obscurcir par le langage obscur des anciens, la lumiere que Dieu a donnée à son Eglise par les derniers. C'est ainsi que l'Eglise s'est conduitte touchant les termes obscurs ou ambigus des Peres qui auoient precedé l'Arianisme. C'est ainsi qu'elle a agy contre les Macedoniens touchant la Procession du S. Esprit, & contre les Nouatiens pour la Penitence. Et c'est ainsi enfin, qu'elle s'est gouuernée contre les Pelagiens touchant la Grace.

ARTICLE XVIII.

CE n'est pas seulement dans le choix d'vn seul Pere, qu'ils affectent la Singularité, mais aussi dans leurs opinions. Ce n'est pas icy vne declamation. Il s'agit de la Foy. Nous sommes obligez de nous opposer à ces desordres. Car il est certain, qu'il y a vne Caballe formée, qu'il y a vne assemblée, & vne conspiration contre la Foy. Tout le monde le sçait, & en est scandalizé.

RESPONSE.

IEsus-Christ ayant fait passer les Prestres, & les Docteurs de la Loy pour des ignorans, & leurs traditions humaines & nouuelles pour des violemens de la Verité diuine, il est accusé par eux, non pas d'auoir descouuert leur insuffisance & leur corruption, ce qui estoit la vraye cause de leur haine, laquelle il leur estoit honteux d'auoüer, mais de caballer le peuple, de prescher vne mauuaise doctrine, & de violer leur Loy. Luc. c. 23. Ioan. c. 7.

Saint Estienne ayant conuaincu d'erreur, & d'ignorance quelques Iuifs des Synagogues estrangeres, n'est pas accusé par eux de les auoir reduits à ne pouuoir resister à la science, & à l'esprit qui parloit par sa bouche, comme dit l'Escriture, ce qui estoit le veritable mouuement de leur aigreur; Mais ils subornent & produisent de faux tesmoins qui l'accusent en public d'auoir dit des paroles iniurieuses contre Moyse, & contre Dieu. Act. 6.

Saint Paul ayant confondu les Iuifs par les tesmoignages des Escritures, & des Prophetes, & leur ayant prouué que Iesus-Christ estoit le Messie, & que la Loy des œuures qui nourrissoit leur confiance en leur libre Arbitre deuoit ceder à la Loy de Grace qui les sousmettoit à Dieu seul; il n'est pas accusé par eux de les auoir conuaincus par les veritables explications de l'Escriture, qu'ils tesmoignoient suiure, & dont ils alteroient le sens; mais d'auoir commis de grands crimes, & d'auoir enseigné à seruir Dieu d'vne maniere contraire à la Loy. Act. 25. Act. 18.

Mais comme ces accusations publicques & generalles, destituées de toute preuue, & dont les vrayes causes estoient des passions secrettes aussi honteuses aux persecuteurs, qu'honnorables aux persecutez, n'ont pû blesser non seulement deuant Dieu, mais mesme deuant les hommes la Sainteté de ces Iustes. Aussi celles de Monsieur Habert, qui sont vagues, & confuses comme celles-là, & viennent de mouuemens particuliers, que les personnes intelligentes connoissent assez, ne peuuent ruiner l'innocence de personnes tres-vertueuses, tres-habiles, & tres-Catholiques, Et on luy peut dire au nom de Monsieur d'Ipre, & de tant de Prelats, & de Theologiens qui embrassent sa doctrine, comme estant visiblement celle de saint Augustin, Qu'ils n'ont pe-

Act. 25. Quoniam neque in Legem Iudæorum, neque in Templũ, neque in Cæsarẽ quidquam peccaui. Multas & graues causas obiicientes aduersus Paulum, quas non poterãt probare.

peché ny contre le Temple, ny contre Cesar, & qu'il les accuse de plusieurs grands crimes, mais qu'il ne peut rien prouuer.

Que si on ne vouloit épargner la memoire des morts, & la reputation des viuans, au lieu que Monsieur Habert trouble aussi bien le repos des morts, comme il déchire la vertu de ceux qui viuẽt, on feroit voir à tout le monde en particulier ce que des personnes de grande condition ne sçauent que trop, que ces accusations de Caballe sont semblables à celles des Gracches, qui se plaignoient des seditiõs, & des troubles qu'ils excitoient eux-mesmes dans la Republique. Il n'est pas besoin d'en dire dauantage. La chose parle d'elle-mesme. Et Dieu nous fera connoistre vn iour, si ce n'est en ce monde, au moins en son dernier Iugement, si ceux qui accusent les autres de troubler la paix de l'Eglise, ne sont point les veritables auteurs de ses troubles, & de ses diuisions.

ARTICLE XIX.

Singularité dans la Contrition. L'Eglise a declaré dans vn Concile que l'Attrition suffit auec le Sacrement. Ils enseignent le contraire.

RESPONSE.

Que les plus habiles Theologiens reconnoissent que le Concile de Trente n'a point definy la question qui se dispute entre les Catholiques, sçauoir, si l'Attrition suffit, ou non, auec le Sacrement.

TOvs les habiles gens s'estonneront de ce discours, sçachans fort bien que l'Eglise n'a rien determiné sur cette matiere, comme plusieurs Prelats & Docteurs l'ont declaré si souuent en public, & en particulier. Et comme Monsieur de Gamaches, dont Monsieur Habert a approuué, & fait imprimer les Ouurages, l'a reconnu, en disant formellement : *Que cette question, si l'Attrition suffit auec le Sacrement n'a point esté definie particulierement par l'Eglise, & que les vns expliquent d'vne façon ce qui en est dit dans le Concile, & les autres d'vne autre.*

In 3 part. de Sacr. Pœnit. c. 8. Non ex Professo ab ecclesia definitum tanquam de fide & ab aliis aliter explicatur.

Si Monsieur le Theologal estoit maintenant d'vn autre aduis, & que quelque inspiration secrette luy eust fait changer de sentiment, depuis qu'il a donné son approbation à ce Liure, il le deuoit prouuer par bonnes raisons, & n'auoir pas vne opinion si aduantageuse de soy-mesme; que de se persuader que ses paroles deussent seruir de loy aux autres. Car tout Paris sçait, qu'vn Euesque celebre a monstré depuis trois ans en pleine chaire, le Liure à la main, que l'Eglise n'a nullement definy ce point, & en a conuaincu ses Auditeurs.

Et en effet, il ne faut qu'auoir des yeux pour voir que le Concile ne dit autre chose en cet article, sinon: *Que l'Attrition qui est accompagnée de la volonté de ne plus pecher, & de l'esperance du pardon, ne fait pas l'hõme hypocrite, & plus grand pecheur* (comme Luther que ce Concile vouloit condamner, auoit dit en termes formels) *mais qu'elle est vn don de Dieu, & vn mouuement du saint Esprit, qui n'habite pas encore dans l'ame, mais qui la meut seulement; qui aide le Penitent à se preparer la voye à la iustice; & encore qu'elle ne puisse pas par elle mesme amener le pecheur à la iustification, neantmoins elle le dispose à impetrer la Grace de Dieu dans le Sacremẽt de Penitence.*

Illam vero Contritionem imperfectam, quæ Attritio dicitur, quoniam vel ex turpitudinis peccati consideratione, vel ex gehennæ, & pœnarum metu communiter concipitur, si voluntatem peccandi excludat cum spe veniæ, declarat, non solum non facere hominem hypocritam, & magis peccatorem, verũ etiam donum Dei esse, & spiritus sancti impulsum, non adhuc quidem in habitantis, sed tantum mouentis, quo penitus adiutus, viam sibi ad iustitiam parat. Et quamuis sine Sacramento Pœnitentiæ per se ad iustificationem perducere peccatorem nequeat, tamen eum ad Dei gratiam in Sacramento Pœnitentiæ impetrãdam disponit. Conc. Trid. sess. 14. c. 4.

Surquoy il est aisé de remarquer comme fit ce Prelat, premierement, que le Concile ne dit pas, Que l'Attrition sufit auec le Sacrement (comme il deuoit faire, s'il eust voulu definir cette question) mais seulement, *qu'elle dispose à impetrer la Grace dans le Sacrement.*

Secondement, Qu'il ne dit pas qu'elle dispose suffisamment, mais seulement *qu'elle sert de disposition*; sans determiner, si c'est vne disposition prochaine & suffisante, ou seulement vne disposition esloignee.

En troisiesme lieu, Que le Concile ayant dit, *Que l'Attrition ne peut par elle-mesme sans le Sacrement de Penitence, amener le pecheur à la iustification*; s'il eust voulu definir qu'elle suffisoit pour rendre vn homme susceptible de la Grace de l'absolutiõ, la suitte naturelle de ce discours, estoit de dire, que ce qu'elle ne pouuoit d'elle-mesme, elle le pouuoit auec le Sacrement, c'est à dire, amener le pecheur à la iustification, se seruant de ces termes, ou autres semblables, *Quamuis sine Sacramento Pœnitentiæ per se ad iustificationem perducere peccatorem nequeat, perducit tamen cum Sacramẽto.*

Mais tant s'en faut que le Concile le fasse, qu'il ne parle de l'Attrition que de la mesme maniere dont on peut parler de toute autre disposition au Sacrement de Penitence, comme est la Confession des pechez, de laquelle il est vray de dire qu'elle ne peut par elle-mesme sans le Sacrement de Penitence amener vn pecheur à la iustification, mais que neãtmoins elle le dispose à impetrer la Grace dans le Sacrement. Et ainsi, comme on ne pourroit pas conclure de ces paroles, que la Confession seule auec l'absolution peut iustifier vn homme, on ne peut inferer de celles du Concile touchant l'Attrition, que sans autre mouuement plus parfait elle suffise auec l'absolution du Prestre pour iustifier vn pecheur.

Enfin, quiconque lira cét endroit du Concile auec attention, reconnoistra facilement, que se contentant de condãner les heretiques, il a pris peine de ne point oster aux Theologiens Catholiques la liberté de leurs diuers sentimens. Ce que deux choses nous confirment encore.

La premiere est, l'Esprit du Concile, qui ne s'estant assemblé que pour estouffer les diuerses heresies, qui se sont esleuées contre la foy dans ces derniers siecles, sans aucun dessein de decider les questions controuersées parmy les Docteurs de l'Eglise; quelle apparence y auroit il, qu'il eust voulu condamner vne opinion, qui, outre les tesmoignages de l'Escriture, & de toute l'Antiquité Ecclesiastique dont elle est appuyée, est encore soustenuë par vne infinité de Theologiens, par Hugues, & Richard de saint Victor, le Maistre des Sentences, Alexandre d'Arles, saint Bonauenture, Guillaume Euesque d'Auxerre, Robert de Sorbonne, Gerson, Gabriel, Iean Major Docteur de Sorbonne, le Pape Adrien sixiéme, Pierre Soto, & beaucoup d'autres. Ce qui a fait reconnoistre à Suarez mesme, que l'opinion contraire qu'il suit, *n'est ny fort certaine, ny fort ancienne, ny fort commune.*

Quæst. 90. art. 4. disp. 15. sect. 4. dub. 17.

La seconde, Que le Concile estant composé de Decrets, & de Canons, & ayant accoustumé de mettre dans les Canons (qui seuls portent anatheme) les poincts de la doctrine contenuë dans les Decrets qu'il veut decider comme des articles de foy, dans le Canon 5. de la Sess. 14. qui répond au chapitre 5. des Decrets d'où sont tirées les paroles qui parlent de l'Attrition, il n'y est pas dit vn seul mot de sa pretenduë suffisance auec le Sacrement, mais seulement de ce qui regarde les erreurs de Luther, *Qu'elle est une douleur sincere & utile, qu'elle prepare à la Grace, & qu'elle ne fait pas l'homme*

Si quis dixerit eã Contritionem quæ paratur per discussionem, &c. non esse verum & vtilem dolorẽ, nec preparare ad gratiam sed facere hominem hipocritam & magis peccatorem, demũ illam esse dolorem coactũ, & non liberum, & voluntarium, Anathema sit.

l'homme hypocrite & plus grand pecheur, comme cét Heresiarque soustenoit.

Voila vne partie des raisons qui font croire à tous ceux qui iugent des choses par la seule veüe de la verité, & non par preocupation d'esprit, & par les mouuemens de passiõs estrangeres, que le Concile n'a eu dessein que de condamner l'erreur de Luther, & de marquer les bons effets de l'Attrition contre cet Heresiarque qui les reiettoit comme mauuais, en laissant aux Theologiens Catholiques (qui tous croyent qu'elle est bonne) la liberté de croire qu'elle suffit, ou qu'elle ne suffit pas sans vn mouuement plus parfait pour iustifier le pecheur dans le Sacrement de Penitence. Et des particuliers, qui n'ont ny le Caractere, ny la puissance des Euesques, entreprendroient sur l'authorité Episcopalle, qui est celle de l'Eglise, si leur passion les portoit à vouloir faire des articles de foy de questions problematiques, que les Conciles generaux ont laissées absolument indecises, & que Monsieur de Geneue mesme a tellement reconnuës pour indecises, que depuis le Concile, il n'a point fait de difficulté d'enseigner, *Que quelque penitence que fasse vn homme, elle ne luy peut donner le salut iusqu'à ce qu'elle ait atteint à l'amour. Car*, dit-il, *le commencement des choses bõnes, est bon, le progrez est meilleur, & la fin est tres-bonne. Toutesfois le commencement est bon en qualité de commencement, & le progrez en qualité de progrez: Mais de vouloir finir l'œuure par le commencement, ou au progrez, c'est renuerser l'ordre.* Liur. 2. de l'Amour de Dieu. c. 19.

Il est donc visible que des particuliers qui voudroient obliger tous les autres à estre de leur aduis en cette rencontre, violeroient cette vnion sainte de la Charité, & de la paix, qui les lie auec leurs freres, & que nous deuons tous aimer auec autant de chaleur, que la verité la plus orthodoxe, & beaucoup plus que nos propres sentimens, lors qu'ils ne sont pas les sentimens expres & indubitables des Peres & des Conciles: Et enfin, ce seroit à des Theologiens, & à des Predicateurs vn excez de presõption, & de violence bien contraire à l'esprit de douceur, & d'humilité des vrays Ministres de l'Euangile, s'ils vouloient, que ceux à qui Dieu a fait la grace d'estre Chrestiens & Catholiques comme eux à qui l'Eglise fait l'honneur de les tenir comme eux pour des interpretes fidelles de ses veritez & de ses dogmes, & à qui eux mesmes sont contraints de rendre vn tesmoignage public d'vne vie aussi innocente, & aussi exemplaire, qu'est la leur, fussent obligez sous peine d'estre déchirez en chaire comme des Heretiques, & des Schismatiques, de tenir toutes leurs opinions pour des Decrets infaillibles de l'Eglise, & des effusions immediates du saint Esprit, & d'escouter leur voix auec vne sousmission aussi absoluë que si c'estoit celle des Papes, ou de tous les Euesques assemblez.

ARTICLE XX.

ILs ne veulent que ce qui est de plus parfait. Ce sont les parfaits.

RESPONSE.

Que c'est vne chose estrange de dire, que ce soit obliger les Chrestiens à vne trop grande perfection que de les obliger à aimer Dieu.

IL faut auoir vne idée bien basse de la grandeur toute diuine de la Religion Chrestienne, pour reprocher à des Catholiques comme vne Singularité criminelle, de ce qu'ils veulent obliger les Chrestiens à vne trop grande perfection parce qu'ils les portent à aimer Dieu, puisque comme dit excellemment Monsieur de Geneue: *Nous ne pouuons estre veritablement hommes sans auoir inclination d'aimer Dieu plus que nous-mesmes; ny veritablemẽt Chrestiẽs, sans pratiquer cette inclination.* Et cependant (ce qui est tout à fait estrange) c'est de cette qualité mesme de Chrestien, que quelques vns se veulent seruir pour faire croire à des Catholiques, qu'il n'est pas necessaire qu'ils aiment Dieu, afin d'obtenir le pardon de leurs pechez, & acquerir le salut. Car c'est en cela (disent-ils) que consiste la douceur, & l'auantage de la Loy nouuelle au dessus de l'ancienne, que dans l'ancienne on ne pouuoit estre iustifié, ny sauué qu'en aimant Dieu de tout son cœur, au lieu qu'on le peut maintenant dans la nouuelle par le moyen des Sacremens.

Liur. 10. c. 10. de l'Amour de Dieu.

De sorte que par ce raisonnement merueilleux, c'est le priuilege de la Loy d'amour, d'estre moins obligé d'aimer que l'on n'estoit dans la Loy de crainte. *Dieu a tant aimé le monde, qu'il a donné son fils pour luy*, afin que le monde fust dispensé de l'aimer. Iesus-Christ est descendu du Ciel en terre pour allumer dans les cœurs le feu de la Charité, comme il

Ioan. c. 3. v. 16.

Luc. c. 12. v. 49.

tesmoigne luy mesme; & l'aduantage qu'ont ses disciples au dessus des Iuifs, c'est qu'il est plus permis qu'aux Iuifs, de demeurer froids, & de n'estre point bruslez de cette flamme diuine. Il est mort pour nous donner des preuues de son amour; & l'vn des principaux fruits que nous tirons de cette mort, c'est que nous pouuons acquerir toutes les richesses de sa gloire sans luy rendre amour pour amour. Et enfin, selon l'excellente pensée de saint Bernard, *Ne se contentant pas d'auoir respandu son sang pour meriter d'estre aymé, il a respandu son Esprit pour se faire aymer; donnant par l'vn l'obiet, & le motif de l'amour, & par l'autre l'amour mesme*; Et la faueur que nous nous imaginerions auoir receuë de cette double effusion, de son sang, & de son Esprit, c'est qu'il n'est plus necessaire de l'aimer, comme il estoit autrefois.

O geminum ipsum firmissimũ Dei erga nos amoris argumentum! Christus moritur, & meretur amari. Spiritus afficit, & facit amari. Ille facit, cur ametur, iste vt ametur. Bern. Ep. 107.

Ie laisse à iuger à tous ceux qui ont la lumiere de la raison, si ces pensées sont raisonnables. Mais ie sçay bien qu'elles sont contraires aux premiers notions du Christianisme. Car tant s'en faut que la grande douceur de la Loy nouuelle au dessus de la vieille Loy consiste à obliger les hommes moins estroittement à l'amour de Dieu, qu'au contraire la vieille Loy n'estoit dure & insupportable que parce que les Iuifs craignoient Dieu comme leur Maistre, & ne l'aimoient pas comme leur Pere: Et la Loy nouuelle n'est douce, que parce que les Chrestiens ne craignent pas Dieu comme des esclaues, mais l'aiment comme des enfans.

C'est la raison pourquoy le Sauueur du monde dit, *que son ioug est doux, & que sa charge est legere*; *Parce*, comme dit S. Augustin, *que ce qui est pesant à celuy qui craint, est leger à celuy qui ayme, & que la Charité rend les preceptes si faciles à supporter, que les Chrestiens qui aiment s'en trouuent aussi peu chargez que les oiseaux le sont de leurs aisles* [Charitas facit præcepti sarcinam leuem, non modo non prementem onere ponderum, verumetiam subleuantem vice pennarum.]

Matth. c. 11. v. 30.

De Perfect. inst. ante medium.

Et comme vn grand Disciple de ce grand Maistre dit admirablement dans cet excellent Discours de la Reformatiõ de l'homme interieur: *Les Amans ne trouuent rien de penible dans leurs peines, & ne trouuent point de peines dãs leur amour. Où ils ne sentent point leurs trauaux: ou s'ils les sentent, ils les aiment.*

Cornel. Iansenius in Orat. de interioris hominis reformatione.

Comment donc peut on s'imaginer, que la Loy de Grace, qui n'a de douceur que par l'amour, ou plustost, qui n'est autre chose que *l'amour mesme respandu dans le cœur par le saint Esprit, Charitas diffusa in cordibus per Spiritum sanctum,* doiue estre estimée dure & insupportable, si elle ne dispense les hommes d'aimer? Comment peut-on croire, que ce soit imposer aux Chrestiens vn ioug pesant & fascheux, que de leur enseigner, qu'ils doiuent obeïr à vn commandement qui rend faciles tous les commandemens, & qui fait trouuer des charmes & des delices dans les choses les plus penibles & les plus fascheuses? Est-ce vn ioug fort dur à des enfans d'estre obligez d'aimer leur Pere? A vne honneste femme d'aimer son mary? Et à des suiets d'aimer le plus aimable Prince du monde? Et ne seroit-ce pas au contraire leur faire iniure, que de leur proposer, comme vne Grace, d'estre dispensez de les aimer?

Ad Rom. c. 5. v. 5.

Et enfin, comment est-il possible, que l'on ne reconnoisse pas auec Monsieur de Geneue, *Combien cette Loy d'amour est aimable, & quelle obligation nous auons à Dieu, de ce qu'il ne nous permet pas seulement son diuin amour, comme Laban permit à Iacob celuy de Rachel, mais qu'il luy plaise encore nous le commander. O amour celeste,* (s'écrie cét homme de Dieu) *que vous estes aimable à nos ames! Et que benie soit à iamais la bonté qui nous commande auec tant de soin que nous l'aimions, quoy que son amour soit si desirable, & si necessaire à nostre bonheur, que sans luy nous ne sçaurions estre que mal-heureux!*

Liur. 10. c. 1. de l'Amour de Dieu.

Ibid.

Mais en quoy donc, me dira-t'on, la Loy nouuelle a-t'elle apporté aux hommes vne plus grande facilité de se sauuer que la Loy de Moyse, si dans l'vne non plus que dans l'autre on ne se peut sauuer sans aimer Dieu? En ce que la nouuelle fait aimer Dieu, ce que la vieille ne faisoit point se contentant de le faire craindre. Et c'est pourquoy il ne faut pas dire, que l'on se sauue plus facilement par la nouuelle, que par la vieille, mais que l'on se sauue par la nouuelle, & que l'on ne se sauuoit point par la vieille. Tous ceux qui ont esté sauuez durant ce temps du Vieil Testament, ne l'ayant esté que par le Nouueau, auquel ils apartenoient par vne anticipation de Grace.

Car c'est vne des principales heresies de Pelagius, laquelle il fut obligé de condamner luy-mesme de sa propre bouche dans le Concile de Palestine, quoy qu'il la retinst tous-

Aug. de gestis Pelag. c. 33. & de pecc. Orig. c. 11.

iours dans le cœur, *Que la Loy de Moyse ait eu le pouuoir de sauuer les hommes.*

Saint Paul la condamne en cent endroits, & il a fait des Epistres toutes entieres pour prouuer : *Que personne n'est iustifié par la Loy* : *Que la Loy ne conduit point à l'heritage celeste* : *Qu'elle n'a point esté donée afin qu'elle pust sauuer* : *Qu'elle est suruenue pour faire connoistre le peché, & mesme pour le faire croistre* : *Que la premiere Loy a esté reprouuée, à cause de son inutilité, & de sa foiblesse* : Et enfin, *Que si la Loy pouuoit faire auoir la Iustice, Iesus-Christ seroit mort en vain*. Gal.c.3.v.11. Rom.c.4.v.14. Gal.c.3.v.21. Rom. c.5.v.20. Hebr. c. 7. v.18. Gal.c.2.v.21.

Mais il estouffe encore plus clairement cette erreur par cette diuine allegorie de l'Epistre aux Galates, dans laquelle il declare, que les deux Testamens ont esté figurez par les deux fils d'Abraham ; le Vieil par Ismaël, qui estoit fils de la seruante ; & le Nouueau par Isaac, qui estoit fils de la femme libre. Que le Vieil n'a engendré que des esclaues, *in seruitutem generans* ; parce qu'il n'a donné que l'esprit de crainte, qui est l'esprit de seruitude, mais que les enfans du Nouueau sont libres ; parce qu'ils sont poussez par l'Esprit d'amour, qui est l'Esprit de liberté, qui crie en eux : *Abba, Pater, mon Pere, mon Pere.* Gal.c.4.

Cela suffisoit pour nous faire conclure, que des esclaues ne peuuent point pretendre à l'heritage ; & qu'ainsi les enfãs du Vieil Testament n'auoient point de part à l'heritage du Ciel. Mais saint Paul n'a pas attendu que nous tirassions cette conclusion de ses paroles, il nous la propose luy-mesme en termes expres : *Chassez*, (dit l'Escriture sainte) *la Seruante, & son Fils. Car le fils de la seruante ne sera point heritier auec le fils de la femme libre.* C'est à dire, que les enfans de la vieille Loy seront chassez de la maison du Pere celeste, & ne partageront point l'heritage du Pere Eternel auec les enfans de la Loy Nouuelle. De sorte que ceux-là seuls ont esté sauuez auant la venuë du Mediateur, qui par vne faueur particuliere *apartenoient au Nouueau Testament, quoy qu'ils fussent Ministres de l'Ancien, qui estoient enfans de la femme libre dans l'estat mesme de la seruitude, & qui estant animez de cette foy viue, & Euangelique qui agit par l'amour estoient veritablement Chrestiens, quoy qu'ils n'en eussent pas le nom, Re, non nomine Christiani*, comme les appelle saint Augustin. Gal.c.4.v.30. Aug.lib.3. ad Bonif. c.4. Ibid.

Mais ce n'est pas icy le lieu de s'estendre sur ces veritez. Et ce que nous en auons dit en passant, n'a esté que pour faire voir, que l'on ne sçauroit donner aux fidelles de plus mauuaises instructions, plus contraires à l'esprit du Christianisme, que de les porter à croire, comme il semble que Monsieur Habert ait voulu faire, que ce seroit les obliger à vne trop grande perfection, que de les faire ressouuenir de ce qui leur est commandé par toutes les Loix eternelles, qui reglent les deuoirs indispensables de la creature enuers son Createur: par toutes celles que Dieu a imprimées dans l'ame de l'homme en le creant à son image: par toutes celles qu'il a grauées sur la pierre, publiées sur la montagne de Sina auec tant de pompe, & de majesté: Et enfin, par toutes celles qu'il a retracées en Ierusalem dans le cœur de ses fidelles par l'effusion de son Esprit, puis que toutes ces Loix se reduisent à cette vnique obligation, si douce & si agreable de consacrer à l'amour de Dieu, vn cœur qui n'est fait que pour l'aimer.

ARTICLE XXI.

Nous serions bien-heureux, si Dieu nous reueloit que nous auons l'Attrition auec les Sacrement.

RESPONSE.

Que ceux-mesmes qui tiennent l'Attrition suffisante ne croyent pas cette opinion si seure, qu'ils ne iugent qu'il y a du peril à se contenter à la mort de la seule Attrition auec le Sacrement.

SI nous auions à desirer de Dieu des reuelations particulieres, nous en desirerions de plus vtiles, que ne seroit celle de Monsieur Habert, Car quand Dieu nous auroit reuelé que nous auons vne veritable Attrition, nous aurions suiet d'esperer, au cas qu'elle suffise pour le salut auec le Sacrement; mais nous ne serions pas moins en danger, si elle ne suffit pas. De sorte que cette premiere reuelation auroit encore besoin d'vne seconde reuelation pour nous asseurer, qu'il ne faut qu'auoir vne Attrition veritable auec le Sacrement pour estre sauué; puisque cette opinion n'est pas si constante, que ceux mesmes qui la soustiennent, ne reconnoissent qu'auec l'Attrition & le Sacrement, on n'est pas tout à fait asseuré de son salut.

Voicy les paroles de Suarez : *Encore que ce soit vne opinion probable, que l'Attrition, qu'on recognoist n'estre point Contrition, suffit auec le Sacrement pour la iustification, toutefois elle n'est pas certaine, & peut-estre fausse. Que si elle est fausse, comme il se peut faire qu'elle l'est, elle ne suffit pas pour sauuer vn homme. Donc celuy qui sciemment se laisse mourir ainsi, s'expose volontairement au peril moral de la damnation eternelle. Car lors qu'il y a vn doute moral, il y a vn peril moral principalement en vne chose si importante. Or il y a icy vn doute moral, puisque cette opinion n'est ny fort ancienne ny fort commune. Et certes, il semble que la Charité oblige l'homme à n'auoir pas si peu de soin de son salut éternel, que de s'exposer à vn si grand peril ; Et qu'ainsi, il est obligé de faire ce qui est en luy, & de s'efforcer d'auoir la contrition.* Et il adiouste en suitte : *Que cette opinion de la necessité de la Contrition à l'article de la mort, fondée sur ces raisons, luy a tousiours paru fort probable, & luy semble telle encore maintenant.*

Monsieur de Gamaches, dont Monsieur Habert a prouué & fait imprimer les Ouurages, parle apres Suarez en la mesme sorte, quoy qu'il tienne comme luy que l'Attrition est suffisante. *Encore* (dit-il) *que la seule Attrition iointe au Sacrement, suffise pour la iustification speculatiuement, & considerant la chose en elle-mesme, il ne semble pas neantmoins trop seur de n'apporter point sciemment d'autre disposition pour nous preparer à la mort que cette seule Attrition auec le Sacrement.* Et plus bas : *Quoy que nous reconnoissions que le Sacrement de Penitence nous rend veritablement d'attrits contrits, neantmoins cela n'est pas tout à fait indubitable,* [& n'a point esté definy particulierement par l'Eglise; & les vns l'expliquent d'vne façon, & les autres d'vne autre.] *Or est-il que l'homme, doit trauailler à son salut auec crainte & tremblement principalement dans ce peril de la mort, & (comme on dit) se deffier des choses qui paroissent les plus seures, & ne pas tenter Dieu,* [ny s'exposer à vn peril probable de la damnation.] *Donc vn homme est obligé en cet estat de ne se pas contenter de la seule Attrition auec le Sacrement.*

Licet sit opinio probabilis, attritionem cognitam cum Sacramento sufficere ad iustificationem, tamen non est certa, & potest esse falsa. Quod si fortasse in re ita est, probabilis illa existimatio non sufficit vt homo saluetur. Ergo qui sciens & videns ita se mori permittit, voluntariè exponit se periculo morali æternæ damnationis. Nam vbi est morale dubium, est morale periculum præsertim in re tam graui; hic autem est morale dubium, cum illa opinio nec valde antiqua, nec multum cõmunis sit. Videtur autẽ profecto charitas obligare hominẽ ne sit adeo negligens suæ salutis æternæ, vt eã tanto periculo exponat. Ergo obligat illum ad faciendum quod in se est & conandum ad habendam Contritionem. Suarez qu. 90. art. 4. disp. 15. Sect. 4. num. 17.

Quæ sententia mihi semper probabilis visa est, & nunc etiam videtur. Ibid.

In 3. p. de Sacr. Pœn. c. 8. Etiamsi sola Attritio cum Sacramento Cõfessionis sufficiat à parte rei & speculatiuè ad iustificationem, attamen practice & respectu nostri non satis tutum videtur vt scienter prudenter solam huiusmodi Attritionem in vitæ exitum cum Sacramento adhibeamus. Etiamsi agnoscamus Sacramẽtum Pœnitentiæ reuera facere ex attritis contritos, non tamen id omnino indubitatum nec ex professo ab Ecclesia definitum tanquã de fide & ab aliis aliter explicatur. Atqui homo debet cum timore & tremore salutem suam operari in isto præsertim periculo mortis & quasi omnia tuta timere nec tentare Deum aut se IN PROBABILE DAMNATIONIS DISCRIMEN MITTERE, Ergo &c.

Si ceux mesmes qui soustiennent que l'Attrition est suffisante auec le Sacrement, reconnoissent neantmoins que ce n'est pas trauailler à son salut auec assez de soin & de preuoyance, & que c'est *s'exposer à vn peril moral de la damnation eternelle* que de n'apporter que cette seule dispositiō lors qu'on reçoit les Sacremens pour se preparer à la mort, il est difficile de se persuader que ce soit vn si grand bonheur, que Monsieur le Theologal le veut faire croire, d'auoir reuelation d'estre en vn estat, ou nous ne serions pas si asseurez de nostre salut, que nous ne fussions encore *dans vn peril moral* (comme dit Suarez) *& dans vn danger probable* (comme dit Monsieur de Gamaches) *de perir eternellement*; & où il pourroit bien arriuer que ceux qui, selon ces Auteurs, deuroient estre sauuez dans la speculation, ne laisseroient pas d'estre damnez dans la pratique.

Mais nous pouuons adjouster encore, que si Monsieur Habert n'entend par son Attrition que la seule crainte de l'Enfer (comme les Auteurs des Theses publiées en Flandre contre le Liure de Monsieur d'Ipre, qu'il a entrepris de combattre, ont declaré qu'ils l'entendoient, & comme il est obligé de faire auec eux pour s'opposer à ce grand Prelat qui n'en parle que de cette sorte) qu'il s'en contente si bon luy semble, mais qu'il n'oblige point les autres à s'en contenter. Car cette reuelation particuliere qu'il feint, n'empescheroit pas qu'on ne deust craindre cette reuelation publique & certaine du Fils de Dieu dans son Euangile : *Que celuy qui ne l'aime point, ne garde point ses commandemens.* Et celle du Docteur des Nations qui prononce *anatheme contre ceux qui n'aiment point Iesus-Christ.* Et celle du cher Disciple du Sauueur : *Que celuy qui n'aime point demeure dans la mort.* Et qu'ils ne deussent peser cette parole de S. Augustin : *Ie ne craindray point de dire, que si vous vous empeschez de faire le mal par la crainte de l'Enfer, vous auez veritablement la Foy, parce que vous croyez que Dieu iugera le monde vn jour : Ie me réjoüis de vostre foy, mais ie crains encore pour vostre malice.* Et pourquoy? *Parce* (comme il dit en vn autre endroit) *que celuy qui craint l'Enfer, ne craint pas de pecher, mais de brusler, Qui gehennas metuit, non peccare metuit, sed ardere.*

Qui non diligit me, sermones meos nō seruat. Ioan. c. 14. v. 24.

Qui non amat Dominū nostrū Iesum Christū sit anathema. 1. Cor. c. 16. v. 22.

Qui non diligit, manet in morte. Epist. 1. Ioan. c. 3. v. 14.

Audeo dicere, si timore gehēnæ non facis malū, est quidem in te fides quia credis futurū Dei esse iudicium. Gaudeo fidei tuæ, sed adhuc timeo malitiæ tuæ. Aug. serm. 19. de verb. Apost. c. 9.

Epist. 144.

ARTICLE

ARTICLE XXII.

SIngularité dans les vertus, L'Euangile nous enseigne que toutes sortes de vertus nous menent au Ciel: Ils veulent qu'il n'y ait que la Charité : Peut-on estre sauué sans la Foy? Il est bien vray que les autres vertus ne seruent de rien sans la Charité.

RESPONSE.

En quel sens saint Augustin a enseigné que toutes les vertus sont Charité, & Amour de Dieu.

LE discours de Monsieur le Theologal fut si confus, & si embarassé sur ce sujet, qu'il parloit d'vne matiere qu'il n'auoit pas assez bien estudiee. Car ceux qui disent auec les Peres que toutes les vertus sont Charité, n'excluent pas pour cela la Foy, ny les autres vertus particulieres, & ne nient pas qu'on ne puisse distinguer differentes vertus selon leurs differens objets. Mais comme d'vne part tous les Philosophes enseignent, que la fin, & l'intention est ce qui constituë l'espece dans les choses morales ; iusques-là mesme qu'Aristote soustient, qu'vn homme qui fait vn larcin pour auoir moyen de commettre vn adultere, n'est pas tant auare, qu'intemperant ; & que de l'autre la volonté ne se peut porter vers vne fin que par vn mouuement d'amour, parce que l'amour n'est autre chose que la pente & l'inclination de la volonté vers le bien, & qu'il n'y a point à proprement parler de bonté absoluë que dans la fin, tous les moyens n'estās desirables que pour elle : Il ne faut pas s'estonner si S. Augustin establit en cent endroits comme des veritez capitales de la Morale Chrestienne, *Que*[a] *la vertu n'est autre chose que l'ordre de l'amour* ; Que[b] *la vertu n'est que la Charité, par laquelle on aime ce qu'il faut aimer*, & qu'ainsi toute vertu est charité & amour de Dieu parce que Dieu seul doit estre[c] *la fin de tous nos desirs & de toutes nos actions, comme nostre vnique bien, & l'vnique source de nostre bon-heur* ; Et par consequent, qu'il ne peut y auoir de veritables vertus que celles qui nous détachent de l'amour des creatures pour nous attacher à Dieu, & qui dans la diuersité des bonnes actions qu'elles nous font faire, nous portent tousiours à nous vnir par amour à l'objet de nostre eternelle felicité.

a Definitio breuis & vera virtutis, Ordo est amoris. August. de ciuit. Dei lib. 15. c. 22.

b Virtus est Charitas qua id quod diligendum est diligitur. Aug. Ep. 29.

c Ipse est fons nostræ beatitudinis : Ipse omnis appetitionis est finis. Aug. de ciui. Dei lib. 10. c. 4.

Le mesme S. Augustin explique diuinement, dans le Liure des mœurs de l'Eglise, cõme toutes les vertus ne sont que l'amour du souuerain biẽ, c'est à dire de Dieu, & que neantmoins il ne laisse pas d'y auoir de differẽtes vertus selon les differẽtes manieres dõt cét amour agit dans nos ames. *Que si la vertu*, dit-il, *nous conduit à la vie heureuse, ie ne puis la definir autrement qu'en l'appellant, vn souuerain amour de Dieu. A quoy la diuision qu'on en a faite en quatre branches n'est pas contraire, n'ayant esté ainsi diuisée, si ie ne me trompe, qu'à cause des diuers mouuemens, & des differentes impressions de cet amour. C'est pourquoy si on me demande la definition de ces quatre vertus (dont ie souhaitte que la pureté soit aussi bien dans le cœur, comme leurs noms sont dans la bouche de tout le monde,) ie ne feray point de difficulté d'appeller la Temperance, vn amour qui se conserue pur pour ce qu'il aime: La Force, vn Amour qui souffre tout sans peine pour l'objet qu'il cherit: La Iustice, vn amour qui ne sert que ce qu'il affectionne, & qui à cause de cela commande bien: La Prudence, vn Amour, qui discerne auec addresse ce qui l'empesche d'agir d'auec ce qui aide son action. Mais nous auons desia dit, que cét amour n'est pas des choses creées, mais de Dieu seul, c'est à dire, du souuerain bien, de la souueraine Sagesse, & de la souueraine Paix. C'est pourquoy ie puis encore definir ces quatre vertus en disant, Que la Temperance est vn amour qui se conserue pur, & incorruptible pour Dieu; Que la Force, est vn amour qui souffre tout sans peine pour Dieu; Que la Iustice est vn amour qui ne sert que Dieu, & qui à cause de cela, commande bien à toutes les creatures qui sont soumises à l'homme; Et la Prudence vn amour qui a la lumiere de discerner ce qui luy est fauorable pour aller à Dieu d'auec ce qui luy est desaduantageux.*

Il faudroit faire des volumes entiers pour rapporter tous les endroits où S. Augustin confirme cette doctrine sainte, laquelle n'est pas moins conforme aux veritables lumieres de la raison, qui est vn rayon de la Sagesse diuine, qu'aux Oracles infaillibles de cette Sagesse mesme qui est la raison premiere, & originelle.

Quod si virtus ad beatam vitam nos ducit, nihil omnino esse virtutem affirmauerim, nisi summũ amorem Dei. Nãque illud quod quadripartita dicitur, Virtus ex ipsius amoris vario quodam affectu, quantum intellige dicitur. Itaque illas quatuor virtutes, quarum vtinam sit in mentibus vis vt nomina in ore sunt omnium, sic etiam definire nõ dubitem, vt Temperantia sit amor integrum se præbens ei quod amatur. Fortitudo, amor facile tolerans omnia propter quod amatur. Iustitia amor soli amato seruiens, & propterea rectè dominans. Prudentia, amor ea quibus adiuuatur ab eis quibus impeditur, sagaciter seligens. Sed hunc amorem non cuiuslibet, sed Dei esse diximus, id est summi boni, summę sapientię, sũmęque concordiæ. Quare definire etiam sic licet, vt Temperantiã dicamus esse amorem Deo se se integrum incorruptumque seruantem. Fortitudinem, amorem omnia propter Deum facile perferentem. Iustitiam amorem Deo tantum seruientem, & ob hoc bene imperantem cæteris quę homini subiecta sunt. Prudentiam, amorem bene discernentem ea quibus adjuuetur in Deum ab iis quibus impediri potest. August. de Moribus Eccl. Cath. c. 15.

Si Monsieur Habert ne la comprend pas, il feroit mieux de prier Dieu de la luy faire entendre, que de condamner auec tant de hardiesse la regle la plus importante de toute la vie Chrestienne. Et si d'autres occupations ne luy ont pas permis de s'instruire mieux dans ces matieres, au moins ne peut-il pas ignorer ces paroles d'vn grand Pape qu'il a leuës si souuent dans l'office de l'Eglise; *Que tous les commandemens de Dieu ne regardent que le seul amour, & qu'ainsi tous les commandemens ne sont qu'vn commandement.* Toutes les vertus ne sont elles pas commandées? Pourquoy donc S. Gregoire dit il, qu'il n'y a que la Charité de commandée; sinon (comme il adjouste) *parce qu'encore qu'il y ait diuers commandemens à cause de la diuersité des actions que nous deuons faire, il n'y en a pourtant qu'vn selon la racine de l'amour & de la charité dont toutes ces actions doiuent proceder.*

Dans l'Homelie du Commun des Apostres. Omne mandatũ de sola dilectione est, & omnia vnũ præceptum sunt. Præcepta ergo dominica, & multa sunt & vnum: Multa per diuersitatem operis: Vnum in radice dilectionis. Vt enim multi arboris rami ex vna radice prodeunt, sic multæ virtutes ex vna Charitate generantur.

ARTICLE XXIII.

Mais il est faux, que la Charité soit seule principe de merite.

RESPONSE.

Est-il possible que Monsieur le Theologal ne sçache pas que S. Thomas, S. Bonauenture, & apres eux le Cardinal Bellarmin, & les plus celebres Theologiens enseignent, que la seule Charité est principe de merite; ou que le sçachant, il ose condamner vne doctrine si approuuée, comme dangereuse, & pleine d'erreur?

ARTICLE XXIV.

Toutes les beatitudes ne conduisent-elles pas au Ciel? N'y a-t'il pas huit beatitudes? voyez dans vostre Catechisme. Ce n'est donc pas la Charité seule qui nous mene au Ciel.

RESPONSE.

Cette objection est si peu digne d'vn grand Theologien, qu'on a bien fait de nous renuoyer sur ce point, au Catechisme des petits enfans. Car S. Thomas & les autres Docteurs respondront en vn mot, Que toutes ces beatitudes n'ont aucune force pour nous conduire au Ciel, que par la Charité, & par l'amour, qu'elles doiuent toutes enfermer pour estre Beatitudes Euangeliques, & non pas purement humaines, & Philosophiques, telles qu'estoient la pauureté, & la Patience des Philosophes.

ARTICLE XXV.

Mais à propos de Catechisme, on voit aussi vn nouueau Catechisme imprimé depuis peu, qui contient leur Doctrine. Il y a en vn endroit, Que ceux qui ont le pouuoir d'absoudre sont ceux qui l'ont receu de l'Eglise. Les Docteurs qui l'auoient veu auant la premiere edition auoient voulu qu'on y adioustast, Que ce sont ceux qui ont receu ce pouuoir de Dieu, & de l'Eglise. Car c'est Dieu, & non pas l'Eglise qui peut donner le pouuoir d'absoudre. Cependant l'auteur dans la seconde edition a effacé ce mot de Dieu, & a mis seulement de l'Eglise.

RESPONSE.

CE que Monsieur le Theologal dit de ce Catechisme estoit tellement hors de propos, qu'il n'a seruy qu'à faire voir la passion qui l'emporte; & qui luy fait oublier le lieu où il est, & le sujet dont il parle. Ceux qui sçauent ce qui s'est passé dans l'impression de ce Catechisme, s'estonneront de voir qu'il ose ainsi déguiser la verité; estant certain que la premiere impression s'en est faite sans aucune connoissance de l'autheur; & que pour la seconde on n'a eu nul esgard à cette premiere corrompuë, mais au seul original, comme l'Imprimeur l'a declaré dans la Preface, que Monsieur Habert deuoit auoir leuë pour ne pas entretenir ainsi le public d'imaginations, & de fables.

Et quant à l'article qu'il a voulu reprendre, il est difficile de sçauoir ce qu'il veut dire, puis qu'il ne peut nier que les Prestres ne reçoiuent la puissance d'absoudre de l'Eglise (qui est tout ce qui est dit dans le Catechisme) sans tomber dans vn erreur manifeste, en soustenant qu'ils le reçoiuent de Dieu seul, sans que l'Eglise y contribuë rien, qui est la pretention des Heretiques dans leur Mission extraordinaire. Mais de plus le sens du Catechisme est clair, n'ayant voulu marquer sinon qu'il ne suffit pas d'estre Prestre, & d'auoir receu le charactere de la Prestrise, par le Sacrement de l'Ordre, pour pouuoir administrer le Sacrement de Penitence, mais qu'il faut outre cela, auoir la puissance de Iurisdiction par vne delegation particuliere de l'Euesque. Si Monsieur le Theologal trouue cette doctrine dangereuse & digne d'estre censurée en pleine Chaire, qu'il se declare ouuertemẽt, & qu'il nous dise s'il croit que tous les Prestres ont pouuoir d'absoudre par la seule puissance de leur Caractere, sans auoir besoin que les Euesques leur donnent Iurisdiction; afin d'adjouster cette opinion à beaucoup d'autres qu'il a embrassées dans les Liures qu'il a faits, ou approuuez, qui ne sont pas moins desaduantageuses à l'autorité des Euesques.

Et pour ce qui est de la plainte qu'il fait qu'on n'a pas suiuy dans la seconde edition les changemens qui ont esté faits dans la premiere, les cinq Docteurs qui ont approuué cette seconde edition, & plusieurs autres qui ont approuué ce Catechisme, lors qu'il n'estoit encores que manuscript, rendront bon compte de ce qu'ils ont fait, à ceux qui auront plus d'authorité de leur en demander raison, que n'en a Monsieur Habert de les censurer auec si peu de pouuoir, & encore moins de sujet.

ARTICLE XXVI.

ILs mettent la Singularité iusques dans la Grace. Ils rendent la Grace particuliere, & partiale. Ils ne veulent pas qu'elle soit donnée à tout le monde. Qui a iamais ouy parler de cette doctrine? sçauans, ignorans, spirituels, contemplatifs, auez-vous iamais oüy parler de la sorte?

RESPONSE.

Que la pretenduë Grace suffisante qu'on veut estre donnée à tout le monde ne sert de rien pour le salut, & qu'il n'y a que la Grace efficace de Iesus-Christ qui sauue les hommes.

EST-IL possible, qu'vn Catholique puisse crier comme contre vne erreur, & contre vn blaspheme; de ce que l'on reconnoist que la Grace de IESVS-CHRIST est particuliere à ceux à qui il la veut donner? Et que veut donc dire? a *Il vous est donné à vous de connoistre les mysteres du Royaume des Cieux, mais il n'est pas donné aux autres:* b *Vous auez caché ces choses aux Sages & aux Prudens, & vous les auez descouuertes aux ignorans:* c *La Foy n'est pas pour tous: L'Esprit* d *souffle où il luy plaist:* Et vne infinité d'autres lieux semblables qui monstrent euidemment, que les Graces de Dieu sont particulieres à ceux à qui il luy plaist de les départir.

a Vobis datum est nosse mysteria regni cęlorum, illis autem non est datum. Matth. c. 13. v. 11.
b Abscondisti hæc à sapientibus & prudentibus & reuelasti ea paruulis. Matth. c. 11. v. 25.
c Non enim omnium est fides. 2. Thess. c. 3. v. 2.
d Spiritus vbi vult spirat. Ioan. c. 3. v. 8.

Et apres cela l'on prend à tesmoin *les sçauans, les spirituels, & les contemplatifs*, pour leur demander, *s'ils ont iamais ouy dire, que la Grace de* IESVS CHRIST *ne soit pas donnée à tout le monde.* Il deuoit certes se contenter du tesmoignage des ignorans. Car pour ceux qui connoissent vn peu ces matieres, & qui ont vn peu leu les Liures d'où elles se peuuent apprendre; Ils sçauent que saint Augustin, & les autres Peres qui ont deffendu la Grace font vn article de foy de ce que Monsieur Habert condamne comme vne heresie.

Il ne faut que lire l'Epistre 107. de ce Saint, dans laquelle entre douze maximes qu'il maintiēt estre toutes des poincts indubitables de la Foy, sans lesquels on ne peut estre Catholique, il marque ces trois propositions. *Nous sommes asseurez que la Grace de Dieu n'est pas donnée à tous les hommes. Nous sommes asseurez, que c'est par la pure misericorde de Dieu qu'elle est donnée à ceux à qui elle est donnée. Nous sommes asseurez que c'est par vn iuste iugement de Dieu, qu'elle n'est pas donnée à ceux à qui elle n'est pas donnée.* Il dit la mesme chose en cent endroits, & apres luy S. Prosper, S. Fulgence, establissent si souuent cette maxime Catholique, qu'il est veritablement estrange, que Monsieur le Theologal tesmoigne n'en auoir iamais oüy parler.

Scimus gratiam Dei non omnibus hominibus dari. Scimus eis quibus datur misericordia Dei gratuita dari. Scimus eis quibus non datur iusto Dei iudicio non dari.

Pour le moins il deuoit auoir leu dans le Liure que le Pere Sirmond a donné au public il y a quelques années, l'Epistre Synodalle du Concile de Sardagne, composé de plus de 60. Euesques d'Afrique, bannis pour la Foy, dans laquelle cette verité est definie comme indubitable: Que la Grace de Dieu n'est pas donnée à tout le monde, *De Gratia non dignè sentit, quisquis eam putat omnibus hominibus dari. Ce n'est pas auoir le sentiment qu'on doit auoir de la Grace, que de croire qu'elle est donnée à tous les hommes.*

Mais parce que Monsieur le Theologal a parlé encore auec plus de chaleur contre cette doctrine sainte dans son troisiesme Sermon, nous reseruons en cét endroit à la soustenir contre ses accusations par le tesmoignage des Peres.

Et cependant il ne sera pas inutile de faire voir icy la nature, & les effets de cette pretenduë Grace suffisante. Et pour rendre cette matiere plus intelligible, il est necessaire de reprendre le discours de plus haut, & d'expliquer l'estat de l'homme sain, & l'estat de l'homme malade, afin de reconnoistre combien les Graces qui respondent à deux estats differens, doiuent estre differentes.

Encore qu'Adam iouïst d'vne vigueur parfaite dans toutes les parties de son corps, & de son ame, & qu'il n'y eust rien au dehors qui le peust troubler contre sa volôté, il auoit neantmoins besoin d'vne Grace: Cette Grace ne luy donnoit pas le mouuement d'agir, qu'il trouuoit dans luy-mesme, & dans l'integrité de sa nature, mais seulement il ne pouuoit pas agir sans elle. Elle ne le faisoit pas vouloir, mais elle accompagnoit seulement sa volonté dans son action. Elle estoit à son esgard, (comme S. Augustin dit excellemment) *ce qu'est la lumiere à l'esgard de l'œil, lors qu'il est sain.* Elle ne fait pas que l'œil voye, puis qu'il a dâs luy cette puissance, mais sans elle il ne peut pas voir. Voila la Grace de l'estat d'innocence, dans lequel Dieu auoit laissé l'homme en la main de son conseil, *in manu consilij sui*, comme dit l'Escriture, c'est à dire qu'il l'auoit laissé sur sa foy, & sur sa propre conduite, parce qu'estant si fort & si parfait, il estoit tres capable de se conduire luy-mesme, [*Fortissime dimisit atque permisit facere quod vellet.*]

Epist. 106. & lib. de Nat. & Gr. c. 48.

Eccles. c. 15. v. 15.

De Correpț. & Gr. c. 12.

Qu'arriua-t'il à l'homme dans vne si grande felicité? Il deuient superbe: Il oublie la Loy de Dieu: Il l'a viole: Il tombe dans la desobeïssance. Et dans cette *ruine* que S. Augustin appelle *ineffable*, tant elle a esté prodigieuse, il a fait comme vn homme qui se iettant volontairement dans vn precipice sur des pointes de pierres, se brise & se blesse dans toutes les parties de son corps, & demeure enfoncé dans la bouë sans pouuoir s'en retirer luy-mesme. Car son ame qui estoit auparauant vnie, & attachée à Dieu par vne affection toute sainte, & vn amour tout diuin, s'est toute tournée vers les creatures, & s'y est attachée par l'ardeur & la violence de toutes ses passiôs. Son esprit qui estoit auparauât tout plein de lumiere, s'est couuert d'obscurité, & de tenebres; & son corps qui suiuoit auparauant son esprit sans peine, & sans resistance, s'est reuolté contre luy, & n'a plus recherché que ce qui contente les sens.

De quel remede l'homme auoit-il besoin dans vn estat si funeste, & si mal-heureux ? son ame estoit attachée aux creatures par les chaisnes de ses passions, & elle ne les pouuoit rompre, parce qu'elle estoit captiue, & que ses forces auoient esté brisées par la grandeur de sa cheute. Il falloit donc que la Grace rompist ses chaisnes, & qu'elle luy donnast la force d'en sortir qu'elle auoit perdüe, & de r'entrer dans la joüissance de sa liberté pour ne s'attacher plus qu'au Createur. Sa volonté estoit malade, parce qu'elle ne faisoit, & n'aymoit que le mal, auquel elle s'estoit attachée, & assujettie par vne necessité qui la tenoit accablée. Il falloit donc que la Grace la guerist en la deliurant de cette oppression, & en luy faisant faire, & vouloir le bien. Sa partie inferieure l'emportoit auec tant de violence dans tout ce qui flatte ses sens, & répandoit vne douceur contagieuse dans toutes les parties de son ame, qui la remplissoit, & la charmoit de telle sorte, qu'elle ne s'en pouuoit deffendre, ayant entierement perdu le goust du vray bien ; & ainsi il falloit que la Grace luy donnast vn plaisir celeste, & tout diuin, pour luy faire vaincre, & mespriser tous ces plaisirs bas & sensuels. Et enfin, cet œil de l'esprit, que nous auons dit auoir esté si beau dans Adam, estoit blessé, corrompu, & incapable de voir. Il n'auoit donc pas seulement besoin d'vne lumiere qui l'éclairast, mais d'vn remede qui le guerist. Voila la Grace qui estoit necessaire à l'homme dans sa maladie : Et c'est cette Grace que IESVS-CHRIST luy a apportée en venant dans le monde, & qu'il luy a acquise par sa Croix, *lors que le Medecin, est mort pour le malade, & que le sang du Medecin, est deuenu le remede, & la guerison du malade*, comme dit saint Augustin.

Quel est donc l'effet de cette Grace de IESVS-CHRIST, qui est la seule qui nous est necessaire ; qui est la seule qui nous soit vtile ; qui est la seule que ce grand Saint reconnoist, & la seule que l'Eglise ait reconnüe ? Elle n'est pas simplement proposée à l'homme, comme estoit celle d'Adam, afin qu'il suiue le bien s'il le veut suiure : estant impossible que dans la corruption vniuerselle où il est, il se puisse determiner luy-mesme à le vouloir suiure effectiuement : mais elle fait

fait qu'il veut, & qu'il agit: elle luy dône *le vouloir, & l'action mesme*, selon S. Paul. Elle fait qu'il connoist le bien, qu'il le Philip. 2. v. 13.
gouste, qu'il l'aime, qu'il l'embrasse, qu'il y perseuere, & produit elle-mesme en luy cette connoissance, ce goust, cet amour, & cette perseuerance. Elle n'attend pas que l'homme veüille, mais elle change sa volonté, & fait vouloir celuy qui ne vouloit pas. Elle ne depend pas du consentement de l'hôme comme faisoit celle d'Adam, mais elle produit en luy son consentement. Ce n'est pas luy qui la determine, & qui l'applique, mais c'est elle qui le determine, & qui *l'applique* Hebr.
à tout bien, selon saint Paul. Elle n'est pas soumise au libre 13. v. 21.
Arbitre, comme estoit celle du premier homme, mais elle se soumet le libre Arbitre; & le rend d'autant plus libre, qu'elle le dégage par vne impression plus forte des liens du peché qui le retiennent captif. Et enfin, ce feu celeste agit sur les cœurs les plus endurcis auec vne force inuincible, sans neantmoins leur faire de violence, non plus que le Soleil n'en fait point à la glace la plus dure en la faisant fondre, parce qu'il ne la brise pas comme le fer, qui combat sa dureté sans la luy oster; mais il luy oste toute, en l'amollissant par sa chaleur si douce & si penetrante.

Mais la Grace de Iesus-Christ est encore en cela differente de celle d'Adam, que celle que Dieu donna à Adam le iustifia tout entier en vn moment, sans laisser en luy la moindre foiblesse; au lieu que la Grace de Iesus-Christ ne guerit pas l'hôme tout d'vn coup, mais peu à peu, & par parties, le laissant toûjours quelque vertueux qu'il soit dâs cette langueur,
& cette infirmité qui *l'entraisne comme captif par violence*, Rom. 13. v. 23.
comme dit S. Paul, qui excite des rebellions frequentes par *le peché qui habite dans sa chair*, côme dit le mesme Apostre, qui *combat sans cesse contre l'esprit* iusques au dernier souspir de la vie, & qui surmonteroit aisément sa resistance, si Dieu ne le soustenoit continuellement par vne Grace contraire qui le souleue, & luy fait faire toutes ses bonnes actions, selon la doctrine de l'Eglise dans ses Conciles, & dans ses prieres, & luy fait accomplir cette parole de l'Euâgile; Depuis *que Iean est venu, le Royaume des Cieux souffre violence, & les violens* Matth.
l'emportent: Car la côcupiscêce le poussant en bas par des mou- 11. v. 12.
uemens effectifs & naturels, la Grace le pousse en haut par des impressions efficaces & spirituelles. Et quand l'vn tire en

haut & l'autre en bas, le plus fort ne sçauroit surmonter le plus foible s'il ne l'entraisne.

Cét ordre de la conduite de Dieu est bien conforme à la raison naturelle, puis qu'elle veut qu'vn homme, qui est sain, soit gouuerné, & traitté d'vne autre sorte que celuy qui est malade. Car c'est vne maxime de la Medecine que celuy qui est sain doit se gouuerner luy mesme, *Qui sanus est, debet esse suæ spontis*, C'est à dire, qu'il peut faire ce qu'il veut, au lieu que celui qui est malade, ne doit pas estre gouuerné selon sa volonté, mais par l'ordre de l'art, & par la volonté du Medecin. Adam estoit tres sain: Dieu l'a laissé à luy-mesme, en luy donnant vne Grace suffisante, laquelle dependoit de luy, & dont il vsoit selon sa volonté. Mais l'homme estant auiourd'huy tout corrompu par le peché, Dieu le rend tousiours dependant de sa Grace, & de son influence continuelle non habituelle seulement, comme elle est dans les enfans baptisez, mais actuelle & effectiue, formant en lui toutes ses bonnes actions.

Celse.

Car on ne peut pas dire, que la Grace iustifiante, & habituelle, suffit à l'homme pour se conduire apres sa conuersion; puisque l'homme est dans vne foiblesse continuelle, comme vn malade qui ne laisse pas d'estre foible apres auoir perdu l'accez de la fieure, & qui ressent mesme sa foiblesse plus qu'auparauant, parce que l'ardeur de la fieure le soustenoit. *Il est bien laué, & blanchy par la Grace du Baptesme, mais cela n'empesche pas qu'il ne demeure encore brisé*, comme dit saint Bernard; & qu'il ne soit semblable à vn hõme mort qu'on resuusciteroit, mais qui demeureroit encore perclus de ses membres, comme il estoit auparauant. Il me suffit, dit Pelagius, que i'ay receu dans le Baptesme la remission des pechez, c'est à dire la Grace habituelle, & iustifiante. Mais saint Augustin luy respond; *La foiblesse n'est pas finie quoy que l'iniquité soit effacée.* La remission des pechez est semblable à l'huile, & au vin, que l'on respand dans les playes du Samaritain; mais apres cela il faut encore guerir sa langueur dans l'hostellerie.

Bernard in Cœna Domini, vel alius author hujus Sermonis.

Tract. 41. in Ioan. Et serm. 6. de verb. Apost.

Luc. c. 10.

Apres que vous auez receu l'integrité de la remission, vous receuez le remede de la priere pour obtenir la Grace necessaire. La Grace habituelle rend nostre volonté bonne, mais comme dit saint Augustin, *La volonté seule ne suffit pas*, bien qu'elle soit purifiée & iustifiée; non parce qu'elle manque de la Grace habituelle, laquelle luy a esté desia donnée

Quod licet non fiat nisi voluntas adsit, tamen vt fiat, voluntas sola non sufficit.

auec la remission des pechez, mais parce qu'elle manque du secours d'enhaut, & de cette Grace necessaire qui la fait agir, nonobstant sa foiblesse, que les Chrestiens doiuent demander incessamment. *C'est ce qui fait*, dit ce Pere, *que ce n'est pas pour vne chose superflue que nous offrons à Dieu le sacrifice de la priere, & que nostre demande n'est pas inciuile, ny impudente*. Ce qu'elle seroit si nous auions assez d'vne Grace suffisante qui nous fust tousiours presente, comme l'on dit, & qui ne pust nous manquer non plus que les facultez de nostre ame. *Car y a-t'il vne plus grande sottise, que prier Dieu, afin de faire vne chose laquelle on peut faire quand on veut?* D'où il paroist, qu'outre la Grace habituelle, il nous en faut vne autre qui soit capable de guerir, & de surmonter nostre foiblesse, qui est celle que nous demandons par nos continuelles oraisons, lesquelles sont conformes à celles de l'Eglise, qui nous apprend à demander à Dieu, non pas vne Grace suffisante qui ne produise iamais son effet, mais nos bonnes actiõs mesmes. Et c'est ce qui fait que l'Apostre nous exhorte *à faire nostre salut auec crainte & tremblemēt*, parce qu'il depēd tout de Dieu, *qui nous fait vouloir & agir*.

Ideo pro hac rē nec superflua nec impudens Domino immolatur oratio. Numquid stultius quam orare vt facias quod in potestate habeas Aug. de Nat. & Gr. c. 18.

Philipp. c. 2. v. 12.

Voila les deux estats de l'homme, voila les deux Graces tres-differentes, qui sont propres à ces deux estats: on reconnoist la maladie de l'homme par la santé qu'il auoit auparauāt, & le remede qui luy est necessaire par sa maladie.

Voyons maintenant, quelle est l'vtilité de cette Grace suffisante, que l'on releue au peuple comme si c'estoit le fondement, & l'appuy de la Religion Chrestienne. Et cependant ceux-mesmes qui l'ont introduitte auoüent, *qu'elle ne nous fait pas vouloir, mais seulement qu'elle nous est donnée pour pouuoir agir si nous voulons*. Ainsi elle est semblable à celle d'Adam, laquelle ne formoit pas, mais accompagnoit son action. Qu'y a-t'il donc de plus absurde, que de confondre l'estat de l'homme dans l'innocence, auec l'estat de l'homme dans le peché? L'estat de l'integrité de la nature, auec l'estat de la corruption de la nature? Cette Grace estoit vtile en Adam, qui pouuoit tousiours vouloir le bien, parce qu'il auoit la volonté tres saine, comme il a paru clairement dans les bons Anges, qui n'ayans que la mesme Grace suffisante qu'auoit Adam se sont effectiuement sauuez par elle: Mais elle est inutile en nous, qui ne pouuons plus le vouloir, parce que nous auons la volonté toute dereglée. L'œil d'Adam estant tres-pur, il n'auoit besoin que d'vne lumiere qui l'esclairast : mais le nostre estant blessé, cette lumiere ne luy suffit pas afin qu'il voye ; il luy faut vn remede qui le guerisse.

C'est pourquoy les Protecteurs de cette Grace veulent, que Dieu nous traite comme vn Medecin, qui supposeroit que son malade se porte bien ; qui presenteroit de bonnes viandes à vn homme abbatu par la langueur de la fieure, qui offriroit vn baston à vn Paralitique pour le faire marcher ; qui monstreroit de belles couleurs à vn aueugle, & diroit des raisons excellentes à vn phrenetique, pour luy persuader de quitter ses resueries ; ou comme celuy qui voyant vn homme tombé dans vn puits, se contenteroit de l'esclairer, & de l'exhorter à en sortir.

Et il est si vray, que cette Grace est aussi inutile, que le sont tous ces moyens que l'on emploiroit, parce qu'ils ne reparét pas le principe du mal & de la corruption, que ceux-mesmes qui soustiennét, auoüent, que *personne ne s'en est iamais seruy, que personne ne s'en sert maintenant, & que personne ne s'en seruira iamais iusques à la fin du monde*, la definissant *vne Grace qui peut tellement auoir son effet, qu'elle ne l'a pourtant iamais*.

Aussi ces Theologiens ne l'ont pas inuentée pour sauuer les hommes, mais pour les damner auec Iustice. Car s'estans imaginez, que l'homme ne seroit point coupable dans ses pechez, s'il demeuroit dans cette miserable necessité de pecher, dans laquelle il s'est engagé luy-mesme par son crime ; (ce que nous ferons voir estre tres-faux par les principes de saint Paul, de saint Augustin, & de saint Bernard, qui enseignent, qu'encore que cette necessité les rende incorrigibles sans la Grace, leur volonté neantmoins qui est tousiours libre dans ses actions les rend tout à fait inexcusables) ils ont introduit cette Grace, non pour nous faire faire le bien, (ce qu'ils ont attribué à la seule Grace efficace, qui est la seule que saint Augustin reconnoisse apres la cheute d'Adam) mais pour nous donner le pouuoir de le faire, à la charge neantmoins que nous ne le ferons iamais ; puis qu'autrement elle ne seroit plus Grace suffisante, mais efficace.

Car si on vouloit pretendre, que le consentement de la volonté rend cette Grace efficace de purement suffisante qu'elle estoit ; il seroit aisé de faire voir auec le Cardinal Bellarmin, que ce seroit tomber dans l'heresie des Pelagiens & des Prestres de Marseille, & ruiner absolument la Grace efficace, d'autant qu'elle n'est pas efficace; parce que la volonté y consent, mais elle fait consentir la volonté, parce qu'elle est efficace.

Ainsi, ce present du Ciel, cette faueur incomparable de Dieu qu'on pretend ne pouuoir estre improuuée sans blesser sa bonté infinie, & sans ietter tout le monde dãs le desespoir; est vn secours, qui ne sert qu'à faire que l'homme peche veritablement en le rendant inexcusable, & sans lequel il ne pecheroit pas selon ces Theologiens, qui n'est vtile aux hõmes qu'en ce qu'il les rend coupables du feu eternel, & sans lequel leurs crimes ne leur seroiẽt point imputez à crime. C'est vn remede tout à fait rare, & tout extraordinaire, qui n'empesche point que le malade ne meure, & sans lequel il seroit immortel; puisque s'il ne l'auoit point receu, il ne pourroit tomber, ny dans la premiere mort, qui est celle du peché, ny dans la seconde, qui est celle de l'Enfer. C'est vne faueur si particuliere, que si le Diable auoit le pouuoir de donner quelque Grace aux hommes; il y a de l'apparence qu'il ne leur en donneroit point d'autre que celle-là; puis qu'elle fauorise tant le dessein qu'il a de les damner. Les autres Graces seruent à iustifier l'homme par la misericorde de Dieu; mais cette pretenduë Grace suffisante ne sert qu'à iustifier Dieu dãs la condemnation de l'homme. De sorte qu'au lieu que les autres Graces sont appellées des Graces de iustification, parce qu'elles nous iustifient; celle-cy au contraire peut estre appellée vne Grace de damnation, parce qu'elle ne sert effectiuement qu'à nous damner auec iustice.

N'est-ce pas donc se ioüer du peuple, que de luy faire passer pour vn don de Dieu bien precieux, vne Grace qui suffit, à ce qu'on dit, pour les sauuer s'ils le veulent, sans leur dire en mesme temps qu'ils ne le voudront iamais par cette Grace, puisque selon ces Autheurs mesmes, *personne ne l'a iamais voulu, personne ne le veut encore, & personne ne le voudra iamais*? On s'efforce d'exciter du trouble, & du scandale dans leurs esprits, comme si on leur vouloit oster vn secours necessaire pour leur salut, au lieu qu'on ne leur oste que ce qui les ayde à les perdre, en ne reconnoissant point d'autre Grace que celle qui les sauue effectiuement, & ne reiettant que celle qui ne sauue personne au iugement mesme de ces Autheurs

C'est pourquoy tant s'en faut qu'on doiue se plaindre, lors qu'on ne reconnoist pas cette Grace, qu'elle doit estre également reietée des justes & des pecheurs : Des iustes, parce qu'elle ne les conserue point effectiuement dans la vertu; & des pecheurs, parce qu'elle ne les tire point effectiuement du vice; & que ne les rendant pas meilleurs en ce monde, elle ne sert qu'à les rendre eternellement miserables en l'autre.

C'est ce qui a fait dire, depuis peu auec grande raison à vn celebre Archeuesque, qu'au lieu que nous deuons sans cesse prier Dieu, afin qu'il nous donne sa Grace; nous le deuons prier au contraire, qu'il ne nous donne iamais celle-cy, puis qu'elle ne nous fait point faire le bien, & qu'elle nous seroit tousiours inutile, ou pernicieuse.

Et en effet, n'est-ce pas se mocquer des Chrestiens, & de la dignité du Christianisme, que de leur faire passer pour vne chose fort importante à leur salut, vne Grace qu'ils disent *auoir esté donnée autrefois à tous les Payens, & à tous les damnez, & qui encore maintenant leur est commune auec les Iuifs, les Turcs, les Idolatres, & les Athées mesmes*, ne seruant à tous ces malheureux, qu'à les rendre criminels, & à leur faire ouurir la porte de l'Enfer, qui sans elle selon eux, leur seroit tousiours fermée. Au lieu que saint Augustin nous asseure, *que la Grace de Iesus-Christ n'est point commune*, comme les Pelagiens pretendoient *aux fidelles & aux infidelles, mais particuliere à ceux qui croyent en Iesus-Christ*.

Pelagiani ausi sunt dicere gratiam esse naturam, sed non est hæc gratia, quã commendat Apostolus per fidem Iesu Christi. Hanc enim naturam, etiam cum impiis & infidelibus certum est nobis esse communẽ. Gratia vero per fidem Iesu Christi eorum tantummodo est, quorum & ipsa fides. Aug. de Gr. & lib. Arbit. cap. 13. Gratia Christianis est propria, non Christianis, Gentilibusque communis. Aug. lib. 1. Oper. imperf. contra Iulian.

Doù il paroist clairement, que ces Theologiens ont imitée les Astrologues, en cette rencontre, & qu'ils n'ont inuenté cette machine de la Grace suffisante; que pour faire que Dieu damnast les hommes iustement, ne pouuans comprendre qu'ils fussent coupables mesme apres le peché originel, s'il ne leur auoit donné vne Grace pour les rendre inexcusables dans leurs crimes; comme les Astrologues n'ont inuenté dans le Ciel tous ces Epicycles, ces Excentriques, & ces Concentriques, que parce qu'ils ne pouuoient comprendre les mouuemens des Astres; & qu'ils ont mieux aymé faire vn Ciel imaginaire, qu'auouër qu'ils ne connoissoient pas le veritable.

Et pour faire voir, que ce n'est pas d'auiourd'huy que les personnes habiles ne reconnoissent point cette Grace suffisante: Nous auons appris depuis peu de la bouche mesme d'vn Prelat tres-illustre dans l'Eglise, qu'ayant dit il y a plus de vingt-cinq ans à Monsieur le Cardinal du Perron, qu'il n'auoit iamais pû comprendre ce que les nouueaux Theologiens disent de cette Grace, & qu'on ne la trouuoit point dans saint Augustin, ny dans les autres saints Peres qui ont esté ses Disciples; Ce grand Cardinal luy respondit, *Qu'il estoit vray, qu'on n'auoit point encore assez esclaircy cette matiere, & qu'aussi-tost qu'il auroit acheué sa response au Roy de la Grande-Bretagne, il estoit resolu d'y trauailler.* Mais comme Dieu ayant choisi Dauid pour combattre les ennemis de son peuple, ne luy permit pas de bastir le Temple, & reserua à Salomon son fils l'execution de cette entreprise, que ce grand Prince auoit proiettée vers le declin de ses iours: Aussi nous pouuons dire, que Dieu ayant choisi cét excellent homme pour faire vne guerre sainte aux ennemis de son Eglise, il auoit reserué à Monsieur l'Euesque d'Ipre l'esclaircissement de toute cette matiere de la Grace, par laquelle Iesus-Christ regne dans le cœur des fidelles comme dans son Temple, & auoit destiné à ses longs trauaux l'accomplissement de ce long Ouurage, qui demandoit vn trauail de plus d'années, qu'il n'en restoit à la vie de ce sçauant Cardinal.

Apres cela qui n'admirera, qu'on accuse des Prelats, & des Theologiens comme d'vne impieté & d'vne heresie, pour ne pas reconnoistre vne Grace si vaine, & si inutile au salut des hommes, que l'Euangile ne connoist point, que saint Paul ignore, que saint Augustin refute, qui ne se trouue point dans les saints Peres qui ont escrit de la Grace, dans saint Prosper, dans saint Fulgence, dans Isidore, dans Bede, dans saint Bernard, dans tous les Papes qui en ont parlé, dans tous les Conciles qui en ont fait des Canons, & mesme dans les Chefs de la Theologie Scholastique, le Maistre des Sentences & saint Thomas, & qui a esté reiettée, & censurée depuis cinquante ans par deux Facultez tres-celebres, *comme contraire aux sentimens des Peres qui l'ont refutée dans leurs escrits, & comme ruinant la veritable Grace de Iesus-Christ.* Doüay & Louuain.

ARTICLE XXVII.

M*Ais il faut que ie me taise pour laisser parler saint Paul. Escoutons ce grand Apostre.* Sicut enim per vnius delictum in omnes homines in condemnationem. Sic & per vnius iustitiam in omnes homines in iustificationem vitæ. *C'est donc pour tous. Cela s'entend s'ils le veulent.*

RESPONSE.

Que saint Augustin & saint Fulgence prouuent tout le contraire par ce mesme passage de saint Paul, & que l'explication que luy donne Monsieur Habert, est celle des Pelagiens, & des Semipelagiens.

CEtte preuue est vne marque bien claire que Monsieur le Theologal n'a pas pris assez de soin de se bien instruire dans ces matieres, puis qu'il prouue la pretenduë generalité de la Grace de Iesus-Christ par vn passage de saint Paul, par lequel saint Augustin prouue expressément le contraire. Car voulant faire voir à l'heretique Iulien, que le passage de l'Apostre, *Dieu veut que tous les hommes soient sauuez*, ne se doit pas entendre generalement de tous les hommes; il monstre qu'il se doit entendre de la mesme sorte que ces autres paroles. *Tous les hommes sont iustifiez, & viuifiez par la Iustice d'vn seul. Per vnius Iustitiam in omnes homines ad iustificationem vitæ*; Lesquelles il soutient ne se pouuoir entendre de tous les hommes en general, mais seulement de ceux qui sont actuellement iustifiez par IESVS-CHRIST. *Ainsi*, dit-il, *on doit entendre cette parole de l'Apostre, Que Dieu veut que tous les hommes soient sauuez, & qu'ils paruiennent à la connoissance de la verité, comme on entend cette autre du mesme Apostre, Que tous les hommes sont sauuez & iustifiez par la Iustice d'vn seul. Que si vous auoüez qu'en cette seconde parole de l'Apostre le mot de* TOVS *est mis pour celuy de* PLVSIEVRS *qui sont iustifiez par* IESVS-CHRIST, *estant certain qu'il y en a tant d'autres qui ne sont point viuifiez par luy: Ie vous respondray de mesme: que lors qu'il est dit, que Dieu veut que tous les hommes soient sauuez, & qu'ils paruiennent à la connoissance de la verité, le terme de* TOVS *est mis pour celui de* PLVSIEVRS, *qu'il veut faire paruenir à la connoissance de cette Grace.* Et saint Fulgence apres luy. *L'Apostre*, dit-il, *a marqué clairement en vn lieu de ses Epistres, la differente maniere dont nous sommes*

1. Tim. c. 2. v. 3.

Rom. 5. v. 18.
Sic intelligi debet quod dictum est, omnes homines vult saluos fieri, quemadmodũ intelligitur quod dictũ est: Per vnius Iustificationem in omnes homines ad iustificationem vitæ. Quod Apostolicum testimonium, si eo modo intelligendum putas, vt dicas OMNES positos esse pro MVLTIS, qui iustificantur in Christo: multi quippe alij non viuificantur in Christo: Respondebitur tibi, sic etiam illic vbi dictum est, Omnes homines vult saluos fieri, & in agnitionem veritatis venire, OMNES positos esse

sommes obligez de prendre le mot de TOVS, *selon les principes de la Foy. Car apres auoir entendu generalement tous les hommes, sans en excepter aucun par le mot de* TOVS, *il se sert aussi-tost du mesme mot de* TOVS, *pour marquer seulement vn nombre d'hommes, & non pas tous les hommes en general sans exception. Voicy ses paroles: Comme tous les hommes ont esté condamnez par le peché d'vn seul, ainsi tous les hommes sont iustifiez & viuifiez par la Iustice d'vn seul. Dirons-nous parce que l'Apostre nous asseure que tous les hommes ont esté condamnez, & que tous les hommes sont iustifiez, qu'ainsi qu'il est indubitable que tous les hommes generalement sans en excepter vn seul, sont deuenus coupables de la damnation par le peché d'Adam, nous deuons croire aussi que tous les hommes generalement sont de mesme iustifiez par Iesus Christ, puisque ce nombre innombrable d'infidelles, qui meurent sans auoir receu la Grace de la iustification, & du Baptesme, & qui passent de cette vie dans la mort & dans les supplices eternels, destruit clairement cette consequence. Il ne nous reste donc autre chose, sinon de dire,* Que tous ceux que l'Apostre declare auoir esté condamnez, ne sont pas generalement iustifiez: Mais seulement quelques-vns de ce grand nombre.

pro MVLTIS quos ad istam gratiam vult venire.

Aug. lib. 4. contra Iul. cap. 8

Hanc OMNIVM, discretionē, quā fidelis debet intellectus omnino seruare, Beatus Paulus vno suæ Epistolæ loco sic posuit, vt Omnes homines sine aliqua exceptione dicens, statim quosdam Omnes homines exceptis aliis intimaret, ait enim: sicut per vnius delictum in Omnes homines in condemnationem, sic per vnius iustitiā in Omnes homines in iustificationem vitæ. Nū quidnam? quia in omnes homines in condemnationem, & in omnes homines in iustificationem Apostolus dicit, ideo prorsus omnes homines quos per peccatum Adæ originaliter constat esse damnatos, simul omnes eosdem credere debemus iustificatos esse per Christum, cum innumerabiles infidelium mortes obsistant, qui sine gratia iustificationis de hac vita transeunt, & absque Sacramento Baptismatis ad sedem mortis, æternaque supplicia rapiantur. Restat ergo vt non Omnes omnino quos in condemnationem ponit Apostolus, transire ad iustificationis gratiam sentiamus, sed quosdam ex illis omnibus. Fulgentius, de Incarn. & Grat. D. N. I. C. cap. 21.

Que l'on iuge apres cela, si ce n'est pas abuser de la credulité du peuple, que de dire hautement, que l'on veut se taire pour laisser parler S. Paul, & cependant n'alleguer de sainct Paul que les paroles mesmes, dont les Peres se sont seruis pour authoriser la doctrine que l'on cōdamne. Monsieur le Theologal pretend, que c'est vne Doctrine contraire à S. Paul, que la Grace suffisante pour le salut n'est pas donnée à tout le monde, parce que S. Paul dit, *que tous les hommes sont iustifiez & viuifiez par la Iustice d'vn seul*: Et au contraire les Saincts deffenseurs de la Grace soustiēnent, que Dieu ne veut pas que tous les hommes en particulier soiēt sauuez, parce que ce que dit l'Apostre de la volōté de Dieu pour le salut de tous les hommes, se doit entendre de la mesme sorte que ce que dit le mesme Apostre de la iustification de tous les hommes par la iustice d'vn seul, & qu'ainsi comme il est visible que tous les hommes en particulier ne sont pas iustifiez par Iesus Christ, y ayant tant de Payens, & d'idolastres qui n'ont aucune part à cette iustification, nous ne deuons pas croire aussi que Dieu veuille que tous les hommes en particulier soient sauuez.

Aussi Monsieur Habert voyant biẽ que le seul sens-commun ruinoit la pretension qu'il auoit d'établir sur ce passage de S. Paul sa Grace suffisante donnée à tous les hõmes, puis que l'on ne peut croire sans extrauagance qu'vne infinité de Iuifs, de Mahometans, & d'idolâtres qui ne connoissent point Iesus-Christ, soient iustifiez par la Grace, il a esté contraint de recourir à cette explication Pelagienne, *Si & ipsi velint*, que cela s'entend, *s'ils le veulent*.

In Comment Breuib. in Paulum quę inseruntur operib. Hieronimi tom. 8.

C'est ainsi que Pelagius explique ce que dit S. Paul, que Dieu veut sauuer tous les hõmes, *si ipsi tamẽ vocanti Deo consentire voluerint, si toutefois ils veulent cõsentir à la vocatiõ de Dieu.*

C'est ainsi que l'Autheur du Commentaire faussement attribué à S. Ambroise, que l'on sçait estre remply de toutes les erreurs des Pelagiens explique ces mesmes paroles de l'Apostre, *Vult illos saluari, si & ipsi velint, il veut que tous les hommes soient sauuez, si eux mesmes le veulent.*

C'est ainsi que Iulien l'vn des plus fameux Pelagiens explique ce mesme passage au rapport de S. Augustin, auec la mesme condition, soustenant que Dieu veut sauuer tous les hommes, mais que tous ne sont pas sauuez, *parce que tous ne veulent pas demander ce que Dieu est prest de donner à tous, Quia & ipsi nolunt petere, cum Deus velit dare.*

Libr. 4. in Iul. c. 8

C'est de la mesme sorte que les Semipelagiens parlent dãs la lettre de S. Prosper, soustenans, *Que Dieu appelle au salut tous les hommes generalement afin que ceux qui voudront deuiennent enfans de Dieu, & que ceux qui ne voudront pas estre fidelles soient inexcusables. Vt & qui voluerint fiant filij Dei, & inexcusabiles sint qui fideles esse noluerint.*

Epist. Prosp. ad Aug.

Voila les Autheurs de la glosse de Monsieur le Theologal. C'est d'eux qu'il peut auoir apris ce langage, *Que la Grace de de Iesus-Christ est pour tous, cela s'entend s'ils le veulent*, cõme si S. Paul mesme, dont il se sert pour establir ceste fausse opinion, ne nous enseignoit pas en termes expres que c'est la Grace *qui nous fait vouloir.*

Philipp. c. 2. v. 13.

Mais nous n'auons qu'à escouter S. Austin, pour aprendre de luy la fausseté de cette condition Pelagienne : *Vous vous seruez*, dit ce Sainct en respondant à Iulien, *des paroles de l'Apostre, & vous dites que Dieu ouure à ceux qui frappent, parce qu'il veut que tous les hommes soient sauuez, & qu'ils paruiennent à la connoissance de la verité, pour nous faire entendre que selon vostre doctrine la raison pourquoy tous ne sont pas sauuez, & ne paruiennent à la connoissance de la verité, c'est qu'ils ne veulent pas demãder ce que Dieu leur veut dõner, ils ne veulẽt pas chercher ce que Dieu leur veut mõtrer, ils ne veulẽt pas fraper lors que Dieu leur veut ouurir. Mais les enfans publient par leur silẽce, la fausseté du sẽs que vous dõnez aux paroles de l'Escriture puis qu'eux ne demãdans point, ne cherchãs point, & ne frapans point, & au contraire crians souuent, & resistãs lors qu'õ les baptise, ils reçoiuent neãtmoins, ils trouuẽt & on leur ouure, & ils entrent dãs le Royaume de Dieu, où ils iouyssent du salut eternel, & de la connoissance claire de la verité, tandis qu'vn beau coup plus grãd nõbre d'autres enfans ne sont point admis à cette Grace par celuy qui dãs vostre sentimẽt veut que tous les hõmes generalemẽt soiẽt sauuez & qu'ils paruiẽnent à la cõnoissance de la verité. Et Dieu ne peut dire à ses enfans qu'il a voulu les sauuer, & que ce sõt eux, qui n'õt pas voulu estre sauuez, puis que s'il l'auoit voulu, cõment aucun de ceux qui n'õt encore aucun vsage de leur volonté resistera t'il à sa volonté toute-puissante?* Pourquoy dõc ne prẽdrons nous pas ces paroles de l'Apostre, *Dieu veut que tous les hõmes soient sauuez, & qu'ils viẽnent à la cõnoissance de la verité dans le mesme sens que nous prenons ces autres du mesme Apostre, tous les hõmes sõt iustifiez & viuifiez par la iustice d'vn seul? Car c'est de tous ceux que la Grace rend participãs de la iustificatiõ de la vie par la Iustice d'vn seul, dont il est dit que Dieu veut que tous soiẽt sauuez & qu'ils viẽnent à la verité: autrement que pourra t'on répondre à l'exemple de tant d'enfans qui mourãs sans receuoir le Baptesme ne paruiẽnent point au Royaume de Dieu, ou reside la connoissance claire de la verité? Niera-t'on qu'ils soiẽt du nombre des hommes, afin de ne les point comprendre dans ces termes generaux de tous les hommes? Ou quelqu'vn pourra-t'il dire, que Dieu ne les veut sauuer, mais que ce sont eux qui ne le veulent pas: puis qu'ils n'ont pas encore la connoissance pour vouloir, ou ne vouloir pas? Et ne seroit-il pas absurde, que Dieu voulust faire Chrestiens, tous ceux qui ont l'vsage de la raison dont beaucoup ne le veulent pas,*

Sed ponis Apostolicum testimonium, & ab eo dicis pulsantibus aperiri qui omnes homines vult saluos fieri, & in agnitionem veritatis venire, vt videlicet intelligamus docentibus vobis ideo non omnes saluos fieri, & in agnitionem veritatis venire, quia ipsi nolunt petere cum Deus velit dare, nolunt quærere cũ Deus velit ostendere, nolunt pulsare cum Deus velit aperire. Sed hunc sensum vestrum infantes illi ipsa sua taciturnitate cõuincũt, qui nec petũt nec quærunt, nec pulsant. Imo etiã cum baptisantur, reclamant, respuunt, reluctantur, & accipiunt tamẽ & inueniũt, & aperitur eis & intrant in regnũ Dei, vbi fit eis æternitatis salus & agnitio veritatis, longè pluribus infantibus in istã gratiam non apratis ab eo qui vult omnes saluos fieri, & in agnitionem veritatis venire. Quibus dicere non potest, voluí, & noluistis quia si voluisses, quis eorum, qui nondum habent voluntatis suę arbitriũ, volunta-

& qu'il ne voulust pas que tous les enfans le fussent, dont aucun ne luy resiste par vne volonté contraire? Que pouuons nous donc dire autre chose, sinon que Dieu connoist ceux qui sont à luy c'est à dire ses Eleus, & que sa volonté touchant leur salut & leur introduction dans son Royaume, est certaine & immuable? Par où il marque que ces paroles de S. Paul, *Dieu veut que tous les hommes soient sauuez*, ne s'entendent que des *Eleus* qui sont appellez: *tous les hommes*, parce qu'ils sont pris de toutes sortes de conditions, d'âge & de sexe, ainsi que nous dirons en vn autre endroit.

ci eius omnipotentissimæ restitisset? Cur ergo non sic accipimus quod dictũ est, qui homines vult saluos fieri, & in agnitionem veritatis venire, quomodo & illud accipimus quod idem dixit Apostolus, per vnius iustificationem in omnes ad iustificationem vitæ, hos enim omnes vult Deus saluos fieri, & in agnitionen veritatis venire, in quos omnes per vnius iustificationem gratia peruenit, ad iustificationem vitæ. Ne dicatur nobis, si Deus vult omnes homines saluos fieri & in agnitionem veritatis venire, sed ideo non veniunt, quia ipsi nolunt: Cur tot millia paruulorum qui non percepto baptismate moriuntur, non veniunt in regnum Dei, vbi certa est agnitio veritatis? Numquid aut homines non sunt vt non pertineant ad id quod dictum est, omnes homines? Aut aliquis poterit dicere, Deus quidem vult, sed ipsi nolunt, qui nondum velle, seu nolle ista nouerunt? Sic fit, vt esse Christianos omnes velit, quorum multi nolunt, non omnes velit, quorum est nemo qui nolit. Quod abhoret à vero. Nouit Dominus qui sunt eius, & in eorum salute, atque in suum regnum introductione certa est volontas eius. Aug. lib. 4. in Iul. c. 8

Enfin ce grand Saint conclud son discours contre cét heretique par l'establissement de cette doctrine que Monsieur le Theologal prend pour vne erreur & pour vn blaspheme. *Que la grace n'est point donnée à tout le monde. Que c'est vn secret impenetrable, pourquoy Dieu aussi bien dans les personnes augées, que dans les enfans, veut secourir l'vn, & ne veut secourir l'autre: Et que nous deuons tenir pour vne maxime certaine & indubitable, que Dieu n'estant point iniuste, il ne condamne personne qui ne merite d'estre condamné. Et qu'estant bon, il en deliure plusieurs qui n'ont point merité d'estre deliurez, faisant voir dans ceux qu'il condamne, combien la damnation estoit iustement deue à tous les hommes, afin que ceux qu'il deliure, reconnoissent par là, quelle est la peine qu'ils auoient meritee, & qu'il leur remet, & quelle est la Grace qu'il leur donne, sans qu'ils l'eussent meritée.*

Vtrique nostrum profundum sit, cur & in maioribus & in minoribus, Deus velit alteri, & nolit alteri subuenire: Dum tamen certum & immobile teneamus, non esse iniquitatem apud Deum, qua quenquam sine malis meritis damnet, & esse bonitatem apud Deum qua multos sine bonis meritis liberet, demonstrans in eis quos condemnat, quid omnibus debeatur, vt hinc discant quos liberat, quæ sibi pœna debita relaxetur, & quæ indebita gratia cõdonetur. Ibidem.

ARTICLE XXVIII.

LA Grace suffisante est donnée abondamment, & surabondamment à tout le monde.

Preuue euidente de la fausseté de cette maxime par l'exemple des Enfans qui meurent sans Baptesme, des Payens auant Iesus-Christ, & des Peuples qui depuis Iesus-Christ n'ont point entendu parler de l'Euangile.

IL deuoit suffire à Monsieur le Theologal de proposer comme vn article de Foy, *Que la Grace suffisante pour le salut est donnée à tout le monde*, sans adiouster; *Qu'elle est donnee abondamment, & surabondamment.* Ce qui est si eloigné de la doctrine Catholique, que l'on ne trouuera point, que les Semipelagiens ayent iamais passé si auant dans cette matiere.

Mais pour renuerser par des exemples visibles ce que nous reseruons à vn autre endroit, de ruiner par l'autorité des saints Peres, qu'il nous fasse voir, que tant de millions d'enfans qui meurent sans pouuoir estre baptisez, ayent receu de Dieu *abondamment & surabondamment* des Graces suffisantes pour estre sauuez? Les plus aueugles ne doiuent-ils pas pas reconnoistre par cét exemple auec S. Paul, que Dieu par vn iugement tres iuste, donne la Grace à qui il luy plaist, & la refuse à qui bon luy semble, *Cuius vult miseretur, & quem vult indurat?* Rom. c. 9. v. 18.

Car il n'y a point de destinee, dit S. Augustin, *qui oblige Dieu à secourir quelques-vns de ses enfans, & à ne secourir pas les autres, leur cause estãt toute pareille. Et l'Euangile nous asseurant que le moindre oyseau ne tombe point à terre sans la volonté de nostre Pere celeste, nous ne pouuons pas croire qu'en ce qui touche les enfans, & lors qu'il s'agit de sauuer, ou damner les ames, les choses humaines soient conduites par le hazard, & nõ par la Prouidence diuine. Et enfin, nous ne deuons pas attribuer de telle sorte la mort des enfans sans Baptesme, à la negligẽce des Peres, & des Meres, que nous nous persuadions, que les iugemens d'enhaut n'y ayent point de part, comme si ces enfans s'estoient choisi de leur propre volonté des personnes negligentes dont ils deussent naistre. Mais que dirons-nous, de ce que quelquefois vn enfant meure auant qu'õ le puisse secourir, en luy administrãt le Baptesme? Car souuent les Peres se hastãs, & les Prestres estans tous prests de dõner le Baptesme à vn enfant, il ne luy est pas tou-*

Neque enim fato cogitur Deus illis infantibus subuenire; illis autẽ nõ subuenire; cùm sit vtrisq; causa cõmunis. Aut res humanas in paruulis non diuina prouidentia sed fortuitis agi casibus opinabimur, cum rationales vel damnandæ, vel liberandæ sint animæ, quandoquidem nec passer cadit in terrã sine voluntate Patris nostri, qui in cœlis est. Aut parentum negligentiæ sic tribuendũ est, quod paruuli sine Baptismate moriun- *tefois donné*, Dieu ne le voulant pas, *& ne le laissant pas en cette vie pour luy faire donner.*

tur, vt nihil ibi agant superna iudicia, tanquam ipsi, qui hoc modo malè moriuntur, paren-
tes sibi negligentes voluntate propria de quibus nascerentur, elegerint. Quid dicam quod par-
uulus aliquando antequam illi per ministerium baptizantis succurri possit, expirat, plerumq;
enim festinantibus parentibus & paratis ministris vt baptismus paruulo detur, Deo tamen nolente non datur, qui eum paruulum in hac vita non tenuit, vt daretur. August. de Dono
Perseu cap. 12.

Vbi fati nulla est immobilitas, nulla fortunæ temeritas, nulla personæ dignitas, quid restat, nisi misericordiæ, & veritatis profunditas Aug. lib. 6. contra Iul. c. 5. Vide etiam lib. 2. ad Bonif. c. 7.

Qui ne se rendra au raisonnement de ce grand Sainct, lequel si nous voulons renfermer en peu de mots, nous n'auõs qu'à dire apres luy en vn autre endroit : *Dans vne chose qui n'arriue ny par la necessité du destin, ny par la temerité de la fortune, ny par le merite des personnes, que reste-il qu'à y reconnoistre vne profondeur de misericorde, & de iustice?* De misericorde, enuers ceux qu'il deliure par sa Grace de la tres-juste damnation dans laquelle toute la nature est tombée, selon sainct Paul, & de iustice, enuers ceux qu'il ne luy plaist pas de deliurer de cette condamnation generale.

Voila le premier exẽple dans lequel M. le Theologal nous obligera de nous mõstrer ces Graces abondãtes & surabondantes, qu'il respand si hardimẽt sur toute la masse corrompuë des enfans d'Adam. De sorte que s'il continuë à nous accuser sur ce poinct, d'heresie, & de blaspheme, il n'aura de nous pour responce que le silence de tant d'enfans, à qui Dieu ne permet pas qu'on puisse donner le Baptesme, qui est la seule Grace, qui les peut sauuer. *Vobis ora obstruunt, & linguas premunt, qui loqui nondum valent.*

Aug. libr. 4. contra Iulian. c. 8.

2. Exemple des Payens auant l'Incarnation.

Le second exemple, est de ce nombre infiny de Payens, *que Dieu a laissé marcher dans leurs voyes* auant l'Incarnatiõ de son Fils selon le tesmoignage exprés de S. Paul, *in prateritis generationibus dimisit omnes gẽtes ingredi vias suas.* Ceux qui marchent dãs les voyes de l'idolatrie lesquelles menent à la mort & à la perditiõ, peuuent-ils arriuer au Ciel? Et les hommes peuuent-ils sortir de ces mauuaises voyes, si Dieu mesme ne les en tire par sa Grace? Et peut-on dire, sans s'oposer aux Oracles du S. Esprit que Dieu en ait retiré ceux dont il est dit en termes formels, *qu'il les y laissoit marcher?*

Act. c. 14. v. 15.

Et ainsi, comment est-ce que Monsieur Habert, pourra faire croire que tous ces peuples idolatres, qui hors vn petit coin de la terre remplissoient tout le monde auant Iesus-Christ, qui viuoient dans vne ignorance profonde de toutes les choses de Dieu, qui n'auoient pas seulement le moindre soupçon de ce qu'il faut croire pour estre sauué, qui se trouuoient empoisonnez dés la mammelle d'vne infinité d'erreurs qui les engageoient dans les vices, & que les plus Sages mesmes d'entre eux auoient soin d'entretenir dans la superstition, & dans le culte des Demons, & des idoles, ayent receu de Dieu *abondamment & surabondamment* des Graces suffisantes pour se sauuer?

Certes Monsieur le Theologal a beau nous dire des iniures, elles n'auront pas assez de force sur nostre esprit pour nous faire croire ces resueries. Et qu'il parle tant qu'il voudra contre ceux qui ne s'imaginent pas cõme luy, que Dieu respande ses Graces sur tous les hommes generalement auec tant de surabondance, sainct Prosper luy respondra pour nous, ce qu'il respondit autrefois aux Semipelagiens, sur ce mesme suiet: *Ceux qui depuis le commencement du monde iusques au temps de l'Euangile sont peris, n'ayant point eu la connoissance de Dieu, ne sont-ils pas du nõbre de tous les hõmes? Nunquid non sunt de omnibus hominibus qui in præteritis generationibus vsq; ad hac tẽpus sine Dei cognitione perierunt?*

Prosp. in Epist. ad Ruff.

Le troisiesme exemple est de ceux à qui depuis l'Incarnation de Iesus-Christ, l'Euangile n'a point esté annoncée, que nous sçauons n'auoir esté preschée que depuis vn siecle, ou deux, dans toutes ces grandes contrées, qui composent vn nouueau Monde, & estre encore à prescher en de fort grands pays, qui nous sont encore inconnus. Comment Dieu a t'il donné à toutes ces personnes *abondamment & surabondamment* des Graces suffisantes pour se sauuer? Celuy, dit saint Paul, *qui inuoquera le Nom du Seigneur, sera sauué. Mais cõment inuoqueront-ils celuy auquel ils n'ont point creu? Et comment croiront-ils en celuy dont ils n'ont point ouy parler? Et comment en entendront-ils parler sans Predicateur? Et comment prescheront-ils, s'ils ne sont enuoyez?* Ces paroles ne nous monstrent elles pas clairement, que Dieu n'ayant pas enuoyé de Predicateurs à ces peuples, l'Euangile ne leur a pû estre presché. Et l'Euangile ne leur ayant point esté presché, ils n'ont pû entendre parler de Iesus-Christ: Et n'en ayant point entendu parler, ils n'ont pû croire en luy: Et n'ayans pû croire en luy, ils ne l'ont pû inuoquer: Et ne l'ayans pû inuoquer, il n'ont pû estre sauuez?

3. Exemple des Peuples à qui l'Euangile n'a point esté preschée.

Rom. c. 10. v. 13.

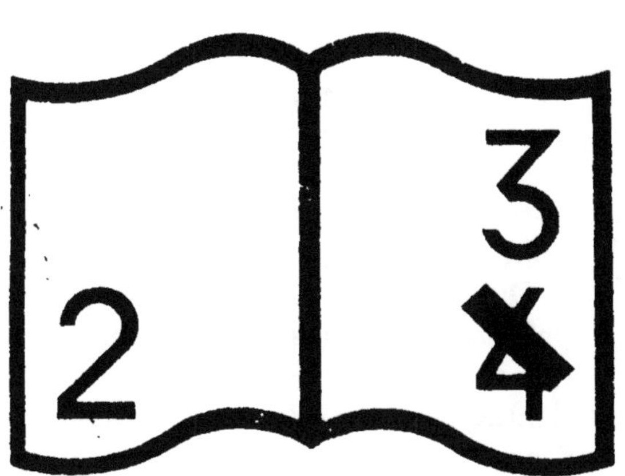

Pagination incorrecte — date incorrecte

NF Z 43-120-12

De Nat. & Grat. cap. 2.

C'est pourquoy S. Augustin dit excellemment : *Que tout ce que pourroit faire vn homme, qui n'auroit iamais entendu parler des Mysteres de nostre Religion, ce seroit de croire en Dieu qui a fait le Ciel & la Terre, duquel aussi naturellement il se reconnoist estre l'ouurage, & en viuant bien, accomplir sa volonté, sans auoir aucune foy de la mort, ny de la Resurrection de Iesus Christ.* Mais il adiouste aussi tost : *Que si cela se pouuoit faire*, (c'est à dire s'il se pouuoit faire qu'vn hõme adorast Dieu, & vescut bien sans croire en I. Christ) *il faudroit dire comme l'Apostre, que Iesus Christ est mort en vain. Que s'il n'est point mort en vain, la nature humaine ne peut en aucune sorte estre iustifiée, & deliurée de la tres-iuste colere de Dieu, que par la Foy, & le Sacrement du Sang de Iesus-Christ.* Et par consequent ce grand nombre de personnes qui n'ont pû participer à cette Foy ne l'ayant point oüy prescher, n'ont eu aucun moyen de se deliurer de la colere de Dieu, qui demeure selon l'Euangile, sur tous ceux qui ne croyent point au Sauueur.

Quod si fieri potuit, aut potest, hoc & ego dico quod de lege dixit Apostolus. Ergo gratis Christus mortuus est. Si autẽ non gratis Christus mortuus est, ergo omnis humana natura iustificari & redimi ab ira Dei iustissima, hoc est vindicta, nullo modo potest, nisi per fidem, & Sacramentum Sanguinis Christi. Ioan. c. 3. v. 36.

Que si contre vne verité si claire, Monsieur le Theologal croit toufiours qu'on ne peut nier sans estre heretique, que Dieu ne donne pas à tous les hommes des graces abondantes, & surabondantes, qu'il refute l'argument dont le Concile de Sardaigne a si fortement appuyé cette heresie pretenduë, par ces excellentes paroles *Celuy-là n'a pas vn sentiment de la Grace tel qu'il doit auoir, qui croit qu'elle est donnée à tous les hommes, puisque non seulemẽt l'Escriture dit, que la Foy n'est pas pour tous, mais quil se trouue encore des nations où la Foy n'a point esté preschée. Or le sainct Apostre dit:* Com*ment inuoqueront-ils celuy auquel ils ne croyent point? Et comment croiront-ils en celuy dont ils n'ont ouy parler? Et comment en entendront-ils parler sans Predicateur?* Ils *s'ensuit donc que la Grace n'est pas donnée à tous les hommes, puisque ceux qui ne sont pas fidelles ne peuuent estre participans de la Grace, & que ceux qui n'ont iamais ouy parler de la foy, ne peuuent l'auoir.*

De gratia nõ dignè sentit quisquis eam putat omnibus hominibus dari : cum non solum omnium sit fides, sed adhuc nonnullæ gentes reperiantur, ad quas fidei prædicatio non peruenit. Beatus autem Apostolus dicit : Quomodo inuocabunt in quem non crediderunt ? Aut quomodo credent ei quem non audierunt ? Quomodo autem audient sine prædicante ? Non itaque gratia omnibus datur quandoquidem ipsius gratiæ participes esse non possunt, qui fideles non sunt, nec possunt credere ad quos inuenitur ipse fidei auditus minimè peruenisse. Epist. Synod. Episcoporum African. in Sardinia exulum.

ARTICLE XXIX.

S'Il y auoit vn seul damné qui n'eust point eu de Grace suffisante, il auroit iuste suiet de se plaindre de Dieu.

RESPONS.

RESPONCE.

Que cette proposition ruine le peché Originel, & la Grace de Iesus-Christ, & que sa fausseté a esté reconnue par ceux mesmes qui ont soustenu la Grace suffisante.

MOnsieur le Theologal doit craindre, que ce ne soit par vn iuste iugemēt de Dieu, qu'acusant tres-iniustemēt M. d'Ipre, & ceux qui suiuēt la doctrine de S. Augustin, d'heresie & de blaspheme, il tombe luy mesme dans des erreurs qui renuersent tous les fondemens de la Religion Chrestienne. Car on ne peut soustenir comme il fait, que s'il y auoit vn seul damne qui n'eust point eu de Grace suffisante, il auroit iuste suiet de se plaindre de Dieu sans ruiner les deux principes fondamentaux du Christianisme, *Le peché du premier Adam, & la Grace au second, sur lesquels la foy des Chrestiens est principalement appuyée*, comme dit S. Augustin, *in quibus propriè fides Christiana consistit.*

In causa duorum hominum quorū per vnū venundati sumus sub peccato, per alterum redimimur à peccatis &c. propriè fides Christiana consistit, Aug. de Pecc. Orig. c. 24.

S. Paul nous asseure touchant le premier, *Que le peché d'Adam a engagé tous les hommes dans la damnation, per vnius delictum in omnes homines in condamnationē*. Et, *Que nous naissons tous enfans de la colere de Dieu, Eramus natura filÿ iræ, sicut & ceteri.* Il faut que cette condamnation generale de toute la nature humaine, dont parle S. Paul, soit iniuste, ce qu'on ne peut croire sans blaspheme, si ce que M. le Theologal pretend, est vray, Que s'il y auoit aucun homme que Dieu y laissast engagé, & à qui il ne donnast pas des Graces suffisantes pour s'en retirer, il auroit iuste suiet de se plaindre de luy, cōme il est visible que des coupables n'auroient pas esté condānez iustement, s'ils auoient iuste suiet de se plaindre du Roy, de ce qu'il ne leur auroit pas donné moyen de se deliurer du supplice. Et ainsi, c'est destruire le peché originel auec les Pelagiens, que de s'imaginer auec M. Habert, que Dieu ne puisse sans iniustice refuser sa Grace à ceux qui naissent les ennemis, qui sont conceus dans le crime, & dans l'iniquité, & qui font partie de cette masse corrompuë, à qui Dieu ne peut deuoir que la peine & le chastiment.

Rom. c. 5. v. 18. Ephes. c. 2. v. 3.

C'est ce qu'apres S. Paul tous les Saints, deffenseurs de la Grace ont pris peine de representer aux fidelles comme le veritable fondement de l'humilité Chrestienne, & de la recōnoissance qu'ils doiuent à Dieu pour la misericorce infinie dont il a vsé enuers eux, en les retirant par sa Grace d'vne damnation qu'ils auoient aussi iustement meritée, qu'vne infinité d'autres qui y perissent.

Quotquot stirpe Adam gratia Dei liberantur, à damnatione vtique liberantur, qua iam tenentur obstricti. Vnde etiam si nullus liberaretur, iustum Dei iudicium nemo iustè reprehenderet. Quod ergo pauci in comparatione pereuntium, in suo vero numero multi liberantur, gratia fit, gratis fit, gratiæ sunt agendæ quia fit ne quis velut de suis meritis extollatur, sed omne os obstruatur & qui gloriatur, in Domino glorietur.

Aug. de Corrept. & Grat. c. 10.

Tous ceux de la race, dit S. Augustin, *qui sont deliurez par la grace de Dieu, & sont deliurez de la damnation, dans laquelle ils sont desia engagez. C'est pourquoy nul ne pourroit reprendre auec iustice le iuste iugement de Dieu, s'il ne deliuroit personne. Ainsi, de ce qu'il y en a tant qui sont deliurez, quoy qu'il y en ait peu en comparaison de ceux qui perissent, c'est l'effet d'vne pure Grace, c'est l'effet d'vne Grace toute gratuite, & il faut rendre Grace à Dieu de ce qu'il le fait, afin que personne ne s'éleue comme si ce la se faisoit par ses merites: mais que toute bouche soit fermée, & que celuy qui se glorifie, ne se glorifie qu'au Seigneur.*

Ce ne seroit donc pas se glorifier au Seigneur: mais en soymesme: Ce ne seroit pas s'abaisser par humilité, mais s'éleuer par orgueil: Ce ne seroit pas fermer sa bouche par vn silence respectueux: mais l'ouurir contre le Ciel par vne insolence temeraire, que d'accuser Dieu d'iniustice, quand il laisseroit non seulement vn homme, mais tous les hōmes ensemble dans l'estat miserable où ils sont tombez par leur crime, & dans l'abandonnement qu'ils ont merité. Et ce seroit vn estrange ingratitude enuers Dieu, que d'oser se plaindre de l'équité souueraine de ses iugemens, au lieu de luy rendre Grace des bontez ineffables qu'il exerce enuers ses Esleus, & qui doiuent estre estimées d'autant plus grandes, qu'il ne les exerce pas enuers beaucoup d'autres qui n'en estoit pas plus indignes qu'eux.

Rom. c. 9. v. 21.

C'est le Mystere que S. Paul nous a voulu descouurir, lors qu'apres auoir dit, *Que le potier a la puissance de faire d'vne mesme masse de terre vn vase d'honneur, & vn vase d'ignominie*, il adiouste que le principal dessein de Dieu dans cette cōduite merueilleuse, *a esté de monstrer les richesses de sa Grace dans les vases de misericorde qu'il a preparez pour sa gloire. Vt ostenderet diuitias gloriæ suæ in vasa misericordiæ quæ præparauit in gloriā.*

Ibid. v. 23.

Ainsi, nous voyons clairement, que la pensée de Monsieur le Theologal touchant l'iniustice de Dieu, s'il auoit laissé aucun damné sans Graces suffisantes pour se sauuer, ruine entierement la Foy Catholique du peché originel, & que ce n'est pas sans raison, que S. Augustin l'a iugée si contraire au sens commun des fidelles, qu'il n'a point fait de difficulté de l'appeller *vne folie, & vne extrauagance insupportable. Toute la masse des hommes,* dit ce grand Saint, *merite d'estre punie, & si on faisoit souffrir à tous la peine que tous ont meritée, il est sans doute, qu'il n'y auroit en cela aucune iniustice.* Y a-t'il donc quelqu'vn *si extrauagant, & si fou, que de ne pas rendre des actions de graces ineffables à la misericorde de celuy qui deliure ceux qu'il veut, puis qu'il ne pourroit se plaindre de sa iustice, s'il auoit damné tous les hommes.*

Vniuersa igitur massa pœnas debet, & si omnibus debitum damnationis suppliciũ redderetur, non iniustè procul dubiò redderetur. Quis igitur vsq; adeò dementissimè insaniat, vt non agat ineffabiles gratias misericordiæ, quos voluit, liberantis, qui rectè nullo modo posset culpare iustitiã rectè damnantis? Aug. de Nat. & Grat. c. 5.

Mais la proposition de M. Habert ne destruit pas moins la Grace du second Adam, que le peché du premier. Car si Dieu ne peut refuser aux hommes la Grace de Iesus-Christ sans qu'ils ayent iuste suiet de se plaindre de luy, il faut necessairement que la Grace leur soit deuë, puis qu'il est clair par la seule lumiere de la raison, que nul ne se peut plaindre auec iustice de ne pas receuoir ce qui ne luy est pas deu, & qu'il ne peut auoir que par pure misericorde. Or *si la Grace est deuë, elle n'est plus Grace & faueur, mais vne debte,* selõ S. Paul, & c'est par iustice & non par bonté, & par misericorde que Dieu assiste ceux qu'il assiste, s'il ne peut manquer sans iniustice de les assister.

Rom. c. 4. v. 4. & c. 11. v. 6.

C'est pourquoy ce grand S. rapportant la mesme plainte des méchans que M. le Theologal veut authoriser auiourd'huy, *qu'on les doit excuser dans leurs pechez, puis qu'ils n'ont pas receu de Dieu la Grace de biẽ viure,* ne se sert point d'autre raison pour faire voir que cette plainte n'est pas receuable; sinon que ce n'est point par iustice, mais par Grace, & par pure misericorde, que Dieu deliure de l'estat du peché ceux qu'il en deliure. Ce qui ne seroit pas, si cette plainte obligeoit Dieu de ne pas abandonner les hommes dans leurs pechez, sans leur donner le secours necessaire pour en sortir.

Il n'y a donc que la Grace de ce Sauueur, dit ce diuin Pere, *qui guerisse les blessures qu'on a receues par la violence de cét Homicide. Il n'y a que la Grace de celuy qui a racheté les hommes, qui deliure ceux qui sont vendus, & liurez au peché, des liens de celuy qui les tient captifs. D'où il s'ensuit, que tous ceux qui estãs dãs le vice & dans l'iniquité,* Veulent alleguer pour excuse, qu'ils n'ont pas la Grace pour bien viure, *sont tres-iustement punis, parce que ceux qui sont deliurez, ne sont deliurez que par faueur,*

Nemo itaque liberat à vulneribus illius trucidatoris, nisi huius Gratia saluatoris. Nemo liberat venundatos sub peccato à vinculis captiuãtis, nisi Gratia redemptoris. Ac per hoc, vniuersi qui se in nequitiis &

& par Grace. Car si cette excuse estoit iuste, ce ne seroit pas par grace qu'ils seroient deliurez, mais par iustice. *Mais lors qu'il n'y a que la Grace qui deliure, elle ne trouue rien de iuste en celuy qu'elle deliure, ny de volonté iuste, ny d'action iuste, ny mesme seulement d'excuse iuste. Car si cette excuse est iuste, quiconque s'en sert est deliuré, parce qu'il merite de l'estre, & non purement par* Grace. Et ailleurs: *Dieu donnant sa Grace à quelques-vns sans qu'ils la meritent, a voulu que sa Grace fust veritablement Grace, c'est à dire, toute gratuite. Et ne la donnant pas à tous, il a voulu faire voir ce que tous les hommes meritent par le peché,* qui est d'estre abandonnez de Dieu, & priuez de toutes sortes de Graces.

iniquitatibus excusatos volunt, ideo iustissime puniuntur, quoniam qui liberantur, nonnisi gratia liberantur. Nam si excusatio illa iusta esset, nō inde iam gratia, sed iustitia liberaret. Cum vero non liberat nisi gratia, nihil iustum inuenit in eo quem liberat, non voluntatem, non operationem, non saltem ipsam excusationem. Nam si hæc iusta est, quisquis ea vtitur, merito, non gratia liberatur August. Epist. 105. Dando quibusdam quod non merentur, profecto gratuitatem & per hoc veram suam gratiam esse voluit. Non omnibus dando, quid omnes mereantur ostendit Aug de Dono perseu. c. 12.

Et ainsi selon l'excellente pensée du mesme Saint, *si l'on demande, pourquoy Dieu ne donne pas sa Grace selon les merites des hommes, nous deuons répondre, parce que Dieu est misericordieux.* Ce qui le porte à ne pas traitter les hommes selon leurs merites, parce que s'il le faisoit, il ne dōneroit sa Grace à personne, n'y ayant personne qui l'ait meritée, & qui ne soit digne de sa cholere. *Que si d'autre part l'on demande, pourquoy donc ne la donne-t'il pas à tous les hommes, nous deuons respondre parce qu'il est iuste Iuge. Et ainsi, d'vn costé il donne sa Grace par vne dispensation toute gratuite, & de l'autre, il fait voir par vn iuste iugement en la personne de ceux à qui il ne la donne pas, la faueur singuliere qu'il a faite à ceux à qui il la donne. Ne soyons donc pas ingrats enuers Dieu, mais reconnoissons combien sa misericorde est grande, de deliurer tant de personnes d'vne damnation qui est si iustement deuë à tous les hommes, qu'encore qu'il n'en deliurast aucun, il ne seroit point iniuste*

Sed cur inquit, gratia Dei nō secundum merita hominum datur? Respōdeo, Quoniam Deus misericors est. Cur ergo, inquit non omnibus: Et hic respondeo, Quoniam Deus iudex iustus est. Ac per hoc, & gratis ab eo datur gratia & iusto eius in aliis iudicio demonstratur, quid eis quibus datur, cōferat gratia Non itaque simus ingrati, quòd secundum placitū voluntatis suæ, in laudem gloriæ, gratiæ suæ tam multos liberat misericors Deus de tam debita perditione, vt si inde neminem liberaret, non esset iniustus. Aug de Dono perseu. c. 8

Mais c'est trop s'arrester à vne chose si claire, qui ne peut estre contestée que par des Pelagiens, & qui est si constante parmy tous les Catholiques, que ceux là mesmes d'entre les Theologiens, qui tiennent, Que la Grace suffisante est dōnée à tous les hōmes, ne laissent pas de condamner en ce poinct Monsieur le Theologal, & de reconnoistre, que quand Dieu la refuseroit non seulement à vn seul homme, mais à tous les hommes, personne n'auroit suiet de se plaindre de luy.

Le Cardinal Bellarmin en fait vne conclusion expresse, par laquelle il establit cette verité comme indubitable parmy tous les Catholiques & comme ne pouuant estre combattuë que par ceux qui douteroient du peché originel. *Establissons, dit-il, vne troisiesme conclusion, Il n'y auroit en Dieu aucune iniustice, quand il ne donneroit point de secours suffisant pour le salut, non seulement à quelques personnes, mais à tous les hommes en general.* C'est proposition est tres certaine, & tres asseurée parmy tous ceux à qui les Escritures Saintes, ont donné la connoissance du peché originel. *Car puisque le peché du premier homme fait que nous naissons tous enfans de colere, comme dit l'Apostre, de droit, il ne nous est rien deu que le suplice. De là vient ce que dit le sainct Esprit par la bouche du Sage : Qui s'éleuera contre vostre iugement, ou qui vous reprochera la perte des Nations que vous auez crées ? Et S. Paul monstre dans le chapitre 9 de l'Epistre aux Romains, Que c'est par pure misericorde, que Dieu deliure quelques personnes de la masse de perdition, pour en faire des vases d'honneur. D'où vient qu'il les appelle des vases de misericorde. Et c'est la raison pourquoy selon sainct Augustin dans l'Epistre 105. il y a peu d'hommes sauuez, pour nous donner à entendre par le grand nombre des damnez, que tous generalement meritoient de l'estre. Enfin la premiere Grace est donnée à ceux qui sont encore ennemis de Dieu. Et ainsi en quelque maniere que ce soit, elle ne peut leur estre deue. Et par consequent, Dieu ne feroit tort à aucun, quand il ne la donneroit à personne.*

Sit iam tertia propositio. Nulla esset in Deo iniquitas, si non aliquibus, sed etiam omnibus hominibus auxilium sufficiens ad salutem negaret. Hæc certissima est apud eos, qui ex diuinis litteris peccatum Originale nouerunt. Nam cum per peccatum primi hominis nascamur omnes filii iræ, vt Apostolus docet ad Eph. 2. nihil nobis iure debetur nisi pœna. Hinc Sap 12. dicit Spiritus Sanctus : Quis stabit contra iudicium tuum, aut quis tibi imputabit si perierint nationes quas tu fecisti ? Et Apostolus ad Rom 9. demonstrat, solam esse misericordiam, qua Deus ex massa perditionis aliquā vasa facit in honorem, vnde etiam vasa misericordiæ appellat Et ea causa est, vt S. Augustinus docet in Epist. 105 cur pauci sint qui saluantur, vt nimirum intelligamus quid omnibus deberetur. Denique prima gratia datur inimicis, ac per hoc modis omnibus est indebita. Nulli igitur fieret iniuria, si ea gratia nemini præberetur. Bellarm de Grat. & lib Arbitr. l. 2. c. 4.

ARTICLE. XXX.

Singularité dans Iesus-Christ mesme. Ils font vn Sauueur partial.

RESPONSE.

Mais ce sont plustost les aduersaires de la Grace de S. Augustin, qui font vn Sauueur partial, en refusant de de tenir leur salut de Iesus-Christ seul, selon sainct Paul, & l'attribuant autant, ou plus à leur libre Arbitre, qu'à la Grace.

iusques là qu'vn d'eux a bien osé dire en pleine chaire, preschant sur le Nom de Iesus en vn premier iour de l'an, que nous estions *des demy Sauueurs*. Ce qui a fait dire auec grande raison à vn Predicateur Catholique, scandalizé de cette nouuelle doctrine, qu'il faudroit dire à l'aduenir selon ces principes, *Gloria Patri, & Filio, & Spiritui Sancto, & libero Arbitrio.*

ARTICLE. XXXI.

ILs veulent qu'il ne soit pas mort pour tout le monde. C'est vn blaspheme. Mais cela est imprimé. C'est vn blaspheme imprimé.

RESPONSE.

MOnsieur le Theologal ayant parlé dans son troisiéme Sermon, auec beaucoup plus de chaleur, & plus d'estenduë contre ce blaspheme pretendu, nous reseruons à luy respondre en cét endroit, & à luy faire voir que Monsieur d'Ipre ne niant point (comme il suppose faussement) que Iesus-Christ soit mort pour tout le monde selon le langage de l'Escriture: mais rapportant seulement les explications que les Peres & particulierement saint Augustin, ont données aux paroles de l'Apostre, tant que Monsieur Habert ne fera point voir, qu'il ait imposé à saint Augustin (comme il est impossible de le faire) ce ne sera point sur ce grand Prelat: mais sur saint Augustin mesme, que retomberont toutes ces accusations iniurieuses d'heresie, & de blaspheme.

Voyez la Reponse au 3. Sermon, Articles. 8. 20. 21. 22. &c.

Cependant, puis qu'il preschoit dans la premiere Chaire du Diocese de Paris, il semble qu'on pouuoit desirer de luy, qu'il eust apris du P. Sirmond, que Prudence, Euesque de Troyes, l'vn des plus Saints & des plus habiles Prelats de son temps, ne consentit à la Consecration d'Enée, Euesque de Paris, qu'en l'obligeant de reconnoistre *auec tous les Catholiques, que Iesus-Christ n'est point mort pour tous ceux qui meurent dans l'infidelité*, cõme le Concile de Valence l'auoit defini au mesme temps, reiettant l'opinion contraire comme vne erreur. C'est ce qui luy deuoit faire considerer, qu'vne doctrine establie par sainct Augustin, confirmée par les Conciles, soustenuë par les Euesques de France, & dont on a re-

Tom. 3. Concil Gall. p. 656.

Can. 4.

quis autrefois la profession publique pour estre admis à l'Episcopat, ne deuroit pas estre si facilement condamnée par des Theologiens de Paris, & particulierement par le Theologal de cette Eglise celebre.

ARTICLE XXXII.

Mais ils disent qu'on ne doit pas prescher leur doctrine. On doit donc prescher le contraire. Or ce que l'on presche doit estre vray.

RESPONCE.

Que ceux qui deffendent la Doctrine de saint Augustin soustiennent auec luy, qu'on la doit prescher, mais auec discretion.

IL est bien estrange, qu'vn Predicateur de l'Euangile, qui pretend condãner d'insuffisance des Prelats, & des Theologiens, choque en mesme temps la raison par vne fausse consequence, & viole la verité par des maximes qu'il impose à ceux qu'il tasche de des-honorer. Quand il seroit vray qu'on ne deuroit pas prescher cette doctrine, par quelle regle de Dialectique pourroit-on conclure qu'on doit prescher le contraire? Iesus-Christ tesmoigne à ses Apostres, *qu'il auoit beaucoup de choses à leur dire, mais qu'ils n'en estoient pas encore capables*; s'ensuit-il qu'il leur deuoit dire le contraire des veritez qu'il ne leur découuroit pas? Sainct Paul declare la mesme chose aux Corinthiens, & aux Hebreux, s'ensuit-il pour cela qu'il leur deuoit enseigner les erreurs contraires aux mysteres qu'il supprimoit? Deuoit-on apprendre des faussetez aux Cathecumenes, parce qu'on ne les iugeoit pas encore capables d'entendre toutes sortes de veritez?

Ioan c.16. v.12.

1. Cor. c.3. v.2. Heb c.5.v.11 & 12.

Mais il n'est pas vray que Monsieur d'Ipre, & ceux qui suiuent auec luy la doctrine de S. Augustin, disent (cõme pretend M. Habert) qu'on ne doit pas prescher leur doctrine: S. Augustin à qui les Semipelagiens obiectoient (cõme on fait auiourd'huy à leur imitation aux deffenseurs de sa doctrine) que quand ses sentimens seroient vrays, il ne faudroit pas les prescher de peur de troubler les simples, leur respond: *Qu'encore qu'il soit souuẽt à propos, & vtile de ne pas dire quelque verité à cause de ceux qui ne sont pas capables de la comprendre, selon que*

Facile est enim imo & vtile, vt taceatur aliquod verũ propter in-

Nostre Seigneur dit, i'ay encore beaucoup de choses à vous dire, mais vous ne les pouuez pas porter maintenant, & l'Apostre, ie n'ay peu vous parler comme à des Spirituels, mais seulement comme à des charnels, neantmoins qu'ainsi qu'il y a vne raison de taire la verité, il y a vne necessité de la dire. Et il declare au mesme lieu: *Qu'il faut dire la verité: principalement lors que quelque question nous oblige de la dire, afin qu'elle soit receue par ceux qui en seront capables, de peur que si on la supprime à cause de ceux qui ne la peuuent pas comprendre, non seulement on en priue ceux qui le peuuent, & qui se garderoient par ce moyen de tomber dans l'erreur, mais mesme qu'on les expose à estre surpris par la fausseté.*

capaces. Nam vnde est illud Domini: Adhuc habeo multa vobis dicere, sed non potestis portare modò. Et illud Apostoli: Non potui vobis loqui quasi spiritualibus sed quasi carnalibus: Sed alia est ratio verum tacendi alia verum dicendi necessitas August. de Dono Perseu, c 6. Dicatur ergo verum, maximè vbi aliqua quæstio vt dicatur impellit, & capiant qui possunt: ne forte cum tacetur propter eos qui capere non possunt, non solum veritate fraudentur, verum etiam falsitate capiantur, qui verum capere quo caueatur falsitas possunt. Ibid.

Les ennemis de la Grace, dit-il, *employent tous leurs efforts pour faire croire que la Grace est donnée selon nos merites, & pour faire ainsi que la Grace ne soit plus Grace, Et nous cependant nous ne voudrons pas dire ce que nous pouuons dire auec l'authorité de l'Escriture? Nous craignons que celuy qui ne peut pas comprendre la verité, ne se scandalize de nos paroles, & nous ne craignons pas que nostre silence n'expose celuy qui peut comprendre la verité à estre surpris par la fausseté?* Car ou *il faut prescher la Predestination selon que l'Escriture Sainte nous l'enseigne euidemment, c'est à dire de telle sorte que dans les* Predestinez *les dons & la vocation de Dieu soient sans repentance, ou il faut confesser que la Grace de Dieu est donnée selon nos merites, cõme veut Pelagius.*

Instat inimicus Gratiæ, atque vrget modis omnibus, vt credatur secundum merita nostra dari, ac sic Gratia iam non sit Gratia. Et nos nolumus dicere quod teste scriptura possumus dicere. Timemus enim videlicet ne loquentibus nobis offendatur qui veritatem nõ potest capere, & non timemus ne tacentibus nobis qui veritatem potest capere, falsitate capiatur. Aut enim sic Prædestinatio prædicanda est, quemadmodum eam sancta scriptura euidenter loquitur, vt in Prædestinatis sine pœnitentia sint dona & vocatio Dei, aut Gratiam Dei secundum nostra dari merita confitendum de Dono pers. cap. 16.

Et au Chapitre vintiesme, *Nos freres* (dit-il, parlant des Semipelagiens) *se voyans enfermez de toutes parts, & reduits à ne pouuoir resister à la force de cette inuincible verité, croyent qu'il ont raison de dire, qu'encore que ce que nous disons de la Predestination des dons de Dieu soit veritable, il ne faudroit pas neantmoins le prescher aux peuples. Mais tant s'en faut que cela soit, qu'au contraire il le faut prescher, afin que celuy qui a des aureilles pour le comprendre, le comprenne. Et qui est celuy qui les a, s'il ne les a receues de Dieu qui dit: Ie leur donneray vn cœur pour me connoistre, & des aureilles pour entendre. Il se pourra faire que*

Quid est quod inuicta conclusi violentia veritatis, rectè se isti nostri dicere existimant: Etsi verum est quod dicitur de prædestinatione beneficiorum Dei, non est tamen populis Prædicandum est prorsus, vt qui

que celuy qui n'aura point receu ce cœur, ny ces aureilles, reiettera la verité : mais au moins celuy qui la comprendra, la pourra prendre, & la gouster, & en la goustant y trouuera sa vie. Comme il *faut prescher la pieté, afin que celuy qui a des aureilles pour entendre, apprenne à bien seruir Dieu :* De mesme il *faut prescher cette* Predestination *des dons de Dieu, afin que celuy qui a des aureilles pour entendre, ne se glorifie pas en soy mesme, mais au* Seigneur. Et au chapitre 17. *Tant s'en faut*, dit-il, *qu'en preschant la* Predestination *on empesche l'homme d'agir, qu'au contraire on l'ayde, afin que lors qu'il se glorifie il ne se glorifie qu'au Seigneur.* Et au chapitre 21. *Il faut prescher la Predestination, afin qu'on puisse soustenir par des raisons inuincibles la Veritable Grace de Dieu, c'est à dire celle qui n'est pas donnée selon nos merites.*

habet aures audiendi, audiat. Quis autē habet, si non accepit ab illo qui ait: Dabo eis cor cognoscendi me, & aures audientes ? Certe qui non accipit, reiiciet; dum tamen qui capit, sumat, bibat, & viuat. Sicut enim prædicanda est pietas, vt ab eo qui habet aures audiendi, Deus recte colatur, ita & prædicanda est ista prædestinatio beneficiorum Dei, vt qui habet aures audiendi, non in se ipso, sed in Domino glorietur. Ibid. cap. 20. Non solum ergo prædicatione Prędestinationis ab hoc opere non impeditur, verum ad hoc adiuuatur, vt cum gloriatur, in Domino glorietur. cap. 17. Prædestinatio prędicanda est, vt possit vera Dei gratia, hoc est, quę non secundum merita nostra datur, insuperabili munitione defendi. Ib. cap. 21.

Que ça tousiours esté la coustume des ennemis de la Grace & de la Predestination, d'en proposer la doctrine au peuple d'vne maniere odieuse.

MAis saint Augustin enseigne en ce mesme Liure chapitre 22. *Qu'il faut la prescher auec sagesse & auec discretion*, & d'vne maniere fauorable pour en instruire le peuple, & non pas comme faisoient les Prestres de Marseille Semipelagiens, qui en parloiēt au peuple d'vne maniere odieuse pour luy faire reietter ces veritez Catholiques. Imitās en cela les heretiques, qui proposās les plus grāds mysteres de la foy de l'Eglise pour les descrier, leur dōnent vne face monstrueuse, qui les expose au mespris, où à la haine de leurs auditeurs. Ainsi que l'histoire Ecclesiastique nous l'apprend de ceux qui s'efforçoient par ce moyen de descrier l'Enfantement diuin de la Vierge, & que l'experience nous fait voir dans les heretiques de nostre siecle, qui deshonorent la manducation sacrée du vray Corps du Fils de Dieu par des expressions qui font passer cette action sainte, non seulement pour vne action profane, mais pour vn crime, & vn sacrilege, iniurieux à Dieu, & à la nature mesme.

Mais comme il n'y a pas suiet de s'estonner, que ces

Prestres de Marseille combattans les sentimens de S. Augustin, qui estoient ceux des Papes, & de toute l'Eglise, imitassent le procedé des heretiques, dont ils imitoiẽt l'erreur, biẽ qu'il condamnassent Pelagius : Il n'est pas aussi fort estrange, que des Prestres, & des Predicateurs de ce temps, imitent le procedé des Semipelagiens, qui se declarans admirateurs de S. Augustin comme eux, & demeurans tousiours dans l'Eglise, ne pouuoient pourtant se rendre à ses sentimens touchãt la Grace, puis qu'ils font auiourd'huy les mesmes obiections à M. d'Ipre, que ceux-là faisoient à ce grand Saint, qu'ils attaquent la mesme doctrine auec les mesmes armes, & les mesmes argumens, & que pour ietter le trouble, & le scandale dans l'esprit du peuple, & le destourner *de la verité immobile de la Predestination,* comme l'appelle S. Augustin, leur disent encore comme eux ; selon cette opinion, *si vous n'estes predestinez selon le decret de Dieu, vous auez beau vous rompre la teste, quoy que vous fassiez, vous ne sçauriez iamais vous sauuer.*

Excellent modele de S. Augustin, selon lequel il declare qu'on doit prescher la Predestination.

MAis nous n'auons aussi pour nous deffendre, qu'à produire l'excellent discours que S. Augustin a fait pour monstrer que ces Ecclesiastiques auoient tort de causer de frayeurs au peuple, en leur representant ses maximes touchãt la Predestination comme des maximes cruelles, capables de porter les ames dans le desespoir (qui sont les mesmes termes dont M. Habert a vsé dans son troisiesme Sermon) & l'admirable modelle qu'il a tracé pour les prescher auec l'edification publique de tous les fidelles.

Quamuis ergo hæc vera sint, nõ tamen isto modo dicenda sunt audientibus multis, vt sermo etiã ad ipsos conuertatur eisque dicãtur illa istorum verba quæ vestris litteris indidistis : Ita se habet de Prædestinatione definita Sentẽtia voluntatis Dei, vt alii ex vobis de

Encore, dit-il, *que ces veritez soient tres-constantes, neantmoins il ne faut pas les prescher de telle sorte, que l'on s'adresse à ses auditeurs pour leur faire peur, en leur disant : C'est vn effet du Decret eternel de la Predestination diuine, de ce que quelques-vns de vous sortans de l'infidelité sont venus à la Foy, ayans receu de Dieu en mesme temps la volonté d'obeyr à ses preceptes, & de viure selon sa Loy ; Il ne faut pas leur parler de cette sorte, mais sans marquer que quelques-vns d'eux ne sont pas en cét estat, leur dire en general : Que c'est vn effet de cette Predestination, de ce qu'ils sont venus à la Foy, de ce qu'ils ont receu la volonté de bien viure & de ce qu'ayans obtenu de luy la Grace de perseuerance, ils de* meurent dans la bonne vie. Et il ne faut point leur dire du tout ce qu'ils leur disent en suitte. Et ce qui fait que les autres d'entre vous qui sont engagez dans les plaisirs des vices, n'en sont pas encore sortis, c'est parce que Dieu ne vous a pas encore tirez par le secours de sa Grace, & de sa misericorde. Mais on peut, & on leur doit dire par vne expreßiō tres-iuste & fauorable: Que si quelques-vns d'entre vous demeurent encore dans le plaisir des vices qui dānent les hōmes, ils doiuent trauailler à se conuertir, & à viure selō la Loy Chrestienne. Et neantmoins quelques bonnes actions que vous fasßiez, ne vous en éleuez pas, comme d'actions qui soient de vous, & ne vous en glorifiez pas, cōme si vous ne les auiez pas receues, puis que selon l'Apostre, c'est Dieu qui produit en vous la volōté, & l'actiō, selō qu'il luy plaist, & que c'est le Seigneur qui conduit vos pas, & vous dōne la volonté de marcher dās sa voy: Et le cours de vos bōnes & de vos iustes actiōs vous fera recōnoistre que vous estes du nombre de ceux que Dieu a predestinez par sa grace.

infidelitate accepta obediēdi voluntate veneritis ad fidem Quid opus est dici, alii ex vobis, cum possimus cōgruentius dicere, ita se habet de Prædestinatione definita sententia voluntatis Dei, vt ex infidelitate veneritis ad fidem, accepta perseuerantia; man eati in fide ne illud quod sequitur est omninò dicendū id est, Cæteri vero qui in peccatorum delectatione remoramini, ideo nondum surrexistis, quia necdum vos adiutorium gratiæ miserantis erexit, cum benè & conuenienter dici possit, & debeat: Si qui autem adhuc in peccatorum damnabilium delectatione, remoramini, apprehendite saluberrimam disciplinam. Quod tamen cum feceritis, nolite extolli quasi de operibus vestris, aut gloriari quasi hoc non acceperitis: Deus est enim qui operatur in vobis, & velle & operari pro bona voluntate. Et à Domino gressus vestri diriguntur, vt eius viā velitis. De ipso autem cursu vestro bono rectoque, condiscite, vos ad prædestinationem diuinæ gratiæ pertinere. August. de dono Perseu c. 22.

Il ne faut pas leur dire que ces Prestres de Marseille leur disoiēt en suitte: Que si quelques-vns de vous ne sōt pas encore appellez de Dieu, ils receurōt cette mesme Grace par laquelle ils voudront bien viure, & seront Eleus, au cas qu'ils soient du nombre de ceux qu'il a predestinez pour estre eleus par sa Grace. Cette expreßiō est trop dure, & nous le recōnoistrons aisément, si nous considerōs que nous ne parlons pas au cōmun des hōmes, mais aux fidelles & à l'Eglise de I. Christ. Car pourquoy ne dirons nous pas plutost: Et s'il y en a quelques-vns que Dieu n'a pas encore appellez, prions-le pour eux afin qu'il daigne les appeller? Peut estre que dās l'ordre de leur Predestination, Dieu a voulu qu'ils soiēt conuertis par nos prieres, & qu'ils reçoiuent la mesme grace que nous auons receue, par laquelle ils veuillent estre, & soiēt eleus. Car Dieu qui a accomply toutes les choses qu'il a predestiné de faire, a voulu que nous priōs pour les ennemis de la Foy, afin de nous faire entendre par là, que c'est luy qui donne außi aux infidelles la Grace par laquelle il croyent, & change la volonté des hommes en leur faisant vouloir ce qu'ils ne vouloient pas auparauant.

Item quod sequitur & dicitur: Veruntamen si qui estis nondum vocati quos gratia sua prędestinauerit eligēdos, accipietis eandē gratiā qua velitis & sitis electi durius dicitur quā dici potest: Si nos nō quibuslibet hominibus loqui, sed Christi Ecclesiæ cogitemus. Cur enim nō potius ita dicitur: Et si qui sunt nondū vocati, pro eis vt vocētur oremus. Fortassis enim sic prædestinati sunt vt nostris orationibus concedātur & accipiant eandem gratiam, qua velint esse atque efficiantur electi. Deus enim qui omnia quæ prædestinauit, impleuit, ideo & pro inimicis fidei orare nos voluit, vt hinc intelligeremus, quod etiam ipse infidelibus donet, vt credant & volentes ex nolentibus faciat. Ibid.

Iam vero quod illis verbis connectitur, miror si vllo modo potest in populo Christiano quisquam infirmus patienter audire, cum dicitur eis: Etsi qui obeditis, si prædestinati estis reiiciendi, subtrahentur vobis obediendi vires, vt obedire cessetis. Hoc enim dicere quid videtur aliud esse, quam maledicere, aut mala quodammodo prophetare? Sed si & de iis quid nō perseuerant, aliquid placet dicere, vel necesse est, cur non potius ita saltem dicitur, vt paulo ante dictum est primum vt nō de ipsis qui in populo audiunt, hoc dicatur, sed de aliis ad ipsos. Id est, vt non dicatur: Si qui obeditis si prædestinati estis reiiciēdi, sed: Si qui obediunt, & cętera per verbi personam tertiam dicatur, non per secundam.

Res enim non optabilis sed abominabilis dicitur & durissime atque odiosissimē quasi in audientium frontem compellendo colliditur, quādo quis eis quibus loquitur dicit: Etsi qui estis qui obeditis, si prædestinati estis reiiciendi, subtrahentur obediendi vires, vt obedire cessetis. Quid enim sententiæ deperit si ita dicatur: Si qui autem obediunt, sed in regnum eius, & gloriam prædestinati non sunt, temporales sunt, nec vsque in finem in eadem obedientia permanebunt? Nonne & verius eadem res & congruentius dicitur, vt non ipsis tantum malum tanquam optare videamur, sed de aliis referre, quod oderint, nec ad se existiment pertinere, sperando, orandoque meliora.

Quant à ce que les Semipelagiens leur disoient: Et entre ceux d'entre vous qui obeyssent à la Foy de Dieu, s'il y en a qui soient predestinez à estre du nombre des reprouuez, il retitera d'eux l'assistance & le secours par lequel ils luy obeyssent, afin qu'ils cessent de luy obeyr. Ie suis fort trompé, dit S. Augustin, s'il y a vn seul homme vn peu foible parmy le peuple Chrestiē qui puisse escouter cette parole auec patience. Car leur parler ainsi, qu'est-ce faire autre chose, sinon prononcer vne espece de malediction contre eux, ou leur prophetiser en quelque sorte des maux à venir? Mais si on veut parler de ceux qui ne perseuerent pas, ou s'il est necessaire de le faire, il le faut faire comme ie l'ay marqué auparauant, en n'adressant pas sa parole à ceux du peuple qui sont presens: mais en leur parlant des autres; c'est à dire, en ne disant pas, *si vous obeyssez à la loy de Dieu; si vous estes predestinez pour estre du nombre des reprouuez; Mais s'il y en a qui ne luy obeyssent pas,* & le reste, en l'exprimant par la troisiesme personne, & non par la seconde: Car autrement, on dit vne chose qui n'est pas fauorable, mais qui au contraire est odieuse, & dont on doit auoir horreur cōme du plus grand des maux: Et ce seroit presques comme celuy qui leur ietteroit des pierres contre le visage, que de les frapper par cette parole si dure, en leur disant: *Et si quelques-vns d'entre vous obeyssent aux preceptes de l'Euangile, Dieu retirera d'eux sa Grace par laquelle ils obeyssent, afin qu'ils cessent d'obeyr, s'ils sont predestinez pour estre du nombre des reprouuez.* Mais ne peut-on pas dire, sans rien perdre du mesme sens: *Que si quelques-vns obeyssent aux preceptes de l'Euangile, lesquels ne sont pas predestinez pour le Royaume, & pour la Gloire; ils sont tēporels & passagers, & ne demeureront pas iusques à la fin dans cette obeïssance qu'ils pratiquent.* Ne leur dit-on pas la mesme chose, & plus veritablement & plus fauorablement, puis qu'il ne paroist pas de cette façon, comme il paroist en l'autre maniere, qu'en quelque sorte nous leur souhaittons vn si grand mal, parce que nous disons seulement en la personne des autres vne chose qu'ils hayssent, & qu'ils ne croyent pas les regarder, à cause que chacun d'eux se desire plus de bien, & espere de n'estre pas si malheureux.

Mais s'ils vsent de cette voye pour rendre la Predestinatiō odieuse, on en peut vser aussi pour rendre odieuse la Prescience de Dieu, laquelle au moins ils ne peuuent pas nier. Car on peut dire comme eux : Quoy que vous obeissiez à la Loy de Iesus-Christ, si toutesfois vous estes du nombre de ceux que Dieu a preueus dans sa Prescience qui seroient reprouuez, vous cesserez de luy obeyr. Ce n'est pas que cela ne soit tres-veritable, mais cela est tres-odieux, tres-dur, & tres-disproportionné à la foiblesse des hommes. Et bien que le discours ne soit pas mauuais en soy, n'estant pas faux, l'expressiō neantmoins en est mauuaise, & il faut appliquer ce remede plus sagement pour le rendre salutaire à l'infirmité humaine.

Mais ie ne croy pas mesme qu'on se doiue contenter de ce seul moyē que nous auons prescrit pour prescher la Predestination au peuple, & on doit encore leur dire de plus : Tous tant que vous estes qui obeyssez à Dieu, vous deuez esperer de receuoir du pere des lumieres, dont tous les excellens dons procedent, la Grace de perseuerer dans vostre obeyssance & vostre fidelité. Vous la deuez demander tous les iours dans vos prieres, & en faisant cela croire auec confiance, que vous estes du nombre des predestinez : par ce que luymesme vous dōne la Grace de faire ces prieres & ces exercices. Au reste, ne soyez pas si malheureux que de desesperer de vostre salut, à cause qu'on vous ordōne de mettre vostre esperance en Dieu, & non pas en vous-mesme, puisque l'Escriture nous dit : Que maudit est l'homme, qui met son esperance en l'homme ; Et : Qu'il vaut mieux se confier au Seigneur que se confier en l'homme, parce que ceux qui mettent leur confiance en Dieu sont heureux. Demeurez fermes dās cette esperance, & seruez le Seigneur auec crainte, comme dit la mesme Escriture, & resiouyssez-vous en luy auec tremblement. Car personne ne peut estre asseuré de la vie eternelle, que Dieu tousiours veritable a promis de toute eternité aux enfans de la promesse, qu'apres la fin de cette vie, qui est vne tentation sur la terre. Mais celuy à qui nous disons tous les iours, Ne nous laissez pas tomber dans la tentation, nous fera perseuerer dans son seruice iusques à la fin de nostre vie.

Illo autem modo quo id dicendum putant, eadē sententia eisdem penè verbis etiā de præscientia Dei, quā certè negare non possunt, pronūtiari potest vt dicatur : Etsi qui obeditis, si præsciti estis reiiciendi, obedire cessabitis : Nempe hoc verissimū est. Ita sanè, sed improbissimū, importunissimum, incongruentissimum, non falso eloquio, sed non salubriter valetudini infirmitatis humanæ apposito. Ibidem. Illum etiam modum quo vtendū esse in prædestinationis prædicatione nos diximus, loquenti ad populum non existimo debere sufficere nisi hoc vel huiusmodi aliquid addat, vt dicat : Vos itaque etiam ipsam obediendi perseuerantiam à Patre luminum à quò descendit omne datum optimum, & omne donum perfectū sperare deberis & quotidianis orationibus poscere, atque hoc faciendo confidere, non vos esse à prædestinatione populi eius alienos, quam etiam hoc vt faciatis, ipse largitur. Absit autem à vobis ideo desperare de vobis, quoniam spem vestram in ipso habere iubemini, non in vobis. Maledictus enim omnis homo qui spem habet in homine ; Et : Bonū est confidere in Domino, quam confidere in homine, quia beati omnes qui confidunt in eum. Et hanc spem tenentes, seruite Domino in timore, & exultate ei cum tremore. Quoniam de vita æterna quam filiis promissionis promisit non mendax Deus ante tempora æterna, nemo potest esse securus, nisi cum consummata fuerit ista vita quæ tentatio est super terram ; sed faciet nos perseuerare in se vsque in eius vitæ finem, cui quotidie dicimus, ne nos inferas in tentationem

Hæc atque huiusmodi cum dicuntur, siue paucis Christianis, siue multitudini Ecclesiæ, cur meruimus sanctorum Prædestinationē & verā Dei gratiam, id est, quæ non secundum merita nostra datur, sicut eam sancta scriptura prædicat, prædicare? An vero timendum est, ne tunc de se homo desperet, quando spes eius ponenda demonstratur in Deo: non autem desperaret, si eam in seipso superbissimus & infelicissimus poneret? Ibidem

Pourquoy donc, si nous parlons ou a peu de Chrestiens, ou à vne grande multitude de fidelles, crai[gn]drons-nous de prescher la Prestination des éleus, & la vraye Grace de Dieu, c'est à dire, celle qui n'est pas donnée selō nos merites, telle que l'Escriture la presche si hautemēt? Y a-t'il suiet d'apprehender, que l'hōme ne desespere de son salut, lors qu'on luy monstre, qu'il doit mettre son esperāce en Dieu, & de croire, qu'il n'en desespereroit pas, s'il estoit si superbe, & si malheureux que de mettre son esperance en soy-mesme?

Voila la sage conduitte, & la prudence charitable auec laquelle les Disciples de S. Augustin declarent apres leur Maistre, qu'on doit prescher la doctrine sainte de la Predestination, & de la Grace qu'il a enseignée, & que les imitateurs des Prestres de Marseille ne peuuent encore souffrir en nos iours.

Quapropter non est inutilis ista doctrina prędicationi, dummodo coram imperitis lapsus humani, corruptionisque naturæ magnitudinem non penetrantibus, & ideo plerumque plusquā fas est humano conatui, & liberę voluntati tribuentibus, sobriè prudenterque prædicetur. Sed si inuidiosè proponatur, quid mirum, si scandalum imperitis, maximéque superbis ista summæ humilitatis doctrina pariat. Etiam præscienciam rudibus sic proponere vt horrescant, scandalizentur, dissoluantur non est difficile: Quæ tamen Prædestinatio, inquit Augustinus, non ita populis prædicanda est, &c. Cornel. Iansenius de Grat. Christi Saluatoris. lib. 10. c. 9.

C'est ainsi que M. d'Ipre en a parlé dans son grand Ouurage. *C'est pourquoy*, dit il, *il n'est pas inutile de prescher cette doctrine de la Predestination, pourueu qu'on la presche auec retenue, & auec prudence aux simples & aux ignorās, qui ne penetrent pas la grandeur de la cheute de l'homme, & de la corruption de la nature, & qui [à] cause de cette ignorāce attribuent souuent plus qu'ils ne doi[uent] aux efforts humains, & au libre Arbitre. Mais qui s'eston[nera] [q]ue lors qu'on la propose d'vne maniere odieuse, cette doctrine, qui en eseigne la souueraine humilité, scandalise les ignorans, & principalement les superbes? Il n'est pas difficile de proposer aussi la Prescięce de Dieu d'vne telle sorte, qu'elle causera de l'auersion, du scādale, & de l'horreur dās l'esprit des simples qui l'entendront. Il ne faut pas proposer cette Predestination d'vne telle maniere, dit S. Augustin, lors qu'on parle deuant vn peuple grossier & ignorāt, qu'il semble qu'on ne la presche que pour la descrier: cōme il seroit aisé de décrier la Prescience de Dieu, laquelle ils sont contraints de reconnoistre, en disant aux hommes: Soit que vous couriez, soit que vous dormiez, il n'arriuera de vous, que ce que Dieu qui ne peut estre trompé, a preueu qu'il arriueroit.*

Il paroist par là, que c'est faire iniure à M. d'Ipre, & aux Sectateurs de S. Augustin, que de leur imposer, pour rendre leurs opiniõs suspectes d'erreur, qu'ils declarent eux-mesmes qu'on ne les doit pas prescher, puisque selon leurs propres paroles, & la doctrine de leur diuin Maistre, on les doit prescher, mais auec prudence, & en les portionnant à la foiblesse des esprits du peuple, *afin*, comme dit excellemment saint Augustin, *que ce qui est vne viande solide pour les forts, deuienne du laict pour les petits*. Autrement, il est aisé de faire des monstres des plus grandes veritez, par la maniere odieuse dont on les propose comme il est facile de changer en poison les plus excellens remedes par la mauuaise application que l'on en peut faire.

Quamuis modo quodam dicendi fieri possit, vt id quod dicitur, & paruulis lac, & grãdibus esca sit. August. de dono Perseu. c. 16.

FIN DV SECOND SERMON.

TROISIESME SERMON

Prononcé le Dimanche de la Septuagesime de l'année 1643.

ARTICLE PREMIER.

APres auoir vn peu parlé de la lumiere & des tenebres, comme il auoit fait en son second Sermon, il commença à entrer en matiere en disant : *Nous auons parlé dans nostre premier Sermon de la Verité de la Foy contre l'apparence de l'erreur ; Dans le second de l'Vnité de la Foy contre la singularité de l'erreur : Nous parlerons dans le troisiesme de la Sainteté de la Foy opposée à la fausse Saintete & hypocrisie de l'erreur. Il y a trois sortes de bontez. La bonté de l'Estre : La bonté Moralle, qui est la bonté de la Vertu, ou plustost la Vertu mesme : Et la bonté de la Grace qui n'est autre chose que la Sainteté : La Foy est le premier principe, le principe originaire de cette bonté de la Grace, parce que sans la Foy on ne peut plaire à Dieu. Il est vray, qu'on ne peut pas auoir de parfaite Sainteté sans l'Esperance & la Charité,* Tria hæc ; *mais aussi on ne peut auoir la Charité sans la Foy ; Et ainsi ces trois vertus sont necessaires & inseparables dans la perfection de la Sainteté. Il ne peut donc y auoir ny Sainteté de personnes, ny Sainteté de doctrine. Et de là nous ruinerons aisément ce que l'on dit, que ces opinions sont vrayes & saintes, parce que des personnes Saintes, Religieuses, & de vie exemplaire les croyent & les publient.*

RESPONSE.

Sur quelle authorité est establie la doctrine que condamne Monsieur le Theologal.

MOnsieur Habert se forme des monstres pour les combattre. Car encore qu'il soit tres-vray, comme il est obligé de le reconnoistre, que des personnes saintes, religieuses, & de vie exemplaire, soustiennent les opinions qu'il condamne, il est faux neantmoins, que l'on se serue de leur probité & de leur vertu pour establir la verité de cette doctrine. Elle est establie sur des fondemens plus fermes & plus solides, parce que n'estant autre que la doctrine de S. Augustin approuuée par tant de Papes, & par le consentement de toute l'Eglise depuis tant de siecles, nous pouuons dire hardiment qu'elle est fondée sur l'immobilité de la pierre.

C'est ce que M. le Theologal a tousiours dissimulé, & c'est neantmoins le seul poinct qu'il deuoit traitter, puisque c'est l'vnique suiet & le seul dessein du Liure qu'il vouloit combatre. M. l'Euesque d'Ipre n'ayant entrepris son Ouurage, que pour traitter vne question de fait, sçauoir quels ont esté les veritables sentimens de S. Augustin sur le suiet de la Grace, comme il declare en plusieurs endroits de son Liure. Mais M. Habert n'a supposé que le principal appuy de la doctrine qu'il attaque, estoit la vertu de ceux qui la soustiennent, que pour auoir suiet de les déchirer par des iniures atroces, & de leur rauir, s'il pouuoit, la reputation qu'il aduouë luy-mesme que leur pieté leur a acquise.

ARTICLE II.

CAr ce n'est point par la Sainteté des personnes, laquelle neantmoins nous ferons voir n'estre qu'apparente, qu'on doit iuger de la Doctrine de la Foy, Non iudicamus fidem ex personis, sed ex fide personas.

RESPONSE.

RESPONCE.

Si la Sainteté des perſonnes ne contribue rien à faire iuger fauorablement de leurs ſentimens.

QVoy qu'il ſoit vray, que la Sainteté des perſonnes ne ſoit pas vne preuue certaine de la verité de leur doctrine, & qu'on n'y doiue meſme auoir nul égard, lors qu'il s'agit des poincts que l'Egliſe a clairement decidez : Cela n'empeſche pas neantmoins, que comme la Sainteté de l'Egliſe eſt vne marque de la verité de ſa Foy, la Sainteté des particuliers ne ſoit vne marque de la verité de leurs ſentimẽs, lors qu'on n'a point de plus grande authorité à leur oppoſer, comme nous ferons voir que M. Habert n'en a point: Et que pour le moins on ne doit pas croire facilement, & ſans des raiſons euidentes & inuincibles, que leur doctrine ſoit remplie d'erreur, d'impieté, & de blaſpheme.

ARTICLE III.

EN ſecond lieu nous voyons que beaucoup d'heretiques, & d'Hereſiarques ont eſté en reputation de Sainteté.

Il nomma 5 ou 6. de ces hereſiarques, comme Nepos contre lequel ſainct Denis d'Alexandrie a eſcrit les Antropomorphites, les Audiens, Eudoxius, Eunomius, & Pelagius. Enquoy il teſmoigna n'auoir pas aſſez de connoiſſance de l'Hiſtoire Eccleſiaſtique, puiſque Nepos, qu'il rapporta pour exemple de ces Heretiques vertueux, n'eſt point refuté par S. Denis d'Alexandrie, au rapport d'Euſebe comme vn hereſiarque, mais comme vn Catholique tres vertueux qui eſtoit tombé dans l'erreur des Millenaires, ainſi qu'ont fait d'autres Saints.

RESPONCE.

Iniure que Monſieur le Theologal fait à Monſieur d'Ipre de le comparer à des Hereſiarques.

PEut-on ſouffrir ſans quelque ſorte d'indignation, de veoir qu'vn Predicateur Catholique compare à des Heretiques & à des Hereſiarques, tant de perſonnes *de vertu & de vie exemplaire*, comme il dit luy-meſme, & qui tiennent vn rang honorable dans l'Egliſe? Car la ſeule raiſon que nous auons pour reconnoiſtre, que la vertu de ces heretiques n'eſtoit qu'apparente, c'eſt que l'Egliſe les a publiquement condamnez : & par conſequent, l'Egliſe ne condamnant point aiourd'huy, mais retenant dans son sein, & honorant mesme les personnes, cõtre qui M. Habert a entrepris de parler, les loix de la Charité ne l'obligeoiét elles pas a iuger fauorablement de la bonté de leurs sentimens par leur vertu & leur bonne vie, plustost que de décrier leur vertu, & la vouloir rendre suspecte d'hypocrisie, parce qu'il se persuade, ou par le mouuement de sa passion, ou par la preoccupation de son esprit, que leurs sentimens sont mauuais.

ARTICLE IV.

Pelagius, qui a esté premierement surmonté par S. Hierosme, & depuis S. Augustin a acheué la victoire de l'Eglise, &c.

RESPONSE.

Quelle part Sainct Augustin a eue dans la ruine de l'Heresie de Pelagius.

Monsieur le Theologal marque assez par ces paroles, que la passion qui le possede contre ceux qui suiuent S. Augustin, le porte a rabaisser autant qu'il peut la gloire de S. Augustin mesme, voulant faire croire, que ce grand Docteur n'a fait qu'acheuer la victoire de l'Eglise contre les Pelagiens, que S. Hierosme auoit desia surmontez, comme s'il n'auoit vaincu que des ennemis desia deffaits. Ce qui est tres eloigné de la verité, comme sçauent tous ceux qui ont quelque intelligence dans ces matieres. Car S. Hierosme n'a escrit que deux fois contre les Pelagiens. La premiere, n'est qu'vne lettre à Ctesiphon, où il tesmoigne luy mesme, *n'auoir fait qu'effleurer les choses*, & encore dans vn seul poinct de cette heresie, & auoir plustost trauaillé *a reconnoistre l'ennemi & à l'engager au combat, qu'à le combattre.*

Quia Epistolaris breuitas non potest omnia comprehendere, strictim tibi vitanda describam.

Si l'on peut en cette vie estre sans peché.

Non animaduertis idcirco nos scribere, vt vos respondere cogamini.

Ce n'est donc que dans le second Ouurage, qui sont les trois Dialogues qu'il a proprement commencé à attaquer les Pelagiens. Mais M. le Theologal y deuoit auoir remarqué, que tant s'en faut que S. Hierosme ait esté le premier, qui ait surmonté les Pelagiens, qu'il declare luy-mesme à la fin de cet Ouurage, que S. Augustin auoit desia terrassé l'impieté de cette heresie par quatre Liures, & qu'il en faisoit encore d'au tres pour la ruiner. Et ce qui est tres-considerable c'est que dans les deux premiers de ces quatre, il a destruit tout le fondement du Pelagianisme, en establissant contre eux la foy du peché originel.

De Peccat. merit. & remiss. ad Marcell.

Et S. Hierosme tesmoigne au mesme endroit vn si grand respect pour les Ouurages, & pour l'esprit de ce grand Saint, qu'il delare qu'il n'y auoit plus rien à dire apres luy, & qu'il estoit resolu de demeurer desormais dans le silence, & de luy laisser à luy seul l'honneur de cette victoire. *Ie croy*, dit-il, *qu'apres les Ouurages de ce Saint, & de cét Eloquent Euesque, il n'est plus necessaire que ie trauaille contre cette heresie, de peur qu'on ne me dise cette parolle d'Horace: Ne portez point du bois dans la forest. Car, ou nous dirions les mesmes choses que luy, ce qui seroit inutile: ou si nous en voulions chercher de nouuelles, ce grand Esprit a desia dit tout ce qui se peut dire de meilleur, & de plus excellent sur ce suiet*

Scripsit dudum vir sanctus, & eloquens Episcopus Augustinus, &c. Vnde supersedendum huic labori censeo, ne dicatur mihi illud Horatii, in siluam ne ligna feras. Aut enim eadē dicerenus ex superfluo, aut si noua voluerimus dicere, à clarissimo ingenio occupata sunt meliora. *Hieron. lib. 3 Dialogu. adu. Pelag.*

Ainsi nous voyons par le tesmoignage mesme de S. Hierosme, que S. Augustin a commencé, & acheué la deffaite des Pelagiens, & qu'il n'y a rien de plus vray que ce que S. Prosper a dit depuis: *Que vingt ans durant* (qui est tout le temps que l'Eglise a eu ces heretiques à combattre) *elle les a combatus sous sa conduite & par ses ordres.*

Viginti amplius annis contra inimicos gratiæ Dei Catholica acies huius viri ductu pugnat & vincit. *Prosp. contra Collat. cap. 1.*

ARTICLE V.

Pelagius estoit en vne si haute reputation de Sainteté & de Vertu, que S. Augustin dans ses Retractations dit, qu'il a esté long-temps qu'il n'osoit par respect le nommer.

RESPONSE.

Que la moderation de S. Augustin enuers Pelagius Heresiarque, deuoit porter M. le Theologal à vne plus grande retenue enuers vn Euesque tres-Catholique.

Cette exemple deuoit porter Monsieur le Theologal à vne plus grande retenuë. Car ce grand Saint traitte auec tant de moderation, & mesme auec quelque sorte de respect l'ennemy mortel de la Grace, & de la Croix de Iesus-Christ, parce qu'il n'auoit pas encore esté condamné par l'Eglise ; quoy que son Disciple Celestius ayant desia esté excommunié par le Concile de Cartage, on pouuoit dire auec raison, qu'il auoit esté desia condamné en la personne de cét heretique, comment a t'il pû se representer cét exemple de S. Augustin, & s'emporter en mesme temps à traitter si iniurieusement les Disciples du mesme Sainct, & les protecteurs de la Grace du Fils de Dieu, dont les Ouurages non seulement n'ont point esté condamnez par l'Eglise, mais ont receu des approbations & des eloges de beaucoup de grands Euesques, & de Docteurs tres Catholiques.

Mais ce qui est encore plus remarquable, nous lisons dans S. Augustin sur le mesme suiet des Pelagiens, que Celestius qui auoit esté desia excommunié par le Pape Innocent I. & par beaucoup de Conciles, estant allé trouuer le Pape Zozime pour se iustifier, & luy ayant presenté vne profession de Foy, dans laquelle il tesmoignoit douter du peché originel, & desiroit d'en estre instruit, le Pape approuua cette professiō de foy comme Catholique, quoy qu'elle contint vn doute contre vn article de Foy, à cause seulement de la soubmission qu'il tesmoignoit à l'Eglise. Parce, comme dit S. Augustin, *que c'est la marque d'vn esprit Catholique, lors qu'il a quelques sentimens contraires à la verité de la Foy de ne les pas establir comme constans & indubitables, mais d'estre prest de les reietter, aussitost qu'on luy en aura fait voir la fausseté.*

Quis & hoc Catholicæ mentis est, si qua forte aliter sapit, quam veritas exigit, nō ea certissimè definire, sed detecta ac demonstrata respuere Aug. lib. 2. ad Bonif. cap. 3.

Or nous auons desia monstré que M. d'Ipre est tousiours demeuré iusqu'au dernier souspir de sa vie, dans vne parfaite obeyssance, & dans vne entiere soumission au iugement de l'Eglise & du S. Siege: Et partant, quand ses opinions seroient aussi mauuaises & dangereuses qu'elles sont Saintes & Catholiques, pourroit-on croire qu'il fust permis à vn Docteur particulier de charger de tant d'outrages, & de comparer aux plus grands Heresiarques, vn Prelat illustre par sa suffisance, & par sa vertu, & qui ayant possedé auec vn merite rare, l'eminente dignité d'vn des Peres de l'Eglise par sa qualité d'Euesque, a eu en mesme temps l'obeyssance & l'humilité d'vn de ses moindres enfans?

ARTICLE. VI.

Mais ie dis de plus en troisiesme lieu, que cette Sainteté n'est pas vraye, & que ce ne sont que des vertus feintes, & de pures hypocrisies, puis qu'il est impossible, qu'il y ait de vertu Chrestienne, & de Sainteté sans la Foy, laquelle il destruisent par leurs erreurs.

RESPONSE.

Iniure que Monsieur le Theologal fait aux Deffenseurs de la doctrine de S. Augustin, en les traittant d'infidelles & d'hypocrites.

IL n'y a personne qui recognoisse mieux que sans la foy nō seulement il ne peut y auoir aucune veritable Sainteté, mais non pas mesme aucune veritable vertu, que les Disciples de S. Augustin. Mais afin que M. Habert puisse prendre cette verité pour le fondement de ses iniures, il faut auparauant qu'il prouue, que tant de personnes tres-Catholiques, qu'il traite si indignement, ont perdu la Foy.

Il n'en peut apporter d'autre argument, sinon qu'il pretend qu'ils soustiennent des heresies. Or sans dire maintenant, que c'est vne grande hardiesse, que de s'establir iuge de son authorité priuée, des articles de la Foy, & se mesler de condamner ce que non seulement l'Eglise n'a iamais condamné, mais ce qu'elle approuue par ses plus excellens Docteurs, comme nous le ferons voir en son lieu, sans, dis je entrer encore dans ce poinct, quand il seroit aussi vray qu'il est faux, que ceux qu'il a entrepris de descrier, tiendroient quelques opinions heretiques, cela ne feroit pas que l'on pûst sans medisance les accuser d'auoir perdu la Foy.

Car il n'y a personne si peu instruit dans les maximes de nostre Religion, qui ne sçache, que ce n'est pas simplement l'erreur, qui fait vn homme heretique, mais qu'il faut outre cela, qu'il soit opiniastre dans son erreur, & qu'il refuse de se sousmettre au iugement de l'Eglise. Et qu'ainsi tant qu'il demeure dans cette soumission, quelques erreurs où il puisse tomber par ignorance, il ne perd pas neantmoins la Foy, & qu'on peut dire de ces personnes ce que le Sauueur dit dans l'Euāgile des fidelles. *Et si mortiferū quid biberint, nō eis nocebit.*

Marc. c 16 v. 18.

C'est pourquoy saint Augustin apres auoir marqué onze erreurs dans le Liure d'vn ieune homme nommé Victor, il dit : *Que toutes ces erreurs pouuoient faire autant d'heresies, si elles estoient soustenues auec opiniastreté. Et neantmoins*, adiouste-t'il, *à Dieu ne plaise que vous croyez qu'en tenant ces opinions, vous ayez quitté la Foy Catholique, encore qu'elles soient contraires à la Foy Catholique, pourueu que la profession que vous auez faite de changer d'aduis, lors qu'on vous auroit fait connoistre la verité, soit sincere & veritable. Car cette disposition d'esprit rend vn homme Catholique, lors mesme qu'il soustient par ignorance, des opinions qui ne sont pas Catholiques.*

Hæc vndecim multum aperteque peruersa, & fidei Catholicæ aduersa, &c Nam hæc si pertinaciter singula defendantur, tot hæreses facere possunt quot opiniones ipsæ numerantur. *August. lib. 3. de Ani. & eius. Orig. c. 15.*

Iste quippe animus etiam in dictis per ignorantiam non Catholicis, ipsa est correctionis præmeditatione ac præparatione Catholicus. *Ibidem.*

Et en effet, qui ne sçait que S. Cyprien, Euesque de Cartage, & saint Firmilien Euesque de Cesarée n'ont pas laissé de passer pour deux des plus grands Euesques de leur temps, comme Eusebe le tesmoigne, & d'estre honorez comme Saints par toute l'Eglise, encore qu'ils ayent soustenu vne erreur, qui depuis est deuenuë heresie, parce qu'ils sont demeurez fermes dans l'vnité de l'Eglise, que les Donatistes violerent par la diuision & par le Schisme.

Qui ne sçait que beaucoup des Peres anciens ont tenu l'erreur des Millenaires, comme S. Iustin, S. Irenée, Seuere Sulpice, sans que neantmoins cela ait pû blesser en aucune sorte ny leur foy, ny leur sainteté.

Et combien de saints Euesques de l'Asie mineure, ont-ils refusé de se conformer à l'Eglise vniuerselle, & de quitter leur coustume particuliere, qui fut depuis condamnée par le Concile de Nicée, & qui a donné le nom à vne Secte d'Heretiques, de celebrer la Pasque le mesme iour que les Iuifs, sans estre sortis pour cela du sein de l'Eglise ? L'Histoire Ecclesiastique est pleine de semblables Exemples, tant dans les premiers, que dans les derniers siecles.

C'est pourquoy quelques erreurs, & quelques heresies que M. Habert attribuë à ceux qu'il attaque auec tant de passion, sçachant qu'ils demeurent tousiours dans l'vnion de l'Eglise, il ne les peut traitter comme heretiques, & comme ayant perdu la foy, sans blesser beaucoup la modestie Chrestienne.

Mais pour faire encore mieux paroistre l'iniustice de ces reproches si iniurieux, il ne faut que rapporter icy ces belles paroles de Monsieur d'Ipre, qui seroient capables d'effacer toutes les taches des erreurs quand il seroit tombé dans quelques vnes, & qui luy doiuent à plus forte raison seruir de deffense contre la passion de ses ennemis, qui ne l'attaquent que pour auoir deffendu la verité. *Ie suis resolu de prendre iusqu'au dernier souspir de ma vie, comme i'ay fait dés mon enfance pour la regle de tous mes sentimens, l'Eglise de Rome, & le Successeur de saint Pierre dans le Siege Apostolique. Ie sçay que l'Eglise est bastie sur cette pierre. Que quiconque ne recueille auec luy, dissipe au lieu de recueillir, & que c'est luy qui conserue dans vn estat incorruptible la succession de la doctrine hereditaire de nos Peres. I'ay vescu dés que ie suis venu au monde dans la Communion de cette Chaire de saint Pierre, & ie suis resolu d'y viure tousiours, & d'y mourir. Ie suis prest de suiure tout ce que prescrira le Successeur du Prince des Apostres, le Vicaire de Iesus Christ, le Chef, le Moderateur, & le Souuerain Pontife de l'Eglise vniuerselle. Ie tiens tout ce qu'il tient: I'improuue tout ce qu'il improuue: ie condamne tout ce qu'il condamne: I'anathematize tout ce qu'il anathematize.*

Mihi enim constitutum est eandem quam ab infantia secutus sũ sensuum meorũ ad extremũ spiritum vsque ducẽ sequi, Romanam Ecclesiã, & Beatissimi Petri in Romana sede successorẽ, super illam petrã ædificatam Ecclesiam scio; quicumque cum ipso non colligit spargit, apud quem solum incorrupta Patrum seruatur hereditas: quicquid ab ista Petri Cathedra in cuius communione à teneris vixi, & porrò viuere, & mori fixum est, ab isto Principis Apostolorum successore, ab isto Christi Domini nostri Vicario, ab isto Ecclesiæ Christianæ vniuersæ capite, moderatore, Pontifice præscriptum fuerit, hoc teneo: quicquid improbatum improbo; damnatum, damno, anathematizatum, anathematizo. *Corn. Iansf. Augustinus lib. Proœm. c. 19*

Il a finy son Ouurage par la mesme protestation, & non seulement son Ouurage, mais sa vie, delarant dans son testament qu'il fit enuiron vne demie heure auant sa mort: *Que si le Siege Apostolique vouloit changer quelque chose dans son liure, il estoit enfant obeyssant, & sousmis entierement à cette Eglise, dans laquelle il auoit vescu iusqu'au lit de la mort où il estoit.*

Si tamẽ Romana sedes aliquid mutari velit, sũ obediens filius, & illius Ecclesiæ in qua semper vixi, vsque ad hunc lectum mortis obediens sum. Ita mea postrema voluntas est. Act. 6 Maii 1638. Cornelius Episcopus Iprensis.

Tous ceux qui suiuent auec ce grand Euesque la doctrine de saint Augustin, sont heritiers de son humilité & de son obeissance, aussi biẽ que de ses sentimẽs. Il n'y a riẽ qu'ils haissent dauantage que la diuision, & le schisme: & ils se croiroiẽt obligez de donner plustost mille fois leur vie, que de se separer iamais de l'vnité de l'Eglise. C'est ce qui doit faire craindre aux ennemis de M. d'Ipre, de tõber eux-mesmes dans le crime dont ils accusent les autres. Car cõme l'amour que les disciples de saint Augustin ont pour la paix, & la deference qu'ils sont prests de rendre à toutes les decisions de l'Eglise, seroit capable de iustifier leur Foy, quand ils seroient tombez dans quelques erreurs : Ainsi l'on peut dire, selon la la pensée d'vn grand Archeuesque de Lyon, que l'aigreur & l'animosité que les disciples de Molina ont tesmoigné en cette rencontre, leur doit faire apprehender, qu'ils ne se rendent eux-mesmes, en vn sens coupables d'heresie, quand ils n'auroient aduancé aucunes erreurs, & qu'ils n'auroient rien dit que de veritable. Car celuy, dit-il, *qui ne modere pas ces sentimens dans la tranquillité & dans la paix, mais s'emporte tout d'vn coup dans les contentions, dans les diuisions & dans les scandales, encore qu'il ne soustienne aucune opinion heretique, il a neantmoins indubitablement l'esprit heretique. Nam qui non tranquillè, & pacificè moderatur quod sentit, sed statim paratus est ad contentiones, dissensiones, & scandala, etiamsi non habeat hæreticum sensum, certissimè habet hæreticum animum.*

In Libel. Eccles. Lugdun. de tenenda immobiliter Scripturæ sanctæ veritate, &c.

ARTICLE VII.

ILs destruisent la Foy par leurs erreurs en se separant de la Communion, & des opinions communes & receues de toute l'Eglise, depuis cinq cens ans, selon qu'ils l'aduouent eux-mesmes.

RESPONSE.

Qu'il y a bien de la difference entre se separer de la Communion de l'Eglise, & s'éloigner de quelques opinions qui seroient deuenues les plus communes, depuis ces derniers siecles parmy les Theologiens de l'Eglise.

C'Est vn artifice dont Monsieur Habert s'est seruy dans tous ces Sermons pour ébloüir les yeux du peuple, que de vouloir faire passer pour vne mesme chose se separer de la Communion de l'Eglise ; & se separer de quelques opinions qui sont deuenues depuis quelque temps les plus communes, & les plus ordinaires parmy les Theologiens de l'Eglise. Il n'y a point de personnes intelligentes qui ne demeurent d'accord, que pour agir sincerement, il ne falloit pas confondre deux choses si differentes. Et qu'on ne le peut faire, sans tomber dans vne erreur pareille à celle du Roy d'Angleterre, qui a donné a donné lieu au dernier Ouurage de Monsieur le Cardinal du Perron.

Car tout le monde sçait que la pretention de ce Roy, que ce grand Cardinal combat, estoit de confondre comme fait icy Monsieur le Theologal, la Communion auec la creance. L'vnion à l'Eglise, auec la conformité à la doctrine de l'Eglise. Mais comme M. le Cardinal du Perron prouue fort bien contre ce Prince; *Qu'on peut auoir tous les sentimens de l'Eglise, sans estre Catholique, & l'vn de ses membres, lors que l'on se separe de son vnité:* Il est de mesme indubitable, comme nous l'auons fait voir auparauant, qu'vn hôme peut tomber en quelques erreurs, sãs perdre en aucune sorte la qualité de Catholique, lors qu'il demeure sousmis au iugement de Eglise.

Mais s'il y a tant de difference entre se separer de la Communion de l Eglise, & se separer par ignorance de quelques-vns de ses sentimens. Il y a encore dauantage, entre s'eloigner des sentimens de l'Eglise, & ne suiure pas les sentimens de quelques Theologiens particuliers que l'on prouue clairement n'estre pas cõformes à la doctrine des Saints Peres, que l'Eglise a tant de fois authorisee, & qui par cõsequent, ne peuuent estre pris pour les sentimens de l'Eglise, quelque grand que soit le nombre des personnes qui les soustiennent, si l'on ne veut que l'Eglise soit contraire à elle-mesme, & qu'elle approuue en vn temps, ce qu'elle condamne en l'autre.

Nous ferons voir en vn autre endroit, combien est éloigné de la verité ce que M. le Theologal aduance sans preuue, que les sentimens de M. d'Ipre contre lesquels il parle comme contre des erreurs & des heresies, soient contraires à tout ce qui s'enseigne dans l'Eglise depuis cinq cens ans. Il suffit de dire icy, que ce sçauant Euesque n'ayant fait autre chose dãs son Liure, que d'expliquer la doctrine de celuy, à qui l'Eglise nous a si souuent renuoyez, pour aprendre ses sentimens touchant la matiere de la Grace: s'il s'est trompé dans ce rapport & dans cette exposition des sentimens de saint Augustin, c'est à ceux qui l'attaquent à le releuer de cette faute, comme il en supplie luy-mesme dans son Liure tous les hommes habiles. Que s'il l'a tres fidellement expliquée, comme la plus grande partie de ses aduersaires mesmes sont contrains de le reconnoistre, & que cette doctrine ne se trouue pas conforme à celle de quelques Theologiens de ce temps, tous les hommes equitables iugeront, qui merite le plus iustement d'estre condamné, ou saint Augustin pour n'auoir pas suiuy les opinions de ces nouueaux Theologiens; ou ces nouueaux Theologiens pour n'auoir pas suiuy celles de S. Augustin.

Mais ce qui tesmoigne dauantage la passion trop inconsiderée de M. Habert, c'est qu'accusant les autres de se separer de la Cōmunion de l'Eglise, pour s'estre separez de quelques opinions communes des Theologiens du temps, il s'accuse luy mesme du mesme crime qu'il reproche aux autres, & se declare excommunié par sa propre bouche, ayant approuué vn Liure, qui est manifestement contraire à tout ce qui s'enseigne dans l'Eglise, & non seulement à la doctrine des Theologiens de nostre temps, mais aussi à celle de toute l'antiquité, selon les iugemens mesmes des Confreres de l'Autheur de ce Liure, les sentimens de la Faculté de Theologie de Paris, & de tout le Clergé de France.

Le second Antirrheticus du P. Sirmond.

ARTICLE VIII.

ET bien loin, que ces heretiques ayent vne veritable Vertu Chrestienne, ils n'ont pas mesme vne veritable Vertu Moralle, puis qu'ils la perdent, & qu'elle degenere en vice, lors qu'ils entrent dans des sentimens contraires à ceux qui sont receus communement de l'Eglise. C'est pourquoy saint Augustin soustient, Que personne n'a iamais esté apostat, n'a iamais abandonné l'Eglise, que ceux qui eussent esté damnez pour leurs pechez en demeurant mesme dans l'Eglise. Ainsi toute leur Sainteté ne paroist à la fin qu'hypocrisie, & dans la Vertu mesme dont ils font profession, & ostentation, ils y meslent des choses mauuaises. Il y a deux sorte de pechez: des Corporels, & des Spirituels. Arriere les pechez grossiers, les pechez de graisse, les pechez de ceux de qui il a esté dit, Qu'ils diuinisent leur ventre θεοποιοῦσι κοιλίαν. *Ce ne sont pas là les pechez de ces subtils heretiques. Ce sont les Spirituels. Ie sçay bien que les pechez Corporels sont detestables, pleins d'infamie; mais les pechez Spirituels, l'Enuie, l'Ambition, l'Orgueil, & la Superbe sont incomparablemēt dangereux.* Caremus vitiis hominū, *dit S. Augustin,* abūdamus vitiis Diabolorū.

RESPONSE.

Qu'on ne peut rien conceuoir de plus iniurieux que ce que M. Habert dit icy contre M. d'Ipre, & contre ceux qui deffendent auec luy la doctrine de saint Augustin.

QVoy ? N'estoit-ce pas assez pour satisfaire la passion de Monsieur le Theologal, que de rauir à ceux qu'il attaque si iniustement, l'opinion auantageuse qu'on a de leur pieté par vne *infidelite* pretenduë, qui ne peut auoir fondement que la calomnie? N'estoit-ce pas trop de les auoir comparez auec tant d'*Heresiarques*, & de les auoir mis au nombres des *Heretiques*. falloit-il encore qu'il s'emportast iusqu'à les faire passer pour les plus méchans, les plus impies, & les plus abominables de tous les hommes? Et comme s'il ne trouuoit rien dans la terre qui leur fust comparable en méchanceté, il allast iusques dans les Enfers pour les representer *remplis des Vices de Diables* ?

Parce qu'il ne voyoit rien dans le reglement de leur vie & de leurs mœurs, qui pûst donner suiet a la medisance, deuoit-il en aller chercher dans le secret de leurs esprits? Deuoit-il apres auoir pris la place du Pape, en condamnant ce que l'Eglise n'a point encore decidé, prendre maintenant celle de Dieu, en voulant iuger du secret des cœurs? Et au lieu que la iustice naturelle & la Charité Chrestienne nous obligent de iuger fauorablement des choses cachées par la bonté de celles que nous voyons, s'efforcer au contraire de destruire des vertus visibles, & reconnuës de tout le monde, par des vices imaginaires, & qui ne subsistent que dans son esprit, & dans le mouuement de sa passion ?

Et comment ne s'est il point representé en luy-mesme, que c'est ainsi que les Iuifs ont traitté le Fils de Dieu, attribuant au prince des Diables les merueilles qu'il faisoit à leur veuë. Que c'est ainsi que les Payens ont traitté les premiers Chrestiens, en taschant de noircir par des crimes supposez l'innocence, & la sainteté visible de leurs actions, & de leur vie ? Et ne deuoit-il pas encore considerer, qu'il estoit obligé d'estre d'autant plus retenu en cette rencontre, que ces iniures si sanglantes, ne regardent pas vn seul particulier, ce qui neantmoins ne seroit que trop deuāt Dieu: mais qu'elles flestrissent en mesme temps la reputation de tant de personnes tres considerables dans l'Eglise des Archeuesques, des Euesques, des Docteurs, des Religieux de presque tous les Ordres, qui n'ont donné autre suiet d'estre chargez de tant d'outrages, sinon qu'ils soustiennent la doctrine de S. Augustin, authorizée par tant de Papes, & par l'approbation de toute l'Eglise.

ARTICLE IX.

Saint Thomas, pourueu qu'on le veuille entendre. Car on dit, Que depuis cinq cens ans, & depuis l'institution des facultez, toute l'Eglise a esté dans l'erreur: Que tous les Docteurs de l'Eschole ont ignoré les mysteres de la Foy.

RESPONSE.

1. Que Monsieur d'Ipre a dit au contraire, que S. Thomas est vn abregé de S. Augustin. 2. Qu'il declare que l'Eglise n'a point esté dans l'erreur en ces derniers siecles. 3. Qu'il se sert de l'authorité de plusieurs Theologiens de l'Eschole & des Censures de deux Facultez.

ON ne sçauroit auoir leu le Liure de Monsieur d'Ipre, qu'on ne descouure en ce peu de paroles trois choses tres-euidemment contraires à la verité.

La premiere, Que ce grand Prelat reiette l'authorité de S. Thomas.

La seconde, Qu'il dise, que depuis ces derniers siecles, & depuis l'institution des facultez de Theologie, toute l'Eglise ait esté dans l'erreur.

La troisiesme, Qu'il condamne ainsi ces Facultez de Theologie, comme ayant introduit ces erreurs dans l'Eglise.

Lib. Proem. c. 22. Monsieur d'Ipre a refuté la premiere, en disant: Que la somme de saint Thomas n'estoit autre chose qu'vn abregé de saint Augustin: La seconde, en escriuant, & en repetant plusieurs fois, qu'il se falloit biẽ garder d'auoir la moindre pensée, que l'Eglise depuis ces derniers siecles eust esté dans l'erreur: Et la troisiesme, en se seruant de l'authorité de plusieurs Theologiens de l'Eschole, & mesme de celle de deux Facultez toutes entieres, pour refuter les opinions nouuelles qu'on luy oppose, & pour establir les anciennes qu'il a soustenuës dans son Ouurage. Nous respondrons auec plus d'estenduë à ces deux derniers poincts en vn autre endroit, où Monsieur Habert a renouuellé ces mesmes accusations.

Lib. Proam. c. vlt.

Lib. 3. de Grat. Christi sal. cap. 1.

Article 8.

Et pour le premier, il ne faut que remarquer ce que nous venons de dire que Monsieur d'Ipre enseigne en termes formels: *Que S. Thomas dans la plus grande partie de sa Somme lors qu'il traite des poincts de la Theologie, n'a fait que recueillir, & que rapporter à quelques principes naturels la doctrine de de saint Augustin, en la proportionant à l'intelligence de ceux qui commencent : secundum quod congruit ad eruditionem incipientium.*

Ita vt sancti Thomæ summa vbi Theologiã tradit, pro magna parte nihil sit aliud, nisi Augustinus contractus certaque proportione naturalibus principiis alligatus, secundum quod congruit, vt ipse Thomas loquitur ad eruditionem incipientium. *Lib. proœm cap.* 22.

Il fait voir clairement dans son ouurage, que Saint Thomas s'accorde auec toutes les maximes capitales de S. Augustin: Qu'il establit *la predestination auant les merites*, comme luy: Qu'il reiette *la Grace suffisante donnée à tous les hommes*, comme luy : Qu'il reconnoist *la necessité, & l'efficace de la Grace de Iesus-Christ*, comme luy : qu'il soustient comme luy, *Que Dieu peut refuser à l'homme la Grace qui luy est necessaire pour accomplir ce qu'il luy commande en punition du peché actuel, ou originel* : Qu'il ne reconnoist point non plus que luy, *Que les endurcis ayent des Graces suffisantes* : Et enfin luy donne cette loüange si recommandable à vn Docteur Ecclesiastique, que dans les matieres importantes de la Theologie, il s'est rendu disciple de ces grands Maistres de l'Eglise, & particulierement de saint Augustin, aimant mieux establir sa doctrine sur les fondemens immuables de la Tradition Apostolique, que d'éleuer de nouueaux édifices sur le sable de la raison humaine, comme font ceux qui recherchent plustost leur gloire particuliere, que la connoissance solide de la verité.

Comment donc M. d'Ipre peut-il reietter l'authorité de ce grand Sainct, puisque c'est de luy qu'il a appris à regler tous ses sentimens sur la Grace par ceux de S. Augustin, & à n'inuenter point de nouuelles maximes dans cette matiere, mais à suiure les anciennes? Et ce qui nous doit plus faire estonner du reproche que M. Habert ose luy faire, c'est, que non seulement il establit son opinion par l'authorité de saint Thomas mais qu'il monstre mesme que tous les Theologiens de l'Ordre de saint Dominique, qui a tousiours esté si celebre, & si florissant dans l'Eglise par sa pieté, & par sa doctrine, sont demeurez fermes dans les sentimens de S. Augustin touchant l'efficace & la necessité de la Grace. *Ces sçauans Theologiens*, dit il, *ont reconnu, & ont soustenu la veritable opinion de saint Augustin touchant la Grace du Sauueur. Que s'ils ont adiousté quelque chose, ce n'a esté qu'vne effusion de la Philosophie, qui se mesle aysement dans les pensées de nostre esprit, lors que se mettant*

Cor. Ians. de Grat. Christi salu. lib. 8 cap. 1.

en peine d'establir vne verité diuine qu'il a conceue, il fait effort & se sert mesme de tout ce que luy offre la science humaine qu'il trouue en luy, pour l'appuyer & pour la deffendre.

Ainsi, puis qu'il est clair, que Monsieur d'Ipre ne mesprise pas saint Thomas, mais qu'il establit sa doctrine par son authorité & non seulement par la sienne, mais encor par celle de ses Disciples: Cõment est ce que Monsieur le Theologal a pû entreprendre de nous faire croire le contraire, & qu'il s'est pû persuader, que tous les hommes seroient aueugles en cette rencontre, & qu'ils adiousteroient foy à des accusations si manifestement fausses, qu'il ne faut qu'auoir les yeux pour les refuter par la seule lecture des Ouurages qu'il condamne, *An & oculos nostros vis eruere?*

Rom. c. 16. v. 14.

ARTICLE X.

Considerez la façon dont ils escriuent. Car il semble que ces gens fassent vne transfusion de leur esprit dans leurs escrits. Ils mesprisent tous les Peres. Ils disent qu'ils sont vtiles, si on les veut lire, mais que S. Augustin est le seul necessaire, & non seulement en vne matiere comme de la Grace, mais pro omni materia. Ie croy qu'on ne sçauroit auancer de proposition plus dangereuse contre la verité de l'Eglise que celle-là, parce qu'elle est contraire à la pratique perpetuelle de l'Eglise.

RESPONSE.

Combien la lecture de S. Augustin est necessaire aux Theologiens.

APres que M. Habert a fait passer M. d'Ipre pour vn homme remply de tous les vices les plus detestables, qui sont les Spirituels, & d'vn orgueil diabolique, & qu'il a adiousté en suitte pour preuue de cette estrange accusation, qu'il ne falloit pour en demeurer d'accord, que considerer la maniere dont il auoit escrit, on ne pouuoit attendre de luy sinon qu'il raportast quelques endroits de son Liure, où il eust tesmoigné vn si grand orgueil, qu'on n'en pûst trouuer de semblable, que dans l'Enfer. Et cependant il n'en rapporte autre chose que cette parolle contre laquelle il auoit desia tant parlé en son autre Sermon, *Que saint Augustin est seul necessaire, & les autres Peres vtiles.* Ce qu'il n'entend pas seule-

ment, adiouste icy Monsieur Habert, *pour la seule matiere de la Grace, mais pour toute sorte de matiere.*

Mais premierement, il n'est pas vray, cõme nous auons dit, que M. d'Ipre ait escrit cette parole. Elle n'est que rapportée de luy dans l'abregé de sa vie comme vne chose qu'on luy auoit oüy dire. Et ainsi M. le Theologal ne peut s'en seruir auec raison pour prouuer ce qu'il auoit aduancé : *Qu'il auoit fait dans ses Escrits vne transfusion de son esprit*, & de son orgueil de Demon.

En second lieu, quand il y auroit quelque excez dans cette parole, elle ne pourroit nuire à son Liure, puisqu'il ne luy a point mise, & encore moins à ceux qui approuuent ses sentimens, que Monsieur Habert a tousiours neantmoins ioints auec luy, & chargez des mesmes crimes, n'en parlant que comme d'vn corps & d'vne caballe qui conspire contre la Foy, & contre l'Eglise.

En troisiesme lieu, les plus iniustes cõtre Monsieur d'Ipre, ne pourroient reprendre en ces parolles, qu'vn excez d'amour, & d'affection enuers S. Augustin, & tous les esprits equitables l'excuseroient facilement comme vn transport de zele enuers vn grand Saint, pour lequel toute l'Eglise a tousiours eu vne reuerence si particuliere. Mais d'y trouuer vn orgueil diabolique, il n'y a que le transport de la passion qui le puisse faire.

En quatriesme, lieu il ne rapporte pas fidellement cette parolle de M. d'Ipre, parce qu'il luy fait dire : *Que S. Augustin est le seul necessaire pour toute sorte de matieres* : Au lieu qu'il a dit seulement : *Que S. Augustin estoit necessaire, & qu'il suffit pour toute sorte de matieres*, qui sont deux choses differentes, qu'on ne doit point confondre. Car il est vray de dire que S. Augustin est necessaire quãd il ne le seroit qu'en vne matiere, & il est encore vray de dire, qu'il suffit seul pour toutes sortes de matieres, parce qu'il n'y a aucune matiere de Theologie, sur laquelle on ne trouue assez d'instruction dans ses Ouurages, n'y ayant aucun des Peres qui ait traitté tant de suiets differens. Ce qui a fait dire à saint Antonin, Archeuesque de Florence : *Que cõme le Soleil esclaire toutes choses, ce Saint auoit éclairé toutes les matieres par la lumiere si penetrãte de son esprit.* Que si quelques-vns ont creu pouuoir dire de Suarez : *que s'il eust encore escrit quelques Liures, il eust pu suffire à vn Teologien*

Les Iesuites [illegible] fait [illegible] Ouurages.

pour toutes sortes de matieres; Comment peut-on faire passer pour vn crime detestable de donner la mesme loüange à saint Augustin?

Mais pour faire voir encore, que cette parole n'est point particuliere à M. d'Ipre, Monsieur Habert en pouuoit lire vne toute semblable d'vn grand Euesque de Portugal, & Vice-Roy de ce Royaume, nommé Dom Alphonse de Castelbranco, qui auoit accoustumé de dire, & en Chaire, & en particulier: *Que celuy qui possedoit saint Augustin, possedoit tous les Docteurs de l'Eglise, & quelque chose de plus. Qui Augustinum, & reliquos Ecclesiæ Doctores, & amplius habet.* Aussi ce sentiment est si commun parmy les gens sçauans que c'est ce qui a donné lieu à ces vers anciens, & si ordinaires.

Ludou. de Angelis de Vita & Laud. August. lib. 5 c. 7.

Quamuis multorum placeant Volumina, Libris
Si Augustinus adest, sufficit ipse tibi.

Et nous sçauons que des hômes tres-habiles ayant leu tous les Peres, & saint Augustin en suitte, en ont porté le mesme iugement. De sorte que c'est vne marque que Monsieur le Theologal n'a peut-estre iamais leu fort exactement ce Pere, de ce qu'il condâne auec tant d'aigreur vne proposition, que ceux qui l'ont biẽ leu, & qui l'ont cõparé auec tous les autres Docteurs de l'Eglise, ne trouueront nullement estrange.

ARTICLE XI.

Ils éleuent saint Augustin au dessus de tous les autres Peres, qui estoit le plus humble de tous les Peres.

RESPONSE.

Et en cela le crime qu'ils commettent, c'est qu'ils accomplissent la promesse du fils de Dieu: *Que celuy qui s'humilie, sera éleué*; Et par consequent, que celuy qui s'humilie le plus, sera le plus éleué.

ARTICLE XII.

Nous auons parlé dans nostre precedent Sermon contre ceux qui font Schisme entre les Peres, & qui establissent vne Primauté entre eux. Et nous auons dit qu'vn habile homme de nostre temps n'auoit iamais voulu determiner, quels estoient les plus excellens des Peres Latins.

RESPONSE.

RESPONSE.

De la Preeminence de saint Augustin au dessus des autres Peres.

CE n'est point faire Schisme entre les Peres, que de reconnoistre l'ordre que Dieu a mis entr'eux; comme ce n'est point faire Schisme entre les membres du corps, que de reconnoistre l'excellence des vns au dessus des autres. Que si Monsieur Habert estime que ce soit vn si grand crime, que d'esleuer S. Augustin au dessus des autres Peres; qu'il condamne Possidius, qui l'appelle, a *Le Pere des Peres, & le Docteur des Docteurs*; qui le represente, comme *égal aux Anges dans la Charité, égal aux Prophetes dans la reuelation des mysteres cachez, égal aux Apostres dans la predication de la parole de Verité, comme l'image de la Diuinité, & vne abysme de Sagesse*: Qu'il condamne S. Prosper, qui dit: b *Qu'il est digne d'vn honneur incomparable, & d'vne admiration qui est au dessus de toutes paroles*: Qu'il condamne Bede, qui l'appelle, c *Le plus eminent de tous les Docteurs*, *Preeminentissimum Doctorum*: Qu'il condamne Remy, Euesque d'Auxerre, qui dit, d *Que saint Augustin a surpassé autant les Docteurs dans l'explication des Escritures saintes, que le Soleil surpasse les autres Planettes*: Qu'il condamne saint Antonin, Archeuesque de Florence, qui suiuant la mesme pensée, dit de ce saint Docteur, e *Que comme le Soleil, qui est appellé le maistre des Planettes, & le Pere de la lumiere, est plus brilllant que tous les autres Astres, resiouyt les yeux, & porte ses regards de tous costez: Ainsi S. Augustin a esclairé l'Eglise. Il a esté la perle des Docteurs, le Pere des Theologiens; doux & agreable dans ses discours, & a esclaircy toutes sortes de matieres par la lumiere de son esprit si penetrant*: Qu'il condamne saint Vincent Ferrier, qui dit, f *Que saint Augustin est le chandelier d'or que vit le Prophete Zacharie, & que tous les autres Docteurs, qui sont venus depuis luy, sont les lampes mises sur ce chandelier; parce que toute leur doctrine est appuyée sur la sienne, comme sur vne doctrine sainte, pure, Catholique, semblable à l'or le plus fin, sans erreur de fausses*

a Pater Patrum, Doctor Doctorũ, par Angelis in feruore, par Prophetis in absconditorum mysteriorum reuelatione, par Apostolis in prædicatione, imago diuinitatis, abyssus sapientiæ. *Possid. ad Maced.*

b Ineffabiliter mirabili, & incomparabiliter honorando *Prosp. in Ep. ad August.*

c *Libr. de sex Ætatibus.*

d Sicut sol in lumine excedit omnes planetas, ita Augustinus omnes excessit in exponendis sacris scripturis. *Remig. Antiss. in Ep. 2. ad Cor.*

e Quasi sol refulgens qui Dominus dicitur Planetarum & pater luminis super omnia luminaria splendens, delectabilis oculis, & per omnia respiciens: Sic Augustinus Ecclesiam illustrauit, gemma Doctorum, pater Theologorum, suauis eloquio, omnes materias penetrando dilucidans. *S. Anton 1. part. tit. 70* f Candelabrum aureum totum est B. August. alij Doctores dicuntur lucernæ, sed supra Candelabrum, scilicet B. Augustinum, quia, audeo

opinions, & telle qu'il n'y a point de Docteur, qui ne croye ses sentimens assez appuyez, lors qu'il peut alleguer pour luy vne authorité de S. Augustin: Qu'il condamne le Cardinal Bessarion, lequel bien que Grec, apres auoir donné beaucoup d'eloges à S. Augustin, & reconnu que Dieu a parlé par sa bouche, conclud enfin, *Que ce grand Saint a surpassé tous les Peres en profondeur de Science.* : Qu'il condamne Leonard Coqueus, qui témoigne que c'est vne opinion constante parmy tout le monde, *Que S. Augustin tient le premier lieu entre les Docteurs de l'Eglise*: Et enfin, qu'il prenne les Papes mesmes à partie, pour auoir approuué vn Office de S. Augustin, que tant d'Ordres Religieux, qui suiuent la Regle de ce Saint chantent le iour de sa feste, où il est dit, *Qu'il a esté remply de l'esprit des Prophetes & des Apostres, qu'il a découuert à nud les mysteres les plus cachez qu'ils auoient annoncé aux hommes; qu'il est le premier apres les Apostres; & que c'est luy qui auoit apres eux le plus de grace pour la dispensation de la parole de Dieu.* Et ces paroles de cét Office sont si anciennes, qu'elles se trouuent dans vn Sermon de Hugues de S. Victor qui les rapporte comme vn témoignage que l'Eglise a rendu publiquement au merite de S. Augustin. Ce n'est donc plus seulement Monsieur d'Ipre, & ceux qui approuuent ses sentimens, mais ce sont les Papes, & tant de Saints que Monsieur le Theologal accuse *d'vn orgueil insupportable*, *& de faire schisme entre les Peres*, pour auoir parlé si aduantageusement de S. Augustin, & l'auoir preferé aux autres Peres.

dicere. Omnes Doctores qui venerunt post eum sustentantur super eius doctrinam sanctam, puram Catholicam, ac purissimi, sine errore fallationum opinionum & quilibet Doctor est contentus ad probandum dictum suum, si potest habere vnam autoritatem Augustini. *S. Vict. ser. de S. Aug.* Augustinus, qui profunditate scientiæ omnes antecellit, sanctitate & feruore charitatis in Deum nulli cedit. *Bessar. de Process. Spiritus S.* Sacrarum litterarum Christianæque doctrinæ principem fuisse August. citra controuersiam omnes fatentur, *Et infra*: ita enim communis est omnium consensio D. Augustinum inter sacros Ecclesiæ Doctores primum locum tenere. *Leon. Coquæus præf. in comm. de ciu. Dei.* Isti sancto docente & ducente verbum Dei elegantissime dispensauit: Inde & de ipso in hac eius solemnitate canimus, quod Prophetarum & Apostolorum plenus spiritu quæ prædixerunt mystica fecit nobis peruia, post quos secunda dispensandi verbi Dei primus refulsit gratia. *Hugo de S.*

ARTICLE XIII.

Sainct Hierosme parlant contre Heluidius, l'vn des plus infames heretiques, & qui a osé parler contre la pureté de la Vierge, luy reproche le mespris qu'il faisoit de tout le monde, Eloquentiam loquacitatem putat, & signum bonæ conscientiæ, maledicere.

RESPONSE.

Que ce passage peut estre appliqué plus iustement à Monsieur le Theologal, qu'à Monsieur d'Ipre.

Monsieur le Theologal auroit peut-estre mieux fait de ne point alleguer ce passage de S. Hierosme, pour ne pas donner suiet à ses Auditeurs de considerer, à qui les paroles de ce Pere conuiennent mieux, ou à ceux contre qui on les rapporte, ou à celuy qui les rapporte. Car si c'est vn des plus grands vices de l'eloquence que d'alleguer des choses qui sont communes aux deux parties, & de reprocher aux autres ce qu'on nous peut reprocher auec plus de raison : Il est à craindre que ceux qui ne iugeront de l'eloquence de Monsieur Habert, que par ses Sermons, n'en conçoiuent vne opinion moins auantageuse qu'il ne voudroit, & que les voyant remplis d'accusations sans preuues, & d'iniures sans fondement, ils ne croyent auoir droit de dire de luy: *Eloquentiam loquacitatem putat, & signum bonæ conscientiæ omnibus maledicere.* Et se persuadoient peut estre en auoir d'autant plus de suiet, que c'est vne iniure si difficille à supporter à des gens d'honneur, de voir qu'on les veut faire passer pour des medisans & des calomniateurs, au mesme temps qu'on les deschire, & qu'on les deshonore par des calomnies. *Vict. ser. 99 de S. August.*

ARTICLE XIV.

Voila leur genie. S'attribuer droict de iuger de tous les Conciles, & mesme de toute l'Eglise, ramenant des opinions condamnees il y a douze cens ans.

RESPONSE.

MAis qui s'attribuë dauantage ce droict, que celuy qui n'ayant nulle authorité dans l'Eglise, iuge si hardiment de ceux qui sont les Iuges de l'Eglise, c'est à dire des Euesques, & qui condamne tous les veritables Conciles par la doctrine d'vn faux Concile, comme nous le ferons voir en son lieu.

ARTICLE XV.

Mais accordons, que ces personnes soient veritablement vertueuses, ce que nous auons monstré qui n'estoit pas par les pechez spirituels dont ils sont remplis, & ce que nous auons dit ne pouuoir pas estre, puis qu'ils ruinent la Foy, qui est le principe du merite; s'ensuit-il que leurs opinions soient receuables? Ie veux qu'ils soient saincts, & qu'ils puissent mesme disputer de la saincteté auec les Anges; faut-il pour cela introduire vne doctrine nouuelle, ou renouueller vne condemnation il y a si long-temps?

Saint Paul ne dit-il pas clairement : Licet nos, aut Angelus de cœlo euangelizet, præterquam quod euangelizauimus vobis, anathema sit? *Sont-ils aussi Saints que les Anges? Et quand il viendroit vn Ange. Mais vous me direz peut-estre que c'est vn Ange de tenebres? Non*, de cœlo *du Ciel, S'il vous annonce autre chose que ce que vous auez receu, & que ferez-vous? L'adorerez vous, comme voulut faire saint Iean dans l'Apocalypse? Tant s'en faut*. Anathema sit. *Il faut que vous luy prononciez Anatheme. Si donc on nous enseigne des sentimens contraires à ceux que l'Eglise nous enseigne communement, ne faut il pas dire anatheme à ces personnes?*

RESPONSE.

Que ce passage de saint Paul ne peut estre appliqué à la doctrine de S. Augustin rapportée par Monsieur d'Ipre.

TOut ce discours conuient mal à vne personne qui pretend à la qualité d'Orateur, & qui s'offenseroit, qu'on alleguast contre luy cette parole de saint Hierosme qu'il allegue contre les autres, *Eloquentiam loquacitate m putas*. Car qu'y a-t'il de plus contraire à la veritable eloquence, que de prendre tant de peine pour ce que personne ne nous conteste point, & supposer sans aucune preuue la seule chose que nous deuons preuuer? Il n'est point besoin de tant de figures, & de tant d'exclamations, pour sçauoir qu'on doit prononcer anatheme contre ceux qui enseignent vne autre doctrine que celle des Apostres, & de l'Eglise. Mais ce que l'on desiroit de Monsieur le Theologal, c'est qu'il monstrast, qu'enseigner la doctrine de S. Augustin, c'est à dire, selon le tesmoignage des Papes, la doctrine de l'Eglise Romaine & Catholique, comme a fait Monsieur d'Ipre, ce seroit faire ce que deffend S. Paul, & se rendre suiet aux anathemes, dont il menace ceux qui corrompent la Doctrine Euangelique.

ARTICLE XVI.

NOus auons assez parlé de la Sainteté des personnes, venons maintenant à la Sainteté des propositions. Il y en a trente *ou quarante qui sont tres-dangereuses. Mais i'en diray de suitte autant que mon heure me le permettra, reseruant les autres à des bouches eloquentes, qui en parleront durant ce Caresme, & qui en ont charge.*

RESPONSE.

1. *Que Monsieur Habert pouuoit marquer ces pretenduës propositions dangereuses.* 2. *Qu'il ne paroist point que personne ait eu charge de prescher contre le Liure de Monsieur d'Ipre, & que le mandement de Monseigneur de Paris iustifie le contraire.*

S'Il y a tant *de propositions dangereuses* dans le Liure de Monsieur d'Ipre, pourquoy donc Monsieur Habert n'en a-t'il pû marquer que deux, ou trois dans tous ses Sermons, & pourquoy a-t'il continuellement rebattu les mesmes choses? Quelle erreur nouuelle a-t'il marquée dans son dernier Sermon, contre laquelle il n'eust desia parlé dans les deux autres? S'excusera-t'il sur ce que son heure ne luy a pas permis d'en dire dauantage? Pourquoy l'a-t'il employée presque toute entiere en des redittes de son autre Sermon, en des Histoires des Empereurs Grecs, en des amplifications inutiles, en des preuues, de ce que personne ne luy conteste, & sur tout en des iniures, & des médisances continuelles?

Mais certes la passion si extraordinaire qu'il a témoignée dans tous ses Sermons, iusqu'à s'attacher à vn mot, qu'on rapporte auoir esté dit autresfois par Monsieur d'Ipre, monstre assez, que ce n'est que par impuissance, & non point par faute de temps, qu'il n'a point parlé de ces autres erreurs pretenduës. Que si cela n'est pas, nous le supplions d'exercer son zele en escriuant, & refutant dans vn Liure *ces trente ou quarante propositions tres-dangereuses*, qu'il témoigne auoir remarquées dans cét Ouurage, de peur qu'on ne dise de luy qu'il n'est hardy que dans la chaire, qu'il ne prend pour Iuge que le peuple, & qu'il ne parle que lors que personne ne luy peut respondre.

Quant à ce qu'il dit Que des Predicateurs auoient charge de faire ce qu'il a fait, & de prescher contre la doctrine de Monsieur d'Ipre, c'est vne proposition si éloignée de toute apparence, que nous sçauons qu'vne personne de grande condition en ayant parlé à Monseigneur l'Archeuesque de Paris, il luy dit, Qu'il n'auoit donné cette charge, ny a luy, ny a aucun autre, & témoigna estre offensé de cette hardiesse. Ce qu'il a fait voir depuis publiquement par vn mandement enuoyé en toutes les Eglises de Paris, dans lequel il est visible qu'il a repris & marqué les Sermons de Monsieur Habert, ayant condamné le procedé des Predicateurs, *qui auoient vsé d'inuectiues contre ceux qui estoient d'vne autre opinion que la leur, qui les auoient chargez de titres iniurieux, & condamné leur doctrine d'erreur & d'heresie*, desirant d'arrester par là *les dissensions scandaleuses*, qu'il auoit le premier excitées parmy le peuple, non seulement par ses Sermons peu charitables, mais encore par ceux de quelques autres que son exemple a poussez à l'imiter, & dont les discours pleins de la mesme passion, doiuent estre considerez comme les effects, dont il a esté la premiere cause.

ARTICLE XVII.

La premiere proposition qu'ils soustiennent, est : Que I. C. n'est pas mort pour tout le monde. Pour connoistre la pourpre, il faut la comparer auec la pourpre. Ainsi pour connoistre la verité d'vne proposition, il la faut comparer auec vne autre. Ils disent, Que Iesus Christ n'est pas mort pour tout le monde. S. Paul dit expressement, Qu'il est mort pour tout le monde. Qui croirez-vous? Deux propositions contradictoires peuuent-elles estre vrayes? Si l'vne est vraye, l'autre est fausse. Si l'vne est sainte; l'autre est prophane.

RESPONSE.

En quel sens selon S. Augustin & les Peres, I. C. est mort pour tout le monde. Et que l'explication de ces SS. Docteurs que Monsieur d'Ipre rapporte, n'est point contraire aux paroles de S. Paul.

L'Eglise a condamné dans ses Conciles, comme vne doctrine fausse & contraire à l'Escriture, Que I. Ch. soit mort pour les infidelles qui meurent dans leur infidelité. Et le troisiesme Concile de Valence soustient, Que c'est vne doctrine insupportable que de le dire : parce que n'ayant iamais entendu, ny pû entendre la predication de l'Euangile, ils n'ont pû auoir la Foy qui ne vient que par la predication de l'Euangile, selon S. Paul; & n'ayans pû auoir la Foy, ils n'ont pû estre sauuez; & n'ayans pû estre sauuez, il est clair, qu'ils n'ont pû estre racheptez par le Sang de I. C. & qu'il ne l'a pas répandu pour eux, puis qu'il n'a pas eu dessein de les retirer du peché, & de la misere où ils estoient tombez par leurs fautes, comme il pouuoit sans iniustice n'en retirer aucuns des hommes, selon la doctrine certaine des Theologiens, & selon la creance de tous les fidelles, qui reconnoissent n'estre sauuez que par la misericorde de Dieu, qui ne leur deuoit rien que punition pour les pechez qu'ils auoient commis contre luy.

Et ainsi, il est clair selon les Conciles & les Peres, que cette proposition. *Iesus Chr. est mort pour tous les hommes*; Ou, *à racheptê tous les hommes*, ne se peut entendre de tous les hommes en particulier, puis qu'elle n'a pas lieu dans les infidelles dont le nombre est si grand; mais qu'elle s'entend seulement de toute l'Eglise, qui est proprement le monde pour lequel il est mort, & le monde qu'il a choisi, & separé de l'autre monde pour le reconcilier auec luy, comme dit l'Apostre par ces paroles: *Deus erat in Christo mundum reconcilians sibi*, & qui contient en soy tous les fidelles de toutes sortes de condition, & répandus par toute la terre.

Cette doctrine est tres fauorable & tres-auantageuse à tous ceux qui ont le bien d'estre Chrestiens, & leur oste tout suiet de se plaindre, n'y ayant que les infideles, qui n'ont nulle part à la mort de I. C. Desorte que cette obiection seroit meilleure en leur bouche, qu'en celle des Chretiens, qui doiuent estre contens de ce qu'il a pleu à I. C. de mourir pour eux, & de les appeller à son Eglise, par vne speciale vocation, qui les rend ses membres, & les parties de son corps répandu par tout le monde. Et ce leur seroit vne horrible ingratitude de vouloir s'interesser dans la perte des infideles, au lieu de reconnoistre la grace que Dieu leur a faite, de les preferer à eux, en les appellant dans son Eglise. Car il est clair, qu'il est mort pour tous les fideles, & pour leur donner la vie de la grace dans le Baptesme, & les autres Sacremens, qui n'agissent que par la vertu de sa Mort & de son Sang, & en sont remplis selon le langage des Peres, pour le répandre sur tous ceux qui les reçoiuent.

Que si tous les Chrestiens ne conseruent pas cette vie, apres l'auoir vne fois receuë par le Baptesme, & les autres Sacremens, ce sont leurs pechez qu'ils commettent volontairement, qui en sont cause, & le peu de soin qu'ils ont de la conseruer par de bonnes œuures, & par *vne continuelle Penitence*, qui doit durer autant que *la vie du Chrestien*, quelque innocent qu'il soit comme le Concile de Trente dit en termes exprez. Car la vraye raison pourquoy la pluspart des Fidelles perdent la Grace de leur innocence, que le Baptesme leur a donnée, c'est parce qu'ils ne viuent pas en Penitens, & qu'ils ne considerent pas assez les pechez qu'ils ont commis, & qu'ils commettent tous les iours.

Il est donc vray, que Iesus-Christ est mort pour toute l'Eglise, & pour tous les Chrestiens, selon la doctrine immuable de l'Escriture, & des Peres, quoy qu'il soit vray aussi qu'il est mort en vne façon plus particuliere, & plus parfaite pour ceux qui viuent en Chrestiens, & qui perseuerent iusqu'à la fin dans la bonne vie, qu'on nomme Predestinez, & Esleus. Et c'est en ce sens, que les Peres disent souuent, qu'il n'est mort que pour les Predestinez, quoy qu'ils ne nient pas, que ceux qui perdent la Grace du Baptesme, & des autres Sacremens par leur faute, ne l'ayent receuë par la vertu de la mort & du Sang de I. Christ, qui est seul *le principe, & l'autheur de la vie*, comme S. Pierre le dit dans les Actes.

Ce qui empesche les hommes de comprendre cette grande verité; & leur fait faire des raisonnemens contraires aux maximes constantes & inesbranlables de la doctrine des Saincts; c'est qu'ils ne comprennent pas assez la grandeur du peché, qui est commis contre Dieu, & le droict qu'il luy donne de traitter les hommes selon les loix incomprehensibles de sa iustice. Car ne leur deuant rien du tout que le supplice qu'ils ont merité, cõme les Theologiens le reconnoissent; il ne faut pas s'estonner, qu'il ne les gouuerne pas d'vne mesme sorte, ny trouuer estrange qu'il leur donne tant, & si peu de Grace qu'il luy plaist, & qu'il n'appelle mesme à la connoissance de la Foy que ceux qu'il luy plaist, *Quis enim prior dedit illi?* La grandeur de I. Christ ne peut estre connuë que par celuy qui connoist la grãdeur du peché; ny la grandeur du peché, que par celuy qui connoist la grandeur de Dieu. Et s'ils auoient la connoissance de ces trois grandeurs, ils

ils cesseroient de faire des obiections, & de trouuer estrange, que le Sang du Fils de Dieu ne soit pas appliqué aux infidelles, & soit appliqué diuersement aux fidelles.

Quant à ce qui regarde Monsieur d'Ipre, il est aysé de le deffendre contre les attaques de Mõsieur Habert, puis qu'il ne fait autre chose en cet endroit de son ouurage, que rapporter les diuerses manieres dont les Peres, & particulierement S. Augustin, & S. Prosper ont entendu cette parole de l'Apostre, *Que Iesus-Christ est mort pour tout le monde.*

Il monstre premierement, *Que selon S. Prosper on peut dire, que Iesus-Ch. est mort generalement pour tous les hommes sans en excepter aucun, tant à cause de la grandeur du prix de son Sang, qui est suffisant pour le rachapt de tous les hommes; que parce qu'il a pris vne nature commune à tous, & qu'il est mort pour le peché qui estoit commun à tous.* Ce qui n'empesche pas neantmoins, selon le mesme S. Prosper, qu'à proprement parler, on ne puisse dire, *Qu'il est mort seulement pour ceux à qui sa mort a seruy, c'est à dire pour les fideles & pour les esleus.* Cette simple explication de la doctrine de Monsieur d'Ipre ne renuerse-t'elle pas ces pretenduës contradictions entre ses paroles, & celles de l'Escriture? Car premierement il ne dit rien de luy-mesme, il ne fait que rapporter les sentimens des Peres sur ce suiet. C'estoit à Monsieur Habert à faire voir qu'il n'auoit pas entendu leur doctrine, ou qu'il l'auoit corrompuë, en luy opposant des passages des mesmes Peres plus clairs, & en plus grande quantité que ceux qu'il auoit alleguez. Ce que n'ayant point fait, & ne pouuant faire, ce n'est point à Monsieur d'Ipre, mais à ces grands Saints que s'addressent ces accusations *d'erreur, d'heresie, d'impieté & de blaspheme.*

En second lieu, où est cette contradiction pretenduë qui a esté le suiet de tant de vaines exclamations, & par quelle Dialectique peut-on trouuer que ces deux propositions sont contradictoires; celle de l'Apostre, *Christus pro omnibus mortuus est:* Et la veritable de Monsieur d'Ipre, qui n'est que celle de S Augustin, *Christus mortuus est pro omnibus hoc est, pro vniuersa sua Ecclesia tota orbe dispersa, & consequenter pro omnibus hominũ generibus, regibus, priuatis, nobilibus, ignobilibus, &c.*

En troisiesme lieu, quand il seroit vray, que cette proposition seroit en termes formels dans Monsieur d'Ipre, *Non pro omnibus mortuus est Christus*, ce qui n'est pas, il ne s'ensuiuroit pas, qu'elle fust contradictoire à celle de S. Paul *Christus pro omnibus mortuus est*. Car Monsieur le Theologal est trop bien instruit dans la Logique, pour ne sçauoir pas, que c'est la contrarieté du sens, & non pas celle des paroles, qui forme la contradiction des propositions. Et que s'il n'y auoit qu'à dire, *que de deux propositions contradictoires, il faut necessairement que l'une soit vraye, & l'autre fausse l'une sainte & l'autre prophane*, & prendre aussi tost pour contradictoires toutes celles qui le paroissent dans les termes, on ruineroit aisément toute la Foy, & on trouueroit des erreurs, & des faussetez dans l'Ecriture, & dans les paroles du S. Esprit méme.

Y a-t'il rien en apparence de plus contraire que ces deux
a Gen c.32. v.30. propositions: [a] *I'ay veu Dieu face à face*; Et: [b] *Personne n'a ta-*
b Ioan c.1. v.18. *mais veu Dieu*. [c] *Il n'y auoit rien dans l'Arche, que les deux ta-*
c 3 Reg. c. 8 v. .. *bles de pierre*, Et: [d] *Il y auoit dans l'Arche un vase plein de Man-*
d Hebr c 9 v.4. *ne, la verge d'Aaron & les deux table. du Testament*. *Les mes-*
e Psal. .. 5 *chans ne ressusciteront point au iugement*; Et: [f] *Nous ressusciterons*
f 1. Cor. c.15. v.51. *tous, mais nous ne serons pas tous changez*. [g] *Tout homme est men-*
g Psal. 115. v 2. *teur*; [h] Et. *Il ne s'est point trouué de mensonge en leur bouche*.
h Apoc. c.14. v 5 [i] *Ne respondez pas au fol selon sa folie de peur de luy ressembler*;
i Prou. c.26 v.4. Et. *Respondez au fol selon sa folie, de peur qu'il ne se croye Sage*.
l ibid [m] *Dieu n'a point fait la mort*; Et: *Les biens & les maux, la vie*
m Sap. c.1. v.13. *& la mort viennent de Dieu*. *Vous aimez toutes choses, & vous*
n Eccl. c.21. v.14. *ne haissez rien de tout ce que vous auez fait* Et: *I'ay aimé Iacob,*
o Sap c. 1 4.25. *& i'ay hay Esaü*. [q] *Ne donnez rien à l'impie, empeschez qu'on ne*
p Malach c.1. v. 2. *luy donne du pain*; Et: [r] *Donnez à tous ceux qui vous demande-*
q Eccl c.12 v.6' *ront*. [s] *Ne portez rien dans le chemin, ny besace, ny souliers, ny bâ-*
r Luce 6 v.30. *ton*; Et: *Il leur commanda de ne porter dans le chemin qu'un*
s Math. c 10 v. 0. *baston*. *Ceux qui me boiuent auront encore soif*, Et: [x] *Celuy qui*
t Marc c 6. v.8. *boira de l'eau que ie luy donneray, n'aura iamais soif*. *Si ie rends*
u Eccl. c.24. v 8. *tesmoignage de moy mesme, mon tesmoignage n'est pas vray*; Et:
x Ioan. c 4 v 11. [z] *Bien que ie rende tesmoignage de moy mesme, mon tesmoignage*
y Ioan. c.4. v. 31. *ne laisse pas d'estre vray*. Et tant d'autres, dont les Theolo-
z Ioan. c.8. v.14. giens mesmes ont fait des chapitres tous entiers.

C'est donc par le sens qu'on doit iuger de la contradiction des propositions. Et ainsi, cette proposition de l'Apostre, *I. Ch. est mort pour tous les hommes*, ne voulant dire autre chose, selon S. Augustin, sinon, que I. Ch. est mort pour tous les fideles, & tous les esleus, qui sont appellez, tous les hommes: parce qu'ils sont pris des hommes de toutes sortes de conditions; il est clair, qu'elle n'est point contradictoire à à cette autre proposition, *I. Ch. n'est point mort pour tous les hommes*, c'est à dire, qu'il n'est point mort generalement pour tous les hommes en particulier, n'estant point mort à proprement parler pour la iustification des infideles, & pour le salut des reprouuez.

Monsieur Habert deuoit refuter ce sens que S. Augustin donne aux paroles de l'Escriture, s'il auoit la hardiesse de combattre ce grand Docteur, & non pas s'attaquer auec tant de passion à celuy qui ne fait que le rapporter, & à vouloir former des contradictions imaginaires qui ne subsistent que dans sa pensée.

Qu'il accuse donc ce grand Saint *d'impieté & de blaspheme*, lors qu'il a dit: *Que quand l'Apostre S. Iean a dit, que I. Chr. estoit Hostie de propitiation pour nos pechez, & non seulement pour nos pechez, mais aussi pour ceux de tout le monde, il a entendu par ce terme,* DE TOVT LE MONDE, *tous les fideles répandus par le monde.*

Lors qu'il a dit en vn autre endroit sur cette mesme parole, *Qu'elle n'auoit esté ditte, qu'à cause du froument qui est dans tout le monde.* Et en vn autre, *Que ce monde pour lequel Iesus-Christ est mort, estoit l'Eglise respanduë par toutes les nations.*

Lors qu'il a dit expliquant cette parole de S Paul, *Conclusit omnes in infidelitate, vt omnium misereatur, Qu'il a enfermé tous les hommes dans l'infidelité, afin qu'il ait pitie de tous : Que veut dire, de* TOVS? *C'est à dire, de ceux qu'il a predestinez, appellez, iustifiez, tant d'entre les Iuifs, que d'entre les Payens,* ET NON PAS DE TOVS LES AVTRES HOMMES.

Lors qu'il a dit: *Que Dieu auoit enuoyé son Fils dans le monde, pour appeller, iustifier, & glorifier les predestinez.*

Lors qu'il a dit expliquant cette parole de S. Paul, *Que Dieu n'a pas pardonné à son propre Fils, mais l'a liuré à la mort pour* NOVS TOVS, *qu'elle soit entenduë de* CEVX QVI SONT PREDESTINEZ AV ROYAVME ETERNEL. Et ailleurs, *que veut dire pour* NOVS TOVS? *C'est à dire pour* LES PREDESTINEZ.

Lors qu'il a dit, expliquant cette parole de Dauid, *Alleuat Dominus omnes qui corruunt, il releue* TOVS *ceux qui sont tombez:* TOVS, *c'est à dire,* TOVS CEVX QVI LVY APPARTIENNENT, *& qui sont du nombre de ses esleus.*

Lors qu'il a dit, QVE NVL NE PERIT DE CEVX POVR QVI I. CH. EST MORT.

Mundus, est plenitudo terræ sicut dixit ipse Ioannes, non solum autem nostrorum propitiatio peccatorum est, sed & totius mundi. Mundi dicit, omnium fidelium per orbem sparsorum, *Aug. tract 5. in 1. Epist. Ioan*

Christus propitiator est peccatorũ nostrorum, non tantum nostrorũ, sed totius mundi, propter triticum, quod est per totum mundum. *Epist 48. tract. 1. in 1. Epist. Ioan.*

Quid est omniũ? Et eorum scilicet quos ex gentibus & eorum quos ex Iudæis prædestinauit, vocauit, iustificauit, non omnium hominum. *Lib. 22. de ciu. Dei cap. 24*

Serm. 6. de verb. Apost c 8.

Tract 45 in Ioan.

Omnes ad se pertinentes. *In Psal. 144.*

Non perit vnus ex illis pro quibus mortuus est Christus. *Epist. 102.*

Lors qu'il a dit, *Qu'il est impossible que celuy là perisse qui a esté rachepté par le Sang de I. Ch. Parce que si vn homme riche ne peut perdre ce qu'il a achepté de son bien, comment est-ce que Iesus-Christ pourroit perdre ce qu'il a achepté de son propre sang.*

Quando perit, qui sanguine Christi redemptus est? Potens homo non potest perdere, quod emit auro suo, & Christus perde quod emit sanguine suo? *Serm de Nat. S. Vincentij.*

Et enfin lors qu'il a estably cette regle generale si vtile pour entendre les Escritures saintes : *Qu'il y a deux mondes. L'vn predestiné à la mort, & l'autre predestiné à la vie, l'vn ennemy, l'autre reconcilié, l'vn condamné, l'autre sauué : L'vn reprouué, l'autre esleu : L'vn perdu, & l'autre rachepté* : Et qu'ainsi, non seulement il est vray, qu'en vn sens I. Ch est mort pour tout le monde ; & qu'en vn autre sens, I. Ch. n'est pas mort pour tout le monde. mais mesme qu'il est mort pour le monde, & qu'il n'est pas mort pour le monde : Car il est mort pour le monde duquel il a dit : *Qu'il est venu pour sauuer le monde, vt saluetur mundus per ipsum* ; Et il n'est pas mort pour le monde, duquel il a dit : *Ie ne prie point pour le monde, Non pro mundo rogo. Et ainsi*, comme dit le mesme Pere, *l'Eglise est tout le monde. Et tout le monde hait l'Eglise : Le monde condamné hait le monde sauué : Le monde souillé de ses crimes, hait le monde iustifié par la Grace.*

Ioan. cap. 3. v. 17. Ioan c. 17. v 9. Totus ergo mundus Ecclesia est, & totus mundus odit Ecclesiam. Mundus igitur odit mundum: Inimicus reconciliatum; Damnatus saluatum; Inquinatus mundatum. *Tract. 87. in Ioan*

Si Monsieur le Theologal a leu tous ces passages de S Augustin dans l'Ouurage de Monsieur d'Ipre, comment ose-t'il l'accuser *d'impieté & de blaspheme*, comme si c'estoit estre impie, que de rapporter fidelement les opinions des Saints, que toute l'Eglise reuere depuis tant de siecles. Et s'il ne les a pas leus, comme il y a de l'apparence, & comme c'est l'ordinaire de ceux qui parlent contre ce Liure, comment peut-on excuser vne personne qui condamne si hardiment vn Autheur qu'elle n'a pas leu?

ARTICLE XVIII.

Ie ne veux point icy vser, ny d'iniures, ny d'inuectiues. Ie veux épargner tous les iustes sentimens que ie pourrois auoir pour la cause de la verité.

RESPONSE.

Que cette protestation de modestie ne s'accorde gueres bien auec des iniures si sanglantes.

IL ne faut pas trop s'étonner, si Monsieur le Theologal prend les veritez de S. Augustin rapportées par Monsieur d'Ipré pour *des heresies, & des impietez*; puis qu'il veut faire passer les *iniures* les plus atroces, dont il a remply ses Sermons, pour des aduertissemens charitables, & des paroles douces & moderées. Déchirer publiquement vn grand Euéque, & plusieurs Prelats, & Docteurs tres Catholiques qui ont approuué son Ouurage auec Eloges, comme des personnes qui sont *Heretiques, & Schismatiques; Qui n'ont ny la Foy, ny la Charité; Qui sont plus dangereux que les Heretiques de Charenton; Qui font caballe & conspiration contre la Foy; Qui scandalizent tout le monde; Qui comme des viperes déchirent le sein de leur Mere; Qui se separent de sa Communion; Dont la vertu ne peut estre qu'hypocrisie à cause de l'infidelité où ils sont tombez; Qui sont pleins des pechez spirituels, les plus abominables de tous les pechez; Et qui sont remplis des vices des Diables*: Est ce ne point vser *d'iniures ny d'inuectiues*; Est-ce espargner tous les iustes ressentimens qu'on pourroit auoir, est-ce accomplir parfaitement toutes les regles de la modestie, & de la charité Chrestienne? Si ce sont là des effects de la moderation de Monsieur Habert, quels seront les effets de sa colere.

Quid faceres odio, sic vbi amore noces?

ARTICLE XIX.

S. Paul dit clairement, Christus pro omnibus mortuus est, *& fortifie encore sa proposition, en inferant de là*, Ergo omnes mortui sunt. *Si le peché originel est respandu dans tous les hommes, il faut qu'il soit mort pour tous les hommes.*

RESPONSE.

Que Monsieur Habert ne combat la doctrine de S. Augustin que par les mesmes passages dont les Semipelagiens se seruoient.

MOnsieur le Theologal ne pouuoit faire voir plus clairement, que c'estoit la doctrine de S. Augustin qu'il attaquoit par tous ses Sermons, qu'en la combattant par les mesmes armes, & les mesmes argumens, par lesquels les Semipelagiens l'ont toujours combattuë. Il ne faut que lire les deux Liures de la Grace & du libre Arbitre de Fauste, le Chef, & le deffenseur le plus passionné de cette Secte, pour y trouuer toutes les preuues, & toutes les raisons de Monsieur

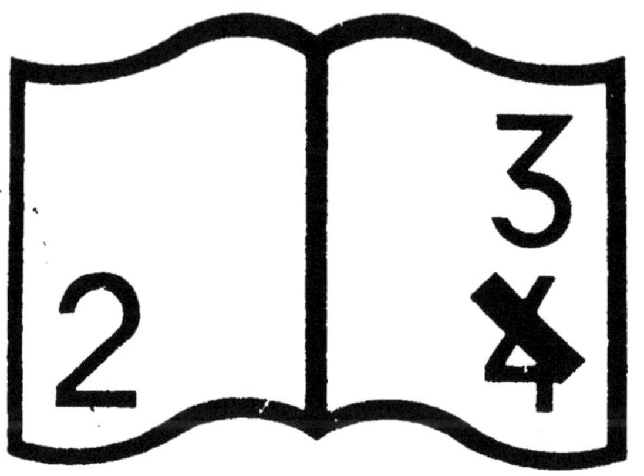

Pagination incorrecte — date incorrecte

NF Z 43-120-12

lire PAGES 110 - 111
au lieu de PAGES 112 - 113

Habert, iusqu'à ses comparaisons mesme, sans qu'il y ait autre difference, sinon que Fauste les propose auec plus d'eloquence, plus de force & plus de grace. Il a fait vn Chapitre exprez dans son premier Liure contre ceux qu'il accuse, comme fait Monsieur Habert de dire : *Que I. Christ n'est pas mort pour tout le monde.* Il accuse comme luy, cette proposition, c'est à dire, l'explication que S. Augustin donne tousiours à ces paroles de l'Apostre: *Iesus-Christ est mort pour tout le monde*, d'impieté & de blaspheme. Il se sert des mesmes passages de l'Escriture pour refuter cet' erreur pretenduë, & entre autres de ces paroles de S. Paul, que Monsieur le Theologal allegue, comme vn argument inuincible, *Christus pro omnibus mortuus est, Ergo omnes mortui sunt.* Mais nous auons desia fait voir le sens que S. Augustin donne à ces paroles, qui doit estre plus considerable à tous les Catholiques, que celuy que leur donne vn Semipelagien.

Quant à la raison dont Monsieur Habert combat l'explication de S. Augustin en disant : *Que l'Apostre infere de cette proposition generale* : CHRISTVS PRO OMNIBVS MORTVVS EST, *cet' autre generale* ERGO OMNES MORTVI SVNT: *Et qu'ainsi le peché originel estant respandu dans tous les hommes, il faut que Iesus-Christ soit mort pour tous les hommes*, c'est la maniere ordinaire de raisonner de Fauste, laquelle nous ne serions pas obligez de destruire, si nous auions les sept liures que S. Fulgence auoit faits pour refuter les erreurs de cet Ouurage.

Mais il est aysé d'y respondre par les principes de sainct Augustin, & dire en vn mot, que ce discours de l'Apostre ne prouue autre chose, sinon que tous ceux pour lesquels Iesus-Christ est mort, estoient morts auparauant, qui est la conclusion que sainct Augustin en infere en propres termes: *Ergo omnes mortui sunt, pro quibus Christus mortuus est.* C'est pourquoy le mesme se sert tousiours de ce raisonnement de sainct Paul, pour prouuer que les enfans qu'on baptise, naissent auec le peché originel, & que le Baptesme qu'on leur donne ne leur sert pas seulement pour les faire entrer dans le Royaume de Dieu, mais aussi pour les deliurer de la mort spirituelle, dans laquelle le peché d'Adam les a engagez.

Voicy les Paroles de ce Pere: *Vnus enim pro omnibus mor-*

tuus est: Ergo omnes mortui sunt, pro quibus Christus mortuus est. *Nega igitur etiam Christum pro paruulis mortuum, vt eximas eos de numero mortuorum, hoc est, de contagio peccatorum. Car vn seul est mort pour tous. Donc tous ceux pour lesquels I Ch. est mort, sont morts. Niez donc que I. Ch. soit mort aussi pour les enfans, afin que vous les ostez au nõbre des morts, c'est à dire, du nõbre des pecheur*. C'est pourquoy S. Aug. ne se sert point de ces paroles de S. Paul, comme quelques-vns se le sont faussement imaginez, pour prouuer que le peché originel est generalement en tous les enfans, mais seulement pour prouuer que le peché originel est dans tous les enfans qu'on baptise; & pour qui par consequent I. Ch. est mort, puisque le Baptesme est vn effect de cette mort. Ce que pour mieux comprendre il faut supposer deux choses.

La 1. Que la condition de tous les enfans estant toute pareille, comme les Pelagiens le reconnoissoient, c'estoit suffisamment ruiner leur heresie touchant le peché originel, que de monstrer que quelques enfans, comme ceux que l'on baptise en sont infectez; parce qu'il s'ensuit clairement, que tous les autres sont enueloppez dans le mesme mal-heur.

La 2. Que S. Augustin n'a point cru auoir de plus forte preuue, apres les Oracles de l'Escriture pour combattre cette heresie, & establir la creance du peché originel, que le Bapteme des enfans, & les ceremonies que l'Eglise y obserue, comme les Exorcismes, & l'expulsion du Diable par le souffle du Prestre.

Ces deux choses estans supposées, il est aisé de conceuoir comment S Augustin a pû establir le peché originel par ces paroles de S. Paul: *Christus pro omnibus mortuus est: Ergo omnes mortui sunt*, sans qu'on puisse conclure de là qu'il ait crû que I. Ch. estoit mort generalement pour tous les hommes, sans en excepter aucun, comme tous les hommes generalement naissent auec le peché originel.

Car le raisonnement de ce Sainct, n'est pas: I. Christ est mort pour tous les hommes en general; donc tous les hõmes en general, sont dans la mort du peche. Mais celuy cy: Tous les hommes pour qui I. Christ est mort, sont dans la mort du peché. Or I. Chr. est mort pour les Enfans que l'on baptise, puisque selon l'Apostre, tous ceux qui sont baptisez, sont baptisez en la mort de I. Christ. Donc les Enfans que l'on baptise sont dans la mort du peché. Et ainsi les enfans n'estans pas capables de pechez qui leur soient propres, il faut que ce peché soit l'originel, qui ne peut estre dans les enfans que l'on baptise, qu'il ne soit dans tous les autres, puisque leur condition est toute pareille.

Voila la veritable maniere dont S. Augustin raisonne sur ce passage de de S. Paul. Et il n'en pouuoit pas tirer vne autre conclusion en suiuant le sens de l'Apostre. Car ce qui a trompé Faulte & Monsieur Habert, c'est qu'ils ont creu que le dessein de S. Paul estoit de faire vne proposition generale qui comprist tous les hommes, sans en excepter aucun: Ce qui est manifestement contraire à l'intention de l'Apostre, estant visible par toute la suitte de son discours, qu'il ne parle qu'aux fidelles, & qu'il n'a dessein que de leur representer que I. Chr. estant mort pour eux tous, il s'ensuit qu'ils sont tous morts par le peché d'Adam: & qu'ainsi ayant receu de luy seul toute la vie de grace dont ils iouyssent, ils ne doiuent plus viure pour eux-mesmes, mais pour celuy qui est mort & resuscité pour eux. C'est pourquoy il dit d'abord: *L'amour de I. Christ nous presse.* Et voulant rendre raison pourquoy l'amour de I. Ch. nous presse, il adiouste en suitte: *Considerans que si vn seul est mort pour tous: donc tous sont morts. Et I. Ch. est mort pour tous, afin que ceux qui viuent, ne viuent pas desormais pour eux mesmes, mais pour celuy qui est & mort & resuscité pour eux.*

Charitas enim Christi vrget nos; æstimantes hoc, quoniam si vnus pro omnibus mortuus est, ergo omnes mortui sunt. Et pro omnibus mortuus est Christus, vt & qui viuunt, iam non sibi viuant, sed ei qui pro ipsis mortuus est, & resurrexit, 2. *Cor. c. 5 v. 14 & 15*

Que si nonobstant cette explication si claire & si litterale, Monsieur le Theologal veut tousiours faire fort sur cette opposition D'OMNES, & D'OMNES, pretendãt que comme tous generalement sont morts dans Adam, il faut aussi que I. Ch. soit mort generalement pour tous: pour voir la foiblesse de ce raisonnement, il n'a qu'à considerer vne autre parole de l'Apostre, où cette opposition est bien plus formelle: *Sicut in Adam* OMNES *moriuntur, ita & in Christo* OMNES *viuificabuntur. Comme* TOVS *meurent en Adam, ainsi* TOVS *seront viuifiez en I. Christ.* Desorte qu'il faudra conclure, selon la maniere de raisonner de Monsieur le Theologal, que tous les hõmes generallement & en particulier seront viuifiez en I. Christ, Iuifs, Payẽs, Turcs, Heretiques & Schismatiques; & qu'ainsi il n'y aura personne de damné, comme il n'y aura eu personne de tous ces gens-là qui ne soit mort en Adam. Que si cette

1. *Cor. c. 15. v. 22.*

cette conclusion est manifestement fausse, il faut que la regle dont Monsieur Habert se sert pour expliquer l'Apostre, en voulant tousiours prendre le terme de TOVS dans vne generalité entiere, pour tous les hommes sans en excepter aucun, soit necessairement fausse. Au lieu que dans l'explication de S. Augustin, la consequence de S. Paul est claire & indubitable, parce qu'il ne veut dire autre chose, sinon, que comme tous ceux qui meurent, meurent par Adam; ainsi tous ceux qui reçoiuent la vie, la reçoiuent par I. Ch. *Nemo ad mortem*, dit S. Augustin, *nisi per Adam; & nemo per Adam, nisi ad mortem. Et nemo ad vitam, nisi per Christum, & nemo per Christum, nisi ad vitam.* Lib. 6 contra Iul. cap. 12.

ARTICLE XX.

Mais ie vous apporte les paroles claires du Concile d'Arles, *qui dit formellement*, Anathema illi qui dixerit, quod Iesus pro omnibus non sit mortuus. *Que peut on respondre à cela? Il ne faut point de raisonnement, ny de consequence. Les paroles sont formelles, il ne faut point d'explication.*

RESPONSE.

Que ce pretendu Concile d'Arles n'est autre chose qu'vne Lettre de Fauste, Chef des Semipelagiens.

APres que Monsieur le Theologal s'est seruy des passages & des argumens des Semipelagiens pour refuter la doctrine de S. Augustin, il estoit bien raisonnable, qu'il se seruist aussi de leurs Anathemes pour la condamner. C'est vne chose étrange; qu'vn homme qui se donne l'autorité de iuger des Euesques, & des Docteurs Catholiques auec tant de hardiesse, ne soit pas mieux instruit dans les Liures de l'Eglise, & qu'il veüeille faire passer vn escrit heretique pour les decisions de l'Eglise vniuerselle, ausquelles on ne puisse resister sans estre heretique. Mais si cela est capable de tromper le peuple, & de ietter des scrupules dans la conscience des simples; Ceux qui sont vn peu intelligens dans ces matieres, se moquent des foudres imaginaires de Monsieur Habert, & sçauent que ces anathemes meriteroient eux-mesmes anatheme. Ce ne sont point les décisions d'aucun Concile legitime : Ce ne sont que les sentimens d'vn Semipelagien.

Ces anathemes ne se trouuent que dans vne Lettre de Fauste, le plus ardent deffenseur des erreurs des Semipelagiens qui fut iamais, escrite à vn Prestre, nommé Lucide, laquelle Lettre n'a point d'autre titre par tout où elle se trouue, que celuy-cy, LETTRE DE FAVSTE A LVCIDE. Mais parce que cette Lettre se trouue souscrite par quelques Euesques, & que Fauste dans le Prologue de ses Liures de la Grace & du libre Arbitre parle d'vn Concile d'Arles, quelques Auteurs heretiques de la nouuelle Secte des Arminiens, que tout le monde sçait auoir passé de l'extremité, où Caluin s'estoit porté contre le libre Arbitre, à l'extremité opposée contre la Grace, ont publié ces anathemes de Fauste, comme les anathemes d'vn Concile d'Arles, voulant leur donner autorité pour establir leur Semipelagianisme. Et c'est peut-estre de ces Auteurs, que Monsieur Habert a appris les premieres nouuelles qu'il a iamais sceuës de ce Concile d'Arles ; puisque quatre iours seulement auant son Sermon, il estoit en peine où il le pourroit trouuer, & en consulta quelques personnes intelligentes, qui luy conseillerent de ne se point seruir d'vne si mauuaise autorité.

Et veritablement, il faut auoir examiné ces choses auec bien peu de soin, pour vouloir donner à cette Lettre d'vn Semipelagien, le nom & la force d'vn Concile Catholique. Car il n'y a eu de Conciles d'Arles Catholiques, & receus dans l'Eglise, que quatre selon Binius, & les anciennes Editions des Conciles : Et six, selon la nouuelle Edition du P. Sirmond.

Le premier, qui est le grand, & le celebre Concile d'Arles a esté tenu en 314. sous saint Syluestre Pape, & l'Empereur Constantin.

Le 2. selon les anciennes Editions des Conciles, a esté tenu quelque temps apres, sous le mesme Syluestre, selon Binius, sous Sirice Pape, enuiron l'an 390. Et selon le P. Sirmond, qui l'a mis plus bas qu'aucun autre, parce qu'il a creu, qu'vne rapsodie de Canons de plusieurs Conciles, comme du premier d'Orange, de Veson, & d'autres auoit esté faite dans ce Concile enuiron l'an 452. sous le Pape S. Leon.

Le 3. que le P. Sirmond a publié de nouueau, est vn Concile tenu sous Rauennius, Archeuesque d'Arles, enuiron l'an 455 pour le reglement du Monastere de Lerins, dont il paroist par les Actes de ce Concile, que Fauste en ce temps-là estoit Abbé, & non encore Euesque, comme il fut depuis.

Ainsi, il est clair, que nul de ces trois Conciles Catholiques ne peut auoir approuué cette Lettre de Fauste, laquelle il n'a escrite qu'estant desia Euesque de Riez. Et que Gerard Vossius, Caluiniste Arminien dans son Histoire de l'heresie Pelagienne, n'a eu aucune raison de pretendre, que cette Lettre a été approuuée dans le second Concile d'Arles, dont ie viens de parler. Car il ne faut que lire les Canons de ce second Concile, pour iuger, qu'ils n'ont aucun rapport au temps de Fauste; n'y en ayant aucun, où il soit dit vn seul mot, de toutes les questions de la Grace & de la Predestination, qui estoient si fort agitées en ce temps là, & le dixiesme & l'onziesme Canon prescriuant l'ordre qu'on doit tenir pour imposer Penitence à ceux qui estoient tombez dans l'Idolatrie durant la persecution, monstrent clairement, qu'il n'y a nul suiet de croire, que ce Concile ait esté tenu en vn temps aussi esloigné de la persecution que celuy de Fauste. Aussi nul Auteur que ce Caluiniste n'a iamais esté dans ce sentiment, qu'il aduance sans aucune preuue.

Il ne reste plus que les trois derniers Conciles d'Arles, dont il n'y a que le premier, c'est à dire, le troisiesme selon le P. Sirmond, qu'on puisse pretendre auoir approuué cette Lettre de Fauste, les deux autres ayant esté tenus manifestement long-temps depuis la mort de Fauste. Ce premier de ces trois derniers a esté tenu sous Iean I. en l'an 524. comme tout le monde en demeure d'accord. Ce qui fait voir, qu'il est impossible qu'il ait approuué cette Lettre de Fauste: Et qu'il y a suiet de s'étonner auec le P. Sirmond & plusieurs autres, que Binius ait pû auoir cette opinion.

Car 1. il est constant que Fauste est mort long-temps auant cette année 524. comme il se voit par Sidonius Apolinaris, qui est mort 44. ans auant cette année de ce Concile, & qui neantmoins escrit de son temps à Fauste, comme à vne personne desia fort âgée.

2. En l'an 454. Fauste estoit desia Abbé de Lerins, comme

nous auons dit. Qui pourroit donc croire, qu'il eust escrit cette Lettre en 524. c'est à dire 70. ans apres?

3. Le Pape Gelase reiette les Liures de Fauste, comme apocryphes plus de trente ans auant ce troisiesme Concile d'Arles.

4. L'Euesque d'Arles au temps que cette Lettre de Fauste fust ecrite, estoit Leonce, auquel le mesme Fauste dédie ses Liures de la grace & du libre Arbitre. Et celuy qui fit assembler le 3. Concile d'Arles fut S. Cesarius, qui n'a esté que le 3. Euesque d'Arles, depuis Leonce, & qui n'auoit garde d'approuuer cette Lettre Semipelagienne de Fauste, puisque S. Isidore, Euesque de Seuille nous asseure, qu'il a trauaillé pour refuter ses erreurs. Et que c'est luy qui fit assembler le Concile d'Orange, ou le Semipelagianisme fut étouffé.

In lib. de Viris Illustr.

5. Les souscriptions des Euesques du 3. Concile d'Arles sont toutes differentes des noms des Euesques, qui se trouuent au pied de la Lettre de Fauste. Il est donc impossible, de faire de cette souscription d'Euesques le troisiesme Concile d'Arles. Il s'ensuit donc, que nul des Conciles d'Arles receus dans l'Eglise, n'a approuué cette Lettre, ny les quatre selon le compte de Binius, ny les six selon celuy du P. Sirmond; & que le P. Sirmond a eu raison de reconnoistre cette verité. Ainsi, il ne reste à ceux qui veulent pretendre, que cette Lettre de Fauste a esté approuuée dans vn Concile d'Arles, que d'auoir recours à ce Concile d'Arles, que Fauste dit auoir approuué ses Liures de la Grace & du libre Arbitre, & dont il ne nous reste, non seulement ny Actes, ny Canons, ny noms d'Euesques, mais non pas mesme le moindre témoignage dans toute l'Antiquité.

Or pour sçauoir quel a esté ce Concile, il ne faut que transcrire icy ce qu'en dit le P. Sirmond, qui a fort bien reconnu, que c'estoit vn Concile de Semipelagiens, comme il en rapporte vn autre tenu à Arles en 356. qui étoit d'Euesques Ariens, par lequel les Euesques Catholiques furent condamnez, duquel il ne reste point d'Actes, ny de Canons, non plus que de celuy-cy.

Quo consilio coacta fuerit hæc Synodus, & quæ in ea tractata sint decla-

Voicy ses paroles: *Nous aprenons le suiet qui a donné lieu à ce Concile, & les choses qui y ont esté traittées, par les deux Liures que Fauste Euéque de Riez a composez de la Grace de Dieu, & du libre Arbitre de l'homme, qu'il tesmoigne auoir faits selon les sentimens du Concile d'Arles, & auoir esté approuuez par le Concile, selon qu'il le declare formellement dans son Prologue qu'il addresse à Leonce Archeuesque d'Arles, qui auoit presidé à ce Concile.*

Il paroist par ces paroles, qu'on n'a point d'autres nouuelles de ce Concile d'Arles que par ce témoignage de Fauste, lequel on ne peut receuoir comme veritable, si on ne croit en mesme temps, comme il asseure au mesme lieu, que ce Concile a approuué ses Liures de la grace & du libre Arbitre, lesquels il dédie luy-mesme à cét Archeuesque, qu'il dit y auoir presidé. Et qu'ainsi, ce Concile ne peut auoir esté qu'vne assemblée de Semipelagiens, comme Fauste, ou d'Euesques trompez par vn Semipelagien, que les saints Peres, qui l'ont suiuy, S. Fulgence, S. Cesarius, S. Isidore, & autres ont reconnu auoir esté si ingenieux à faire passer ses erreurs pour veritez, & a destruire sous le faux nom d'vne erreur qu'il imposoit aux Docteurs Catholiques touchant la Predestination, la doctrine Orthodoxe de S Augustin, dont ils estoient Sectateurs auec tout le reste de l'Eglise.

rant Fausti Episcopi Reiensis libri duo de Gratia Dei, & humanæ mentis libero Arbitrio, quos ex Synodi Arelatensis sensu ac sententia scriptos à se, & à synodo ipsa subscriptos testatur in Prologo ad Leontium Arelatensem, qui Synodo præsederat.

Mais voyons comme le P. Sirmond reconnoist luy-mesme que ce Concile d'Arles a esté vne Assemblée de Semipelagiens. Apres auoir rapporté les paroles de Fauste dans son Prologue, qui témoigne, que ce Concile d'Arles auoit esté assemblé pour condamner l'erreur de la Predestination, & qu'il auoit approuué ses Liures, il dit en suitte : *Qu'il croit que cette erreur touchant la Predestination est cette heresie des Predestinations, que selon Prosper & Sigebert dans leurs Chroniques, on croit s'estre esleuée au temps d'Honorius, & auoir pris son origine des Liures de S. Augustin, mal entendus. Et que ces heretiques parloient de la Predestination, comme si elle eust causé vne necessité fatale, qui fist perdre aux hommes tout le soin des bonnes œuures, veu que les mauuaises actions ne leur pouuoient nuire, s'ils estoient predestinez, ny les bonnes leur seruir, s'ils ne l'estoient pas.*

Ce Prosper n'est pas S. Prosper du temps de S. Augustin, comme a fort bien remarqué Arnaud & Pontac. Euesque de Bazas.

Il n'est point necessaire de monstrer icy, que cette heresie, dont le P. Sirmond parle auec doute, n'a esté qu'vne imposture des Semipelagiens, pour décrier la doctrine Catholique de S. Augustin touchant la Predestination, comme Monsieur d'Ipre l'a fort bien fait voir, & comme d'autres Theologiens Catholiques l'auoient desia remarqué, & souſtenu publiquement longtemps auparauant ſon liure. Il ſuffit de remarquer par les paroles ſuiuanantes du P. Sirmond quels ont eſté ceux qui ſe ſont eſleuez contre cette hereſie pretenduë.

Cui abſurdo, quia nonnullis quorundam Librorum ſuorum ſententiis viam munire, aut vim addere S. Auguſtinus quorundam G[illegible] Epiſcoporum, aliorumque iudicio videbatur, ab illo propterea cum in cæteris maximi facerent, vehementes hac in parte diſſidebant.

Et parce que quelques Eueſques de France & autres perſonnes, iugeoient que S. Aug. auoit donné lieu à cette abſurdité, & l'auoit fortifiée par quelques endroits de ſes Ouurages, ils auoient grande auerſiõ de ſa doctrine en ce poinct, quoy qu'ils l'eſtimaſſent beaucoup en tout le reſte. Le P. Sirmõd ne pouuoit pas mieux marquer, que ces Eueſques eſtoient Semipelagiens, qu'en diſant d'eux ce que S. Proſper & Hilaire diſent formellement des Semipelagiens de leur temps, qui eſtoient Preſtres de Marſeille, & Eueſques de ces meſmes Prouinces de France où Fauſte l'eſtoit. *Ie ne dois pas taire à voſtre Sainteté*, dit Hilaire, *qu'ils diſent, qu'excepté ce poinct de voſtre doctrine touchant la Predeſtination, ils vous admirent en tout le reſte de vos actions, & de vos paroles.* Et S. Proſper luy eſcriuant d'vn des Euéques de ce party, l'aſſeure : *que hors le poinct de la Predeſtination, il étoit en tout le reſte ſectateur & admirateur de ſa doctrine.* Mais le P. Sirmõd le marque encor' plus clairement lors qu'il adioûte:

At contra qui pro S. Auguſtini placitis cum Proſpero dimicabant, eius aduerſarios, quod naturæ humanæ plus æquo tribuere viderentur, vt Semipelagianos, inſimulabant. Qua nota in his etiam libris ſuis Fauſtus non caruit. Nam & à Gelaſio Papa hoc nomine inter apocryphos relati ſunt; Et ab Auito Vienenſi, atque à Fulgentio, & aliis pluribus oppugnati.

Mais au contraire ceux qui ſouſtenoient auec S. Proſper les maximes de S. Auguſtin, accuſoient ſes aduerſaires d'eſtre Semipelagiens, & de donner trop aux forces de la nature. Et Fauſte meſme n'a pû éuiter dans ſes liures cette tache & ce reproche. Car le Pape Gelaſe les a mis au nombre des liures apocryphes, comme eſtans Semipelagiens. Et ils ont eſté refutez comme tels par Alcimius Auitus Archeuéque de Viēne, par S. Fulgence, & par beaucoup d'autres.

Pouuoit il reconnoiſtre plus clairement que Fauſte, & ces Eueſques de ſon party, qui ont tenu ce Concile d'Arles, & ont approuué ſes liures de la Grace & du Libre-arbitre, comme il dit luy-meſme, n'ont eſté autres que les aduerſaires de S. Auguſtin, c'eſt à dire les Semipelagiens, contre leſquels S. Proſper a deffendu la doctrine de l'Egliſe, & dont les Papes ont proſcrit les liures, & les Peres ruyné les erreurs.

Cæterum graui ac diuturnæ contentioni, quæ ſanctiſſimos & doctiſſimos vtrimque viros in Gallia centum amplius annis exercuit, finem po-

Il ne reſtoit plus au P. Sirmond que de remarquer en ſuitte l'iſſuë qu'ont eu tous ces efforts des Semipelagiens, autheurs de ce Concile d'Arles, ce qu'il fait, en diſant, *Que le 2. Concile d'Orange termina enfin cette contention qui auoit duré ſi long temps, & auoit agité plus de cent ans tant de ſaincts & de ſçauans Eueſques de part & d'autre,* EN REGLANT TOVTE

CETTE DISPVTE DE LA GRACE ET DV LIBRE-ARBITRE, SELON LES SENTIMENS DE S. AVGVSTIN, c'est à dire en condênant ses aduersaires, & ruinant le Semipelagianisme.

Nous voyons par là quelle authorité cette lettre de Fauste peut receuoir de ce Concile d'Arles, quand mesme elle y auroit esté approuuée, & neâtmoins il ne paroist point qu'elle l'ait esté. Fauste ne le dit pas luy-mesme. Il dit bien que ce Concile a approuué son ouurage de la Grace & du Libre-arbitre, qui contient deux liures, lesquels nous auons encore auiourd'huy, mais il ne parle point de cette lettre. Voicy ses paroles dans le Prologue de ses deux liures. *Nous auons traitté plus au long ce qui regarde la Prescience & la Predéstination, afin que ce qui paroissoit obscur, deuint clair & intelligible aux moins habiles. Et ceux qui ayment la magnificence du discours, ne doiuent point s'offenser de ce que nous contentans de la force des tesmoignages de l'Escriture, nous auons esclaircy la verité, sans rechercher la pompe des paroles. Et apres que le Concile d'Arles a souscrit & approuué cet Ouurage, le Concile de Lyon nous a obligez d'y adiouster quelque chose, à cause de quelques nouuelles erreurs qui ont esté descouuertes depuis.*

Où il est à remarquer en passant, qu'il ne reste ny Actes ny Canons de ce pretendu Concile de Lyon, non plus que de cet autre d'Arles, & que le seul Fauste Semipelagien a parlé de ces deux Conciles, ainsi que le Pere Sirmond le reconnoist en termes formels.

Il est dôc clair que Fauste ne parle point de sa lettre à Lucide, mais de son ouurage de la Grace & du Libre-arbitre, où il a traitté fort au long de la Prescience & de la Predestination, ainsi qu'il est dit, & où il s'est seruy de plusieurs tesmoignages de l'Escriture, quoy que tres-mal entendus. Ce qui fait voir le peu de fondemêt de ceux qui pretendent contre son propre tesmoignage, que c'est sa Lettre à Lucide, qui a esté approuuée dans ce Concile d'Arles, & non pas son Ouurage; puisque Fauste, sur la foy duquel il faut regler ce qu'on croit de ce Côcile, ayant esté le seul de toute l'antiquité qui en ait parlé, asseure formellement que son Ouurage y a esté approuué, & ne dit pas vn mot de sa Lettre. C'est pourquoy aussi le P. Sirmond a bien dit, *Que cette Lettre a esté escrite au temps du Concile d'Arles*, mais non pas qu'elle y a esté approuuée.

stea tandem attulit Synodus Arausicana secunda, quæ totam de Gratia & libero Arbitrio doctrinam ex S. Augustini sententia composuit.

Latius vtcumque sermonem de Præscientia & Prædestinatione produximus, vt quæ putabantur obscura, absolutiora tardioribus redderentur. Non autem aliquos qui verborũ phaleris delectantur offendat, quod testimoniorum virtute contenti, absque sublimitate sermonis lucem protulimus veritatis. In quo quidem opusculo post Arelatensis Concilij subscriptionem nouis erroribus deprehensis, adiici aliqua Synodus Lugdunensis exegit. *Faustus in Prologo lib. de Grat. & lib. Arb.*

Il paroist par là, que Monsieur le Theologal n'a pas agy auec toute sorte de sincerité qu'on eust pû desirer de luy, en supprimant le nom de Fauste, que tout le monde recognoist estre le veritable autheur de ces anathemes, & les voulant faire passer pour les decisions d'vn Concile d'Arles, qu'on ne peut prouuer par aucun témoignage de l'antiquité, ny de Fauste mesme, auoir approuué cette Lettre.

Mais quand ce Concile d'Arles l'auroit approuuée, en seroit-elle plus considerable? L'ouurage du mesme Fauste de la Grace & du Libre-arbitre tout remply de Pelagianismes & de Semipelagianismes, est-il deuenu Orthodoxe, parce que ce Concile l'a approuué, selon qu'il le dit luy-mesme? Tant s'en-faut que ce Concile ait pû donner autorité à son Ouurage, qu'au contraire l'approbation de son Ouurage ruine entierement l'autorité de ce Concile, & fait voir que ce n'a esté qu'vne assemblée de Semipelagiens, comme le P. Sirmond le reconnoist. Et ainsi quand il ne paroistroit pas clairement, comme il paroist, que cette Lettre n'est qu'vn abregé de la mauuaise doctrine contenuë dans ses deux Liures, ce seroit assez pour la rendre suspecte dans l'Eglise, & luy oster toute autorité, que de dire qu'elle a esté approuuée par les Approbateurs de ces mauuais liures qui ne font qu'estendre, & qu'expliquer tous les poincts dont il est parlé dans la Lettre. Que Monsieur Habert n'abuse donc plus les ignorans par cette vaine ostentation d'vn Concile d'Arles. Qu'il ne publie ces anathemes dont il veut estonner le peuple, que sous le nō de Fauste, qu'il n'a ozé nōmer, parce qu'il sçauoit bien qu'en le nommant, on n'eust pas pû souffrir qu'il eust combattu la doctrine de S. Aug. par celuy de tous ses aduersaires que l'Eglise a le plus fortemēt condānē: Par celuy *a* dont le Pape Gelase reiette *les Ouurages* comme *apocryphes*: *b* Que le Pape Hormisdas retranche du nombre des Peres, en disant, *Qu'il ne faut auoir nul egard à ses escrits dans la matiere de la Grace, mais seulement à ceux de S. August. comme contenant la doctrine de l'Eglise Romaine & Catholique*: *c* Dont le Concile des Euesques d'Afrique bannis pour la Foy, & releguez en Sardagne, a condānē les sentimēs comme contraires à la verité, & *entierement ennemis de la foy Catholique, Catholicae fidei penitus inimica*: *d* Que S. Fulgence a refuté par sept liures excellens, approuuez auec eloges dans ce

a *In Decreto de lib. apocryphis.*
b *In Epist. ad Possessor.*
c *In Epist. Synod. Afrorum Episc in Sardinia exulū.*
d *In vita S. Fulg. cap. 28.*

ce mesme Concile de Sardagne: *e* cõtre lequel S. Cesarius Archeuesque d'Arles, fit aussi vn liure de la Grace & du Libre arbitre: *f* Que le Pape Felix authorisa par vne lettre Apostolique: dont S. Alcimus Auitus Archeuesque de Vienne, a destruit aussi les erreurs *auec vne foy tres-pure & tres-esclattante*, *g* comme parle Adom: *h* dont l'Abbé Iean Maxence a fait voir, que *les liures estoient manifestemẽt heretiques*: *i* contre les escrits duquel Pierre Diacre escriuant à l'Eglise d'Afrique au nom de celle d'Orient dont il estoit deputé, *prononce anatheme*. Et enfin, par celuy qui, outre ses erreurs contre la Grace, s'est encore porté par le mesme esprit d'erreur à soustenir, *Que nos ames sont corporelles*; comme si Dieu n'auoit pas voulu, que celuy qui refusoit de reconnoistre la veritable misere de la nature humaine, en reconnust la veritable dignité. N'est-ce pas là vne personne bien considerable, pour accabler de son authorité les deffenseurs de la doctrine de sainct Augustin? Mais ne peut-on pas dire au contraire, qu'il leur est glorieux d'auoir vn tel homme pour ennemy; que ces reproches leur sont des loüanges; que ces accusations les iustifient; & qu'ils peuuent en quelque sorte se seruir en cette rencontre des paroles de Tertullien, parlant de la condemnation des premiers Chrestiens par Neron. *Tali dedicatore damnationis nostræ etiam gloriamur. Qui enim scit illum, intelligere potest nonnisi grande aliquod bonum à Nerone damnatum.*

e Gennadius de Script. Eccles.

g In Chron ad annum 4 2.

h Contra Epist. Hormisdæ

i In lib. de Incarn. & Gr. Christi cap. vii.

Gennad. de V r. Illustr.

Tertull in Apol.

Et pour ce qui regarde le Concile d'Arles, apres auoir monstré, que ç'a esté vn Concile de Semipelagiens, qui a approuué les Liures pernicieux de ce Fauste, que l'Eglise a si seuerement condamnez, qui ne voit, que s'en seruir pour ruiner la doctrine de S. Augustin, c'est faire la mesme chose, que vouloir se seruir de l'autorité du Concile d'Afrique sous S. Cyprien, pour condamner la Foy de l'Eglise touchant le Baptesme des heretiques: Ou du Concile d'Arimini pour condamner la consubstantialité du Fils: Ou d'vn autre Concile d'Arles, dont parle le P. Sirmond apres S. Hilaire, pour condamner la memoire de S. Athanase: Ou du second Concile d'Ephese pour condamner la doctrine Catholique de l'vnité de la personne de I. Ch. en deux natures: Ou du Concile de Constantinople sous Constantin Copronyme, pour condamner l'honneur que l'Eglise rend aux images de Ies. Christ & des Saints.

Q

Examen particulier de l'Anatheme de Fauste allegué par Monsieur Habert.

MAis il ne faut point d'autre preuue du peu d'autorité que cette Lettre de Fauste doit auoir parmy tous les Catholiques, que l'Anatheme mesme que Monsieur le Theologal en a allegué; dont la derniere partie condamne si visiblement S. Augustin, & tous ses Disciples, que c'est peut-estre la raison, pourquoy il n'a osé le rapporter tout entier. *Anatheme*, dit Fauste, *à celuy qui dira, que I. Chr. n'est pas mort pour tous, & qu'il ne veut pas que tous soient sauuez.* Par où il est visible qu'il a voulu condamner d'anatheme ceux qui n'expliquent pas cette parole de l'Apostre, *Ies. Ch. est mort pour tous*; Et cette autre, *Dieu veut que tous les hommes soient sauuez*; generalement, de tous les hommes en particulier, sans en excepter aucun, comme tous les Semipelagiens ont pretendu qu'on deuoit faire, mais seulement de tous les hommes de toutes sortes de conditions, d'âge, de sexe, & de pays, comme il est indubitable qu'en cent endroits de l'Escriture, le terme de *Tous les hommes*, ne se peut prendre pour tous les hommes en particulier. Or quant à la premiere partie de cet Anatheme, nous auons desia fait voir, que c'est S. Augustin qu'elle condamne, comme aussi estoit ce le dessein de Fauste l'vn des plus grands ennemis de sa doctrine. Et nous pouuons adiouster icy pour opposer à ce faux Concile d'Arles la decision d'vn Concile tres-Catholique, & qui a tousiours eu vn rang tres honorable parmy les Conciles de l'Eglise, lequel reiette comme *vne erreur tres-grande*, l'opinion de ceux qui diroient, *Que I. Ch. est mort pour les infideles mourans dans l'infidelité.* C'est le 3. Concile de Valence assemblé de 3. Prouinces, & dont les Canons furent confirmez par vn Concile de Langres, qui parle ainsi en son 4. Canon. *Quant à la Redemption du Sang de Ies. Chr. considerans l'erreur insupportable qui s'est formée en cette matiere, en sorte que quelques vns (comme il paroist par leurs Escrits) soustiennent qu'il est mort mesme pour tous les infideles qui sont morts dans leur infidelité, depuis le commencement du monde iusqu'à la Passion du Fils de Dieu, & ont esté punis de la damnation eternelle, s'opposant ainsi à cette parole du Prophete ô mort ie seray ta mort, ô Enfer, ie seray ta morsure & ta ruine! nous voulons que l'on*

Item de redemptione Sanguinis Christi propter nimium errorem qui de hac causa exortus est, ita vt quidam (sicut eorum scripta indicant) etiam pro illis impiis, qui à mundi exordio vsque ad

croye, & que l'on enseigne simplement, & fidelement selon la verité Euangelique, & Apostolique, que ce prix du Sang de I. Ch. a esté donné pour ceux dont il dit luy mesme: Comme Moyse a esleué le serpent dans le desert; ainsi, il faut que le Fils de l'homme soit éleué, afin que tous ceux qui croyent en luy, ne perissent point; mais qu'ils ayent la vie eternelle. Car Dieu a tant aimé le monde, qu'il a donné son Fils vnique, afin que tous ceux qui croyent en luy, ne perissent point, mais qu'ils ayent la vie eternelle; c'est à dire pour les fideles.

Que l'on n'est pas digne d'Anatheme pour ne pas croire, que Dieu veüille generalement que tous les hommes soient sauuez.

POur ce qui est de la seconde partie de cet Anatheme, qui regarde la volonté generale de Dieu de sauuer tous les hommes, elle monstre encore plus euidemment, quelle autorité peuuent auoir ces Anathemes, & si ce n'est pas vne chose étonnante, que l'on s'en ose seruir, comme de decisions de l'Eglise Catholique. Car si l'on est digne d'Anatheme, pour ne pas croire, que ces paroles de l'Apostre. *Dieu veut que tous les hommes soient sauuez*, comprennent generalement tous les hommes en particulier, S. Augustin s'est rendu digne d'Anatheme, lors qu'il a dit: *Que ceux qui entendent de cette sorte les paroles de l'Apostre, resistent à vne verité tres-claire & tres-euidente, qui nous apprend, que beaucoup d'hommes ne sont pas sauuez, non parce qu'ils ne le veulent pas estre,* MAIS PARCE QVE DIEV NE LE VEVT PAS; *Ce qui paroist clairement dans les enfans.*

Saint Prosper s'est rendu digne d'Anatheme, lors qu'il a dit: *Que ce n'est pas entendre l'Apostre, que d'expliquer ces paroles, Dieu veut que tous les hommes soient sauuez, & paruiennent à la connoissance de la verité de tous les hommes en particulier, sans en excepter aucun. Comme si tous ceux qui depuis la naissance du monde iusqu'à I. Ch. sont peris sans la connoissance de Dieu, n'estoient pas du nombre de tous les hommes.*

L'Autheur du Liure intitulé, Hypognosticon, s'est rendu digne d'Anatheme, lors qu'il a dit: *Que ces paroles de l'Apostre se doiuent entendre de telle sorte, qu'elles ne soient pas contraires à la creance que nous auons, que Dieu peut faire tout ce qu'il veut, & que la volonté de l'homme n'empesche iamais que la volonté*

passionem Domini in sua impietate mortui æterna damnatione puniti sunt, effusum illum definiant, contra illud propheticum: Ero mors tua, o mors, ero morsus tuus, inferne, illud nobis simpliciter & fideliter tenendum ac docendum placet, iuxta Euangelicam veritatem quod pro illis hoc datum pretium teneamus, de quibus ipse Dominus noster ait: Sicut Moyses exaltauit serpentem in deserto, ita exaltari oportet Filium hominis, vt omnis qui credit in ipsum non pereat, sed habeat vitam æternam; Sic enim Deus dilexit mundum, vt Filium suum vnigenitum daret, vt omnis qui credit in eum non pereat, sed habeat vitam æternam.

Conc. Valent. c. 4.
1. *Tim. c. 2. v. 4.*
Epist. 107.

Cùm tam multi salui non fiant, non quia ipsi, *sed quia Deus non vult.* Quod sine vlla caligine manifestatur in paruulis.

Et vbi est illud quod nobis quasi contrarium à non intelligentibus semper opponitur, quod Deus velit omnes homines saluos fieri, & ad agnitionem veritatis venire? Numquid non sunt de

de Dieu ne s'accomplisse. Et qu'ainsi, puisque tous les hommes ne sont pas sauuez, & qu'il est dit mesme de quelques-vns, que Dieu a aueuglé leurs yeux, & a endurcy leur cœur, de peur qu'ils n'entendent, qu'ils ne se conuertissent, & qu'ils ne soient gueris : Il est clair, que ce que l'Apostre a voulu dire par ces paroles, est, que tous les hommes qui sont sauuez sont sauuez par la volonté de Dieu.

Saint Fulgence s'est rendu digne d'Anatheme, lors qu'il a dit: *Que ceux-là n'entendent pas cette parole de l'Apostre, Dieu veut que tous les hommes soient sauuez, comme elle doit estre entendue, qui se persuadent que cette volonté de Dieu regarde generalement les esleus & les reprouuez, & que nous la deuons entendre de telle sorte, que nous croyons que nul ne peut estre sauué que par la volonté de Dieu, & que la volonté toute-puissante de Dieu pour le salut de quelqu'vn, ne peut manquer d'estre accomplie, & ne peut estre arrestée par quelque obstacle que ce soit. Car tous ceux que Dieu veut sauuer sont indubitablement sauuez; & il n'y a que ceux que Dieu veut sauuer qui puissent estre sauuez; & nul de ceux que Dieu veut sauuer, ne peut manquer d'estre sauué; parce que selon la parole du Prophete, Dieu a fait tout ce qu'il a voulu.* ET AINSI CE TERME, DE TOVS LES HOMMES QVE DIEV VEVT ESTRE SAVVEZ, NE SE DOIT PAS PRENDRE DE TOVT LE GENRE HVMAIN, MAIS POVR L'VNIVERSALITÉ DE TOVS CEVX QVI SERONT SAVVEZ. *Et ils sont appellez du nom de* TOVS, *parce que la bonté diuine les choisit d'entre tous les hommes pour les sauuer, c'est à dire, de toutes sortes de nations, de conditions, d'âge, de langue, & de pays.*

Le Concile de Sardaigne composé de plus de soixante Euesques d'Afrique bannis pour la foy par les Vandales Ariens, s'est rendu digne d'Anatheme lors qu'il a dit : *Que tous ceux que Dieu veut qui soient sauuez, & qu'ils paruiennent à la connoissance de la verité, ne sont autres que tous les Predestinez, que l'Apostre marque par le mot de* TOVS, *parce qu'ils sont appellez au salut de l'vn & de l'autre sexe, & de toute autre sorte de nation, de profession, d'âge, & de condition des hommes. Car la*

omnibus hominibus, qui à præteritis generationibus vsque in hoc tempus sine Dei cognitione perierũt? *Prosp in Epist ad Ruff.*

Factum est ergo, inquies, quod ait Apostolus de Deo qui vult omnes homines saluos fieri, & ad agnitionem veritatis suæ venire? Omnino non est factum, quia omne quod vult Deus facere potest, nec prorsus humana voluntate quod vult præpeditur. Sed quæro à vobis vt dicatis, quare Deus qui vult omnes homines saluos fieri, quorumdam, vt dicit Isaias Propheta excæcat oculos ne videant, & obdurat corda ne intelligant, ne conuertantur & sanentur. Ecce iam omnes generaliter salui non sunt, cum aliis datur viam nosse salutis, aliis non datur. Quapropter omnes homines qui saluantur. Hypog. l. 9. c. 8.

Illud vero Apostolicum vbi dicitur de Deo, qui vult omnes homines saluos fieri, & ad agnitionẽ veritatis venire, non sicut oportet, intelligunt, qui hanc Dei voluntatem sicut in vasis misericordiæ, sic & in vasis iræ accipiendum existimant *Fulg de Incarn & Gr. D N I C c. 29* Omnes enim quos Deus vult saluos fieri, sine dubitatione saluantur, nec possunt saluari nisi quos Deus vult saluos fieri, nec est quisquam, quem Deus saluari velit, & non saluetur, *Ibid. c. 31.* In his omnibus hominibus quos Deus vult saluos facere non totum omninò genus significatur hominum, *sed omnium vniuersitas saluandorum.* Ideo autem *Omnes* dicti sunt, quia ex omnibus *Omnes* istos diuina bonitas saluat, id est, ex omni gente, conditionis, ætate, ex omni lingua, ex omnium Prouincia, *Ibid.* Omnes autem prædestinati ipsi sunt quos vult saluos

volonté du Dieu Tout-puissant est tousiours accomplie, puisque sa puissance ne peut iamais estre surmontée.

L'Eglise de Lyon s'est renduë coulpable d'anatheme, lors qu'elle a parlé de cette sorte par la bouche d'vn grand Archeuesque sur l'explication de ces paroles de l'Apostre: *D'où vient que Dieu veut que tous les hommes soient sauuez, ne sauue pas neantmoins tous les hommes ? On ne peut pas dire que c'est qu'il attend leur volonté, puisque personne ne peut auoir vne veritable volonté du salut, s'il ne la luy donne. Est-ce que le Tout-puissant ne peut pas faire ce qu'il veut, & qu'ainsi voulant sauuer tous les hommes il ne le puisse, ce qui seroit seulement horrible à penser? Que reste-t'il donc sinon de dire, que celuy qui a fait tout ce qu'il a voulu, ne sauue point tous les hommes, non parce qu'il ne le peut,* MAIS PARCE QV'IL NE LE VEVT PAS? *Car comme il est vray qu'il a fait tout ce qu'il a voulu, il est vray aussi qu'il n'a point voulu tout ce qu'il n'a point fait.* AINSI IL A SAVVE TOVS CEVX QV'IL A VOVLV SAVVER, ET QVANT AVX AVTRES QV'IL N'A POINT VOVLV SAVVER, OV LES A T'IL LAISSEZ, SINON DANS LA MASSE DE DAMNATION QVI EST VENVE D'ADAM?

fieri, & ad agnitionem veritatis venire qui proptere a *Omnes* dicuntur, quia in vtroque sexu ex *Omni* hominum genere, gradu, ætate, & conditione saluantur. *In Epist. Synod. aftor. Epist. in Sard. earum Ecc. Lugd. de 3. Epist. Tom. 2. Biblioth. Patr. art. 1.*

Quos ergo voluit saluare saluauit, quia omnia quæcumque voluit fecit; quos autem saluare noluit, vbi nisi in illa ex Adã veniente massa damnationis reliquit.

Prudence, Euesque de Troyes, s'est rendu digne d'anatheme lors qu'il a dit: Qu'il ne pouuoit consentir à la consecration d'Enée, Euesque de Paris: *S'il ne reconnoissoit auec tous les Catholiques, que Dieu tout-puissant sauue tous ceux qu'il veut sauuer, & que personne ne peut estre sauué, que celuy qu'il sauue, & que tous ceux qu'il veut sauuer sont sauuez. Et par consequẽt,* QVIL NE VEVT NVLLEMENT SAVVER AVCVN DE CEVX QVI NE SONT POINT SAVVEZ, *suiuant la verité de cette parole du Prophete: Le Seigneur a fait tout ce qu'il a voulu dans le ciel & dans la terre, dans la mer & dans les abysmes.*

Vt credat atque confiteatur Deum omnipotentem, *Omnes* quoscumque vult, saluare & neminem posse saluare vllatenus, nisi quem ipse saluauerit. *Omnes* autem saluari quoscumque ipse saluare voluerit, Ac per hoc, *quicumq; non saluantur, penitus non esse voluntatis illius vt saluentur*, dicente Propheta: Omnia quæcumque voluit Dominus fecit. *Prud. in Ep. Tract.*

Pierre Lombard, Euesque de Paris, & le Maistre de tous les Theologiens de l'Eschole, s'est rendu digne d'anatheme, lors qu'il a dit sur l'explication de ces paroles, *Dieu veut que tous les hommes soient sauuez: Que plusieurs ont pris de là occasion de s'esgarer du chemin de la verité, en disant, Que Dieu veut beaucoup de choses qui ne se font point. Mais il ne faut pas entendre ce passage de telle sorte, qu'on dise que Dieu veut que quelques-*

Archiep. Senon & Coepisc. Quorum occasione verborum multi à veritate deuiauerunt, dicentes, Deum multa velle fieri, quæ non fiunt. Sed non est intelligendum, ea ratione illud esse dictum, quasi Deus velit aliquos saluari, & non saluentur. Quis enim tam impiè desipiat, vt dicat Deum malas hominum voluntates quas

uns soient sauuez, qui neantmoins ne le soient pas. Car qui pourroit venir iusqu'à vn tel poinct d'impieté & d'extrauagance, que de dire, que Dieu ne puisse pas conuertir les mauuaises volontez des hommes quelles quelles soient, en quelque temps, & en quelque lieu que ce puisse estre? La parole du Pseaume n'est point veritable, Qu'il a fait tout ce qu'il a voulu, s'il a voulu faire quelques choses qu'il n'a point faites. Et ce qui est encore plus indigne de sa grandeur, s'il ne les a point faites, parce que la volonté de l'homme a empesché l'execution de la volonté du Tout-puissant, c'est pourquoy lors que nous lisons dans l'Escriture, Que Dieu veut que tous les hommes soient sauuez, quoy qu'il soit certain qu'ils ne soient pas tous sauuez, nous ne deuons pas neantmoins pour cela faire tort en quelque chose à la toute puissante volonté de Dieu, mais croire que ces paroles, Dieu veut que tous les hommes soient sauuez, se doiuent prendre dans le mesme sens, que si l'Apostre auoit dit, QVE NVL HOMME N'EST SAVVE', QVE CELVY QVE DIEV VEVT ESTRE SAVVE'. NON QV'IL N'Y AIT AVCVN HOMME QV'IL NE VEVILLE ESTRE SAVVE'; *mais parce que nul n'est sauué que celuy qu'il veut. C'est pourquoy on le doit prier qu'il le veüeille, parce que s'il le veut, il est necessaire que cela soit.*

voluerit, & quando voluerit, & vbi voluerit in bonum non posse conuertere? Non est vei que verum quod in Psalmo dicitur: Quæcumque voluit fecit: si aliqua voluit & non fecit: Et quod est indignius, ideo non fecit, quoniam ne fieret quod volebat Omnipotens: voluntas hominis impediuit. Ideoque cum audimus, & in sacris literis legimus, quod velit omnes homines saluos fieri: non tamen ideo debemus omnipotentissimæ Dei voluntati aliquid derogare, sed ita intelligere saluos fieri, tanquam quod scriptum est, vult omnes dicere tur, *Nullum hominem fieri saluum, nisi quem saluum fieri, ipse voluerit. Non quod nullus sit hominum, nisi quē saluum fieri velit,* sed quod nullus fiat saluus, nisi quem velit saluari: Et ideo rogandus est vt velit, quia necesse est fieri si voluerit *Lib. 1. dist. 46.*

Alex. de Hales in summa q 36. de differentiis volunt. diu. mem. 1.

D. Tho. 1 part. q 19. art. 6. ad 1.

Alexandre de Hales s'est rendu digne d'anatheme, lors qu'il a apporté & approuué les deux explications de S. Aug. qui font voir que ce passage de S. Paul, *Dieu veut que tous les hommes soient sauuez*, ne doit s'entendre, *que de ceux qui sont veritablement sauués.*

S. Thomas s'est rendu digne d'anatheme, lors qu'apres son maistre, Alexandre de Hales, il fait la mesme chose dans sa Somme, & soustient formellement: *Qu'il n'y a point de volonté en Dieu qui ne soit efficace, & qu'ainsi il n'a pû vouloir sauuer que ceux qu'il sauue effectiuement.* Ce qui luy fait dire en suitte, *Que la volonté antecedente, dont a parlé S. Iean Damascene, qui ne regarde pas plus le salut des reprouués, que celuy des demons, est plustost* VNE VELLEITE', *qu'vne volonté parfaite.*

Et enfin, pour obmettre vne infinité d'autres Autheurs, tant anciens que nouueaux, les deux Facultez de Doüay & de Louuain se sont rendues dignes d'anathemes, lors que dans ces doctes censures qu'elles ont faites il y a plus de 50. ans contre les opinions nouuelles que Monsieur Habert nous veut faire passer auiourd'huy pour des poincts de Foy, elles ont deffendu ces mesmes explications de S. Augustin,

& condamné la hardiesse de ceux qui les vouloient reietter comme mauuaises.

Voila ceux à qui s'adresse cet Anatheme si formidable de ce pretendu Concile de Semipelagiens. C'est contre ces grandes lumieres de l'Eglise, contre des Conciles entiers de Confesseurs & de Martyrs, contre les Chefs de la Theologie de l'Eschole, & contre les Corps entiers de tres-habiles Docteurs, que Monsieur Habert doit ietter les foudres en disant auec Fauste, *Anathema illi qui dixerit, quod Christus non pro omnibus mortuus sit, nec omnes homines saluos esse velit.* Osera t'il accuser *d'impieté & de blaspheme* ces protecteurs inuincibles de la Grace de Iesus-Christ, les Augustins, les Prospers & les Fulgences? Osera-t'il decrier comme heretiques ceux qui ont employé toute leur vie, tous leurs soins & tous leurs trauaux à combattre les heresies? Et enfin appellera-t'il *vne caballe, & vne conspiration contre la Foy*, ce consentement de tant d'excellens Docteurs & de saincts Euesques, *An tantam consensionem, conspirationem dicturus est perditorum?*

ARTICLE XXI.

Le second poinct est, Que Iesus-Christ, (& veritablement i'en ay horreur) n'est pas Redempteur de tous les hommes. Assemblez tous les hommes qui sont, qui seront, & qui ont esté, y en a-t'il pas vn qui puisse dire Iesus-Christ n'est pas mon Redempteur? impieté, erreur, blaspheme, heresie! Cela me fait dresser les cheueux à la teste.

RESPONSE.

En quelle sorte Iesus-Christ est le Redempteur de tout le monde.

SI Monsieur le Theologal auoit 30. ou 40. erreurs à marquer dans le liure de Monsieur d' pre pourquoy abuse t'il de telle sorte de la patience de ses auditeurs, que de leur representer auec tant d'exageration, comme deux blasphemes differens, ce que le seul sens commun peut faire voir à tout le monde, n'estre que la mesme chose? Car puisque Iesus-Christ n'est deuenu le Redempteur des hommes qu'en mourant pour eux, il est manifeste qu'il ne peut estre le Redempteur de tous les hommes, qu'au mesme sens qu'il est mort pour tous les hommes.

Et cela est si clair, que les Semipelagiens qui ont fait les mesmes plaintes contre S. Augustin, que Monsieur Habert fait auiourd'huy contre Monsieur d'Ipre, n'ont iamais parlé de la mort de I. Ch. pour tous les hommes, & de la qualité de Redempteur pour tous les hommes, que comme d'vne mesme chose, comme aussi Monsieur d'Ipre ne les a point separées, & n'en a parlé qu'en vn mesme endroict.

Mais il falloit que Monsieur le Theologal trouuast vn nouueau suiet de contenter sa passion, & de décrier de nouueau dans l'esprit du peuple la doctrine des Peres par des expressions odieuses, en la luy representant comme *pleine d'horreur*, & capable *de faire dresser les cheueux à la teste*, ainsi que les Semipelagiens ont tousiours fait; & de renouueller ces accusations ordinaires *d'impieté, de blaspheme & d'heresie*, au mesme temps qu'il proteste, *de ne vouloir vser ny d'iniures ny d'inuectiues*.

Assemblez, dit-il, *tous les hommes, qui sont, qui seront, & qui ont esté, y en-a-t'il pas vn qui puisse dire, Iesus-Christ n'est pas mon Redempteur?* Cette acclamation frappe d'abord l'esprit du peuple, parce que iugeant des autres par eux mesmes, l'horreur qu'ils auroient de dire, Que Iesus Chr. n'est pas leur Redempteur, leur fait croire qu'il n'y a personne à qui cette parole peut conuenir. Et neantmoins pour peu que l'on examine cette proposition, on trouuera que ce raisonnement n'est qu'vne chimere, plus capable de faire rire, que *de faire dresser les cheueux à la teste*.

Car assemblez tous les Iuifs, assemblez tous les Mahometans, assemblez tous les Payens, y en aura-t'il aucun qui vous dise, que Ies. Chr. est son Redempteur? Et s'ils doiuent mourir dans leur infidelité, ils ont raison de ne le pas dire, selon la definition du Concile de Valence, qui *condamne d'erreur ceux qui voudroient dire que Iesus Christ fust mort pour aucun de ceux qui n'ont iamais creu en luy*.

Quant aux Chrestiens, il est vray qu'aucun de tous ceux qui viuent ne peut dire que Iesus-Christ n'est pas son Redempteur. Premierement, parce qu'ayant receu le Baptesme, qui est appellé *Redemption* dans l'Escriture, & en suitte beaucoup d'autres Graces, il est leur Redempteur, en tant qu'ils ont acquis ses Graces par le merite de sa Mort, quand mesme elles ne seroient que temporelles, c'est à dire, quand elles ne dureroient que peu de temps, ainsi que Monsieur d'Ipre le reconnoist.

Et en second lieu, parce que tant que les fideles sont en cette vie, ils sont obligez de conseruer l'esperance de leur salut aussi inuiolablement que la Foy mesme. Et par consequent, ils ne pourroient pas dire sans crime, que Ies. Christ n'est pas mort pour eux, ou qu'il n'est pas leur Redempteur, puis qu'ils doiuent tousiours esperer de sa bonté le salut eternel, qui est le fruit de sa Mort, & l'effet de sa Grace, qu'il a donné souuent, & qu'il donne quand il luy plaist, aux plus grands pecheurs, en leur faisant la grace de se conuertir, & d'expier leurs crimes par vne veritable & serieuse Penitence.

Car si nous ne pouuons sans temerité, & sans violer le secret des Iugemens impenetrables de Dieu, iuger asseurement de la reprobation d'aucun homme, tant qu'il est en cette vie, principalement s'il est dans l'Eglise, combien serions coulpables d'vne plus grande temerité, si nous faisions ce iugement de nous mesmes, puisque l'amour que nous nous portons, estant la regle de celuy que nous portons à nostre prochain, nous ne deuons pas iuger de nous moins fauorablement que des autres.

ARTICLE XXII.

Saint Augustin se deffend de cela dans vn liure qu'il a fait ad Articulos sibi falsò impositos.

RESPONSE.

IL y a dequoy s'étonner, que Monsieur Habert qui a entrepris de combattre & de censurer vn grand Euesque, qui a trauaillé auec tant de soin durant tant d'années, pour s'acquerir vne parfaite intelligence de la doctrine de S. Augustin, ne soit pas mieux instruit, non seulement des sentimens de ce Pere, mais mesme de ses veritables ouurages. Car tous ceux qui ont vn peu leu les Liures de ce Pere, sçauent que cette Response, *ad Articulos sibi falsò impositos*, n'est autre chose, que la Response de saint Prosper aux obiections de Vincent, comme depuis la correction des Docteurs de Louuain, toutes les Editions de saint Augustin l'ont reconnu.

Mais tant s'en faut, que ce Liure fauorise en quelque sorte les pretentions de Monsieur Habert, qu'il les ruine entierement, ne faisant voir autre chose, sinon que les Semipelagiens ont fait autrefois les mesmes argumens contre la doctrine de S. Augustin, qu'il fait auiourd'huy contre celle de Monsieur d'Ipre, parce que la mesme doctrine ne peut estre combatuë, que par les mesmes armes.

Et en effet, la responce que saint Prosper fait en cet endroit à l'obiection des Semipelagiens, *Que dans la doctrine de S. Augustin, Iesus Christ n'estoit pas mort pour tous les hommes*, est si peu contraire à Monsieur d'Ipre, qu'il la rapporte luy mesme, & s'en sert pour expliquer ses sentimens. Car saint Prosper aduouë bien, ainsi qu'il a esté expliqué auparauant, *que l'on peut dire Que tous les hommes sont rachepez en considerant que Iesus Christ a pris vne nature commune à tous les hommes, & est venu pour vne cause commune à tous, qui est la perte generale de tout le genre-humain* : mais il reconnoist en mesme temps, *Que tous n'estans point deliurez de la captiuité, il est sans doute* QVE LA REDEMPTION N'APPARTIENNENT PROPREMEMENT QV'AVX CHRESTIENS, *desquels le Prince du monde a esté chassé, & qui ont esté rendus les membres de Iesus-Christ*. Ce qui monstre clairement, que selon saint Prosper, Iesus-Christ n'est à proprement parler le Redempteur, que de ceux que sa Grace deliure de la captiuité du diable, ou pour tousiours, ou pour vn temps.

Article 18.

Redemptionis proprietas haud dubiè penes illos est, de quibus princeps mundi missus est foras *Prosp. ad Obiect. 1. Vincent.*

ARTICLE XXIII.

Vnus Mediator Dei, & hominum homo Christus Iesus, qui se dedit redemptionem pro omnibus.

RESPONSE.

TOute la force de ce passage, dont Fauste fait l'vn de ses principaux argumens, n'est fondé que sur le terme de TOVS. Mais nous auons desia monstré, comme il se doit entendre selon saint Augustin. Et nous ferons voir plus bas par vn grand nombre d'exemples, que c'est vne chose tres-ordinaire à l'Escriture, que de se seruir de ce mot de Tovs, sans neantmoins vouloir comprendre generalement tous les hommes.

ARTICLE XXIV.

Qui est Redemptor omnium hominum, maximè fidelium.

RESPONSE.

Que Monsieur Habert n'a pas rapporté fidelement ce passage, & qu'il l'a mal entendu.

Monsieur Habert ne trouuera point que saint Paul ait iamais dit ce qu'il luy a fait dire : *Qui est Redemptor omnium hominum, maximè fidelium*, mais seulement : *Qui est Saluator omnium hominum, maximè fidelium*, qui sont deux choses tres differentes, comme nous l'allons faire voir par la veritable explication de ce passage.

Et il est manifeste, que Monsieur Habert ne s'en pouuoit seruir, qu'en l'alterant de la sorte, & en mettant le mot de *Redempteur*, en la place de celuy de *Sauueur*; parce qu'ayant luy-mesme accordé dans son Sermon, que tous les hommes ne sont pas *sauuez*, mais seulement *rachetez*, il pouuoit bien dire, que Iesus-Christ estoit *le Redempteur* generalement de tous les hommes, sans en excepter aucun, mais non pas qu'il soit *le Sauueur* generalement de tous les hommes; puisque comme il pretend, que tous les hommes sont racheptez, parce qu'il est *le Redempteur de tous*, il s'ensuiuroit aussi que tous les hommes seroient sauuez, s'il estoit *le Sauueur de tous*.

C'est pourquoy si nous rendons à l'Apostre ses veritables paroles, nous trouuerons auec ses meilleurs interpretes, que le veritable sens de ce passage, est que Dieu est Sauueur, & quant à la vie presente, & quant à la vie future; & qu'ainsi il est le Sauueur generalement de tous les hommes quant à la vie du corps, & quant au salut temporel, parce qu'il respand sur tous les dons de la nature, & fait leuer son Soleil sur les bons, & sur les meschans; mais qu'il est particulierement Sauueur des fideles quant à la vie de l'ame, & quant au salut eternel qu'il ne donne qu'aux fideles.

In Comm. in Paul.

C'est ainsi que saint Thomas, dont il accuse tres-iniustement les autres de reietter l'autorité a expliqué ce passage. *Nous esperons*, dit l'Apostre, *au Dieu viuant qui est Sauueur, & quant à la vie presente, & quant à la vie future*, QUI EST SALVATOR VITÆ PRÆSENTIS ET FUTURÆ; *parce qu'au regard du salut corporel il sauue tous les hommes, c'est pourquoy l'Apostre dit, [Qu'il est le Sauueur de tous les hommes,] Et quant au salut spirituel, il ne sauue que les bons. C'est pourquoy il adiouste, [Qu'il est principalement Sauueur des fideles, Quia saluat salute corporali quoad omnes; & ideo dicit, omnium hominum; Item salute spirituali, quoad bonos; & ideo dicit maximè fidelium.]*

Estius le plus estimé de tous les nouueaux Commentateurs de saint Paul, donne la mesme explication à ce passage. *Le vray sens*, dit il, *de ces paroles de l'Apostre, est celuy que S. Chrysostome, Oecumenius le Commentateur attribué à saint Ambroise, & S. Anselme, & plusieurs autres leur donnent, que Dieu est appellé le Sauueur de tous les hommes, parce qu'il donne à tous quelque salut. Car la vie temporelle, & les biens qui la regardent, sont communs à tous, & ils ne peuuent venir d'autre part que de la liberalité de Dieu. Mais il est veritablement, & d'vne maniere particuliere, le Sauueur des fideles, c'est à dire, de ceux qui perseuerent dans la Foy, qui opere par l'amour, parce qu'il leur donne à tous, & qu'il ne donne qu'à eux seuls la vie eternelle, à qui appartient proprement le nom de salut.*

La suitte, adioûte ce Docteur, *& la liaison du discours de l'Apostre, monstre assez la verité de cette explication. Car il auoit dit auparauant, que la pieté auoit receu de Dieu les promesses de la vie presente, & de la vie future, quoy qu'il soit vray, que pour ce qui regarde les biens de la vie presente, Dieu les rende également communs à tous, aux impies mesmes, & aux infideles, puis qu'il fait leuer son Soleil sur les bons & sur les meschans, & qu'il donne à tous la vie & la respiration, & toutes choses, comme dit l'Escriture. Et ce salut temporel s'estend mesmes iusques aux bestes selon ces paroles de Dauid: Vous sauuerez Seigneur, les hommes &*

Germanus sensus est, quem reddiderunt Chrysostomus, Oecumenius, Ambrosius, Anselmus & alii plerique, vt Deus omnium hominum Saluator dicatur, quia dat omnibus aliquam salutem. Nam vita temporalis, & multa eius vitæ bona omnibus communia sunt, nec aliunde profecta, quàm à Deo autore. Maximè vero & propriè fidelium Saluator est, intellige eorum qui in fide per charitatem operata perseuerant, quia solis & omnibus iis dat vitam æternam quæ simpliciter salus appellari solet. Sensum hunc ipse contextus Apostolicus postulat. Dixerat enim, pietatem habere promissionem vitæ præsentis & futuræ, quamuis vitæ præsentis beneficium Deus faciat omnibus commune, etiam impiis, & infidelibus: nam solem suum oriri facit super bonos & malos. Matth. 5. Omnibus benefacit de cœlo dans pluuiam, & tempora fructifera, Act. 14. Omnibus dat vitam & inspirationem & omnia Act 17. Quin etiam ad bruta animantia salus hæc terrena extenditur dicente Psalmista, homines & iumenta saluabis Domine. Psal. 35 Liquet ex his perperam à nonnullis adduci hunc Apostoli locum, quo stabiliant doctrinam suam de gracia ad salutem sufficiente quam dicunt omni-

les animaux Homines & iumenta saluabis Domine. *D'où il est clair,* conclud Estius, *que c'est à tort, que quelques-uns se veulent seruir de ce passage de saint Paul, pour en establir leur doctrine de la Grace suffisante au salut, qu'ils s'imaginent estre donnée à tous le monde.* bus hominibus offerri.

Voila à quoy se reduit ce passage, dont ont fait tant de bruit, & tant de trophées pour troubler les consciences du peuple, qu'on a emprunté de Fauste, comme tous les autres, & dont mesme on ne s'est seruy qu'apres l'auoir alteré. Et certes, il est à craindre, que quelqu'vn ne pousse encore cet argument plus auant que Monsieur le Theologal ; & que comme le salut corporel, qui fait que S. Paul appelle Dieu en cet endroit le Sauueur de tous les hommes, conuient aux bestes mesmes, selon l'Escriture, il ne se trouue des personnes qui entreprennent de prouuer par ce passage, que Iesus-Christ est le Redempteur, non seulement des hommes, mais aussi des bestes.?

ARTICLE XXV.

Mais il ne faut que lire dans le Concile de Trente, dont on se soucie fort peu, & on se declarera peut-estre dauantage, qui est neantmoins le plus excellent Concile pour la doctrine qui ait iamais esté, s'il peut y auoir des degrez dans l'infallibilité des Conciles.

RESPONSE.

Que ceux contre qui parle Monsieur le Theologal reuerent, autant & plus que luy, le Concile de Trente.

MOnsieur le Theologal se deuoit contenter d'imposer au peuple par de faux Conciles, sans accuser encore des personnes qu'il aduoue estre d'vne vie exemplaire de ne croire pas les veritables. Car c'est vne hardiesse qui doit estre odieuse à tout le monde, que de condamner ceux qu'il reconnoist irreprochables dans leur vie, d'estre tellement ennemis de l'Eglise, que de reietter l'authorité de ses Conciles, c'est à dire, de resister à la voix du S. Esprit, qui preside dans ces sainctes assemblées, & rend ses oracles par la bouche de ses Ministres.

Et ce qui est encore plus considerable, c'est qu'au lieu que pour les accuser publiquement d'vn si grand excez, il falloit que les preuues qu'il en eust, fussent publiques & indubitables, il le fait neantmoins de telle sorte, qu'il témoigne ne dire cecy qu'en passant par vne suitte, & vne impetuosité de sa passion, aduoüant qu'on ne s'est pas encore beaucoup declaré mais attendant qu'on se declare dauantage à l'aduenir. Et cependant il asseure des choses douteuses, & condamne par aduance des personnes innocentes, parce qu'il espere qu'elles paroistront vn iour coulpables d'vn si grand crime.

Mais pour faire voir à tout le monde, comme les soupçons sont temeraires, & ses calomnies fausses & sans fondement, nous luy declarons, que ceux qu'il accuse de se soucier fort peu du Concile de Trente, sont prests de le signer de leur sang, aussi bien que tous les autres Conciles des derniers siecles, & qu'ils le suyuent & le reuerent, non seulement dans les Canons & dans les poincts de la Foy, mais mesme en des poincts qui regardent les mœurs & la discipline, dont ceux qui en parlent tant, tesmoignent faire tres-peu d'estat.

ARTICLE XXVI.

LE Concile de Trente declare formellement, qu'il est mort pour tout le monde, en disant : Que quoy que I. Christ soit mort pour tous, tous neantmoins ne reçoiuent pas le fruict de sa mort.

RESPONSE.

L'Argument que Monsieur le Theologal tire du Concile de Trente contre la doctrine de S. Augustin, a desia esté fait contre Monsieur d'Ipre, & on y a tres solidement respõdu. Car on n'en peut prouuer autre chose, sinon, qu'en vne maniere que I. Christ est mort generalement pour tous les hommes, ce que Monsieur d'Ipre ne nie pas, reconnoissant auec S. Prosper comme nous auons desia dit, qu'encore que I. Christ soit d'vne façon particuliere le Redempteur

Dans les Liures que les Docteurs de Louuain ont fait contre les Theses des Iesuistes.

de ceux qu'il a deliurez de la captiuité du Diable, l'on peut dire neantmoins, selon le langage des Peres, qu'il est le Redempteur de tous les hommes generalement, comme le Chancelier de France est Iuge de tous les François, bien qu'il y en ait plusieurs qui ne seront iamais iugez par luy.

Et ainsi le Concile ne dit rien que ce que dit S. Paul, & n'enseigne rien qui ne soit conforme à la doctrine de Monsieur d'Ipre, mais au contraire il ruyne entierement celle de ses aduersaires, qui ne se contentent pas d'establir vne Redemption generale de tous les hommes, au sens du Concile & de S. Prosper, mais au sens de Fauste & des Semipelagiens, en pretendant comme eux : *Que par le merite de la Passion de Iesus-Christ, Dieu donne des graces suffisantes à tout le monde abondamment, & surabondamment*, qui sont les propres termes de Monsieur Habert en son second Sermon; en sorte que selon la comparaison, dont il s'est aussi seruy, Dieu se conduise en la mesme maniere dans le salut des hommes, que feroit vn Roy, qui ayant payé vne rançon suffisante pour rachepter plusieurs captifs, laisseroit en leur volonté d'vser ou de ne pas vser de son bien-fait, de retourner, ou de ne pas retourner en son Royaume.

Et n'est-ce pas ce que le Concile condamne formellement, lors qu'il dit en termes clairs: *Que tous ne reçoiuent pas le bien-fait de la Mort de Iesus Christ, mais seulement ceux à qui sa Mort est communiquée.* Ce qui ne peut estre, s'il est vray, comme le pretend Monsieur Habert, que tous generalement reçoiuent par le merite du Sang de Iesus-Christ, & comme vn effet de la Redemption generale, des graces abondantes & surabondantes. Car il ne peut pas nier que ces graces ne soient des effets & des bienfaits de la Mort de Iesus Christ. Et par consequent, il s'oppose au Concile, qu'il accuse les autres de ne tenir pas.

ARTICLE XXVII.

Ainsi de ce que tous ne reçoiuent pas le fruit de la Mort de Iesus-Christ, c'est qu'ils ne le veulent pas.

RESPONSE.

Que tous ceux qui connoissent la veritable Grace de Iesus-Christ, ne peuuent pas parler de la sorte.

SI la raison, pourquoy tous les hommes ne reçoiuent pas le fruict de la Mort de Iesus-Christ, qui sont les graces, c'est qu'ils ne le veulent pas; Il s'ensuit, que Dieu attend la volonté des hommes pour leur conferer sa Grace, qui est vne erreur des Semipelagiens, condamnée en termes formels dans le Concile d'Orange. *Si quelqu'vn soustient*, dit ce Concile, *que Dieu attend nostre volonté pour nous guerir de nos pechez, & ne reconnoist pas, que c'est l'operation mesme du saint Esprit, & l'infusion de la Grace qui fait que nous voulons en estre gueris; il resiste au saint Esprit, qui dit par la bouche de Salomon: Que c'est le Seigneur qui prepare la volonté, & à l'Apostre qui nous enseigne cette doctrine salutaire: Que c'est Dieu qui forme en nous le vouloir, & l'action selon son bon plaisir.*

Si quis vt à peccato purgemur, voluntatem nostram Deum expectare contendit, non autem vt etiam purgari velimus, per sancti Spiritus infusionem & operationem in nobis fieri confitetur, resistit ipsi Spiritui sancto per Salomonem dicenti: Præparatur voluntas à Domino, & Apostolo salubriter prædicanti, Deus est qui operatur in nobis, & velle & perficere pro bona voluntate

Conc. Arausic. can. 4

Aussi S. Augustin condamne comme *vn Pelagianisme* cette proposition: *Que tous les hommes receuroient la Grace s'ils vouloient, & de ce qu'il y en a à qui elle n'est pas donnée, c'est qu'ils la refusent par leur propre volonté.*

Quomodo dicitur omnes homines gratiam fuisse accepturos, si non illi quibus non donatur eam sua voluntate respuerent.

August. Epist. 107.

Mais tout le discours de Monsieur le Theologal n'est fondé, que sur ce qu'il ne connoist pas assez la Grace de Iesus-Christ, & qu'il ne comprend pas, Que c'est à elle *à former en nous vn esprit nouueau*, comme disent les Prophetes: *A nous faire vouloir, & a nous appliquer au bien*, comme dit l'Apostre: *A se faire entrée dans le cœur, malgré toute sa dureté*, comme dit S. Augustin: *A se soûmettre les ames qui luy font plus de resistance*, comme dit S. Prosper: Et enfin. *A se faire connoistre, se faire aimer, se faire desirer, se faire demander*, comme dit saint Fulgence. Tous ceux qui sont instruits dans ces veritez Catholiques, iugeront facilement combien Monsieur Habert les a peu considerées, lors qu'il a dit: *Que de ce que tous ne reçoiuent pas le fruit de la Mort de Iesus-Chr. c'est qu'ils ne le veulent pas*; comme si le fruit & le premier effet de la Mort de I. Ch. n'estoit pas d'inspirer aux hommes ce vouloir qu'il dit leur manquer; & comme si S. Augustin n'auoit pas soustenu auec grande raison: *Qu'on ne peut pas dire, que Dieu nous fait*

Ezech. c. 36. v. 26.
Philip. c. 2. v. 13.
Heb. c. 13. v. 21.
De Præd. sanct. c. 11.
Lib. 1. de Ver. de Pred. & Gr.

Illud autem nescio

fait en vain misericorde, si nous ne le voulons pas, puisque c'est sa misericorde qui nous le fait vouloir. Ce qu'il prouue souuent par l'exemple des enfans qui reçoiuent la Grace par le Baptesme, sans qu'ils puissent auoir auparauant aucune volonté de la receuoir, comme ceux qui ne la reçoiuent point, n'ont aucune volonté de la reietter.

quomodo dicatur frustrà Deum misereri, nisi nos velimus. Si enim Deus miseretur, iam volumus Ad eandem quippe misericordiam pertinet, vt velimus
Aug. l. 1 ad Simpl. q. 2.

ARTICLE XXVIII.

Saint Augustin a fait vn Liure exprés pour monstrer, que la perdition des hommes ne vient pas du manquement de la Grace, mais de leur propre volonté.

RESPONSE.

ON obligeroit extremement le public, & particulierement les amateurs de S. Augustin, si on leur vouloit faire part de ce Liure, que Monsieur le Theologal allegue, qu'il a peut estre trouué depuis peu dans quelque Bibliotheque, où il estoit demeuré inconnu iusques à present. Car ceux qui ont leu fort exactement tous les Ouurages de ce grand Saint, sçauent, qu'encore qu'il soit vray dans sa doctrine, que la perdition des hommes vient de leur propre volonté: Il est tres vray neantmoins selon les maximes Catholiques du mesme Saint, que Dieu en punition des pechez des hommes, ne donne pas sa Grace à tous les pecheurs, parce que selon S. Paul, elle est purement gratuite, & il n'est obligé de la donner à personne. Et ainsi, il n'est pas aisé de comprendre ce que Monsieur Habert a voulu dire, si ce n'est qu'il ait leu dans ce Pere, ce qui n'y est point, ou qu'il en ait des Ouurages qu'on n'a iamais veus. Ou bien, qu'apres auoir feint de nouueaux passages dans S. Paul, de nouueaux blasphemes dans la doctrine des Peres, de nouuelles heresies dans l'opinion de saint Augustin, de nouuelles veritez dans les erreurs de Fauste, de nouueaux Conciles dans la Tradition de l'Eglise : Il ait creu pouuoir feindre de nouueaux Liures dans les Ouurages d'vn Auteur si celebre, afin de signaler ainsi ses Sermons par des choses toutes extraordinaires, & toutes nouuelles. Et certes, il estoit en quelque sorte raisonnable, qu'apres s'estre formé des monstres pour les destruire, il se formast aussi des armes pour les combattre, & qu'il suscitast des liures imaginaires contre *des caballes & des conspirations* imaginaires.

ARTICLE XXIX.

C'est ce qu'on voit encore clairement dans saint Pierre. Erunt homines introducentes sectam perditionis, negantes eum qui emit eos, & inducentes celerem perditionem.

RESPONSE.

La veritable explication de ce passage de S. Pierre.

2 Pet. c. 2 v. 1. CE passage de S. Pierre sur lequel on s'est tant arresté, ne prouue rien dont Monsieur d'Ipre ne demeure entierement d'accord. Car s'agissant en cet endroit de ceux qui quittent l'Eglise pour introduire de nouuelles Sectes, dont il est dit au mesme lieu : *Qu'ils abandonnent la voye de la iustice apres l'auoir connuë, & qu'ils sont semblables à vn chien, qui retourne à son vomissement*, on ne peut conclure autre chose de ces paroles, sinon qu'il y a des reprouuez qui participent à quelques effects de la Redemption de I. Christ, comme tous les baptisez qui ne perseuerent pas en la Grace de leur Baptesme, & qu'en ce sens I. Christ les a rachetez. Ce que l'Apostre confirme, lors qu'il appelle le Baptesme, *Redemption*, en ces paroles : *Nolite contristare Spiritum sanctum Dei in quo signati estis in die Redemptionis.* C'est à dire au iour du Baptesme, selon l'explication des Peres, & de sainct Thomas.

Eph. c. 4 v. 30.

Car le Baptesme nous applique le prix du sang de Iesus Christ, & nous deliure des liens de la captiuité du Diable, pour nous rendre libres, & vrais enfans de Dieu. Et quoy que nous commettions apres de nouueaux crimes qui nous font retomber dans la puissance du Diable, cela n'empesche pas que nous n'ayons esté vrayement rachetez par le sang de I. Chr. au Baptesme ; comme vn criminel ne laisse pas d'auoir receu vrayement la grace du Roy, encore qu'apres l'auoir receuë il commette vn nouueau crime qui luy fait meriter la mort, & dont le Roy ne luy octroye pas le pardon. Qu'y-a-t'il en cela que Monsieur d'Ipre ne reconnoisse? N'enseigne-t'il pas formellement que I. Christ est mort pour donner à quelques vns des reprouuez la vie de la Grace par le merite de sa mort, encore qu'ils ne la gardent que pour vn temps?

Mais ce que Monsieur le Theologal deuoit prouuer pour le conuaincre *d'heresie & de blasphème*, comme il l'en accuse si hardiment, est que ce soit vne heresie & vn blaspheme, de nier auec S. Augustin, que I. Christ soit mort auec vn dessein formé de donner le salut eternel aux reprouuez, ou qu'il ait respandu son sang pour ceux qui n'en reçoiuent aucun effet, ny en ce monde ny en l'autre, comme sont tous les infideles qui meurent dans leur infidelité.

Et pour faire voir qu'en cela nous ne disons rien de nous-mesmes, il y a long-temps qu'Estius a fait la mesme remarque sur ce passage de S. Pierre. *On prouue bien*, dit-il, *par ce lieu, que I. Christ a racheté quelques Reprouuez, sçauoir ceux qui ont esté participans de sa Redemption, selon quelques-vns de ses effets; comme estoient ceux dont parle S. Pierre, qui auoient esté regenerez par la Foy dans le Baptesme, & qui auoient receu le pardon de leurs pechez, quoy qu'ils fussent retournez depuis dans la premiere seruitude du peché. Et c'est ce qu'enseigne le Concile de Valence tenu en France, il y a pres de huict cens ans, lors qu'il asseure que la Redemption de I. Ch. appartient à ceux qui ont esté regenerez dans le Baptesme, & lauez de leurs pechez par le sang de Iesus-Christ, quoy qu'ils ne soient pas sauuez, parce qu'ils ne perseuerent point. Mais il ne faut pas conclure de là, que l'effect de la Redemption s'estende generalement sur tous les hommes, ce que le mesme Concile de Valence nie formellement.*

Ex hoc loco benè colligitur Christum redemisse quosdã reprobos, nempe illos qui redemptionis eius secundum aliquos effectus facti sunt participes. Eiusmodi erant hi de quibus *Petrus* loquitur vtpote per fidem in baptismo regenerati & peccatorum veniam consecuti, licet postea in veterem peccati seruitutẽ relapsi. Quæ eadem doctrina est Concilii Valentini ante annos 860. in Galliis habiti cap. 5. affirmantis Christi redemptionem etiam ad eos pertinere, qui etsi non saluentur, quia nõ perseuerant, baptismo tamen regenerati fuerunt, & in sanguine Christi à peccatis suis abluti. Sed ne hinc colligas, ad omnes omnino homines effectum redemptionis extendi, quod in eodem Concilio c. 4. disertè negatur.
Estius in illum vers. Petri.

Ainsi nous voyons que ce passage ne prouue rien que contre les Caluinistes, qui soustiennent que les Reprouuez n'ont iamais la Foy, ny la vie de la Grace, & ne sont iamais regenerez, ny iustifiez interieurement. Car ne pouuant dire que I. Christ les a vrayement rachetez, ils sont contraints d'eluder l'Escriture, en respondant qu'il les a rachetez en signe, & en figure, en leur appliquant le signe de la Redemption qui est le Baptesme, quoy qu'il ne leur en ait communiqué aucun effet interieur.

ARTICLE XXX.

Ie mourrois pour ces veritez. Ie respandrois iusqu'à la derniere goutte de mon sang. Si ie ne vous presche des veritez Euangeliques abandonnez-moy. Et si ce ne sont là des maximes d'erreur & d'heresie.

RESPONSE.

Quelle foy l'on doit adiouster à cette protestation de Monsieur le Theologal.

C'Est la coustume de ceux qui aduancent des maximes nouuelles & extraordinaires, de les vouloir persuader par des protestations hardies; comme ceux qui proposent des choses fausses & incroyables, taschent de les establir par les sermens les plus saincts & les plus religieux. Mais auant que Monsieur le Theologal pust trouuer par ces paroles quelque creance dans les esprits, il falloit qu'il prouuast que les opinions qu'il soustient fussent des veritez de nostre Foy par vne autre authorité, que par celle d'vn faux Concile, & par d'autres preuues que par les argumens d'vn Semipelagien. Et il deuoit dõner en suitte d'autres marques de son ardente Charité, qui est celle qui fait les Martyrs, que les chaleurs de la passion qu'il a tesmoignée dans tous ses Sermons, & ces iniures atroces, par lesquelles il a deschiré auec tant d'outrage vn Euesque celebre, que sa seule dignité luy deuoit rendre inuiolable, & auec luy tant d'autres Euesques, & de personnes excellentes qui approuuent, & qui suiuent sa doctrine. On peut imposer au peuple par cette ostentation affectée d'vne vaine confiance en ses sentimens; mais les Sages considerent les actiõs qui parlent, & ne s'arrestent pas aux paroles qui sont destruittes par les actions. Car enfin, quoy que Monsieur Habert publie de son zele, & quelque indisposition qu'il tesmoigne auoir *de respandre pour son opinion iusqu'à la derniere goutte de son sang*; il aura de la peine à persuader à tout le monde, que lors qu'il a commencé à descrier cette doctrine dans la chaire, il ne cherchast autre chose que le martyre.

Son 1. Sermon fut le dernier iour de Nou. 1642.

ARTICLE XXXI.

On me dira qu'on interprete cela. Ie sçay bien qu'on peut tout interpreter. Si ie disois au lieu d' In principio erat Verbum ; In principio non erat Verbum : *Et au lieu, de* Verbum caro factum est ; Verbum caro factum non est, *ne me condamneriez-vous pas, encore que i'y pusse donner quelque interpretation.*

RESPONSE.

Que nous deuons rechercher le veritable sens des Escritures dans les Liures des saints Peres en consultans particulierement sur chaque passage ceux à qui Dieu a donné plus de lumiere dans les matieres que ces passages regardent.

TOut le fondement de ce discours, n'est qu'vne pure illusion. Car Monsieur Habert veut faire croire au peuple, qui n'a pas leu Monsieur d'Ipre, qu'il s'oppose directement aux paroles de l'Apostre en disant, *Christus pro omnibus mortuus non est*, & qu'il veut en suitte expliquer sa proposition, comme feroit vn homme qui diroit, *In principio non erat Verbum* : Ou bien, *Verbum caro factum non est*, & qui tascheroit en suitte d'apporter quelque explication à ces paroles.

Et cependant, nous auons desia fait voir, que Monsieur d'Ipre ne fait autre chose en ce lieu, sinon que reconnoissant la verité de ce que l'Apostre dit, *Christus pro omnibus mortuus est*, il rapporte simplement les explications que saint Augustin, saint Prosper, & les autres deffenseurs de la Grace leur ont données en disputant contre les Pelagiens, & les Semipelagiens : Comme feroit vne personne qui expliqueroit ces paroles, *In principio erat Verbum*, ainsi que les Peres qui ont combattu les Ariens les ont expliquées, ou qui entendroit ces autres, *Verbum caro factum est*, comme les ont entenduës ceux qui ont ruiné les diuerses heresies qui se sont esleuées contre le Mystere de l'Incarnation, soustenant par exemple, que le mot de *Chair* en ce passage ne se doit pas prendre pour la chaire seule, comme les Apollinaristes le pretendoient, mais pour l'homme entier composé

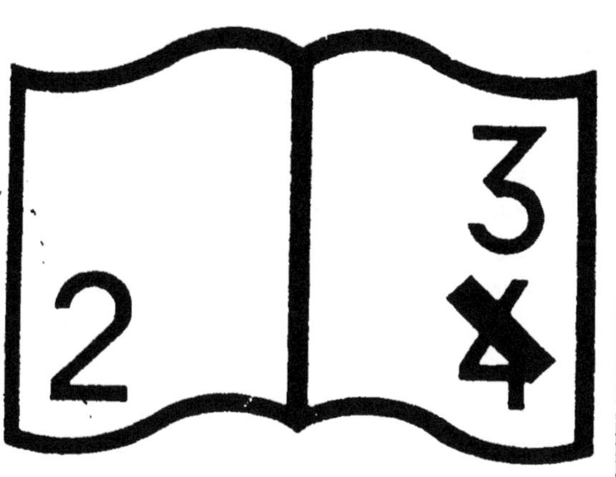
2
3
4

de chair, & d'ame. Et qui maintiendroit que *le Verbe ne s'est pas fait chair* au sens de ces heretiques, c'est à dire, qu'il n'a pas pris la chair seule. Qu'y a-t'il en cela que de raisonnable, que de Catholique, que de conforme à l'Esprit de l'Eglise? au contraire, qui ne voit que la pretension de Monsieur Habert en cette rencontre est entierement semblable à celle de nos heretiques? Car tout le suiet de son accusation, est qu'il a creu que ces paroles de S. Paul, Iesus-Christ est mort pour tous, marquoient si clairement, qu'il estoit mort generalement pour tous les hommes sans en excepter aucun; qu'il n'estoit point permis d'y chercher aucune autre explication; Comme nos heretiques veulent ruiner la manducation reelle de la chair de Iesus-Ch. par ces paroles: *Caro non prodest quicquam; La chair ne sert de rien.* Et le Sacrifice de la Messe par ces autres: *Christus semel oblatus est ad multorum exhaurienda peccata, Iesus-Christ a esté immolé vne fois pour effacer les pechez de plusieurs.* Et la Communion sous la seule espece du pain par ce commandement de Iesus Chr. *Bibite ex hoc omnes, Beuuez tous de ce Calice.* Et le merite des bonnes œuures par ces mots: *Arbitramur iustificari hominem per fidem sine operibus Legis, Nous croyons, que l'homme est iustifié par la Foy, sans les œuures de la Loy.* Et l'honneur qu'on rend aux images par ce commandement de Dieu, *Non facies tibi sculptile, Vous ne ferez aucune image taillée*; parce qu'ils pretendent, que toutes ces paroles de l'Escriture sont si claires, qu'elles ne peuuent souffrir aucune explication.

Ioan. c. 6 v. 64.
Hebr. c. 9. v. 28
Math. c. 26. v. 27.
Rom. c. 3. v. 28.
Exodi c. 20. v. 4.

De sorte que nous respondons à Monsieur le Theologal ce qu'il seroit obligé de respondre luy-mesme aux heretiques, que le veritable sens des Escritures se doit prendre dans la Tradition de l'Eglise, & dans les escrits des saints Docteurs qui en sont les depositaires, & que c'est vne des principales raisons pour lesquelles Dieu a permis les heresies, comme S. Augustin a remarqué excellemment, *pour découurir les sens qui estoient cachez dans l'Escriture à ceux qui se trouueroient obligez de respondre aux heretiques*, & que Dieu auoit destinez particulierement pour deffendre & pour esclaircir la verité. *C'est ainsi*, adiouste ce Pere, *qu'on a expliqué plusieurs endroits de l'Escriture, de la Diuinité de Ies. Chr. contre Photin: Plusieurs de son Humanité contre les Manicheens: Plusieurs de la Trinité contre Sabellius: Plusieurs, de l'Vnité des trois*

Multi enim sensus scripturarum sanctarum latent, & paucis intelligentioribus noti sunt: nec asseruntur commodius & acceptabilius, nisi cum respondendi hæreticis cura compellit.

Personnes contre les Ariens, les Eunomiens, & les Macedoniens: Et plusieurs de l'Eglise Catholique respanduë par toute la terre, contre les Luciferiens, & les Donatistes.

Ce qui nous fait voir que nous estant deffendu d'expliquer l'Escriture par nostre propre esprit, quelque claire que nous nous imaginions qu'elle soit, ainsi que font tous les heretiques, nous en deuons apprendre des Peres le veritable sens, & comme les passages de l'Escriture regardent diuerses veritez, nous deuons sur chaque verité rechercher l'explication de la parole de ceux d'entre les Peres à qui Dieu a donné plus d'intelligence de ces poincts, pour deffendre son Eglise qui estoit attaquée, & l'opposition des heresies plus de suiet de descouurir les lumieres qu'ils auoient receuës.

Denique quam multi scripturarũ sanctarum sensus de Christo Deo asserti sunt contra Photinum: quam multi de homine Christo contra Manichæum, quã multi de Trinitate contra Sabellium; quam multi de vnitate Trinitatis contra Arrianos Eunomianos, Macedonianos; quam multi de Catholica Ecclesia toto orbe diffusa aduersus Donatistas & Luciferianos. *Aug. in Psal. 67.*

C'est ainsi qu'on a tousiours principalement recherché l'explication des passages qui regardent la Trinité dans S. Hilaire & S. Athanaze: De ceux qui regardent l'Incarnation dans S. Cyrille d'Alexandrie; Et de ceux qui regardent l'Eglise & la Grace dans S. Augustin. Ce que Monsieur d'Ipre ayant fait tres fidelement, il n'y a personne qui ne iuge, qu'il ne soit plus digne des loüanges de tous les hommes equitables, que des reproches iniurieux de ses ennemis.

Que le mot de TOVS, *ne se prend pas tousiours si vniuersellement dans l'Escriture, qu'il comprenne tous les hommes en general, sans en excepter aucun.*

MAis de plus, pour faire voir que Monsieur le Theologal s'abuse beaucoup, lors qu'il s'imagine que les endroicts de l'Escriture, où il est dit, *Que Iesus Crist est mort pour tous*, nous enseignent si clairement, qu'il est mort generalement pour tous les hõmes en particulier, qu'on ne peut sans crime leur dõner d'autre explication moins estenduë, il ne faut que considerer ce que les moindres Theologiens sçauent, & ce que tous ceux qui ont parlé des regles qu'on doit garder dans l'intelligence des Escritures sainctes, ont remarqué, que c'est vne chose tres ordinaire à l'Escriture de se seruir de termes vniuersels, TOVS, NVL, & autres semblables, sans que neantmoins ces termes generaux se puissent prendre vniuersellement, & sans aucune exception. Et c'est ce que dans la matiere particuliere de la Grace, dont il s'agit, tous les anciens Peres qui l'ont deffendue contre ses ennemis, ont prouvé tres-solidement par vne infinité d'exemples.

Familiare est, dit S. Fulgence, *diuinis eloquiis, vt* OMNES, *nonnunquam dicant, nec tamen omne humanum genus in ipsis omnibus semper intelligi debere commoueant. C'est ainsi*, disent ces Peres, *que Dieu promet par son Prophete de respandre son esprit sur* TOVS *les hommes; & neantmoins peut-on dire, que tous les hommes en particulier, ayent receu l'Esprit de Dieu? C'est ainsi, que le Fils de Dieu a dit dans l'Euangile, Que lors qu'il seroit eleué de la terre*, c'est à dire mis en Croix, *il attireroit* TOVTES *choses à luy: Et neantmoins peut-on dire, qu'il ait attiré generalement tous les hommes à la Foy, & à la connoissance de son Nom? C'est ainsi que Dauid a dit, Que Dieu releue* TOVS *ceux qui tombent: Et neantmoins, peut-on dire qu'il releue, & qu'il conuertisse tous les pecheurs? C'est ainsi, que Dieu iure par luy-mesme, que* TOVS *les hommes fléchiront le genoüil deuant luy, & que* TOVTES *les langues le beniront: Et neantmoins, combien y a t'il encore d'hommes qui fléchissent le genoüil deuant les idoles, & combien y a t'il de langues qui le blasphement? C'est ainsi, que S. Paul dit, Que* TOVTES *choses ont esté faites nouuelles: Et neantmoins peut-on dire que tous les hommes ont esté renouuellez? C'est ainsi, que le mesme Apostre dit encore, Qu'il a pleu à Dieu de reconcilier à soy par I. Ch.* TOVTES *choses soit dans le Ciel, soit dans la terre: Et neantmoins peut-on dire qu'il ait voulu que le Diable & ses Anges eussent part à cette paix & à cette reconciliation? C'est ainsi qu'il dit encore, Que* TOVS *seront viuifiez par I. Ch. comme* TOVS *sont morts par Adam: Et neantmoins qui peut dire que la participation de cette vie de Iesus-Christ soit donnée à tous les hommes, quoy qu'il soit vray, que la mort d'Adam soit communiquée generalement à tous les hommes?*

Fulg. de Incarn. & Grat. D. N. I. C. cap. 31. Vid. S. Fulg. lib. de Inc. & Gr. c. 31. Et S. Prosp. lib. 1. de Voc. gen. cap. 9. & Resp. ad Obiect. 8. Gallor.

Ces exemples, dit S. Prosper, *& beaucoup d'autres qu'on pourroit trouuer aisément dans l'Escriture, nous monstre clairement, que le S. Esprit prend quelquefois dans la parole diuine* TOVTE *la terre pour vne partie de la terre, &* TOVT *le monde pour vne partie du monde, &* TOVS *les hommes pour vne partie des hommes.*

His igitur & aliis documentis quæ possunt ab inquirentibus numerosiora proferri, non dubiè demoustratur, & pro parte terræ, *Omnem* terram, & pro parte mundi, *Omnem* mundum, & pro parte hominum, *Omnes* homines nominari. *Prosp. l. 1. de Voc. gent. c. 9.* Nisi huiusmodi denuntiationes secundum illam incommutabilem scientiā editas nouerimus, in qua

Et

Et la raison de cecy, est comme le mesme Pere dit excellemment : *Que dans la Science immuable de Dieu, tout le genre humain est desia diuisé en deux parties, dont chacune a sa plenitude & son vniuersalité qui luy est propre, que les Esleus sont vn monde, & que les Reprouuez sont vn autre monde ; Et qu'ainsi soit que Dieu parle des bons ou des meschans, il en parle, comme s'il n'exceptoit aucun des hommes.*

apud illam iam vniuersitas humana discreta est, & siue de bonis, siue de malis loquatur, ita vnius partis meminit, quasi neminem hominum retermittat. *Ibid.*

Que les explications que S. Augustin donne aux passages de S. Paul, Dieu veut que tous les hommes soient sauuez ; *Et*, Iesus-Christ s'est donné pour la redemption de tous, *sont tres raisonnables, & tres-conformes au langage de l'Escriture.*

MAis pour descendre encore plus au particulier & iustifier, non Monsieur d'Ipre, qui n'a fait que rapporter les sentimens de S. Augustin, mais S. Augustin mesme dans l'explication de ces paroles, *Dieu veut que tous les hommes soient sauuez* ; Et, *Iesu-Christ s'est donné pour la redemption de tous* ; qui sont deux passages qui se suiuent dans l'Apostre, & qui s'expliquent l'vn par l'autre ; il est aisé de faire voir que le sens qu'il leur donne, & apres luy tous les Peres, qui ont traitté particulierement de la Grace, est non seulement conforme à la façon de parler des Escritures, mais aussi au langage ordinaire des hommes, & aux regles mesmes de la plus seuere Dialectique.

Sainct Augustin se sert principalement de deux explications. La premiere est, *Que Dieu veut que* TOVS *les hommes soient sauuez*, c'est à dire, *tous ceux qui le sont, parce qu'aucun ne l'est que par sa seule volonté*. Et c'est ce que les Logiciens appellent, (ainsi que S. Thomas qui rapporte, & approuue cette explication, le tesmoigne) *distributionem commodam*, vne distribution accommodée au suiet dont on parle.

Et S. Augustin confirme cette explication par des exemples tres-clairs, tant de la maniere ordinaire de parler des hommes, que des Escritures sainctes. *Comme donc*, dit-il, *nous ne parlons pas improprement lors que nous disons d'vn maistre qui enseigne seul les lettres humaines dans vne ville : C'est luy qui enseigne* TOVS *ceux de cette ville, non que tous les habitans de cette ville apprennent les lettres humaines, mais parce que nul ne les apprend, qu'il ne les apprenne de luy. Ainsi nous disons a-*

Sicut ergo integrè loquimur, cum de aliquo litterarum Magistro qui in ciuitate solus est, dicimus, *Omnes* iste hic litteras docet ; non quia omnes discant, sed quia nemo nisi ab illo discit quicumque ibi litteras discit. Ita recte dicimus: *Omnes* Deus docet venire ad Christum; non quia omnes veniunt, sed quia nemo aliter venit. *Aug. de præd sanct. cap. 8. Vid. etiam de Nat. & Gr. c 41.*

Sicut possumus dicere in aliquam domum per vnam ianuam intrare *Omnes*, non quia omnes homines intrant in eandem domum, sed quia nemo intrat nisi per illam. *Aug. l6 in Iul. c. 12.*

Cum audimus, & in sacris litteris legimus, quod velit omnes saluos fieri, quamuis certum sit nobis non omnes saluos fieri, non tamen ideo debemus omnipotentissimæ Dei voluntati aliquid derogare, sed ita intelligere quod scriptum est, Qui vult *Omnes* homines saluos fieri tanquam diceretur, nullum hominem saluum fieri, nisi quem saluum fieri, ipse voluerit. Non quod nullus sit hominum, nisi quem saluum fieri velit, sed quod nullus fiat, nisi quem velit. Et ideo sic rogandus vt velit, quia necesse est fieri, si voluerit. De orando quippe Deo agebat Apostolus vt hoc diceret. Sic enim intelligimus id quod in Euange-

nec raison que Dieu enseigne à TOVS *les hommes de venir à Iesus-Christ, non que tous viennent à Iesus-Christ, mais parce que nul ne vient à luy, qui n'ait esté enseigné de luy.*

Il apporte encore vn autre exemple aussi commun dans le liure 6. contre Iulien : *Comme on dit d'vne maison où il n'y a qu'vne porte, que* TOVS *entrent par cette porte dans cette maison, non que tous entrent dans cette maison, mais parce que personne n'y entre que par cette porte.*

Les exemples qu'il tire de l'Escriture ne sont pas moins euidens. *Lors*, dit il, *que nous lisons dans l Escriture que Dieu veut que tous les hommes soient sauuez, bien que nous soyons asseurez, que tous les hommes ne sont pas sauuez, nous ne deuons rien oster toutefois à la volonté toute-puissante de Dieu, mais entendre ces termes, Qu'il veut que* TOVS *les hommes soient sauuez, comme s'il y auoit, Que nul homme n'est sauué, que ceux qu'il veut estre sauuez, le sens n'estant pas, qu'il n'y a personne qu'il ne veuille estre sauué, mais que nul n'est sauué, que ceux qu'il veut sauuer. Et c'est pour cela, qu'il le faut prier de le vouloir, estant infaillible qu'il arriuera s'il le veut; Car l'Apostre parloit de la priere en cet endroit, & c'est ainsi que nous entendons ce qui est escrit dans l'Euangile: [Qu'il éclaire tous les hommes,] le sens n'estant pas, qu'il n'y a persõne qu'il n'éclaire, mais que nul n'est éclairé que par luy.*

Il se sert encore d'vn autre passage de l'Escriture dans l'Epistre 107. à Vital, pour fortifier cette explication. *Comme encore qu'il y ait vn si grand nombre d'hommes qui sont punis de la mort eternelle, l'Apostre ne laisse pas de dire, Que* TOVS *seront viuifiez par I. Ch. parce que tous ceux qui reçoiuent la vie eternelle, ne la reçoiuent que par I. Ch. Ainsi, [bien qu'il y ait vn si grand nombre d'hommes que Dieu ne veut pas qui soient sauuez, neantmoins il ne laisse pas de dire, que Dieu veut que tous les hommes soient sauuez, parce que tous ceux qui sont sauuez, ne le sont que parce qu'il veut les sauuer.*

La seconde explication de S. Augustin, c'est *que Dieu veut que tous les hommes soient sauuez*, c'est à dire, *toutes sortes d'hommes, de toutes sortes de conditions, d'âge, de sexe, & de pays* : Et c'est ce que les Dialecticiens appellent (comme S. Thomas témoigne, expliquant ce mesme endroit de l'Apostre) *Distributionem pro generibus singulorum, & non pro singulis generum*, l'acceptation d'vn terme vniuersel pour les diuers genres d'vne chose, & non pas pour chaque chose en particulier de ces diuers genres. Comme l'on dit, que tous les animaux furent sauuez par le moyen de l'Arche, quoy qu'il y en eust vne infinité qui perirent par le Deluge, parce qu'il y en eut quelques-vns de chaque espece qui furent sauuez. S. Augustin confirme cette explication dans son Liure de la correction & de la Grace par deux autres endroits de l'Escriture, où il faut necessairement prendre le mot de TOVS, dans le mesme sens. Voicy ses paroles: *C'est ainsi que l'Escriture dit, Que Dieu veut que tous les hommes soient sauuez, entendant [Tous les Predestinez,] parce qu'ils comprennent toutes sortes de conditions d'hommes. Il a esté dit de mesme aux Pharisiens: Vous payez la dixme de* TOVTES *les herbes; où l'on ne doit entendre, que toutes les herbes qu'ils auoient. Car ils ne payoient pas la dixme de toutes les herbes qui estoient dans toute la terre. L'Escriture s'est seruie encore de cette façon de parler, lors qu'elle a dit: Comme ie tasche de plaire à* TOVS *en tous en toutes choses. Car l'Apostre qui a dit cela, taschoit-il de plaire aussi à tant de personnes qui le persecutoient? Mais il taschoit de plaire à tous les hommes de toutes conditions, dont l'Eglise de Iesus-Christ estoit composée.*

Mais il iustifie encore dauantage cette explication dans son Manuel, & en fait voir si clairement la conformité auec l'intention de l'Apostre, qu'il ne faut que rapporter les paroles de ce Pere, pour s'étonner de la temerité de ceux, qui osent crier contre ce sens des paroles de S. Paul, comme contre vne corruption euidente de l'Escriture Sainte.

Ce Pere ayant expliqué le passage de S. Paul en la premiere maniere, dont nous auons parlé, adiouste en suitte: *On peut encore expliquer en vn autre sens ce que dit l'Apostre, Que Dieu veut que tous les hommes soient sauuez, qui est qu'il ne veut pas dire, qu'il n'y a nul homme qu'il ne veüille estre sauué, puis qu'il n'a pas voulu faire des miracles parmy des peuples, dont il dit luy-mesme, qu'ils eussent fait penitence, s'il les eust fait parmy eux; mais que de* TOVTE *la race des hommes il en veut sauuer de toutes conditions, Roys, particuliers; nobles, ou non nobles; grands ou petits; sçauans ou ignorans; sains ou malades; ingenieux ou stupides; riches, pauures ou mediocres; hommes ou femmes; enfans, ieunes, âgez, ou vieux; de toutes langues, de toutes mœurs, de tous arts, de toutes professions, & quelque diuersité infinie qu'il y ait entre eux de volonté, de conscience, & de quelque autre chose que ce puisse estre. Car y a-t'il quelque estat, & quelque qualité, de la-*

lio scriptum est: *Qui illuminat omnem hominem*, non quia nullus est hominum, qui non illumineatur, sed quia nisi ab ipso nullus illuminatur. *Idem in Enchyr. c. 103.*

Sicut illud quod dictum est, Omnes in Christo viuificabuntur, cum tam multi æterna morte puniantur, ideo dictum est, quia *Omnes* quicumque vitam æternam percipiunt, non percipiunt nisi in Christo: Ita quod dictũ est, Omnes homines vult Deus saluos fieri, *cum tam multos nolit saluos fieri*, ideo dictum est, quia omnes qui salui fiunt, nisi ipso volente non fiunt. *Id. Epist. 107.*

Ita dictũ est: Omnes homines vult saluos fieri, vt intelligantur *Omnes Prædestinati*, qui omne genus hominum in eis est, sicut dictum est Pharisæis: Decimatis *Omne* olus, vbi non est intelligendum, nisi omne quod habebant. Neq; enim omne olus quod erat in toto orbe terrarum decimabant. Secundum istum locutionis modum dictum est: Sicut & ego *Omnibus* per omnia placeo. Numquid enim qui hoc dicit, placebat tam multis [illegible] bus suis? sed place-

quelle Dieu ne veüille sauuer les hommes dans toutes les Nations, & qu'il ne le fasse, parce que la volonté du Tout-puissant ne peut estre impuissante & vaine? L'Apôtre auoit ordonné, que l'on priast pour toutes sortes de personnes, & il auoit adiousté particulierement pour les Roys & pour ceux qui sont esleuez en dignité, que l'on pouuoit croire estre trop amoureux du faste & de la gloire du monde pour pouuoir pratiquer l'humilité de la Religion Chrétienne. C'est pourquoy ayant dit, que c'est vne chose agreable à nostre Sauueur, sçauoir, de prier pour ces personnes, il adiouste pour oster occasion de desespoir; Il veut que tous les hommes soient sauuez, & qu'ils viennent à la connoissance de la verité, Dieu ayant voulu sauuer les Grands par les prieres des petits. Ce que nous voyons déja auoir esté accomply. Et ce que S. Aug. dit, que les premiers Chrestiens pouuoient croire; que l'orgueil ordinaire des Roys & des Princes, estoit incapable de l'humilité du Christianisme, est si veritable, qu'il paroist par vn endroit celebre de l'Apologie de Tertullien, qu'encore que l'Apostre leur eust appris, que la condition des Roys ne seroit pas incompatible auec la vie basse, & méprisable des vrays Chrétiens, Tertullien ne laisse pas de dire; *Que Pilate qui dans son ame croyoit en I. Ch. escriuit alors toute l'histoire de sa Mort à l'Empereur Tybere, & que dés lors les Empereurs eussent adoré nostre Maistre, si leur gouuernement n'eust point esté necessaire au monde; ou si des Chrestiens eussent pû estre Empereur*; témoignant par là, qu'il y auoit vne espece d'impossibilité aux Cesars, pour embrasser & pour pratiquer la vraye vie de I. Ch. qui est tellement opposé à cet esleuement de cœur, presque inseparable des Sceptres & des Couronnes, que des Magistrats Romains la trouuoient indigne non seulement des Roys & des Empereurs, mais des personnes de condition, & d'vne illustre naissance, comme nous apprenons par l'Histoire du Martyre de sainte Agathe, arriué durant la persecution de Dece, où le Gouuerneur de Sicile fait ce reproche à cette genereuse Sainte: *Comment*, dit-il, *vne personne comme vous sortie d'vne race si noble & si esclatante, n'a t'elle point de honte de mener*

bat omni generi hominum, quod Christi congregabat Ecclesia, siue iam intus positis, siue introducendis in eam *August. de Corrept. & Gr c. 14.* Aut certe sic dictũ est: Qui omnes homines vult saluos fieri, non quod nullus hominum esset, quem saluum fieri nollet, qui virtutes miraculorum facere noluit apud eos, quos dicit acturos fuisse pœnitentiam si fecisset; sed vt *Omnes* homines, omne genus humanum intelligamus, per quascumque differentias distributum, reges priuatos, nobiles, ignobiles, sublimes, humiles, doctos, indoctos, integri corporis, debiles, ingeniosos, tardicordes, fatuos, diuites, pauperes, mediocres, mares, fœminas, infantes, pueros, adolescentes, iuuenes, senes; in linguis omnibus, in professionibus omnibus, in voluntatum, & conscientiarum varietate innumerabili constitutos, & si quid aliud differentiarum est in hominibus. Quid enim est eorum, vnde non Deus per vnigenitum suum Dominum nostrũ per omnes gentes saluos homines velit, & ideo faciat, quia Omnipotens velle inaniter non potest quodcumque voluerit? Præceperat enim Apostolus vt oraretur pro singulis hominibus, & specialiter addiderat, pro Regibus, & iis qui in sublimitate sunt, qui putari poterant fastu & superbia secularia à fidei Christianæ humilitate abhorrere, proinde dicens: Hoc enim bonum est coram Saluatore nostro Deo, idest, vt etiam pro talibus orarent; statim vt desperationẽ tolleret, addidit; Qui omnes homines vult saluos fieri, & in agnitionem veritatis venire. Hoc quippe Deus bonũ iudicauit, vt orationibus humilium dignaretur salutem præstare sublimiũ. Quod vtique iam videmus impletũ. *Aug. in Ench c. 103.*

ner la vie basse & seruile des Chrétiens? A quoy elle respondit: *Que la bassesse, & la vie seruile des Chrestiens estoit plus noble que les richesses, & la gloire des Roys.*

Nonne te pudet nobili genere natam humilem, & seruilem Christianorum vitam agere? Cui Agathas Multa præstantior est Christiana humilitas & seruitus, Regum opibus, ac superbia

Et l'Eglise reconnoissant combien la grandeur des Roys est de soy esloignée de la pratique des regles de l'Euangile, confirme elle mesme le sens que le grand saint Augustin donne à cette parole de saint Paul, lors qu'au iour de la Feste de l'Empereur saint Henry, elle tesmoigne à Dieu, *Qu'il ne reiette aucune condition de la participation de sa gloire*, puis qu'elle y appelle mesme les Roys. Et veritablement, si Iesus-Christ a dit, *Qu'il est impossible, ou extraordinairement difficile, qu'vn riche ait place dans son Royaume*, il est d'autant plus vray qu'il faut vne grace tres-particuliere de Dieu pour sauuer les Roys, qui sont les riches, & que les grandes richesses, & la puissance souueraine sont d'ordinaire les deux sources de l'orgueil, & de la licence, c'est à dire de tous les vices de l'esprit & du corps, au lieu que la vie Chrestienne n'est qu'humilité, & que pratique de toutes les vertus.

Le 14. Iuillet.
Omnipotens & misericors Deus, qui à gloria tua nullam conditionem excludis.

L'Explication de saint Augustin, confirmée par Estius, & par plusieurs passages de l'Escriture.

Et parce que nous sommes en vn temps, où l'on a tellement troublé l'ordre des choses, qu'on se trouue souuent en peine de soustenir l'authorité des anciens Docteurs par celles des nouueaux; au lieu qu'on doit iustifier les opinions des nouueaux par l'authorité des anciés; nous adiousterons à ce passage de S. Aug. ce qu'Estius dit sur ces paroles de S. Paul, que Monsieur Habert a particulierement obiectées à Monsieur d'Ipre, *Qui dedit redemptionem semetipsum pro omnibus, Que Iesus Christ s'est donné pour la redemption de tous.* *Rien ne nous oblige*, dit il, *d'expliquer ce passage de telle sorte, que ces termes*, PRO OMNIBVS, *pour tous, se rapportent generalement à tous les hommes en particulier. Car il se peut bien prendre, & selon l'vsage ordinaire de l'Escriture*, POVR TOVS, *c'est à dire pour les hommes de toutes sortes de pays, ou pour les hommes qui sont respandus dans tout le monde, selon ce que ceux qui ont esté rachetez dans l'Apocalypse, chantent en actions de graces à Iesus-Christ: Vous nous auez rachetez à Dieu par vostre Sang de toutes sortes de tributs, de langues, de peuples, & de nations. Mais parce qu'il nous est inconnu, qui sont ceux d'entre les parti-*

1. Tim. c. 2. v. 6.
Verumtamē sciendum est nulla necessitate nos cogi ad hunc intellectū quod illud, *pro omnibus*, ad omnes omnino homines transferatur, potest enim conueniēter, & secundum morem scripturæ sic accipi, *pro omnibus* id est pro hominibus omnium gentium, seu pro hominibus toto orbe dispersis, iuxta illud quod redempti Christo canunt Apocal. 5. Redemisti nos Deo in san-

culiers de tous les peuples qui ont esté predestinez pour receuoir la redemption & le salut; nous prions Dieu generalement pour tous les hommes, sans auoir dessein de nostre part d'excepter aucun de nostre priere.

Enfin pour dernier sceau de l'explication de saint Augustin, que l'on accuse si hardiment *d'heresie & de blaspheme*, elle se confirme par beaucoup d'endroits de l'Escriture, où il est dit: *Que Iesus-Christ a esté enuoyé pour la redemption de son peuple, Qu'il met son ame pour ses brebis*, c'est à dire, *pour ceux que son Pere luy a donnez*, & dont il a dit luy-mesme, *qu'aucun ne perit; Qu'il s'est offert pour effacer les pechez de plusieurs: Que sō Sang a été répandu pour la remission des pechez de plusieurs: Qu'il a aimé l'Eglise de telle sorte qu'il s'est offert pour elle, afin de la sanctifier: Qu'il est mort pour sa nation & non seulement pour sa nation, mais aussi afin d'assembler & de reünir les enfans de Dieu qui estoient dispersez dans le monde: Et ainsi qu'il n'estoit venu, que pour les brebis de la maison d'Israël qui estoient perduës*, c'est à dire, *les veritables Israëlites, qui sont les Esleus*, selon S. Prosper. Ainsi nous voyōs, que toutes ces authoritez tant de l'Ecriture, que des Peres, confirment les sentimens de Monf. d'Ipre, qui n'a fait que suiure ces diuines lumieres dans ses escrirs, & que les ennemis de ce grand Euesque le rendent coulpable en quelque sorte de leur propre ignorance, en luy reprochāt des choses comme des crimes, qu'ils releueroient eux-mesme, comme des marques de sa suffisance extraordinaire s'ils estoient aussi habilles qu'il faudroit estre pour entreprendre de censurer vn si grand Prelat, & s'ils auoient eu autant de zele pour imiter le trauail infatigable auec lequel il s'est instruit toute sa vie des veritez de la Grace, que de hardiesse pour le dechirer si indignement, au lieu d'honorer sa vertu par les loüanges qu'il a si iustement meritées.

guine tuo ex omni tribu, & lingua, & populo, & natione. Porro quoniā nobis incognitum est, qui sint ex omnibus gentibus ad redemptionem & salutem prædestinati, propterea sic pro omnibus absolutè oramus (quemadmodum supra explicatum est) vt quod ad singulos attinet, neminem velimus ab oratione nostra excluū

Psal 110. v. 9.
Matth c. 1. v. 21.
Ioan c. 10. v. 15.
Ioan c 6. v 39. & c. 10. v. 28.
Hebr c 9 v. 28.
Matth. c 26. v. 28.
Marc. c. 14. v. 14
Eph. cap. 5. v 25 & 25.
Ioan. c. 11. v. 52.
Matth. c. 15 v 24
Ad Cap. Gali c 9

ARTICLE XXXII.

IL est donc vray, que tous sont rachetez, quoy que tous ne soient pas sauuez.

RESPONSE.

IEsus Christ est appellé *le Sauueur de tous les hommes*, aussi bien *que le Redempteur du monde, & le Redempteur de tous les hommes*. Puis donc que cette qualité de Sauueur de tous les hommes ne fait pas que tous les hommes soient sauuez, comme Monsieur le Theologal le reconnoist, celle de Redempteur de tous les hommes ne nous peut pas obliger de croire, que tous les hommes soient rachetez ; Et tout ce qu'il pourra dire, pour expliquer comment le Fils de Dieu peut estre appellé le Sauueur de tous les hommes: sans que neantmois tous les hommes soient sauuez, nous seruira pour luy faire voir qu'il peut, auec autant de raison, estre appellé le Redempteur de tous les hommes, sans que neantmois tous les hommes soient racheptez.

ARTICLE XXXIII.

Vn Roy a beaucoup de suiets qui ont esté faits prisonniers. Il paye leur rançon pour tous. Mais il y en a quelqu'vn qui veut demeurer en Flandre, & en Espagne, & qui prefere cette demeure au seiour de France. Dira t'on qu'ils n'ont pas tous esté racheptez. C'est la méme chose. Iesus-Christ a payé le prix pour la Redemption de tout le monde. Il y en a qui ne se veulent pas seruir de la Redemption. Ils ne laissent pas d'estre racheptez. Il est donc vray qu'il est mort pour le monde. Et le contraire est heresie, erreur, blaspheme.

RESPONSE.

Explication de la seruitude de l'Ame. Et que Dieu ne l'en deliure pas, en luy laissant absolument à son choix de sortir de ses liens, ou de n'en pas sortir, mais en l'en retirant luy-mesme par la puissance de sa Grace, & luy inspirant la volonté d'en sortir, qui est le premier effet de sa deliurance.

C'Estoit vne suitte naturelle que Monsieur Habert ayant tiré de Fauste la doctrine qu'il a publiée dās ses sermons les passages de l'Escriture dont il l'a soustenuë, les raisons dont il l'a prouuée, les anathemes dont il a frappé ceux qui la combattent, il en tirast encore les ornemens & les comparaisons qui l'embellissent, & qui la rendent plus populaire. Car cette comparaison du rachapt de plusieurs captifs, dont quelques-vns ne veulent pas retourner en leur patrie, est la mesme dont se sert ce Chef des Semipelagiens dans le premier de ses deux Liures, qui ont esté combattus par tant de Saints, comme pleins d'erreurs, & d'heresies, & qui ont esté condamnez par les Papes, & les Conciles. Voicy ses paroles : *Comment est il vray, que I. Ch. ait rachepté tout le monde, puis que nous voyons que tant d'hommes demeurent dans leurs pechez ? Comment a-t'il rachepté ceux qui demeurent tousiours captifs ? Il faut que ie me serue d'vne comparaison pour esclaircir cette difficulté. Imaginons nous qu'vn Ambassadeur, ou vn Euesque, qui se rend intercesseur pour vne Ville, paye la rançon pour tout ce peuple, & le reçoiue de la main de celuy qui le tenoit captif, en sorte qu'il demeure affranchy des loix & de la necessité de la seruitude ; s'il arriue que la douceur de l'accoustumance en porte quelques-vns à demeurer dans cette mal-heureuse condition, ou que le tyran qui les possedoit, les y engage par ses artifices & ses flatteries ; & qu'ainsi, ils mesprisent ce bien-fait & cette grace qu'on leur presente, en demeurant volontairement esclaues, le mespris que ces ingrats font de la faueur du Prince, diminue-t'il le prix de la rançon qu'il offre pour eux ? Celuy qui refuse sa liberté propre, rend-il moindre la bonté de son Liberateur?*

Voila l'origine de cette belle comparaison. C'est l'ouurage d'vn Semipelagien. C'est *vn vase d'or qui brille au dehors*, selon la pensée de S. Augustin, *dans lequel il presente son venin* pour empoisonner les ames par ses erreurs. Monsieur Habert ne deuroit-il pas auoir quelque honte de se ranger sous les enseignes d'vn tel homme? Et pouuoit-il mieux iustifier l'innocence de ceux qu'il accuse de former *vne caballe, & vne conspiration contre la foy*, qu'en les combattant auec les mesmes armes par lesquelles les ennemis de l'Eglise l'ont combattuë?

Mais pour respondre à luy, & à Fauste tout ensemble, puis qu'il s'est engagé volontairement dans la mesme cause, ie dis premierement, que cette comparaison est fondée sur des maximes Pelagiennes. Qu'elle suppose, que Iesus-Christ ayant vne fois offert son Sang pour le rachapt de tous les hommes, c'est à eux maintenant à se seruir du fruit de cette Redemption : Que Dieu offre à tous sa grace & le merite de son Sang, mais auec cette condition, que ces heretiques y mettoient tousiours, *Modò ipsi velint, pourueu qu'ils le veulent*, qui est la mesme clause, dont s'est seruy Monsieur Habert: Que le discernement de ceux qui sortent de la captiuité du Diable

Sed dicis, Quomodo totum mundum redemit? Ecce videmus homines in peccatis suis viuere. Quomodo putabimus redemptos, quos videmus permanere captiuos? Hoc loco intellectum de proposita similitudine colligamus. Verbi gratia, si legatus aliquis, vel sacerdos, intercessurus pro ciuitate captiua largius pretium deferat, & vniuersum captiuitatis populum de manu eius recipiat, qui belli iure redimebat, & omnis omnino relaxatur lex ac necessitas seruitutis; & inter hæc, si fortè illic aliquos de captiuis vel oblectatio consuetudinis vel male blandus prædo sollicitet, gratuitum beneficium vniusquisque voluntatis suæ seruus recusat, nunquid minorauit gratiam pretii contemptus ingrati? Numquid aliquam beneuolentiæ redemptoris intulit diminutionem, qui respuit libertatem? *Faustus de Gr. Dei & comment. Arbit li. 1 c. 16.*

Conf lib. 1. c 16.

Diable d'auec ceux qui y demeurent engagez, ne vient pas d'vne particuliere misericorde de Dieu sur les vns, & d'vn iugement secret sur les autres, comme l'enseigne S. Paul, & apres luy S. Augustin en termes exprez, mais simplement de ce que les vns veulent, & les autres ne veulent pas.

Et ce pouuoir de la volonté qui s'applique elle-mesme la Grace qu'on luy presente, & qui se rend ainsi maistresse de son salut, est tellement l'essence & le fondement de l'heresie Pelagienne, que S. Prosper dans ce Poëme excellent qu'il a fait contre les ennemis de la Grace, introduict les Pelagiens qui tesmoignent estre prests d'abandonner tout le reste de leurs dogmes, pourueu qu'on leur accorde ce poinct: *Que ceux-là sont sauuez qui s'en rendent dignes, en le voulant estre.*

Sitque salus dignis saluari ex fonte volenti.

Mais en second lieu, tant s'en faut que cette comparaison serue pour prouuer l'opinion de Fauste & des Semipelagiens, qu'elle peut seruir pour la destruire. Car comme lors qu'il s'agit de la captiuité corporelle, il ne suffit pas de payer la rançon pour deliurer vn captif enchaisné, mais il faut rompre ses chaisnes, pour luy donner pouuoir d'aller où il voudra, & sans cela on ne peut pas dire qu'on l'a rachepté, & qu'on l'a deliuré. Ainsi, pour deliurer les ames de la captiuité spirituelle, il ne suffit pas de payer leur rançon, mais il faut briser les liens qui les tiennent captifs & enchaisnez. Et sans cela on ne peut pas dire qu'on les ait racheptez & & deliurez de la seruitude. *Prosp. Carm. de Ingr. c. 8.*

De sorte qu'il faut que pour rachepter & deliurer vn homme spirituellement, on mette l'ame au mesme estat où est le corps de cet esclaue, dont on a rompu les fers & les chaisnes, & qu'on luy donne la puissance de faire ce qu'elle voudra. Or les chaisnes de l'ame sont les pechez, les tenebres & les aueuglemens, les duretez & les endurcissemens, les affections & les attaches, & toutes ces mauuaises volontez & passions dereglees qui l'engagent & la sousmettent aux creatures & au Demon. Tellement que si Iesus-Christ ne luy oste tous ses liens, & ne change interieurement sa volonté, & ne luy donne le pouuoir de iouyr de la vraye liberté dont ils l'ont priuée, on ne sçauroit dire auec verité qu'elle est deliurée & racheptée de l'esclauage, quelque rançon qu'on pretende qu'il ait payé pour elle.

Car quant à ce que Fauste adiouste, que le Roy qui a receu le prix pour donner la liberté corporelle à cet esclaue, peut le retenir dans la seruitude par ses artifices & par sa malice; c'est vne difference notable qu'il y a entre luy, & celuy qui reçoit la rançon que Iesus-Christ paye pour les hommes. Parce que celuy qui reçoit cette rançon est Dieu le Pere, & non le Demon; puisque c'est à Dieu le Pere, & non pas au Demon, que Iesus-Christ a offert son Sang, & le sacrifice par lequel il nous a racheptez. Le Demon ne nous tenoit captifs que comme vn bourreau, à qui la iustice diuine nous auoit liurez; mais c'est le Pere qui nous tenoit captifs comme Iuge, duquel seul dependoit proprement nostre liberté, & nostre seruitude.

Ce qui est tellement vray, qu'il n'a pû n'accepter la rançon que son Fils luy a offerte, que pour certains captifs; & ne l'accepter pour ceux mesmes qu'il a voulu deliurer, qu à certaines conditions ausquelles il les a sousmis. Comme vn Prince qui a des prisõniers de guerre, peut sans iniustice ne les mettre pas à rançon; puis qu'estant absolument à luy par les loix de la guerre, il en peut disposer comme il luy plaist, & lors mesme qu'il est resolu de receuoir le prix qu'on luy offre pour eux, il peut ne les deliurer qu'à certaines conditions. & à certains temps.

Or il est impossible que Dieu le Pere manque de parole à son Fils, & qu'il retienne dans les liens par artifice ou par violence, ceux pour qui il luy a payé rançon. Mais sa fidelité l'oblige de les luy mettre entre les mains, & de les luy rendre pour en faire ce qu'il voudra, sãs que persõne l'en puisse empescher, ny les Demons ny les captifs mesmes: parce qu'il n'y a rien qui puisse resister à la volonté & à la puissance de Dieu, & l'empescher d'estre fidelle, & de deliurer à son Fils ceux pour qui il a receu à cette condition le prix de son Sang.

Que si apres les luy auoir deliurez, comme il fait tous les fidelles qui reçoiuẽt la Grace du Batesme, il y en a qui veulẽt retourner dans leur ancienne seruitude; cela n'empesche pas qu'il ne les ait veritablement deliurés & la seconde seruitude où ils s'engagent. procede de leur propre volonté, & de leur propre faute.

Aussi le Prince qui auroit receu la rançon pour vn captif,

seroit obligé de faire rompre ses chaisnes, & de luy faire ouurir les portes quand même le captifs y opposeroit pour tesmoigner qu'il agit sincerement, & qu'il ne tient pas à luy, qu'il ne s'acquitte de sa parole, & pour faire voir, que si ce captif ne retournoit pas en son pays, cela ne procederoit pas de sa violence & de ses artifices, mais de sa propre volonté, & du libre choix du captif mesme. Ainsi, si Dieu le Pere auoit receu le prix du Sang de son Fils pour vn homme en particulier, il seroit obligé pour tesmoigner sa sincerité, & sa fidelité, & qu'il n'auroit pas tenu à luy qu'il ne l'eust rendu libre, de luy rompre les chaisnes inuisibles de son ame, quãd mesme il ne le voudroit pas, & de vaincre la rebellion de sa volonté, comme l'Eglise l'en prie, afin que si apres il retomboit dans la seruitude, il parust que cela ne viendroit pas de luy, mais de la pure faute du pecheur.

Mais il est encore aysé de faire voir que cette comparaison, dans le sens que Monsieur Habert la prise, est toute fausse, & mal appliquée en toutes ses parties, & qu'il ne l'a faite que parce qu'il ne connoist, ou ne considere pas assez l'estat d'vne ame captiue dans le peché, & la puissance que doit exercer sur elle la Grace de son Liberateur. Car il y a vne tres grande difference entre vn homme captif, & vne ame captiue; parce que le captif a tellement le corps dans les chaisnes, qu'il est libre de la volonté: desorte que celuy qui veut estre son Liberateur, ne doit faire autre chose qu'ouurir sa prison, ou rompre ses chaisnes, puis qu'en suitte il n'aura nulle peine à vouloir sortir de cet esclauage où il est. Mais la captiuité de l'ame est toute differente de cellecy, parce que c'est la volonté mesme qui est captiue, & qui captiue parce qu'elle le veut estre. Car comme S. Bernard dit excellemment: *La volonté ne peut pas estre retenuë, sans qu'elle le vueille, puis qu'elle ne peut pas cesser d'estre volonté*. Et ainsi, *elle gemit sous le ioug d'vne seruitude volontaire, estant mal-heureuse, parce qu'elle est esclaue, & estant inexcusable, parce qu'elle le veut estre*.

Non vtique voluntas retinetur non volens. Voluntas enim volentis est, non nolentis. Premebatur iugo non alio tamen quam volũtariæ cuiusdam seruitutis, & erat pro seruitute quidem miserabilis, sed pro voluntate inexcusabilis. *Bern. serm. 81 in Cant.*

C'est pourquoy, dire à la Volonté qui est captiue, sortez de prison si vous voulez, c'est luy dire, sortez de prison si vous pouuez. Car elle est elle mesme sa prison; puisque les pechez qui la tiennent captiue, ne seroient point pechez s'ils n'estoient volontaires. Et ainsi de mesme que si ce Roy dont parle Monsieur Habert, disoit à vn de ses prisonniers, lors qu'il est encore dans les chaisnes : I'ay payé vostre rançon, sortez de cette misere, Venez iouyr de la liberté que ie vous ay acquise en vous rachetant. Il luy respondroit auec raison : Rompez les chaisnes qui me retiennent, & ne dites pas que vous estes mon liberateur, qu'apres que mes mains & mes pieds serõt deschargez de ces liés qui les enuironnẽt.

Ainsi l'ame qui est elle mesme captiue dans le peché, comme le corps de ce prisonnier captif dans les chaisnes, ne pourroit-elle pas dire à Dieu, lorsqu'on luy presente cette grace Pelagienne, que Fauste a voulu establir par cet exemple, ce que saint Augustin dit de luy mesme en décriuant son ame dans l'état du peché ? Seigneur, vous me dites que ie sorte de prison, & *vous voyez bien que ie suis liée, non par des fers qui m'enuironnent au dehors, mais par ma propre volonté, qui est plus dure que le fer. Le demon qui est mon ennemy, s'est emparé d'elle. Il m'a fait vne chaisne de mes passions & de mes desirs*, & me tient ainsi engagée dans vne dure, & volontaire seruitude. Détruisez donc ma volonté vieille & corrompuë par vne volonté nouuelle & diuine : Détruisez ma volonté charnelle par vne volonté spirituelle : *Inspirez-moy vne bonne concupiscence, au lieu de ma mauuaise concupiscence. Les yeux mesmes de mon esprit sont captifs, & ie ne puis pas les leuer vers vous sans vostre grace, parce que le tyran qui me possede, ne m'a pas laissé seulement cette derniere consolation, que ie sceusse au moins la misere dans laquelle ie suis, & que ie connusse la profondeur de mes playes.* Que si ie ne puis reconnoistre que ie suis captiue, que par vostre Grace, pourrois-ie me deliurer sans vostre Grace? Donnez-moy donc *des yeux qui vous voyent, des oreilles qui vous entendent, vn cœur qui vous aime, vne langue qui vous benisse. Ostez-moy ce cœur de pierre*, comme vous l'auez promis par vostre Prophete, *pour m'en donner vn de chair.* Détruisez en moy ce plaisir mal-heureux que ie goustois dans mes vices par ce plaisir celeste & ineffable que vous faites gouster dans la vertu. *Conuertissez moy, Seigneur, & ie seray conuerty, guerissez-moy, & ie seray guery. Donnez moy la grace de faire ce que vous me commandez, & commandez-moy ce que vous voudrez*: parce que c'est par cette seule Grace que vous me pouuez deliurer, & que vous estes mort estant innocent, afin de la meriter pour les coupables. Voila la maniere dont Dieu

Prou. c. 10. v. 12. Ier c. 24. v 7 & c. 32. v. 40.

deliure les ames de la seruitude du peché, non en laissant à leur choix de sortir, ou de ne pas sortir de leurs liens, & de se seruir de son bien fait, s'ils le veulent, comme Monsieur Habert se le persuade auec Fauste, mais en leur faisant vouloir, & en surmontant toute la resistance de leur volonté par la toute puissance de sa Grace, comme l'Eglise nous enseigne dans ses Liures & dans ses prieres. *Dieu entraisne l'homme*, dit S. Augustin, *pour le faire vouloir d'vne maniere toute merueilleuse; parce qu'il sçait agir secrettement dans le fonds des cœurs, non en faisant que les hommes croyent sans qu'ils le veulent, ce qui est impossible, mais en faisant qu'ils veulent ce qu'auparauant ils ne vouloient pas. C'est ainsi que Dieu se fait suiure. Il agit au dedans des hommes; Il possede leurs cœurs; Il pousse leurs cœurs; & il les attire par vne volonté que luy-mesme a formée dans eux. Ainsi lors que Dieu veut sauuer quelqu'vn, le libre-Arbitre de l'homme ne luy resiste iamais: parce qu'il a vn pouuoir plus absolu sur les volontez des hommes, que les hommes mesmes n'en ont sur leurs propres volontez.*

Et cette verité qu'on pourroit encor prouuer par vne infinité de passages de ce mesme Saint, de S. Prosper, de S. Fulgence, & des autres deffenseurs de la Grace, est fondée sur la parole immuable de l'Escriture, qui nous apprend: *Que tous ceux qui entendent, & qui apprennent du Pere Celeste*, non seulement peuuent venir à Iesus-Ch. s'ils le veulent, mais *y viennent* asseurement: *Que Dieu forme dans nous la volonté & l'action, Qu'il nous applique à toutes nos bonnes œuures; & que c'est luy qui fait en nous ce qui luy doit estre agreable*. Et enfin, que c'est en cela que consiste l'alliance que Dieu a faite auec les hommes par le Nouueau Testament, en ce qu'il leur a promis *d'escrire sa Loy dans leurs cœurs*; c'est à dire, de la leur faire obseruer par amour, & *de les faire marcher dans ses voyes & dans ses commandemens*. C'est en cet esprit, que l'Eglise prie Dieu *de conuertir à soy les volontez les plus rebelles*.

Iean. c. 6. v. 45.

Phillp. c. 2. v. 13.
Hebr. c. 13. v. 21.

Hier cap 31. v. 33.
Ezech. c. 36. v. 27.

Et tout cela nous fait voir, combien est veritable la maxime de S. Augustin directement opposée à la doctrine de Fauste, & de Monsieur le Theologal: *Que les effets de la misericorde de Dieu ne dependent point de la volonté de l'homme, comme s'il pouuoit arriuer, que Dieu nous voulust faire misericorde, & que cette misericorde nous fust inutile, parce que nous ne voudrions pas la receuoir.*

Il est donc clair, que Dieu n'attend pas nostre volonté pour nous donner sa Grace, mais qu'il la donne pour nous faire vouloir : Et qu'ainsi, *quelques durs que puissent estre les cœurs, ils ne reiettent iamais sa Grace, parce qu'elle n'est donnee que pour amolir la dureté des cœurs*. HÆC GRATIA A NVLLO DVRO CORDE RESPVITVR: IDEO QVIPPE TRIBVITVR, VT CORDIS DVRITIA PRIMITVS AFFERATVR.

Augustin. de Præd. Sanct. c. 8.

ARTICLE XXXIV.

C'est vne suitte de cette doctrine ce qu'ils disent, Que la Grace n'est pas donnee à tout le monde.

RESPONSE.

Inuectiues de Fauste, chef des Semipelagiens, contre ceux qui ne croyent pas que la Grace soit donnee à tout le monde.

Il est vray que c'est vne suitte de la doctrine de S. August. Que la Grace de Iesus-Christ n'est pas donnee à tous les hommes; Comme c'est vne suitte de celle de Fauste, Qu'elle est donnee à tout le monde. Desorte qu'il ne faut pas s'estonner, si en cela comme en tout le reste, Monsieur d'Ipre a suiuy son Maistre, & Monsieur le Theologal celuy qu'il a pris pour le sien, dont il a emprunté non seulement les opinions, mais aussi les iniures & les inuectiues, en condemnant comme luy *d'heresie, d'impieté & de basphemе* tous ceux qui adorans auec respect & sousmission les secrets impenetrables de la misericorde & de la iustice de Dieu, reconnoissent auec S. Paul : *Qu'il fait misericorde à qui il luy plaist, & qu'il endurcist qui bon luy semble.*

Rom. c. 9. v. 18.

Voicy les paroles du Semipelagien, remplies de la mesme moderation que M. Habert a fait paroistre en tous ses Sermons. *Il faut maintenant venir à ceux qui soustenans que la Grace est donnee aux vns, & refusee aux autres, ont perdu le don de la Grace aussi bien que Pelagius*. C'est ainsi qu'il commence à declamer S. Augustin & les deffenseurs de la Grace, cõtre lesquels tous les anciens ont remarqué que ces liures ont esté faits. Il fait apres la mesme remarque que Monsieur le Theologal, en reprochant aux Catholiques que le sentiment

Nunc veniendum est ad eos qui dum gratiam aliis dari, aliis negari asserunt, munus gratiæ cum Pelagio perdiderunt, *Faustus de Grat. & lib. Arb. li. 1. c. 3.*

qu'ils auoient; Que la Grace n'estoit pas donnée à tous les hommes estoit vne suitte de ce qu'ils ne vouloient pas que Iesus-Christ fust mort pour tous. Voicy ses paroles: *Il est certain que tout ce que nous auons vient de la Grace, mais Dieu la presente & la donne à tous les hommes pour estre sauuez, parce qu'il est le Createur, & le Redempteur de tous les hommes. Mais lors que nous leur parlons de la sorte, eux au contraire s'escartans du vray chemin de la pieté, ont la hardiesse de nous respondre, Le Sauueur ne donne point sa Grace à tous les hommes, puis qu'il n'est pas mort pour tous les hommes. Ainsi ils ne se seruent du nom de la Grace, que pour couurir sous ce voile* [*des blasphemes abominables.*] Et en vn autre endroit *Celuy-là*, dit-il, *est veritablement* IMPIE, *qui ne reconnoist pas, Que la Grace est presentee à tout le monde, & donnee à tout le monde.*

Totum plane gratia est, sed omnibus eam offert atque ingerit ad salutem omnium conditor ac redemptor Ad hæc illi longe à pietatis tiam te recedentes respondere præsumun. Non eam saluator omnibus dedit, quia nec pro omnibus mortuus est. Obiiciunt nomen gratiæ, vt *abominandum sensu operiant blasphemiæ.*

Ibid. cap. 4.

Que les saints Peres ont enseigné constamment comme vne doctrine de l'Eglise Catholique: Que la Grace n'est pas donnee à tout le monde.

SAINT AVGVSTIN.

MAis toutes ces accusations, & toutes ces iniures de Fauste, & de Monsieur le Theologal apres luy, nous doiuent donner encore plus de hardiesse de dire auec S. Austin. *Que nous sommes asseurez que la Grace de Dieu n'est pas donnee à tous les hommes:* [*Scimus gratiam non omnibus hominibus dari.*] C'est vne verité que ce grand Docteur propose non comme vne opinion probable, mais comme vn article de Foy, sans la confession duquel il témoigne à Vital Prestre de Carthage, qu'il ne le peut reconnoistre pour Catholique. Ce mesme Pere voulant refuter cette parole de Pelagius: *Que si les hommes sont pecheurs, parce qu'ils ne peuuent estre autre chose que pecheurs*; apres s'estre seruy de l'exemple des enfans qu'on ne peut secourir par le Baptesme, il passe aux adultes & soustient : *Qu'vn homme ieune ou vieil qui meurt dans vn pays où il n'a pû entendre parler de I. Ch. n'a pû en aucune sorte estre iustifié, ny par consequent obtenir le salut, & que cependant, il n'est pas innocent comme vouloit cet heretique, quoy qu'il ait esté tel* (c'est à dire pecheur) *ne pouuant estre autre chose.* Mais que peut on desirer de plus clair, que ce que dit encore

Aug. de Nat. & Gr. c. 7.
Ibid. cap. 8.
Ibid. cap. 9.

re ce mesme sainct dans le liure de la Correction & de la Grace, qui fait voir manifestement, que lors qu'il a dict que Dieu refuse sa Grace à tant de personnes, il a voulu parler de toutes sortes de Grace, mesme suffisante. Car apres auoir monstré : *Que Dieu auoit donné au premier homme, & aux Anges preuaricateurs vne ayde sans laquelle ils n'eussent pû perseuerer, & auec laquelle ils pouuoient s'ils eussent voulu, demeurer fermes dans la Iustice*; Il adiouste : *Que si ce secours eust manqué à l'homme, ou à l'Ange en leur premiere creation, ils fussent tombez sans estre coulpables de leur cheute, puisque le secours leur eust manqué, sans lequel ils ne pouuoient perseuerer.* MAIS QVE MAINTENANT CEVX QVI SONT PRIVEZ DE CE SECOVRS EN SONT PRIVEZ PAR LA PEINE DV PECHE'. S'il est vray, que la Grace qui a esté donnée à nostre premier Pere manque à quelques-vns de ses enfans, il est manifeste que celuy-là n'ayant receu que des graces suffisantes, ces mesmes graces ne sont pas données à tous les hommes.

De derat & adiutorium sine quo in bona voluntate, non posset permanere si vellet, 'vt autē vellet, in eius libero reliquit arbitrio.
Si autem hoc adiutorium vel Angelo, vel homini quam primùm facti sunt, defuisset, non vtique sua culpa cecidissent, Adiutorium quippe defuisset, sine quo manere non possent. Nunc autem qibus deest tale adiutorium, iam pœna peccati est, &c *August de Correp. & Gr. c.* 1?.

SAINT PROSPER.

LEs Semipelagiens ayant emprunté des Pelagiens cette Grace generale qui ne laisse aucun homme sans luy donner la puissance de se sauuer, saint Prosper commence leur refutation par ces vers, en leur reprochant, qu'ils ne pouuoiēt prouuer cette opinion par aucun fondemēt solide.

Dic vnde probes quod Gratia Christi.
Nullum omnino hominem de cunctis qui generantur.
Prætereat, cui non regnum, vitamque beatam.
Impertire velit?

Carm. de Ingr c. 11.

Et ensuitte il appelle ce sentiment, VNE FOLIE, qui déroge à la Toute puissance de Dieu, en faisant croire, qu'il ne fait pas tout ce qu'il veut, & que sa volonté est empeschée par celle de l'homme.

Sed tamen hæc aliqua si vis ratione tueri,
Et credi TAM STVLTA *cupis.*

ep. 13.

SAINT FVLGENCE.

MAis il n'y a point de Per[illegible]on puisse auec plus de raison opposer a Fau[illegible] y là mesme que Dieu luy a opposé, & dont [illegible] destruire ses [illegible]reurs.

erreurs. Sainct Fulgence a fait trois Liures de la Verité de la Predestination, & de la Grace de Dieu, que le Concile de Sardaigne a autorisez, & que le P. Sirmond a le premier mis en lumiere. Il combat dans tous ces Liures les opinions des Semipelagiens, & le premier ne contient presque autre chose que la refutation de cette pretenduë generalité de la Grace donnée à tous les hommes, ainsi qu'il tesmoigne au commencement du second Liure. *Apres, dit-il, auoir parlé des enfans morts sans Baptesme, nous auons entrepris de traitter exactement de la Grace qui nous preuient par vne misericorde purement gratuite, & nous auons fait voir clairement,* QVE LA GRACE N'EST POINT DONNÉE VNIVERSELLEMENT A TOVS LES HOMMES, *& qu'elle n'est point donnée égallement à ceux à qui elle est donnée.*

Generali de paruulis sine baptismate morientibus inquisitione discussa ipsius demum gratiæ qua gratis præueniuntur quicumque saluantur, tractatus est à nobis sollicita inquisitione susceptus, quo patuit GRATIAM NON OMNIBVS HOMINIBVS VNIVERSALITER DARI, & quibus datur, non æqualiter dari.

C'est pourquoy dans ce premier Liure il repete souuent, comme la conclusion principale, qu'il auoit entrepris d'enseigner: NE CROYONS DONC PAS QVE LA GRACE DE DIEV SOIT DONNÉE A TOVS LES HOMMES. *Non ergo putemus Gratiam Dei omnibus hominibus dari.* Et il establit cette verité sur les deux fondemens immobiles de toutes les veritez Catholiques, c'est à dire sur la Tradition Apostolique, & sur l'Escriture sainte. Car apres auoir dit: *Que dans toutes les choses qui reçoiuent le moindre doute, il faut s'attacher aux sentimens des SS. Peres, que Dieu a éclairez particulierement, & qu'il a instruicts par son esprit pour les rendre capables d'instruire les autres;* il parle de cette sorte: *Ces grands Saints qui ont suiuy en toutes choses la verité de la predication Apostolique, ont connu tres-certainement, & nous ont donné à connoistre par leurs Liures & par leurs Epistres,* QVE LA GRACE DE DIEV N'EST POINT DONNÉE GENERALLEMENT A TOVS LES HOMMES. *Hi enim Apostolicæ prædicationis tenentes per omnia veritatem, certissimè cognouerunt, cognoscendumque Libris & Epistolis reliquerunt,* GRATIAM DEI NON OMNIBVS HOMINIBVS GENERALITER DARI. Voila le premier appuy de cette doctrine qui est la Tradition de l'Eglise. Quant au second, qui est l'Escriture sainte, voicy comme il en parle vn peu plus bas. *Tous ceux qui rechercheront auec esprit quel est sur ce poinct le sentiment de l'Escriture, reconnoistront par les tesmoignages de la parole diuine,* QVE CETTE GRACE N'EST POINT DONNÉE A TOVS LES HOMMES, *& qu'elle n'est point donnée égalemens à ceux à qui elle est donnée.*

Fulg. lib. 1. de Verit. Præd. & Gr.

NON OMNIBVS AVTEM ISTAM GRATIAM DARI, & quibus datur, non omnibus æqualiter dari, quisquis piè quærit Eloquiorū sanctorum attestatione cognoscit. *Fulg. lib. 1. de Ver. Pr. & Gr.*

LE CONCILE DE SARDAIGNE.

NFIN, pour faire parler l'Eglise dans ses Conciles, apres l'auoir entendu parler par la bouche des plus excellens de ses Docteurs, escoutons la decision du Concile de Sardaigne, dont le dessein a esté particulierement d'estouffer les opinions contraires à la doctrine Catholique de la Grace de IESUS-CHRIST que quelques-vns s'efforçoient de respandre en France. TOUS CEUX QUI CROYENT QUE LA GRACE EST DONNÉE A TOUS LES HOMMES N'EN ONT POINT LE SENTIMENT QU'ILS EN DOIVENT AVOIR, *puisque non seulement tous les hommes n'ont pas la Foy, mais qu'il y a mesme des nations ausquelles on n'a point encore presché la Foy: Or l'Apostre dit: Comment inuoqueront-ils celuy auquel ils ne croyent point? Ou comment croiront-ils en celuy duquel ils n'ont point entendu parler? Ou comment en entendront-ils parler sans Predicateur?* AINSI LA GRACE N'EST PAS DONNÉE A TOUS LES HOMMES; *puisque ceux qui ne sont pas fideles, ne peuuent estre participans de la Grace, & que ceux qui n'ont iamais entendu parler de la Foy, ne peuuent estre fideles.*

De Gratia non digne sentit quisquis eam putat omnibus hominibus dari, cum non solum non omnium sit fides, sed adhuc nonnullæ gentes reperiãtur, ad quas fidei prædicatio non peruenit. B autem Apostolus dicit: Quomodo inuocabunt in quem non crediderunt? Aut quomodo credent ei quem non audierunt? Quomodo autem audient sine prædicante? Non itaque gratia omnibus datur: quandoquidem ipsius gratiæ participes esse non possunt qui fideles non sunt, nec possunt credere ad quos inuenitur ipse fidei auditus minimè peruenisse. *Epist. Syno. Episc. Afr. in Sard. exulum.*

Voila *les erreurs, les impietez, & les heresies,* qui font mettre au nombre *des heretiques & des Schismatiques* des personnes d'vne vie exemplaire; & qui font degenerer toute leur vertu *en vne pure hypocrisie.* C'est sainct Augustin, c'est sainct Prosper, c'est sainct Fulgence, ce sont des Euesques assemblez dans vn Concile, ou plustost vne troupe de Saints, de Confesseurs, & de Martyrs, qui en sont les auteurs, & les illustres Heresiarques.

Apres cela, ne pouuons-nous pas dire à Monsieur Habert, au nom de Monsieur d'Ipre, ce que sainct Augustin dit en vne rencontre toute semblable. *Ne voyez-vous pas combien il vous est pernicieux de deschirer par vos iniures tant de grands hommes, & combien il m'est glorieux de souffrir auec ces grands hommes toutes vos iniures? Cernis, quam tibi perniciosum sit tam horribile crimen obijcere talibus, & quam mihi gloriosum sit quodlibet crimen audire cum talibus?*

Aug. l. 1. in Iul. cap. 4.

ARTICLE XXXV.

LE *contraire de cette doctrine* (Que la Grace n'est pas donnée à tout le monde) *se prouue par sainct Paul, lors qu'il dit:* Vbi abundauit delictum, superabundauit & Gratia.

RESPONSE.

Que Monsieur le Theologal abuse du passage de sainct Paul qui le condamne dans son veritable sens.

IL n'y a point d'erreur qu'on ne puisse prouuer par l'Escriture Saincte, s'il est permis de se ioüer ainsi des paroles du sainct Esprit, & de leur donner des sens entierement opposez à leur veritable intelligence. Le lieu de l'Apostre que Monsieur Habert allegue pour la Grace suffisante, non seulement ne l'establist pas, mais la ruine entierement, & contient l'vn des mysteres de la Grace, qui trouue le plus d'opposition dans l'esprit de tous ceux qui combattent la doctrine de sainct Augustin.

Sainct Paul explique en cet endroit quel a esté le dessein de Dieu, lors qu'il a donné la Loy. Les Pelagiens & les Semipelagiens ont creu, qu'il n'auoit point eu d'autre intention en la donnant, sinon de faire éuiter le peché à l'homme, & de luy donner le moyen de se sauuer. C'est pourquoy ou ils l'ont considerée comme vne Grace suffisante pour le salut, ou pour le moins, ils ont voulu qu'elle fust tousiours accompagnée d'vne Grace qui donnast à l'homme la puissance de l'obseruer. Sainct Paul est bien esloigné de ces pensées, puis qu'il enseigne en termes formels : *Que la Loy est suruenüe, afin que le peché s'augmentast.* Et quelle fin pouuoit auoir vn si estrange effet de la Loy? Afin, comme sainct Augustin dit si souuent, & sainct Thomas apres luy, Que l'orgueil de l'homme qui croyoit n'auoir besoin que de la connoissance du bien & du mal pour bien viure, pûst estre dompté par cette experience funeste, & que la Loy qu'il croyoit capable de le guerir, n'ayant seruy qu'à le rendre plus malade, il eust recours à la Grace du

Aug. Trac. 1. in Iom. ser. 11. de Verb. Ap. cap. 8. in Psal. 102. & c. S. Tho. 1. 2. q. 106. art. 3. in corp.

Medecin, qui deuoit paroistre d'autant plus grande, qu'elle le deliureroit d'vne plus grande misere.

Voila le vray sens de saint Paul en cet endroit, qui nous apprend deux choses. La premiere, Que la Loy donnée à Moyse, n'estoit point necessairement accompagnée de la Grace, qui donne à l'homme la puissance de l'obseruer; puis qu'estant donnée à l'homme pour luy faire reconnoistre son impuissance, il falloit pour cet effet, que Dieu l'abandonnast à luy mesme, afin qu'estant conuaincu de sa foiblesse par ses cheutes & par ses pechez, il fust contraint d'implorer le secours du Liberateur.

La seconde, Que si les Iuifs receuans la Loy de Dieu n'ont point receu de Grace auec elle, & si cette Grace n'a esté donnée qu'à tres-peu d'entr'eux par vne voye toute extraordinaire, & par vne anticipation de la nouuelle alliance; Comment peut-on croire que Dieu l'ait donnée aux Payens, dont l'Escriture nous asseure, qu'auant IESVS-CHRIST Dieu les auoit abandonnez en les laissant marcher dans leurs voyes.

Nous voyons donc que l'argument de Monsieur Habert ne peut subsister sans vne entiere deprauation du sens de l'Apostre. Car il a voulu prouuer par ces mots: *Ou le peché a abõdé la Grace a surabondé*, qu'ainsi que le peché originel est respandu dans tous les hōmes, la Grace suffisante est aussi donnée à tous les hommes. Et cependant, il est clair, que sainct Paul n'entend point par cette abondance du peché dont il parle, la communication generale du peché originel, mais l'augmentation du peché, que la Loy auoit causée en irritant la concupiscence par le commandement destitué de l'Esprit de Grace, & qu'il n'entend aussi par cette surabondance de grace opposée à l'abondance du peché, que la Toute-puissance de la Grace du Sauueur, lequel ayant trouué l'homme gemissant sous le ioug de la Loy, qui n'auoit seruy qu'à augmenter ses maux & ses playes, est venu du Ciel pour le guerir, lors que sa maladie sembloit estre desesperée. Car, ainsi que dit excellemment sainct Thomas sur l'explication de ce lieu de l'Apostre: *Comme les grandes maladies ne se guerissent que par les grands remedes: aussi l'abondance des pechez ne pouuoit estre guerie que par vne abondance de Graces.*

Sicut magnitudinem morbi non sanat nisi fortis & efficax medicina, ita requirebatur, abundans gratia ad hoc vt sanaret abundātiam delictorum.

Mais tant s'en faut que Dieu ait fait cette Grace à tous les hommes, qu'il ne l'a faite qu'à vn tres-petit nombre de Iuifs suiuant Iesus-Christ. Et c'est pourquoy sainct Augustin rapporte d'ordinaire l'vtilité de la Loy, qui deuoit humilier l'homme pour le faire recourir au Sauueur, à la conuersion de ces premiers Iuifs, qui receurent la foy auec tant d'ardeur, qu'ils iettoient tous leurs biens aux pieds des Apostres, ce qu'on ne remarque point auoir esté fait par aucune Eglise des Gentils.

In Expos. Epist. ad Gal. &c.

Article XXXVI.

Sainct Augustin a fait vn Liure contre cet exces, quoy qu'ils le veulent attirer à eux pour le rendre Chef de ces opinions, qui ont esté condamnées par l'Eglise & mesme de son temps.

Response.

Ie ne parleray point de ce pretendu Liure de sainct Augustin, qui n'a esté connu iusques à cette heure que de Monsieur le Theologal, non plus que cet autre dont nous auons parlé auparauant. Ie dis seulement qu'il y a dequoy s'estonner que Monsieur Habert ose accuser Monsieur d'Ipre d'attribuer faussement son opinion à sainct Augustin, puis qu'il n'a pû monstrer dans tous ses Sermons, qu'il eust ou *mal entendu*, ou *mal expliqué*, ou *mal allegué*, comme il luy auoit reproché au commencement, vn seul de ce nombre innombrable de passages par lesquels il establit dans son Liure la doctrine de ce Pere.

S'il a alteré en quelque chose sainct Augustin, pourquoy ne le fait-il pas voir? Que s'il ne l'a alteré en rien, pourquoy le condamne-t'il? Croit-il que ce luy est assez de publier dans sa chaire, que l'on fait sainct Augustin Chef des opinions qui ont esté condamnées mesme de son temps, c'est à dire de *ces vieilles heresies condamnées il y a douze cens ans*, qu'il s'est plaint dans son second Sermon qu'on vouloit renoueler? Et cependant lors qu'il faut remarquer ces anciennes heresies, & ces anciens Conciles qui les ont condamnées, on ne nous propose d'vn costé que les veritez Orthodoxes, enseignées par sainct Augustin, autorisées par tant de Papes, approuuées par toute l'Eglise; Et de l'autre, que des condamnations des ennemis de la Grace, des anathemes de Semipelagiens,

& des Lettres de Fauste transformées en des Conciles Catholiques, sans craindre de tomber dans le reproche que fait ce Prophete à ceux *qui appellent le bien, mal; & le mal, bien; qui mettent la lumiere en la place des tenebres, & les tenebres en la place de la lumiere.*

ARTICLE XXXVII.

Tous les principes de la Theologie sont contraires à cette doctrine, Que la Grace suffisante n'est pas donnée à tous les hommes.

RESPONSE.

Qu'au contraire les veritables principes de la Theologie monstrent clairement, Que la Grace suffisante n'est pas donnée à tout le monde.

Dando quibusdã quod non merentur, profectò gratuitam, hoc est, veram suam gratiam esse voluit. Non omnibus dando, quid omnes mererentur ostendit. Bonum in beneficio certorum, iustus in supplicio cæterorum. *August. de Dono Pers. cap. 12.*

SI cette doctrine est contraire aux principes de la Theologie de Monsieur Habert, il faut que sa Theologie soit contraire à celles des Peres & de l'Eglise. Car n'est-ce pas *vn principe de la Theologie* de l'Eglise; Que tous les hommes ont merité par le peché du premier homme d'estre abandonnez de Dieu? C'est de ce principe, que sainct Augustin conclud, Que la Grace de Dieu n'est pas donnée à tout le monde. *Dieu,* dit il, *en donnant à quelques-vns ce qu'ils ne meritoient point, a voulu que sa Grace fust purement gratuite, c'est à dire, vne veritable Grace:* ET EN NE LA DONNANT PAS A TOVS, *il a fait voir ce que tous les hommes meritoient,* c'est à dire, d'estre laissez dans la masse de perdition. *Ainsi il a fait voir sa bonté dans la deliurance de quelques-vns, & sa iustice dans le supplice des autres.*

Aug. Ep. 105. 107 de Dono Pers. cap. 8. & 6.

N'est-ce pas *vn principe de la Theologie* de l'Eglise, que la Grace est purement gratuite, & n'est deuë à l'homme en aucune sorte? C'est de ce principe que sainct Augustin conclud: QV'ELLE N'EST POINT DONNEE A TOVS, *& que ceux à qui elle n'est point donnée, ne sont point pour cela excusables dans leurs pechez pour n'auoir point receu de Dieu la Grace de bien viure.*

N'est-ce pas *vn principe de la Theologie* de l'Eglise, *Que per-*

sonne ne resiste à la volonté de Dieu, & qu'il fait tout ce qu'il veut dans le Ciel & dans la terre, comme dit l'Escriture ? C'est de ce principe, que sainct Prosper conclud : *Que Dieu ne veut point sauuer tous les hommes en particulier, puisque tous les hommes ne sont pas sauuez :* Rom. cap. 9. Psal. 134.

Nam si nemo vsquam est, quem non velit esse redemptum :
Haud dubiè impletur quicquid vult summa potestas,
Non omnes autem saluantur. Carm. de Ingr. c. 3.

N'est-ce pas *vn principe de la Theologie* de l'Eglise, Que les enfans ne peuuent estre sauuez sans le Baptesme ? C'est de ce principe que sainct Augustin conclud : *Que les enfans qui meurent sans auoir pû estre baptisez, n'ont point receu de Dieu des Graces suffisantes pour estre sauuez.* De Nat. & Grat. cap. 8.

N'est-ce pas *vn principe de la Theologie* de l'Eglise, que Mr le Theologal mesme a esté contraint de reconnoistre, quoy que cela ruine sa doctrine, *Que la Foy est le premier principe, & le principe originaire de toutes les Graces*, parce que, *sans la Foy il est impossible de plaire à Dieu*, comme dit sainct Paul ? C'est de ce principe que le Concile de Sardaigne conclud : QVE LA GRACE N'EST PAS DONNEE A TOUS LES HOMMES, *parce que l'Euangile n'a point esté presché par tout, & que ceux qui n'ont point oüy parler de la Foy, ne peuuent estre fideles, ny par consequent participans de la Grace.* 3. Serm. art. 1. In Epist. Syn. Afric. Ep. in Sard. exulum.

N'est-ce pas *vn principe de la Theologie* de l'Eglise, Que la perseuerance est necessaire au salut ? C'est de ce principe que S. Augustin conclud : *Que tous les hommes n'ont pas des Graces suffisantes pour estre sauuez, puisque le don de perseuerance n'est pas donné à tous les hommes, mais seulement aux Esleus.* In toto l. de Corrept. & Gra.

N'est-ce pas *vn principe de la Theologie* de l'Eglise, Que les iugemens de Dieu dans le salut, & dans la perte des hommes sont impenetrables, & qu'il ne nous reste en ces occasions, que de nous escrier, *O altitudo diuitiarum* ! C'est de ce principe, que les deffenseurs de la Grace concluent si souuent : Que la raison pourquoy l'vn se sauue, & l'autre ne se sauue pas, n'est pas simplement, de ce que l'vn le veut, & l'autre ne le veut pas ; Ce qui seroit tres-facile à comprendre : Mais de ce que Dieu fait misericorde à l'vn, en luy donnant sa Grace qu'il ne merite point, & punit les pechez de l'autre par la priuation de cette mesme Grace : de ce qu'il donne à l'vn le don de perseuerance, qu'il ne donne pas à l'autre, parce que n'estant obligé de le donner à personne, il le denie sans iniustice à celuy qui a merité d'en estre priué par sa mauuaise vie. *Cur Deus illum adiuuet, illum non adiuuet, penes ipsum est, & æquitatis tam secreta ratio, & excellentia potestatis.*

Aug. de Peccat. mer. & remiss. cap. 5.

Voila les principes de la Theologie des Saints. Voila *la Foy des Peres, Fides Patrum*, dont Monsieur le Theologal parle tant lors qu'il la renuerse. Mais il ne faut pas s'estonner, si les principes si purs de cette diuine Philosophie, ne peuuent estre compris par vne personne qui paroist auoir principalement estudié ces matieres dans les liures de Fauste, & qui a osé auancer cette estrange proposition, qui ruine les fondemens de la Religion Chrestienne, & l'essence de la Grace, qui en est l'ame, & qui n'est plus Grace, si elle n'est gratuite, *Que s'il y auoit vn seul damné à qui Dieu n'eust pas donné sa Grace, il auroit iuste suiet de se plaindre de luy.*

Article XXXVIII.

ET ils aduoüent aussi, que depuis cinq cens ans on enseigne le contraire. Ils soustiennent que depuis cinq cens ans l'Eglise enseigne des erreurs, Qu'elle a esté trompée & subornée durant tant de temps. Sur cela seul il faudroit fermer le Liure, & le brusler en (il n'osa pas acheuer, & dire, en Greue.

Response

Qu'il est tres-esloigné de la verité, que Monsieur d'Ipre ait condamné toute l'Eglise d'erreur depuis cinq cens ans.

SI ie n'auois resolu de garder inuiolablement dans tout ce discours les regles les plus estroites d'vne extreme moderation, ie ne pense pas qu'il y eust aucune personne raisonnable pour ennemie qu'elle pust estre des contentions & des disputes, qui ne trouuast bon, que ie tesmoignasse quelque chaleur en cette rencontre, pour soustenir l'honneur d'vn grand Prelat, que l'on traitte d'vne maniere si outrageuse, & qu'il a si peu meritée. Mais i'ayme mieux que l'on m'accuse d'vne trop grande retenuë, en suiuant les conseils les plus rigoureux de la charité, & de la douceur, que de donner le moindre sujet à Mr le Theologal de se plaindre de mon zele dans les choses mesmes que la iustice me pourroit permettre. C'est pourquoy ie

me

me contenteray de le conjurer par la bonté ineffable de nostre Maistre, par l'amour que tous ses disciples se doiuent porter les vns aux autres, & par le respect qu'ils doiuent rendre aux premiers Ministres de son Eglise, de considerer deuant Dieu, si ce n'est point blesser vn peu la modestie Chrestienne, que de dire en pleine Chaire, que le Liure d'vn grand Euesque, approuué par d'autres Euesques & par vn grand nombre de Theologiens tres-Catholiques; qu'vn Liure qui ne contient autre chose, qu'vne explication tres-fidelle de la doctrine de saint Augustin, comme la pluspart de ses aduersaires mesmes le reconnoissent; qu'vn Liure qui porte graué sur le front ce caractere des vrais Catholiques, qui est vne sousmission parfaite au iugement de l'Eglise, & du saint Siege, merite *d'estre bruslé*. Et ie le supplie encore de prendre garde, que l'occasion qu'il a prise de parler si iniurieusement d'vn Ouurage recommandable, & par son sujet qui est la Grace du Fils de Dieu, & par sa doctrine, qui n'est autre que celle du plus esclairé de tous les Peres, & par son Auteur, que sa suffisance, sa vertu, & sa dignité ont rendu illustre, n'est fondée que sur des reproches tres-esloignez de la verité.

Car il n'est pas vray, que Monsieur d'Ipre *soustienne des opinions contraires à tous les Theologiens depuis cinq cens ans* touchant cette matiere, que Dieu ne donne point à tous les hommes des graces suffisantes pour se sauuer. Et il est encore moins vray, que Monsieur d'Ipre aduouë luy-mesme, comme Monsieur Habert voudroit faire croire, qu'il est en ce point contraire à tous les autres Docteurs.

Il ne faut que rapporter ses propres paroles pour en conuaincre Monsieur le Theologal mesme. Au commencement du Liure qu'il a fait de la Grace suffisante, il parle de cette sorte: *Plusieurs Theologiens de ces derniers siecles ont reconnu, & ont enseigné cette verité, & particulierement, Didacus, Aluarez, Lumel, Nauarrete, Siluius, & enfin tous les Docteurs qui tiennent qu'outre le secours suffisant, qui ne donne, que le simple pouuoir, l'homme a besoin encore d'vn secours efficace par lequel Dieu fait qu'il agisse actuellement: Car ils monstrent assez par là qu'ils croyent, qu'il n'y a que la seule Grace efficace qui soit tellement suffisante, qu'on n'ait plus besoin d'aucune autre chose pour pouuoir agir actuellement. Mais les deux celebres Facultez de Theologie de Louuain & de Doüay ont enseigné cette verité plus clairement*

Vid. rũt hoc etiam tradideruntque non pauci recentiores, & in primis Didacus, Aluarez, Lumel, Nauarrette, Siluius, deniq; omnes illi Doctores qui tenent præter adiutorium sufficiens, quod dat nudum posse, necess[illegible]

que les autres, & l'ont enseigné comme la doctrine de S. Augustin, dans les Censures qu'elles ont faittes de quelques propositions, qu'on l ur auoit presentées pour en sçauoir leur aduis. Ce qu'il prouue e suitte par les paroles expresses de ces deux Censures, qui ont esté imprimées depuis peu à Paris auec le Liure d'vn sçauant Archeuesque qui a suiuy, cóme Monsieur d'Ipre, dans tous les points de la matiere de la Grace l'opinion de S. Augustin.

Il adiouste de plus, *Que ny S. Thomas, ny aucun des anciens Peres depuis S. Augustin jusques à luy, ny mesme aucun des anciens Scholastiques n'ont fait mention de cette Grace suffisante.* Et dans vn autre endoit de ce mesme Liure il confirme la doctrine de saint Augustin, *Que la Grace n'est pas donnée à tout le monde*, par vn passage de saint Thomas, lequel traittant cette question, *si tous les hommes sont obligez de croire quelque article de foy en particulier:* & s'estant obiecté, *Qu'on n'est pas obligé à l'impossible, & que beaucoup d'hõmes ne peuuent pas croire aucun article de foy, n'en ayant point ouy parler*; Il respond, qu'vne chose peut estre possible en deux manieres; sans Grace, ou auec la Grace: Que l'homme est obligé à beaucoup de choses qui ne luy sont possibles, que par le le secours de la Grace, & que n'antmoins cette Grace n'est pas donnée à tous les hommes. *Si*, dit-il, *on ne iuge possible à l'homme que ce qu'il peut faire sans le secours de la Grace, il est certain, qu'en ce sens* L'HOMME EST OBLIGÉ À BEAVCOVP DE CHOSES, QV'IL NE PEVT FAIRE SANS LA GRACE MEDECINALE DE IESVS-CHRSIT, *comme à aimer Dieu & son prochain, & à croire les articles de Foy, ce qu'il peut neantmoins auec le secours de la Grace, & Dieu donne ce secours par sa misericorde à tous ceux à qui il le donne*, ET C'EST PAR IVSTICE, ET EN PVNITION DES PECHEZ PRECEDENS OV DV MOINS DV PECHÉ ORIGINEL, QV'IL NE LE DONNE POINT AVX AVTRES, *comme dit S. Augustin dans le Liure de la Correction & de la Grace.*

Qui ne s'estonnera donc de voir que Monsieur le Theologal veüille faire croire que Monsieur d'Ipre, aduoüe que tous les Theologiens depuis cinq cens ans sont contraires à sa doctrine dans vn poinct sur lequel Monsieur d'Ipre allegue tant de Theologiens nouueaux, & des Facultez toutes entieres, & tous les anciens Scholastiques, & saint Thomas mesme l'Ange de l'Eschole, comme l'appelle Monsieur le Cardinal du Perron, pour confirmation des sentimens de saint Augustin.

sarium esse aliud auxilium, efficax, quo Deus efficiat, vt actualiter operetur. Hoc ipse enim apertè sentiunt, nullum dari adiutorium ita sufficiens, vt nihil aliud expartre Dei ad actu operandum requiratur, quin simul sit efficax. Sed omnium apertissimè hoc tanquam S. Augustini doctrinam docuerunt duæ celebres facultates sacræ Theologiæ Louaniensis ac Duacēsis quando iudicii sui Censuram aduersus propositiones quasdam sibi oblatas protulerunt.

Iansen. lib. 3. de Grat. Christi salu. cap. 1.

Ce Liure qui cõtiēt l'Ouurage de cet Archeuesque nommé Contius & les deux Censures, se vend chez la Veuue du Puis dans la ruë S. Iacques à la Couronne.

Quid quod nec ipse D. Thomas aut vllus antiquorum Patrũ, inter ipsũ, & Augustinum, vel vllus vetustiorum scholasticorũ istius gratiæ sufficientis meminit.

Ibid. Chap. 19.

Si in potestate hominis aliquid esse dicatur excluso auxilio gratiæ, sic ad multa

Mais cecy n'est rien en comparaison de l'iniure extreme que l'on fait à ce grand Euesque en l'accusant de soustenir, *Que toute l'Eglise a esté dans l'erreur depuis cinq cens ans, qu'elle a esté trompée, & subornée depuis tant de siecles.* Tous ceux qui auront des yeux pour lire Monsieur d'Ipre auront de la peine à comprendre que l'on ait pû aduancer contre ce Prelat illustre vne accusation si peut veritable. Car on ne peut pas prendre suiet de luy faire ce reproche si preiudiciable à sa pieté & à la sincerité de sa Foy, que d'vn endroit de son Ouurage, où apres auoir protesté qu'il n'auoit autre dessein que d'expliquer la doctrine de saint Augustin, & qu'il sousmettoit toutes ses pensées au iugement du saint Siege, il propose vne obiection que quelques-vns pourroient faire contre la doctrine de saint Augustin, sçauoir, que les opinions que ce grand Docteur a reiettées comme fausses, ayant esté communément receuës depuis cinq cens ans, il s'ensuiuroit que toute l'Eglise auroit esté dans l'erreur durant ce temps-là, si on estoit obligé de croire S. Augustin. A quoy il respond de cette sorte. *Si l'on craint que ce soit accuser l'Eglise d'erreur, que de ne pas approuuer les opinions qu'elle auroit receuë depuis quelques siecles, qui ne voit, que l'on l'accusera d'estre tombée dans l'erreur d'vne maniere beaucoup plus pernicieuse, si l'on dit, qu'en receuant des opinions contraires à celles de saint Augustin, elle a aboly maintenant la doctrine de ce Pere aprés l'auoir receüe, & approuuée durant tant de siecles? Mais à Dieu ne plaise, qu'on puisse accuser l'Eglise d'estre tombée dans l'erreur en l'vne ou l'autre de ces deux manieres, soit que ses enfans n'ayent pas bien compris la doctrine de saint Augustin, l'ayent reiettée dans leurs escholles, & en ayent introduit vne nouuelle, soit qu'ils ayent depuis reietté cette nouuelle pour restablir l'ancienne. Il y a bien de la difference entre croire vne chose comme vn article de la Foy Catholique, ou la soustenir, comme son opinion particuliere. Or il est certain, que peu, ou mesme pas vn d'entre les Docteurs Scholastiques, qui ont tenu plusieurs opinions que S. Augustin a reiettées, ne les ont tenües, & ne les tiennent encore, comme des points de la Foy Catholique, mais comme leur opinion, laquelle ils sont prests de quitter, si on leur faisoit voir, qu'elle fust contraire, ou à l'Escriture Sainte, ou aux Conciles, ou aux decisions des Papes. Ce qui monstre que non seulement toute l'Eglise n'a point receu de tache dans sa Foy par aucune erreur, mais mesme qu'aucune partie considerable de son corps n'a erré dans la Foy.*

teneturhomo ad quæ non potest sine gratia reparante, sicut ad diligendum Deũ & proximum, & similiter ad credendum articulos fidei. Sed tamen hoc potest cum auxilio gratiæ: quod quidẽ auxilium quibuscumque diuinitus datur, misericorditer datur, quibus autem nõ datur, iustitia non datur in pœnam præcedentis peccati, aut saltem originalis peccati, vt Augustinus dicit Libro de Correptione & Gratia.

S. Thom. 1. 2. q. 1. art. 5. ad 1.

Si ergo Ecclesia propter improbatas opiniones quas diu receperat, nunc errasse timeretur, quãto perniciosius tunc verè errasse diceretur, si Augustini doctrinã tot sæculis ante receptam probatamque per susceptionem contrariarũ opinionum aboleuerit. Sed absit, vt alterutro modo Ecclesia, siue filii eius doctrinam Augustini minus intellectam è scholis exturbauerint, siue nouam introduxerint, siue introdu-

Ces paroles ne font-elles pas voir aux plus aueugles, qu'on ne peut accuser Monsieur d'Ipre d'auoir soustenu, *Que l'Eglise a esté dans l'erreur depuis cinq cens ans*, qu'en prenant son obiection pour sa resolution, & en faisant comme vn homme qui accuseroit sainct Thomas de croire, qu'il n'y a point de Dieu, parce qu'il met en question, & se forme quelques obiections, qu'il resout en suitte, pour prouuer qu'il n'y en a point.

Et en effet, ce que nous venons de rapporter de Monsieur d'Ipre, monstre qu'il estoit si esloigné de condamner toute l'Eglise d'erreur, qu'il n'en condamne pas mesme les particuliers, qui ont eu dans le sujet de la Grace d'autres sentimens que les Peres. En quoy nous voyons combien la moderation de ce grand Euesque est esloignée de la maniere d'agir de Monsieur le Theologal contre luy, puis qu'au lieu que Monsieur d'Ipre soustient, Que si quelques Docteurs Scholastiques ont combattu formellement les sentimens de S. Augustin autorisez par l'Eglise depuis tant de siecles, ils ne laissent pas d'estre tousiours demeurez dans la pureté de la foy par la sousmission qu'ils ont tousiours tesmoignée enuers l'Eglise: Monsieur Habert au contraire ne craint point de condamner vn Euesque, qui n'a fait autre chose qu'expliquer la doctrine de sainct Augustin, & qui a laissé dans son Ouurage des protestations [illegible] solemnelles, & tant de fois reïterées d'vne parfaite sousmission à l'Eglise comme coupable *d'erreur*, *d'heresie*, *de blaspheme*, *& d'impieté*, comme *digne d'anatheme*, *mesme apres sa mort*, & cõme ayant fait *vn Liure qui merite d'estre bruslé*.

Etiam iterum aboiendo proscripserint, vllum de suscepto errore discrimen subeat. Aliud est fide Catholica aliquid credere, aliud humana opinatione sentire. Certũ est Scholasticos qui sententias plurimas ab Augustino reprobatas tenuerunt, vel paucos, vel nullos, eos tanquam Catholicam fidem tradidisse, vel etiamnũ tradere: Sed tanquam opinionem suam animo ad eam relinquendã, corrigendãque præparato, si forte scripturis aut Cõciliis, aut Pontificibus Romanis aduersa declaretur. Ex quo fit, vt non solum Ecclesia vniuersalis nullo fidei errore fœdata sit, sed nec vlla pars eius alicuius momenti à fide aberrauerit. *Iansen. lib. Proœm. c. vl*

Tradition & succession perpetuelle dans l'Eglise de la doctrine de S. Augustin touchant la Grace.

MAis pour faire voir encore plus clairement l'innocence de Monsieur d'Ipre, & l'iniustice de ses accusateurs, il est temps que nous accomplissions ce que nous auons promis dans la Response au second Sermon; & que nous monstrions par la chaisne de la Tradition, que cette doctrine de la Grace dont Monsieur Habert condamne les principales maximes, comme des nouueautez pernicieuses, & des blasphemes inoüis parmy les Catholiques, est venuë de siecle en siecle iusques à nous, & qu'on n'a iamais entrepris de la violer dans l'Eglise, que l'Eglise ne se soit mise en peine de la deffendre, & de l'establir, sçachant, que la Grace est le principe de toute la pieté veritable & Chrestienne, & qu'on ne sçauroit l'alterer, sans corrompre en mesme temps la pureté des mœurs qui doit couler de cette diuine source.

Lib. 1. Oper. Imp. contra Iul.

De Grat. Christ. cap. 14.

Saint Augustin, qui le premier l'a proposée auec plus d'estenduë, éclaircie auec plus de lumiere, & soustenuë auec plus de force; parce qu'il a esté obligé de la deffendre contre les heretiques qui l'attaquoient, declare: Que la Grace dont il traitte, c'est à dire, *la Grace de Iesus-Christ, qui n'est point commune aux fidelles & aux infidelles, mais qui est propre aux Chrestiens: qui ne donne pas seulement le pouuoir d'agir, si nous voulons, mais la volonté mesme, & l'action: par laquelle nous ne faisons pas seulement le bien plus facilement, mais sans laquelle nous ne pouuons en aucunne sorte, ny faire le bien, ny éuiter le peché:* Et enfin, *qui n'est pas donné à tout le monde, mais seulement à ceux à qui il plaist à Dieu de la donner par misericorde, la refusant aux autres par iustice,* selon la doctrine de saint Paul: *Que cette Grace,* dis-je, auec toutes ces conditions, *a tousiours esté creuë dans l'Eglise:* Que *c'est la Foy veritable, la Foy des Prophetes, & des Apostres; Qu'elle s'estoit tousiours conseruée & se conseruoit à iamais dans les prieres de l'Eglise;* Et que les Peres qui l'auoiẽt precedé, n'auoient point eu en effet des sentimens cõtraires à cette Foy, cõme les Semipelagiens pretendoient, *puis qu'ils la publioient tousiours dans leurs prieres, quoy qu'ils n'en eussent parlé qu'en peu de mots & en passant, parce que l'heresie Pelagienne n'estant pas encore née, ils n'auoient pas esté obligez de trauailler particulierement sur cette matiere si difficile, & qu'ils ne s'employoient, qu'à combattre les heresies de leur temps, & à instruire les hommes dans la vertu.*

Lib. 2. ad Bonif. c. 8.

De Corrept. & Gr. cap. 2.

De Corrept. & Gr. cap. 11

De Dono Perseu cap. 8.

De Dono Perseu. cap. 23.

De Corrept. & Gr. cap. 2

Vtinam infirmi sic audirent vel nõ audirent in hac quæstione disputationes nostras, vt magis intuerentur quotidianas orationes suas quas semper habuit, & habebit Ecclesia ab exordiis suis donec finiatur hoc sæculum. De hac enim re, quam nunc aduersus nouos hæreticos non commemorare tantum, sed plane tueri, ac defensare cõpellimur, numquam tacuit in precibus suis, & si aliquãdo in sermonibus exercendã nullo vrgente aduersatio nonputauit. *August. de Dono Perseu. cap. 12. & 13.*

Que les Papes, les Peres & les Conciles ont embrassé la doctrine de saint Augustin touchant la Grace; & qu'ils ont condamné d'erreur, & tenu pour Semipelagiens ceux qui l'ont combattuë.

SAINT PROSPER.

LEs Escrits de ce grand sainct sur ce point ont esté receus durant sa vie auec vn applaudissement general de toute l'Eglise, & auec des eloges de tous les grands personnages de son siecle. Et sainct Prosper nous asseure: *Que non seulement l'Eglise Romaine, & celle d'Afrique, mais que tous les enfans de la promesse, C'est à dire les vrais enfans de Dieu respandus par tout le monde, s'accordoient auec ce Pere dans les sentimens sur la Grace, aussi bien que dans tout le reste de sa creance.*

Imo nouerunt, non solum Romanam Africanamque Ecclesiam & per omnes mundi partes vniuersos promissionis filios cũ doctrina huius viri sicut in tota fide, ita & in gratiæ confessione congruere. *Prosp. in Ep. ad Ruff.* Voyez les Lettres de S. Prosper & d'Hilaire à S. Augustin

Ceux qui se sont opposez à cette Doctrine, comme Cassien, & d'autres Prestres de Marseille, en disant: *Qu'elle blessoit la bonté de Dieu; Qu'elle estoit trop dure, & trop seuere; Qu'elle iettoit les Saints dans la negligence, & les pecheurs dans le desespoir*; Et enfin, *qu'elle ne faisoit qu'inquieter les ames, & troubler la paix des consciences* (qui sont les mesmes reproches par les ennemis de Monsieur d'Ipre taschent de descrier aujourd'huy la mesme Doctrine de sainct Augustin par ce sçauant Euesque) ont esté refutez par saint Prosper comme *des ingrats & des superbes*, & leurs opinions ont esté reiettées par l'Eglise, comme des reiettons funestes de l'heresie Pelagienne.

Aduersum ingratos falsa & virtute superbos. *Prosp. in Præf. Carm. de Ingratis.*

SAINT CELESTIN PAPE.

CE fut alors que le Pape Celestin reietta toutes ces plaintes formées contre la doctrine celeste de ce grand Maistre de l'Eglise, & les condamna à vn eternel silence; Qu'il reprima la hardiesse de ceux qui osoient dire; *Qu'il se fut emporté en quelque chose au de là des bornes de la verité.* Et parce qu'ils vouloient faire passer l'opinion de saint Augustin pour nouuelle & particuliere, & la leur pour celle des anciens Peres; se saint Pape declara au contraire: *Qu'on ne deuoit point souffrir, que les opinions nouuelles de ces personnes s'esleuassent contre la Doctrine ancienne que ce Pere auoit deffenduë*, DESINAT INCESSERE NOVITAS VETVSTATEM.

In Epist. ad Gall. Episc. Magistris nostris tanquam necessariũ modũ excesserint, obloquutur

SAINT LEON PAPE.

LE grand saint Leon, qui a esté si eminent entre les Papes, a fait voir dans ses Epistres, & dans tous les lieux où il a parlé de la Grace, qu'il a esté disciple de saint Augustin, aussi bien que saint Prosper, qui estoit son secretaire.

Liures de Fauste, contraires à la Doctrine de saint Augustin, condamnez par l'Eglise.

QVelque temps apres, Fauste, & quelques autres personnes en France ayant reuouuellé les mesmes efforts de ces premiers Semipelagiens contre la mesme Doctrine; les Papes, les plus grands Saints, & les Conciles de ce temps-là s'opposerent à cette entreprise, & condamnerent ses Liures comme pleins d'erreurs, & entierement contraires à la Foy Catholique, ainsi que nous auons fait voir en vn autre endroit, Art. 10. de ce 3. Sermon.

Saint Gelase & Hormisdas, Papes, & le Concile de Sardaigne.

LE Pape Gelase a autorisé publiquement la Doctrine de saint Augustin par les Lettres qu'il a escrites contre les restes des Pelagiens & par la condamnation qu'il a faite des Liures *de Cassien, & de Fauste*, & l'approbation de ceux de saint Augustin, & de saint Prosper.

Hormisdas, qui a tenu le Siege Apostolique peu de temps apres luy, renuoye les Catholiques aux Liures de saint Augustin pour y apprendre les sentimens de l'Eglise Catholique dans la matiere de la Grace.

De Arbitrio libero, & Gratia Dei, quid Romana, hoc est Catholica sequatur & asseueret Ecclesia in variis Libris B. Augustini & maximè ad Hilarium, & Prosperum potest agnosci. *Horm. Epist. 70. ad Poss.*

Le Concile de Sardaigne a fait la mesme chose dans son Epistre Synodique.

SAINT FVLGENCE.

SAinct Fulgence, qui a esté appellé, *l'esprit & la langue des Euesques de son temps*, & qui a esté aussi eminent par sa sainteté, que par sa doctrine, n'a presque fait autre chose dans tous ses Ouurages, que de deffendre la Doctrine de sainct Augustin contre les Semipelagiens, & particulierement contre Fauste, qui estoit leur Chef; ayant refuté ses Liures par vn Ouurage excellent, qui contenoit sept Liures, lesquels le Concile de Sardaigne a approuuez auec eloges.

Felix quatriesme Pape, saint Cesarius, & le Concile d'Orange.

MAis le venin du Semipelagianisme se conseruant tousiours dans quelques esprits, comme il n'y a rien si naturel à l'homme que cet orgueil, qui le porte à vouloir dependre de luy-mesme, & non pas entierement de Dieu; Le Pape Felix quatriesme animé du mesme zele que ses Predecesseurs, enuoya en France vn Recueil des principales maximes de S. Augustin tirées de ses propres paroles; afin que tout le monde fust obligé de regler ses sentimens sur ceux de ce Pere. Et le Concile d'Orange ayant esté assemblé en mesme temps par saint Cesarius, Archeuesque d'Arles, il se seruit des mesmes maximes pour en former ses Canons, qui ont eu depuis vne telle autorité dans l'Eglise, qu'on les a tousiours considerez comme des regles inuiolables de la Foy Catholique.

BONIFACE SECOND, PAPE.

Voyez le 2. Tom. des Conciles de France du P. Sirmond.

LE Pape Felix estant mort, Boniface second son successeur, confirma le Concile d'Orange par son authorité Apostolique; Et dans la Lettre qu'il en escrit à sainct Cesarius, il condamne les erreurs des Semipelagiens, comme contraires à la Doctrine des saints Peres, & particulierement à celle de sainct Augustin.

SAINT GREGOIRE LE GRAND, PAPE.

Gregor. ad Innoc. Afric. Praef.

SAint Gregoire le Grand, qui a tesmoigné la mesme admiration que les autres Papes de la sublimité de l'esprit, & de la science de saint Augustin; & qui escriuant à vn grand Seigneur d'Afrique, qui luy demandoit ses Ouurages, le renuoye à ceux de ce Pere, *comme à la pure fleur de la doctrine de l'Eglise*, a suiuy dans ses Escrits les maximes fondamentales de ce Saint dans la matiere de la Grace.

SAINT

SAINT ISIDORE, EVESQVE de Seuille.

SAINCT Isidore, Euesque de Seuille en Espagne, tres-celebre entre les Peres des derniers temps, parle de la Predestination dans les mesmes sentimens que saint Augustin, reconnoissant auec luy, Que la Grace n'est point donnée à tout le monde indifferemment (comme le pretend Monsieur Habert) & que la Predestination des Esleus de Dieu ne depend, selon saint Paul, que de sa supreme volonté. *V. d. lib. 2. sentent.*

LE PAPE ADRIEN PREMIER.

CEtte doctrine sainte passa de cette sorte iusques au huictiesme siecle, où quelques-vns en Espagne estant tombez dans les erreurs de Semipelagiens, & condamnans dans la doctrine de la Grace les mesmes poincts que Fauste auoit condamnez, en voulant faire croire que l'opinion de la Predestination, comme saint Augustin la soustient, *portoit les bons dans la negligence, & les meschans dans le desespoir*, Le Pape Adrien premier escriuit à tous les Euesques d'Espagne pour arrester le cours de ces opinions pernicieuses, & suiuant les traces des Papes ses Predecesseurs, creut ne pouuoir mieux estouffer cette mauuaise doctrine, qu'en luy opposant celle de saint Augustin expliquée par saint Fulgence, Euesque d'Afrique, l'vn des plus grands & des plus esclairez de ses Disciples.

In Epistola ad Hegilam & omnes Hispaniæ Episcopos in qua refert q̃ olim contra Pelagiani cũ iusdam sermonem scripserat B. Fulgentius ad Eugippium Presbyterũ quæ in Operibus eius hodie non extant.

LE CONCILE DE VALENCE.

HIncmare au siecle suiuant ayant rejetté quelques points de cette Doctrine (dont les deux principaux estoient, Que ces paroles de saint Paul, *Dieu veut que tous les hommes soient sauuez*; Et ces autres, *Iesus-Christ est mort pour tous*, ne se doiuent pas entendre generalement de tous les hommes en particulier, qui sont deux points indubitables dans la Doctrine de saint Augustin) les ayant, dis-je, reiettez, parce qu'il s'estoit persuadé faussement que c'estoient des erreurs des Predestinations, qu'il demeurast d'accord des autres maximes capitalles de la Predestination, & de la Grace que saint Augustin auoit enseignées, le Concile assemblé à Valence par le Archeuesques de trois Prouinces, de Lyon, de Vienne, & d'Arles, ne pût souffrir qu'on alterast en la moindre chose l Doctrine de ce grand Saint.

C'est pourquoy apres auoir declaré, *qu'on deuoit rejetter dans l Eglise toutes sortes de nouueautez & d'imaginations vaines & presomptueuses*, il confirme puissamment ce qu'on auoi voulu affoiblir des sentimens de saint Augustin, & s'opposan à l'entreprise d'Hincmare parle en ces termes des Canons qu'i auoit faits dans vn Concile particulier qu'il auoit tenu en s Prouince. *Nous rejettons absolument les quatre Chapitres qui on esté composez imprudemment par vn Concile de nos freres, tant cause qu'ils sont inutiles, que parce qu'ils sont pernicieux, & con tiennent vne erreur contraire à la verité, & qui pourroit blesser le pieuses oreilles des fidelles. Et afin qu'on se puisse garder de telles ou de semblables erreurs, nous ordonnons par l'authorité du S. Esprit, que ces quatre chapitres seront entierement supprimez.*

Concil. Valent. can. 1.

Porro capitula quatuorque a Concilio fratrum nostrorum minus prospectè suscepta sût propter inutilitatem vel etiá noxietatem et errorem cõtrarium veritati, à pio auditu fidelii penitus explodimus. Et vt talia et similia caueantur, per omnia auctoritate Spiritus sãcti interdicimus. Conc. Valent. can. 4.

PRVDENCE EVESQVE DE TROYES.

ET parce que c'est la coustume de l'Eglise de demander à ceux qui entrent dans ses premieres Charges des Confessions de Foy, particulierement sur les points de sa Doctrin qu'on veut esbranler; Prudence Euesque de Troyes, qui eu vne si grande reputation de doctrine & de sainteté, escriuant aux Euesques assemblez pour la Consecration d'Enée Euesque de Paris, declara, qu'il ne pouuoit consentir à cett Ordination, si dans la profession de Foy, qu'Enée deuoit faire, il ne comprenoit tous ses poincts de la doctrine de S. Augustin, qu'Hincmare & quelques autres auec luy auoient os reuoquer en doute.

Voyez sa Lettre à l'Archeuesque de Sens et aux autres Euesques que le P. Sirmond a fait imprimer à la fin du 3. Tome des Conciles de France.

SAINCT BERNARD.

ENfin, saint Bernard qui viuoit au douziéme siecle vers l fin duquel la Theologie Scholastique a commencé, dans c diuin Liure qu'il a escrit *de la Grace du libre-Arbitre*, sou stient les mesmes opinions auec tant de lumiere, & tant d vigueur, qu'il n'y a autre difference entre ce Pere, & saint Augustin, sinon qu'en conseruant inuiolablement la mesme doctrine, laquelle ce grand Maistre de l'Eglise auoit enseignée pres de huit cens ans auparauant, & que l'Eglise Romaine & toute l'Eglise auoit embrassée, il la soustient encore auec des expressions beaucoup plus fortes, & qui marquent encore plus la foiblesse du libre-Arbitre, & releue dauantage la puissance de la Grace.

Voila la suitte de cette chaisne de de la Tradition de l'Eglise. Voila la succession, & la conformité de la doctrine des Saints, des Papes, & des Conciles, auec celle de saint Augustin, qui a esté le Chef & le Maistre de tous ceux qui ont escrit de la Grace selon la reconnoissace mesme des Chefs de l Eglise. Voila le consentement vniuersel des Peres les plus considerables en cette matiere, sur lequel s'il estoit besoin, les Conciles Oecumeniques composeroient des Canons, & des articles de Foy, comme ils ont fait autrefois en de pareilles rencontres. Voila la voix de toute l'Antiquité, de toutes les bouches sacrées, qui ont publié ces veritez saintes, & qui ont parlé par saint Augustin, comme par l'organe, & la langue de l'Eglise. Voyla la regle sur laquelle les Docteurs Scholastiques protestent qu'ils doiuent regler leurs opinions, reconnoissans, que la Tradition establie sur les Decrets des Papes, des Peres, & des Conciles n'est pas moins infaillible, ny moins venerable entre eux pour resoudre leurs difficultez, que contre les heretiques pour conuaincre leurs erreurs.

Succession de la Doctrine de saint Augustin touchant la Grace, & la Predestination, depuis le temps des Scholastiques iusques à nous.

LEs Chefs des Scholastiques qui sont venus peu apres, ont embrassé cette doctrine de saint Augustin comme vn depost sacré de l'Eglise, particulierement dans les poincts où Monsieur Habert l'a combattuë. Car tout ce qu'il a temoigné ne pouuoir souffrir de la Doctrine de Monsieur d'Ipre, c'est qu'on ne reconnoisse pas : *Que Dieu veüille tellement sauuer tous les hommes, qu'il soient tousiours en estat de se sauuer s'ils le veulent : Que la redemption de Iesus-Christ s'estende si generalement sur tout le monde, tant sur les infidelles que sur les fidelles: Que la seule cause pourquoy quelques-vns ne sortent point de la seruitude du peché, c'est qu'ils ne le veulent pas: Que la Grace soit donnée à tous les hommes abondamment, & surabondamment: Que les pecheurs les plus endurcis ayent tousiours des graces suffisātes, & mesme plus qu'il ne leur en faut pour se conuertir: Et que si Dieu auoit refusé sa Grace à aucũ dãné, tandis qu'il est en cette vie, il auroit juste sujet de se plaindre.* Ce sõt là les veritez Catholiques qu'õ se plaint auoir esté ruinées par Mr d'Ipre. C'est sur cela qu'õ l'accuse d'auoir rẽuersé tous les poincts de la Theologie, & cõbattu to⁹ les Scholastiques depuis cinq cẽs ans. Et cependãt il faut estre aussi mal instruit dans la Doctrine de l'Eschole, que dãs celle des Peres, pour ne sçauoir pas, que cette Doctrine a esté embrassée par les plus celebres des Scholastiques.

Pierre Lombard, Maistre des Sentences.

Lib. 1. sent. distinct. 46.

Lib. 1. sentẽt. distinct. 41.

Elegit ergo eos quos voluit gratuita misericordia. Ita etiam reprobauit quos voluit non propter futura merita quæ prœuideret, veritate tamen rectissima, et à nostris sensibus remota.

Ibid.

Sicut Prædestinationis effectus est gratiæ appositio, ita reprobationis æternæ quodammodo

PIerre Lombard, Euesque de Paris, & Maistre des sentẽces, *reiette comme vn sentiment tout à fait contraire à la verité l'opinion de ceux qui disent, Que Dieu veut que tous les hommes generalement soient sauuez sans en excepter aucun*; Et il ne recognoist point, *Que Dieu ait cette volonté enuers d'autres qu'enuers ceux qui sont sauuez.* Il enseigne en vn autre endroit: *Que la Predestination & la Reprobation des hommes ne dependent que de la volonté de Dieu*, supposant le peché originel, que l'on doit toûjours considerer comme la premiere cause, & la racine de la reprobation des hommes: *Qu'il a esleu ceux qu'il a voulu par vne misericorde toute gratuite, & qu'il a reprouué ceux qu'il a voulu, non à cause de leurs propres pechez qu'il a preueu qu'ils deuoient cõmettre, mais par vne justice tres-parfaite & tres-esloignée de nostre connoissance,* à cause du peché commun à toute la nature: *Que l'endurcissement est vn effect de la reprobation, & que Dieu endurcit, non en inspirant la malice, mais en ne donnant pas la Grace: Et qu'ainsi, quand il est dit dans l'Escriture, Que Dieu endurcit les hommes, ce n'est pas qu'il les contraigne de pecher, mais qu'il ne leur fait point misericorde: Et il ne fait point misericorde à ceux ausquels il ne luy plaist pas de dõner sa Grace par vne justice tres-cachée & tres-esloignée du sẽs des hõmes, que l'Apostre ne descouure pas, mais qu'il se contente d'admirer, en s'escriant: O altitudo diuitiarũ sapientiæ & scientiæ Dei!*

Ce sont en peu de mots tous les principes de cette Doctrine qu'on a si fort deschirée. C'est ce qu'a enseigné il y a desia tant de siecles, non vn Docteur particulier, mais celuy que tous les Theologiens appellent leur Maistre, dont les plus habiles d'entr'eux ont pris la peine d'expliquer les Liures. C'est vn Euesque de Paris, aussi illustre par sa suffisance, que par sa charge; & c'est de sa Chaire dont on se sert aujourd'huy pour le couurir des mesmes outrages dont on couure vn autre Euesque, qui a suiuy ses sentimens, pour le mettre au nombre *des heretiques & des schismatiques*, & de ceux qui meritent *d'estre frappez d'anatheme mesme apres leur mort.*

effectus esse videtur obduratio. Nec obdurat Deus, vt ait Augustinus ad Sixtum, impartiendo malitiam, sed nõ impartiẽdo gratiam. Et ob hoc eos indurare dicitur quia nõ eorum miseretur, nõ quia impellit vt peccent. Eorum autẽ non miseretur, quibus gratiam nõ prębendam esse equitate occultissima, et ab humanis sensibus remotissima judicat quam non aperit, sed miratur Apostolus dicens, ô altitudo etc. *Ibid. distinct.*

SAINT THOMAS.

Saint Thomas, que Monsieur Habert nous accuse de rejetter, luy que Monsieur d'Ipre appelle *vn Abregé de saint Augustin touchant la Grace*, & qui malgré la Philosophie, a suiuy tous les raisonnemens de ce Saint plus esleuez que ceux d'Aristote, & fondez sur deux principales veritez de foy, la corruption du peché originel, & la necessité, & l'efficace de la Grace inconnuës aux Philosophes; ruine plus fortement que personne toutes ces nouueautez dont Monsieur Habert pretend faire des poincts de foy, qu'on ne puisse contredire sans heresie.

Il enseigne constamment: *Que Dieu choisit les vns, & reprouue les autres, sans qu'on puisse rapporter d'autre cause de ces effets si differens, que sa seule volonté: Qu'on ne doit donc point rechercher de raisons, pourquoy Dieu attire l'vn, & n'attire pas l'autre.* (*1. Part qu. 23. art. 5. ad 3.*) *Que celuy qui est reprouué ne laisse pas d'estre coupable de ses pechez,* Quoy qu'il ne puisse attirer la grace de Dieu. (*Ibid.*) *Que la reprobation n'est point cause du peché, mais qu'elle est seulement* cause de l'abandonnement de Dieu, *& de la peine que le peché receura en l'autre vie, mais que le peché vient du Libre Arbitre de celuy qui est reprouué,* & abandonné de la Grace. (*Ibid. art. 3. ad 3. Ibid. ad 2.*) *Que Dieu refuse par iustice, en punition du peché, non seulement actuel, mais originel, des graces sans lesquelles on ne peut faire les choses ausquelles on est obligé, comme d'aimer Dieu, & de croire les articles de Foy.* (*2.2. qu. 2. art. 5. ad 1.*) *Que la Loy nouuelle, qui est la Loy de Grace n'a esté donnée que fort tard, afin que l'homme fust* abandonné à luy-mesme *dans l'estat de la vieille Loy, & que* (*1. 2. qu. 106. art. 3. in corp.*)

tombant dans le peché, il reconnust sa misere, & le besoin qu'il auoit de la Grace. Que tous les hommes ont merité par le peché du premier homme d'estre priuez du secours de la Grace; & *qu'ainsi Dieu fait iustice quand il ne la donne point, & misericorde lors qu'il la donne. Que Dieu pouruoit suffisamment aux hommes en ce qui regarde la vie corporelle, parce que la nature n'est point destruite par le peché, mais qu'il n'agit pas de mesme en ce qui regarde la vie spirituelle & la vie de grace, parce que la Grace se perd par le peché.* Et qu'enfin, *Iesus-Christ n'a fait aucune priere qui n'ait esté exaucée, & qu'ainsi, il n'a point prié son Pere de donner la vie eternelle à tous ceux qui l'ont crucifié ny à tous ceux qui doiuent croire en luy, mais seulement aux Predestinez.*

Ibid. ad 3.

3. Part. q. 21. art. 4. ad 2.

Nous voyons par là que le plus celebre de tous les Docteurs de l'Eschole, conspire auec Monsieur d'Ipre, & Sainct Augustin pour soustenir les mesmes maximes Apostoliques, lesquelles Monsieur le Theologal appelle *des impietez & des blasphemes*; & qu'il establit comme des veritez indubitables ces decrets absolus de Dieu dont on espouuante le peuple touchant la perte & la reprobation des hommes. Qu'il ne reconnoist point de Grace suffisante donnée à tout le monde sans exception, tant heretiques, Schismatiques, Iuifs, Payens, & infidelles, que Chrestiens & Catholiques, mais qu'il soustient au contraire, que le premier effet de la reprobation, est que Dieu ne donne pas sa Grace à l'homme, & l'abondonne à luy-mesme. Qu'il ne croit point que Dieu seroit iniuste en refusant sa Grace aux hommes, & les obligeant ainsi à l'impossible; mais qu'il enseigne formellement, que les hommes sont obligez de faire ce qu'ils ne peuuent faire sans Grace, bien que Dieu par iustice ne leur donne pas cette Grace en punition de leurs pechez. Et qu'enfin, il est bien esloigné de tomber dans cette creance pernicieuse, *Que s'il y auoit aucun damné à qui Dieu eust refusé sa Grace, il auroit iuste suiet de se plaindre*; mais qu'il prend au contraire pour fondement de toutes ses resolutions cette verité capitalle du Christianisme, Que tous les hommes par le peché du premier homme ont merité d'estre entierement priuez du secours de la Grace: Et qu'ainsi, c'est vne pure misericorde de Dieu, de ce qu'il la donne à quelques-vns, comme c'est iustice de ce qu'il ne la donne pas aux autres. Et c'est ce fondement de nostre Foy qui l'a obligé de nepoint parler dans toutes les diuisions & subdiuisions qu'il a faittes en cette matiere, d'vne Grace suffisante commune à tous les hommes depuis le peché d'Adam, par laquelle ils ayent tous pû, & puissent tous se sauuer.

Disciples de saint Thomas, depuis luy iusques à nous.

L'Autorité de ces deux grands hommes, qui ont esté les Chefs, & les Maistres de tous les Theologiens de l'Eschole, suffiroit pour arrester les Censures de Mr le Theologal: mais il faut qu'il reconnoisse encore auec tout le monde, que les disciples de ce Saint ont soustenu apres luy la mesme Doctrine de saint Augustin, expliquée par cet Ange de l'Eschole; & que s'ils y ont meslé depuis quelques expressions Philosophiques, ils ne l'ont fait (comme Monsieur de Geneue l'a declaré autrefois à vn grand Cardinal de nostre temps) que par contrainte, & pour s'expliquer philosophiquement dans les disputes qu'ils auoient auec des Theologiens Philosophiques, qui obligent souuent à les combattre auec leurs mesmes armes, & à obscurcir en quelque sorte *l'air pur de la verité diuine par les fumées de la science Payenne*, comme dit Tertullien. Et ce tesmoigange de ce saint Prelat est si veritable, que plusieurs fameux Theologiens de cet Ordre si celebre ont approuué solemnellement la Doctrine de Mr d'Ipre, comme estant celle de saint Thomas, dans les principaux points de la Grace & celle de saint Augustin en tous, ayant creu deuoir rendre ce tesmoignage public à la verité qu'ils aiment, à saint Augustin qu'ils reuerent, & à Monsieur d'Ipre qu'ils estiment.

Thomas Braduardin, Archeuesque de Cantorbie.

MAis encore que la Doctrine de ce Pere embrassée par saint Thomas se soit conseruée auec plus d'esclat & de pureté dans cette illustre & sainte Compagnie iusques à nos iours que parmy les autres Scholastiques, qui se laissant aller aux maximes de la Philosophie Payenne, lesquelles ne s'accordent pas auec celles de Sainct Augustin, & ne cherchans pas assez les veritez de la Grace dans leur source, c'est à dire, dans les Ouurages de ce grand Saint, ne l'ont pas si parfaitement entenduë, ny si exactement suiuie, que tous les papes, les Peres, & les Saints, le Maistre des Sentences, & saint Thomas, qui ont pris peine de ne point consulter d'autre oracle que les escrits de ce Saint: Neantmoins quelque temps apres saint Thomas, vn autre du mesme nom, surnommé *Braduardin* Archeuesque de Cantorbie, l'vn des plus sçauans hommes de son siecle, & qui par la profondeur de sa doctrine a merité d'estre appellé par les anciens Scholastiques, *le Docteur profond*, a combattu par vn Ouurage entier, les opinions qui blessent la puissance de la Grace de Iesus-Christ, & le Decret absolu de Dieu, *comme des restes de l'Heresie Pelagienne.*

GREGOIRE D'ARIMINI.

TOut le monde sçait, que Gregoir d'Arimini, Docteur tres-celebre entre les Scholastiques, a eu soin tres-particulier de suiure en toutes choses la Doctrine de Sainct Augustin.

La Faculté de Paris, touchant la Predestination.

ENuiron ce mesme temps, la Faculté de Paris a confirmé la Doctrine contre laquelle Monsieur le Theologal a tant parlé dans le point dont tous les autres dependent. Car il est certain, que la source de toutes les erreurs des Semipelagiens, est de n'auoir peû souffrir ce Decret absolu, immuable de Dieu, que saint Paul a estably sur des fondemens inesbranlables, apres lequel l'Eglise enseigne, Que Dieu a choisi de toute eternité sans auoir égard à aucun merite, vn certain nombre d'hómes qu'il a destinez à la gloire, laissant les autres dans la masse commune de perdition, dont il n'est pas obligé de les tirer. Ils se sont esleuez contre cette verité, que saint Augustin a deffenduë par vn Liure entier, qu'il a intitulé, *De la Predestination des Saints, & qu'on ne peut combattre*, selon saint Prosper, *que par la mesme impieté par laquelle on s'opposeroit à la Grace.* Et c'est pour n'estre point obligez de reconnoistre ce Decret qu'ils ont fait tant d'efforts pour persuader: *Que Dieu veut generalement sauuer tous les hommes sans exception : Que la Redemption de I. C. s'estend*

quod tam impium est negare quam ipsi gratiæ contraire *Prosp. in Epist. ad Ruff.*

s'estend generalement à tous les hommes : Que Dieu donne ses graces generalement à tous ; Et que de ce que les vns se sauuent, & les autres ne se sauuent pas, c'est que les vns le veulent, & les autres ne le veulent pas ; comme il est aisé de voir dans les Lettres de S. Prosper & d'Hilaire à sainct Augustin. Et cependant ce Decret absolu de la Predestination des hommes auant toutes sortes de merites, a esté estably par la Faculté de Paris, il y a prés de trois cens ans, & l'opinion contraire condamnée comme vne erreur. Car nous voyons entre les erreurs condamnées par l'Euesque de Paris, & la Faculté de Theologie, qui sont au bout du Maistre des sentences, & dans la Bibliotheque des Peres ces deux propositions censurées : *Quod propter opera alicuius futura bona Deus prædestinauit aliquem ab æterno, Que Dieu ait predestiné quelqu'vn de toute eternité, à cause des bonnes œuures qu'il deuoit faire. Quod non sic gratis & misericorditer Deus prædestinauit illum quem prædestinauit, quin & pro omnibus bonis ipsius futuris, vel alterius ; Que Dieu n'a pas predestiné de telle sorte gratuitement, & par pure misericorde celuy qu'il a predestiné, que ce n'ait esté aussi à cause de toutes les bonnes œuures qu'il deuoit faire, ou à cause de celles de quelque autre.*

Hardiesse de quelques nouueaux Theologiens du dernier siecle, qui se sont esleuez contre la Doctrine de sainct Augustin.

MAIS dans ces derniers siecles, quelques-vns ayans mieux aimé suiure la fausse lueur de la raison humaine que la lumiere diuine de la Tradition de l'Eglise, & ayant violé la Loy que l'Escriture nous prescrit, de ne croire pas que nous soyons plus sages que nos Peres, & de ne passer point les bornes qu'ils nous ont marquées, il s'est trouué quelques esques esprits hardis, qui ont osé combattre ouuertement l'autorité de saint Augustin, dont la doctrine auoit esté depuis plus de mille ans approuuée & suiuie auec tant d'eloges des Peres, des Papes, des Conciles, & des Chefs mesmes de la Theologie Scholastique, & que l Eglise auoit renduë tant de fois sa propre doctrine.

Aa

Ambroise Catharin, Dominiquain, dont l'opinion contraire à celle de sainct Augustin est condamnée par les Theologiens de son Ordre, par Pererius Iesuite, & Estius, Docteur & Chancelier de Doüay.

CAtharin, Dominiquain paroist auoir esté le premier, ayant osé proposer vne opinion nouuelle qu'il auoit inuentée touchant la Predestination, ainsi que Sixte de Siene, Dominiquain comme luy & son disciple le reconnoist, & qu'il auoit tasché de rendre aussi conforme au raisonnement humain, comme elle estoit contraire aux fondemens de la Foy. Mais il fut aussi-tost combattu par Dominique Soto celebre Theologien du mesme Ordre, & son opinion condamnée par plusieurs autres, comme temeraire, & comme fausse. Cet Auteur eut encore assez de hardiesse pour proposer 25. argumens contre la Doctrine de sainct Augustin de la Predestination, l'accusant (comme fait auiourd'huy Monsieur Habert) *de porter les hommes dans le desespoir, & dans le libertinage, & d'estre cruelle, & barbare.*

Mais Pererius reconnoist, *Que ces vingt-cinq obiections qu'il allegue contre sainct Augustin, ne sont pas nouuelles ny inuentées depuis peu par Catharin, ou par d'autres Theologiens de ce temps, mais ne sont que les mesmes qui ont esté faites à saint Augustin de son viuant par les Prestres de Marseille, & quelques Euesques de France,* c'est à dire par les Semipelagiens : *Que ces obiections n'ont point touché saint Augustin, & ne l'ont point empesché de deffendre constamment son opinion, & de la soustenir inuiolablement iusques à la mort; & qu'il n'a eu nul egard aux scandales qui en pourroient arriuer, iugeant que c'estoient des scandales passifs, parce qu'ils ne naissoient que de l'ignorance de la verité & du peu d'intelligence des Escritures diuines. Et sainct Thomas, dont la pieté estoit aussi eminente que l'esprit & la doctrine, n'a point esté troublé ny esmeu par ces obiections, & par ces scandales, & n'a pû estre destourné par quoy que ce soit, de suiure sainct Augustin & sainct Paul mesme, qui estoit si religieux à prendre garde de ne pas donner occasion de scandale, iusqu'à declarer, qu'il ne mangeroit iamais de chair, si quelqu'vn des fideles s'en deuoit scandalizer, n'a pas laissé d'establir clairement & disertement cette doctrine de la Predesti-*

Sed istæ 25. obiectiones aduersus Augustinum, non sunt noue, nec recẽs inuentæ à Catharino, vel aliis huius temporis. Sed ista ipsa olim viuenti etiam tum Augustino à Massiliensibus, aliisque Galliæ Episcopis aduersus ipsum obiecta sunt. Et tamen non nouerunt Augustinũ, quo minus sententiam suam con-

nation & de la reprobation des hommes, bien qu'il vist que plusieurs qui ignoreroient la verité, & qui n'entendroient pas l'Escriture sainte, s'en offenseroient, & s'en scandalizeroient, n'ayant point fait de difficulté de laisser toutes ces Sentences escrites dans son Epistre. Ie feray misericorde à celuy à qui ie feray misericorde. Il ne depend pas de celuy qui veut, & qui court, mais de Dieu, qui fait misericorde. Le Potier n'a-t'il pas le pouuoir de faire d'vne mesme terre des vases d'honneur, & des vases d'ignominie?

Estius, celebre Professeur, & Chancelier de Doüay, reconnoist la mesme chose que Pererius, dont il rapporte le tesmoignage, & adiouste fort bien : *Que saint Augustin sçauoit, qu'on ne doit pas abandonner la verité, de peur des scandales : Qu'il a refuté toutes ces obiestions dans les Liures de la Predestination des Saincts, & du Don de Perseuerance, qu'il a addressez à saint Prosper, & à Hilaire, qui les luy auoient proposées comme des Semipelagiens, & qu'apres luy saint Prospér a refutez doctement auec l'approbation & l'applaudissement des Papes.*

stanter tueretur, & perseueranter teneset vsq; ad mortem, neque scandala sit quā ob id oriebantur, & nonnullis accidebant, curanda esse putauit, indicans esse passim, vt quæ ex inscitia veritatis & imperitia scripturarū nascerentur. Beatus quoque Thomas, non minori pietate ac religione, quā ingenio & doctrina preditus, istiusmodi obiectionibus, atque offensionibus & scandalis nihil perturbatus, aut motus est, nec ab Augustini sententia abduci potuit. Quin etiā ipsemet Apostolus, qui tam religiose curabat & cauebat, ne cui scandalum daret, vt affirmaret se nunquam carnes manducaturum si ob id quisquam fidelium scandalizandus esset : hanc tamen doctrinam prædestinationis & reprobationis hominum, licet videret offensioni & scandalo fore multis veritatis & scripturæ ignaris; eam tamen & apertè, & affirmatè, & enucleatè tradere voluit, nec dubitauit illas sententias scriptas in hac Epistola relinquere : Miserebor cui miserebor. Non est volentis, neque currentis, sed miserentis est Dei. Cuius vult miseretur, & quem vult indurat. An non habet potestatem figulus luti ex eadem massa facere aliud quidem vas in honorem, aliud in contumeliam? *Pererius in cap. 9. ad Rom. disp. vlt.* Optimè persuasus scandalorum metu non esse dimittandam sanę doctrinæ veritatem : Satis id docent duo eius libri de Prędestinatione Sāctorum, & de Dono perseuerantię ad Prosperum & Hilarium rescripti : Quibus etiam omnia Massiliensium argumenta, quę in illorum Epistolis continebantur refellit, cuius deinde causam post eius obitum B. Prosper suscepit ac defendit : atque ad cętera si qua noua ab aduersariis argumenta proferebantur cum applausu & approbatione sanctorum Ecclesię Pontificum variis Opusculis doctè respondit.

Insolence de quelques autres nouueaux Theologiens contre sainct Augustin.

MAIS comme le mal est de soy contagieux, l'insolence auec laquelle cet Auteur auoit attaqué sainct Augustin à enseignes desployées, a passé encore à d'autres.

Orosius de Rubicone apud Vasq.

Vn certain Orozius a dit : *Mon sentiment est contraire à celuy de saint Augustin touchant la Predestination. Son opinion est seuere & fascheuse, & ie suy l'opinion des Grecs, de ceux de France, & de ceux de Marseille*, c'est à dire, des Semipelagiens.

1. Part. Disp. 91. cap. 3. Vasquez.

Vn autre ayant reconnu, que sainct Augustin, & les saincts Peres ses disciples depuis luy, soustiennent, Que la Grace n'est point donnée à tout le monde, prefere hardiment son senti- particulier à l'autorité de ce grand Saint, en disant: *Ie n'approuue pas en ce poinct la Doctrine de saint Augustin? mais ie croy qu'il faut* PHILOSOPHER *d'vne autre maniere.* Il accuse mesme de *temerité* ceux qui suiuroient saint Augustin dans cette doctrine. *Ce seroit*, dit-il, *vne temerité d'asseurer que ce secours soit refusé à quelques personnes.* Et oubliant le respect que toute l'Eglise porte à ce grand Sainct: *Nous pouuons demander*, dit-il, *à saint Augustin & aux autres*, (sçauoir aux Peres depuis luy qu'il reconnoist auoir enseigné cette doctrine) *d'où ils ont esté asseurez de cette volonté de Dieu.* CAR NOVS EXPLIQVERONS AISEMENT LES PASSAGES DE L'ESCRITVRE. Tesmoignant par là auec quelle facilité l'on se ioüe de la parole de Dieu, quand on ne veut *philosopher* dans les choses saintee, que selon sa propre fantaisie, & eluder les veritez les plus claires, comme les Heretiques ont tousiours fait. Il dit encore ailleurs; Que la doctrine de saint Augustin touchant le peché originel, porte dans l'heresie Pelagienne, que luy-mesme a tant combattuë; & que ses Sectateurs y tombent malgré qu'ils en ayent. *Par cette opinion de saint Augustin*, dit-il, *nous sommes forcez de tomber dans les erreurs de Pelagius.* Qui sont des insolences tellement iniurieuses à sainct Augustin, à l'Eglise Romaine, à tous les Peres Latins depuis luy & à tous les Conciles, qui ont embrassé auec tant de zele, & releué auec tant d'eloges sa doctrine celeste touchant la Grace, c'est à dire à toute l'Eglise Catholique, qui ne peut estre separée de l'Eglise Romaine, des Conciles, & des Peres, que ce n'estoit pas sans sujet que le Pape Clement huitiéme auoit resolu de condamner toutes ces nouuelles opinions par l'autorité seule de saint Augustin, comme estant la voix & l'organe de toute l'Eglise en cette matiere.

Mihi in hac parte non probatur doctrina B. August. sed existimo aliter philosophandum.

Vasq. 1. 2. disp. 193. c. 4.

Vnde temere affirmabimus illud auxilium aliquibus denegari. Ab Augustino, & aliis petere possumus, videnam huius voluntatis Dei certiores fuerint effecti. Loca enim Scripturæ nos facile declarabimus.

Ex ea opinione, Augustini, cogimur incidere in sententias Pelagij.

Vasq. 1. 2. disp. 122. cap. 5.

Molina Iesuite, Chef des derniers Theologiens contraires à la Doctrine de sainct Augustin.

MAIS Molina, Chef des Theologiens de sa Compagnie, & de ceux qui n'approuuent pas la Doctrine de sainct Augustin, n'a pas fait plus de difficulté que les autres de choquer les sentimens de ce Pere. Il a tasché de raffiner, & comme de refondre de nouueau les opinions des Semipelagiens aussi bien que Catharin; de trouuer de nouueaux aiustemens, & de nouueaux termes pour accorder la Grace de Dieu auec la liberté de l'homme; d'introduire vne nouuelle doctrine dans l'Eglise touchant la Grace, toute Philosophique, & toute humaine, formée des vieilles maximes de ces Prestres de Marseille, qu'il a voulu rendre comme nouuelles en les déguisant, & des vaines imaginations d'vn homme qui a mesprisé toute la Tradition de l'Eglise; qui s'est creu plus éclairé que sainct Augustin en cette matiere, & qui s'est imaginé dans ses visions: *que ce Saint auois esté comme enuironné d'vn nuage sombre, au trauers duquel,* dit-il, *il n'a pas descouuert des veritez* qui l'auroient esclaircy de toutes choses; tesmoignant ainsi auoir esté comme enuironné d'vne grande & d'vne nouuelle lumiere, qui l'auroit rendu aussi clairuoyant sur ce sujet, comme sainct Augustin luy sembloit auoir eu mauuaise veuë.

Apres qu'il a proposé des maximes formellement contraires aux principes de ce Pere en des poincts & des dogmes capitaux touchant la Grace, il se trouue si ébloüy du nouuel esclat de ses nouuelles pensées, & s'esleue dans vne si haute confiance par l'enfleure de la vanité, qui est l'esprit naturel de toutes les fausses, & de toutes les nouuelles opinions, qu'il ne craint point de dire: *Que si l'on eust tousiours expliqué cette matiere comme il venoit de faire, peut-estre qu'elle eust empesché l'heresie Pelagienne de naistre; que les Lutheriens n'auroient pas osé nier tant d'impudence la liberté de nostre volonté, alleguant qu'elle ne peut s'accorder auec la Grace, la Prescience, & la Predestination de Dieu; que tant de Catholiques n'auroient pas esté troublez par l'opinion de sainct Augustin, & par les deffenses qu'il propose contre les Pelagiens, & n'auroient pas passé dans le Pelagianisme comme ils ont fait; & que ces restes de Pelagiens qui*

Interim dũ sub ea quasi caligine. D. August. ad hæc non attendit, &c. *Molina in Conc. ad qu. 23. art. 4. 5. disp. 1. memb. 6.* Quæ si data, explanataq; semper fuissent, fortè, neque Pelagiana heresis fuisset exorta, neque Lutherani tam impudenter arbitrij nostri libertatem fuissent ausi negare, obtendentes cum diuina gratia, pręscientia, & prędestinatione cohęrete nõ posse, neq; ex Augustini opinione, concertationibu'que cũ Pelagianis tot fideles fuissent turbati, ad Pelagianosque defecissent, facilèque reliquię illę Pelagianorũ in Gallia quarum in Epistolis Prosperi & Hilarii fit mentio, fuissẽt extinctę. *Ibid. mẽb. vlt.*

estoient en France, & dont saint Prosper & Hilaire parlent dans leurs Lettres auroient esté aisément esteins.

Par où il tesmoigne bien visiblement, combien il estoit esloigné des sentimens de saint Augustin, puis qu'il ne craint point d'accuser la doctrine diuine de ce grand homme, que les Papes ont appellée la Doctrine de toute l'Eglise, d'auoir esté pernicieuse à vn grand nombre de fideles; de les auoir iettez non seulement dans le trouble, mais dans le peril de se perdre eternellement, & de les auoir portez à embrasser plûtost l'Heresie Pelagienne, qu'à se sousmettre à ses sentimens.

Et ce mesme Auteur traittant de l'opinion de la Predestination, dit: *Que l'opinion de sainct Augustin de la Predestination auant la preuision des merites*, qu'il aduoüe estre suiuie par sainct Thomas, & estre la commune opinion des Theologiens, *ayant esté entenduë selon l'intelligence ordinaire qu'on luy donne encore auiourd'huy, a troublé du temps de ce Pere quelques Catholiques* (sçauoir, les Semipelagiens, ainsi que luy-mesme tesmoigne apres) *& que ce n'a pas esté sans sujet qu'ils en ont esté troublez, parce qu'elle sembloit contenir vne chose dure, & fascheuse*, laquelle neantmoins cet Auteur reconnoist estre embrassée par plusieurs, & estre l'opinion la plus commune.

Et apres s'estre efforcé ridiculement de faire violence aux paroles de sainct Augustin, & de sainct Thomas qui l'a suiuy ponctuellement, afin de faire que le sens qu'il condamne de dureté dans leur opinion ne s'y trouue point, contre le consentement vniuersel de tous les Peres depuis douze siecles, & de tous les Docteurs qui ont reconnu ce sens estre le vray sens de ces deux Saincts, & ne contenir rien de dur, ny de fascheux, luy-mesme reconnoissant bien qu'il veut leur attribuer ses propres imaginations, & qu'il ne persuadera personne sur ce poinct, leue tout d'vn coup le voile, & descouure le mespris qu'il faisoit de ces deux Saincts lesquels il vouloit couurir. *Mais ie passe plus auant, dit-il, ie veux que ces deux Peres ayent esté de ce sentiment, ie soustiens (sans faire tort pourtant au tres-grand respect qui leur est deu) qu'on ne deuroit pas le suiure. Car ie ne m'estonne point que cette opinion estant entenduë de cette sorte*, (& c'est ainsi qu'il reconnoist que toute l'Antiquité, c'est à dire tous les Peres, tous les Papes, & tous les Docteurs Scholastiques iusques à luy l'ont entenduë) *ait paru trop dure à plusieurs, & qu'ils l'ayent iugée indigne de la bonté & de la cle-*

Hæc vero sententia Augustini multum sane eo tempore nonnullos ex fidelibus exturbauit. Ea quippe sententia continere videbatur illud secundum valde durũ quod multos hodie amplecti ac defendere paulo ante dicimus.

Imo vero, Esto hi duo Patres (D. Aug. & Thomas) in eam sententiam inclinassent, salua eorum reuerentia quæ illis debetur maxima, quoad illud secundum admittenda non esset. Neque enim miror opinionem illam eo pacto intellectam à multis duram nimis, indignamque diuina bonitate & clementia iudicari. Hæc sententia occasionem præbet hominibus desperandi animo, ne

mence de Dieu. Et il adiouste plus bas: *Que cette opinion donne occasion aux hommes de perdre tout courage, pour ne dire pas de se desesperer, de se relascher dans la vertu, d'alleguer des excuses dans le vice, & de n'auoir pas les sentimens de la bonté de Dieu qu'ils doiuent auoir.*

Par où il paroist visiblement, que cet auteur combattant S. Augustin dans la Predestination, comme ont fait les Semipelagiens, lesquels il dit luy-mesme au mesme article auoir esté offensez de l'opinion de ce Pere, comme trop dure, lors qu'il estoit encore viuant, passe dans le party des Semipelagiens, & se ioint auec eux contre S. Aug. alleguans les mesmes couleurs que les Semipelagiens ont tât produites & reproduites, sçauoir, *Que sa Doctrine porte les hommes au desespoir*, comme Hilaire l'escrit à sainct Augustin. *Ils s'offensent tellement de vos paroles,* (dit-il parlant d'eux) *qu'ils disent qu'elles portent les hommes au desespoir.* Et Fauste, le Chef des Semipelagiens: *Qu'esperera dauantage celuy que la Grace a desia fait sien? Et comment au contraire celuy qu'vne Predestination violente a desia condamné, ne se desesperera-t'il point?* Et que cette doctrine, qui n'est autre choses que la doctrine de sainct Paul, *porte au relaschement dans la vertu, & au libertinage dans le vice*, comme sainct Prosper le dit en ces termes, parlant des Semipelagiens à saint Augustin: *Ils alleguent* (dit-il) *que le decret de la vocation de Dieu oste le soin à ceux qui sont tombez, de se releuer, & donne sujet aux Saincts de se relascher* (qui sont les mesmes paroles de Molina) *& que l'on oste toute l'industrie & toutes les vertus, si le decret de Dieu preuient les volontez des hommes.*

dicam despe randi, Segnitiis operandi, obtendendi excusationes, atque sentiendi de Deo non vt oportet in bonitate.

Quid enim vltra speret, quoniam gratia suum fecit? In quo è contrario non desperet quem præfinitio violenta dãnauit? *Fausti li. 1. de lib. Arb. cap. 4.*

Hoc propositum vocationis Dei & lapsis curam resurgẽdi adimere, & sanctis occasionem tẽporis afferre. Remoueri itaque omnem industriam tolli que virtutes, si Dei constitutio humanas præueniat voluntates. *Prosp. Epi. ad Aug.*

Nouueauté de l'opinion de Molina, reconnuë par luy-mesme.

ET ainsi, comme Pererius & Estius reconnoissent, que les vingt-cinq argumens que Catharin alleguoit contre sainct Augustin comme nouueaux, n'estoient que les vieilles obiections des Semipelagiens, que sainct Augustin auoit destruittes de son viuant, & les autres Peres depuis sa mort; & que son opinion de la Predestination estoit nouuelle & née de son propre esprit, ainsi que Sixte de Sienne son disciple le confesse, declarant en mesme temps qu'il l'auoit abandonnée lors qu'il l'auoit veu, qu'encore qu'elle fust tres-plausible, & tres-fauorable pour le peuple, elle estoit neantmoins tenuë pour fausse par les Theologiens de son Ordre : De mesme ces obiections de Molina contre la doctrine de la Predestination de sainct Augustin, qui sont les mesmes que celles de Catharin, sont aussi les mesmes que celles des Semipelagiens, n'ayant basty non plus que l'autre, que sur leurs fondemens, & sur leurs principes.

Et pour ce qui regarde la maniere dont il explique la Predestination, & pretend accorder la Grace de Dieu auec la liberté de l'homme, elle est tellement nouuelle, que luy-mesme se vante qu'elle est nouuelle, *& de ne l'auoir leüe dans aucun Auteur, à nemine, quem viderim huc vsque tradita* ; adorant ainsi l'ouurage de ses propres mains, & se glorifiant de la nouueauté de son opinion en l'vn des points le plus important de toute la Religion Chrestienne, & dont tous les autres dependent, au lieu qu'il en deuroit rougir de honte, puisque selon le consentement de tous les Catholiques du monde, il n'y a point de plus grande marque d'erreur pour vne doctrine, qui regarde vn des plus grands mysteres de la Foy, que d'estre nouuelle & de n'estre née que des imaginations d'vn particulier ; ny de voye plus dangereuse, que de considerer plustost la conduitte eternelle de Dieu dans la iustification des hommes (qui est le grand Mystere de la Loy de Grace) par la proportion des regles de la iustice humaine, dont cét Auteur auoit estudié la science, que par la profondeur des conseils diuins, que le sainct Esprit a marquez dans les escrits de sainct Paul, & expliquez à toute l'Eglise par sainct Augustin, & de n'auoir pas pour but de suiure la verité sincere des Escritures que tous les Peres & les Saincts depuis douze siecles ont suiuie, mais de former de nouuelles opinions qui dans l'apparence soient plus faciles, plus plausibles, & plus populaires, & de faire que les Chrestiens soient plustost raisonnables, en suiuant le raisnnement d'vn homme dans les choses esleuées au dessus de la raison : que fidelles, en suiuant la foy anciens Peres, de S. Augustin, & de ses Disciples, des Papes, des Saincts, & des Chefs mesmes des Scholastiques, qui se sont rendus à ses lumieres, & à son autorité.

Aussi

Aussi deux Iesuites qui ont escrit la vie du Cardinal Bellarmin, parlant du Differend esmeu entre ceux de leur Compagnie, & ceux de l'Ordre de saint Dominique sur les questions nouuelles de ce Theologien, reconnoissent, *Qu'il y en auoit parmy eux qui trouuoient mauuais, que tout le Corps s'engageast à soustenir vne opiniō, qui estoit née de l'esprit & de la teste d'vn seul escriuain particulier,* Quod vnius priuati Scriptoris nata ex ingenio esset. Et ce fut aussi la cause qui fit naistre ce differend. Car l'ordre de saint Dominique, qui estoit tousiours demeuré ferme dans la Doctrine ancienne qu'il auoit apprise de saint Thomas, ne pouuant souffrir, qu'on introduisist ainsi dans la Theologie des nouueautez dangereuses qui ne tendoient qu'à esleuer le Libre-Arbitre au dessus de la Grace de Iesus-Christ, & à ruiner la verité de la predestination, porta ses plaintes iusques à Rome, afin que le saint Siege arrestast par son autorité le cours de cette nouuelle doctrine. Ce que le Pape Clement huitiéme estoit resolu de faire, si la mort ne l'eust preuenu, ainsi que le mesme Auteur de la vie du Cardinal Bellarmin le reconnoist. Mais quoy qu'il n'en ait pas porté le dernier iugement, il a neantmoins assez condamné tous ces sentimens nouueaux, lors qu'il a renouuellé l'ordonnance de ses Predecesseurs, de prendre saint Augustin pour Iuge en cette matiere.

Veré per idem tempus cœpta Romæ agitari cōtrouersia est, inter Religiosum Ordinem S. Dominici, & Societatem nostram circa opinionem P. Ludouici Molinæ de Concordia Gratiæ & liberi Arbitrij. Quam sententiam & si aliqui eo quod vnius priuati scriptoris nata ex ingenio esset, minimè censebant defendendam à Societate vniuersa.

Iac. Fuligatus & Siluester à Petra sancta in vita Card. Bellarm. lib. 3. c. 5.

Ce decret du Pape produisit deux effets tres-importans & tres-considerables sur le sujet de la Grace, & pour la deffense de Monsieur d'Ipre.

Le premier, qu'au lieu que Molina accusoit l'opinion de saint Augustin en disant, Qu'elle auoit causé des troubles & des scandales dans l'Eglise, & qu'elle auoit esté cause que beaucoup de Catholiques s'estoient iettez dans l'heresie Pelagienne, le pape condamnant cette temerité par son Ordonnance, prit cette mesme doctrine pour la regle de tous les sentimens des Catholiques sur les questions de la Grace.

Le second, qu'aussi-tost que saint Augustin, que ce Docteur traittoit comme d'égal fut estably par le Pape, pour estre son Iuge, cette opinion que Molina faisoit gloire d'auoir inuentée, qu'il opposoit à saint Augustin, & par laquelle il condamnoit saint Augustin, se trouua par vne rencontre merueilleuse, ou deuint par vne soudaine metamorphose, la doctrine mesme de Sainct Augustin. Tout le monde s'est declaré en suite Sectateur de ce grand Saint Ceux qui reconnoissoient ouuertement, qu'ils s'estoient separez de son opinion, ont fait en suite profession de la deffendre, sans auoir rien changé de leurs premieres maximes; Et son autorité est deuenuë si inuiolable, qu'elle est reuerée par ceux mesmes qui combattent ses sentimens, comme ceux qui alterent les veritez diuines de l'Escriture font neantmoins profession de les reuerer, & de les suiure.

Les nouueaux Theologiens qui se sont le plus esloignez des opinions de saint Augustin, accusez de Pelagianisme, & de Semipelagianisme par leurs Confreres mesmes.

MAIS ce qui est encore tres-marquable, c'est que ceux d'entre les Theologiens, qui se sont le plus esloignez de la Doctrine de saint Augustin (dont il paroist que Monsieur Habert a emprunté les sentimens, parce qu'ils sont plus contraires à ceux de Monsieur d'Ipre) sont accusez de Pelagianisme, & de Semipelagianisme par leurs Confreres mesmes, à l'exemple de Catharin, qui l'a esté par ceux de son Ordre.

Suarez lib. 1. cap. 17. de Gratia. Et lib. 2. cap. 16. de Praedest.

Suarez parlant de l'opinion de Vasquez, touchant *sa pensée congrue*, qu'il veut faire passer pour la Grace de Iesus-Christ, soustient: *Qu'elle est contraire à celle de saint Augustin; qu'elle destruit la verité de Grace interieure, & qu'elle ne differe point en effet de l'erreur de Pelagius.* Et il adiouste: *Que cette pensée, à laquelle on donne le nom de Grace, n'empesche pas qu'on ne tombe dans l'erreur des Pelagiens, mais ne sert qu'à la cacher, & à la couurir.*

Ob solam illam cogitationem & eius cõgruitatem non potest dici quod bonum opus morale necessario sit ex gratia, nec ad vitandum Semipelagianorum errorem talis appellatio gratiae deseruit, sed potius ad illum tegendum & occultandum. *Suarez Ibid.*

Le Cardinal Bellarmin, parlant de l'opinion nouuelle de la Predestination apres les merites, que Molina & Lessius ont deffenduë, asseure: *Que c'est vne erreur manifeste*, & que la Doctrine que ces Theologiens combattent, est vn article de Foy. Le mesme Cardinal, parlant de l'opinion des mesme Theologiens touchant la Grace efficace, qu'ils font dependre de la volonté, dit: *Que cette opinion est manifestement contaire à l'Ecriture sainte, qu'elle n'est pas esloignée de l'Heresie des Pela-*

giens, & qu'elle ruine le fondement de la Predestination diuine, que saint Augustin a tres-solidement establie par l'autorité de l'Escriture.

Tannerus, du mesme Ordre, dit: Que cette opinion a esté condamnée par vn decret particulier de leur General Aquauiua.

Et neantmoins il est clair, que ceux qui combattent auiourd'huy les sentimens de Monsieur d'Ipre son dans les mesmes opinions, condamnées par les Confreres, & par le General mesme de ceux qui les ont inuentées.

Henriquez parlant des opinions de la Grace & du libre-Arbitre de Molina & de Lessius dit: *Qu'elles sont entierement contraires à saint Augustin, & à saint Thomas, & que ces Theologiens ne les ont inuentées, que parce qu'ils se sont imaginez, qu'on ne pouuoit deffendre nostre liberté contre les Heretiques, qu'en niant, qu'il y ait aucune Grace efficace qui determine nostre volonté, & ne reconnoissant qu'vne Grace suffisante, dont l'homme se peut seruir s'il le veut.*

Mariana du mesme Ordre, reconnoist, que ces nouueautez que les Theologiens de sa Compagnie auoient introduittes dans la Grace, n'estoient nées que de l'ignorance. *C'est là* dit-il, *l'origine de ces troubles & de ces tempestes, que nostre Societé a excitées pour tourmentsr les sçauans Theologiens de l'Ordre de saint Dominique, qu'elle deuoit plustost reuerer, comme enseignants vne doctrine plus pure,* Que suiure les opinions nouuelles de Molina, qu'il a inuentées depuis trois iours, *dont le Liure a esté premierement deferé en Espagne, & depuis à Rome, ou le libre-Arbitre combat de toutes ses forces contre la Grace, & dispute contre elle de la victoire.*

Ces erreurs des Pelagiens & des Semipelagiens, que ces Auteurs se reprochent les vns aux autres, bien qu'ils soient vnis ensemble par le lien commun d'vne mesme Compagnie; Cette guerre estrangere qu'ils ont faitte aux Sectateurs de saint Thomas qui sont Augustiniens; Et cette guerre ciuile, qu'ils se font entre-ceux, parce que le Royaume de la verité est aussi vny, que celuy de son contraire est diuisé, monstrent clairement, qu'il n'y a point de voye seure pour se garder du venin si subtil du Pelagianisme, & du Semipelagianisme, que d'embrasser les sentimens si purs du plus

Hæc opinio aliena est omnino à sententia scripturarum diuinarum, & euertit omnino fundamentum Predistinationis diuinę, quam S. Augustinus ex diuinis litteris solidissimè comprobauit: Bellarm. de *Gr. & li. b. Ab. l. 1. cap. 12. Vide etiam cap. 12. lib. 2.*

Disp. 6. qu. 2. d. 5. de Grat.

In eum finem hec disputanthi autores, vt pro libero vsu nostrę voluntatis, quem aliter vix saluari putant circa impletionem præcepti aut vitationem peccati dimicare se putent contra impiū Lutherum. Nesciunt aliter contra hereticos saluare vsum nostræ libertatis in exercitio, quam negando vllum auxilium esset aut dici præueniens, quod sit causa proxima prædeterminans & efficax nostræ liberæ cooperationis & conuersionis, sed esse auxilium tantum sufficiens, aut concomitans, quo homo potest vti, & conuerti si velit. *Henriq. ibid. cap. 4. & 24.*

Ab hoc præclaro fonte emanarunt illi turbines & procellæ, quibus nos

grand des Peres, *qui* (comme disent les Papes) *n'a iamais receu la moindre tache;* & de suiure vne doctrine aussi venerable pour son antiquité, comme l'autre est mesprisable pour sa nouueauté, aussi sainte comme l'autre est prophane; aussi remplie d'humilité, qui est l'esprit du Christianisme, comme l'autre est meslée de presomption, qu'il est l'esprit du Pelagianisme, aussi Apostolique dans sa source, comme l'autre est Philosophique dans sa naissance.

Ita societas tentat exagitare sapientissimos Dominicanæ familiæ Theologos, quos potius venerari decebat, vt purioris doctrinæ antistites, quam sequi hostem Ludouici Molinæ commenta, cuius viri libellus ab examine Theologorum sacræ inquisitionis delatus fuit Romã, vbi modo liberũ Arbitrium, acerrimè contra gratiam pro palma luctatur.

Maria de Morb. Societ. cap. 4.

Celest. Papa in Epist. ad Gall.

Ces mesmes nouueaux Theologiens censurez à la fin du dernier siecle par les deux Facultez de Theologie de Louuain, & de Doüay, comme contraires à la Doctrine de sainct Augustin.

MAis les deux Facultez de Theologie de Louuain, & de Doüay, que l'on peut dire estre les plus celebres du monde apres celle de Paris, qui est la Mere de toutes les autres, ont condamné encore plus fortement les opinions de ces nouueaux Theologiens, & autorisé plus formellement les maximes orthodoxes, que Monsieur Habert condamne comme *des blasphemes, & des heresies.*

Lesius Iesuite.

Il y a plus de cinquante ans, que quelques personnes ayant voulu enseigner publiquement les mesmes opinions que Monsieur le Theologal soustient aujourd'huy comme des articles de foy, ces deux Facultez se croyant obligées de dire leur aduis sur cette nouuelle doctrine, & celle de Doüay, en ayant esté sollicitée par trois Euesques, censurerent toutes ces opinions, comme des nouueautez dangereuses, contraires à l'Escriture, & à la Tradition.

L'Archeuesque de Malines, l'Archeuesque de Cãbray & l'Euesque de Gand.

Entre les autres propositions, elles condamnerent celle-cy, qui est vne des mesmes qu'enseigne Monsieur Habert: *Depuis le peché originel, Dieu a eu vne volonté de donner à Adam, & à toute sa posterité des moyens suffisans contre le peché, & des secours pour acquerir la vie eternelle: Il donne donc à tous les hommes vne Grace suffisante pour se conuertir.* La Faculté de Doüay, qui a plus estendu les raisons de sa Censure que celle de Louuain, soustient, *Que cette proposition* (de la Grace suffisante donnée à tout le monde) *est contraire à l'Escriture, & aux Peres, voire mesme qu'elle destruit la veritable Grace de Iesus-Christ, laquelle selon saint Augustin n'est pas commune aux bons & aux meschans*

Assertio secunda. Deus post primũ peccatum originale habuit volũtatem dandi Adamo, & toti eius posteritati sufficientia media contra peccata, & auxilia ad consequendam vitã æternam. Ergo dat illis auxilium sufficiens vt possint reuerti.

Censura Duacensis. Aduersantur huius Assertionis verba Scripturis & Patribus, imo proprie dictam Christi gratiam, quæ secundum Augustinum, nõ est bonis, malisq; communis, sed

(c'est à dire aux fidelles & aux infidelles) *mais distingue les bons des meschans*. Ce qu'elle prouue en suitte par vn grand nombre de passages formels de l'Escriture, & des Peres, & par plusieurs raisons tres-solides tirées du fonds de la Theologie, comme entr'-autres par celle-cy. *L'Escriture nous asseure, que Ies. Chr. n'a point prié son Pere pour tous les hommes, & que tous les hommes n'ont point esté donnez à Iesus-Christ par le Pere, puisque le Sauueur dit: Ie ne prie pas pour le monde, mais pour ceux que vous m'auez donnez. Donc tous les hommes n'ont pas des Graces suffisantes de la part de Dieu pour acquerir le salut. Autrement il faudroit dire qu'ils le pourroient acquerir sans que Iesus Christ priast pour eux & sans que le Pere les donnast à son Fils. Ce qu'aucun Catholique n'oseroit soustenir.*

Vne autre proposition censurée par ces Facultez est celle-cy: *Toute l'Escriture est pleine de commandemens, & d'exhortations pour porter les pecheurs à se conuertir à Dieu: Or Dieu ne commande point des choses impossibles Donc il leur donne vne grace suffisante pour se pouuoir conuertir.* A quoy ces Docteurs respondent: *Que cette consequence est absurde. Parce que la raison, (comme dit sainct Augustin) pourquoy Dieu nous commande ce que nous ne pouuons faire, c'est pour apprendre, ce que nous luy deuons demander. Et ainsi, puisqu'il y en a qui prient Dieu, lesquels ne peuuent pas encor accomplir les commandemens de Dieu, combien moins le peuuent faire ceux qui ne le prient point, ou qui ne le veulent pas prier, ou qui mesme ne connoissent pas celuy qu'ils doiuent prier?* Ils adioustent en suitte auec grande raison: *Que si la Grace suffisante estoit donnée à tous les hommes, mesme auant la priere, il faudroit retrancher vne grande partie de l'Oraison Dominicalle & des prieres de l'Eglise, puisque c'est vne folie (comme dit sainct Augustin) de prier pour vne chose qui est en nostre puissance!*

bonos discernit a malis, euertere videtur. Deinde eadem Scriptura teste, nec pro omnibus Christus orat Patrem, nec omnes Christo dati sunt à Patre, ait enim: Non pro mundo rogo, sed pro iis quos dedisti mihi: Non omnes ergo habent auxilium sufficiens ex parte Dei ad salutem consequendam. Nam alioquin & iam Christo pro iis non orante, & Patre eos non dante, salutem consequi possent, quod nemo Catholicus dixerit.

Assertio tertia. Tota scriptura plena est præceptis & cohortationibus vt peccatores conuertantur ad Deum: at qui Deus non præcipit impossibilia; Ergo dat illis sufficiens auxilium vt possint conuerti.

Censura Duacensis. Inepta est collectio. Qui enim iubet vt faciamus, simul iubet vt petamus quod facere non possumus, siue ad quod sufficiens auxilium nondum habemus. Vnde Augustinus: Ideo iubet aliqua quæ non possumus vt nouerimus, quid ab illo petere debeamus. Si autem petentes quidam non possunt, quanto minus possunt non petentes, imo nec petere volentes, nec eum à quo petatur, agnoscentes? Quod si omnibus adest, etiam antequam petatur, aufertur nobis magna pars Orationis Dominicæ, & precum Ecclesiasticarum. Quid enim stultius, ait Augustinus, quam orare vt facias quod in potestate habes? Assertio septima. Deus voluit dare Christum in redemptionem pro omnibus, nullo excepto: Ergo omnibus præparauit sufficientia media per Christum. Probatur consequentia. Quia eatenus est Christus omnium Redemptor, quatenus per ipsum donantur omnibus sufficientia media quibus resurgant à peccatis. Si enim non darentur sufficientia, verus non esset eorum redemptor; quia neque quoad sufficientiam, neque quoad efficaciam.

Ils censurent encore cette proposition. *Dieu a voulu donner Iesus-Christ pour la redemption de tous les hommes sans en excepter aucun: Il a donc preparé à tous des moyens suffisans par Iesus-Christ; parce que Iesus-Christ n'est le Redempteur de tous les hommes, qu'en tant que Dieu donne par luy à tous les hommes des moyens suffisans pour se releuer de leurs pechez. Car sans cela, il ne seroit pas leur veritable Redempteur, puis qu'il ne le seroit ny suffisamment, ny efficacement.*

CENSVRA DVACENSIS. Huic argumeuto Massiliensium (quod idem & Fausti fuit) responsum est iam olim à Prospero in hunc modum &c. Sufficientia ergo quam postulat generalis redemptio in pretio sanguinis Christi fuit non autem in auxilio omnibus collato, vt pretendit obiectio. Nam alioquin etiam paruulis quibus per baptismum succurri non potest, tale auxilium tribuendum erit aut certè dicere oportebit non pro illis Christum se dedisse in redemptionem, & ita non pro omnibus.

Ces sçauans Theologiens apres auoir marqué que cet argument est pris des Semipelagiens & de Fauste, y respondent selon les paroles que nous auons rapportées de saint Prosper: *Que la suffisance que requiert la redemption generalle ne regarde que le prix du Sang de Iesus-Christ, & non point vne grace suffisante qui soit donnée à tout le monde, puis qu'autrement, il faudroit que cette Grace eust esté donnée aux enfans, qu'on n'a pû secourir par le Baptesme, ou bien dire que Iesus-Christ n'est pas mort pour eux, ny par consequent pour tous.* Ils adioustent: *Que les passages de l'Escriture, où il est dit, Que Iesus-Christ est mort pour tous les hommes se peuuent prendre au sens que Bede leur donne, & auant luy, saint Augustin, c'est à dire pour les Esleus de tous les siecles, & respendus par tout le monde;* qui est la mesme explication de Monsieur d'Ipre, contre laquelle Monsieur le Theologal a tant parlé.

Potest autem & alio probabili sensu, quod de omniũ redemptione dicitur accipi, quem indicat Venerabilis Beda &c. pro omni Ecclesia quæ per totam mundi latitudinem diffusa est, à primo nimirum electo vsque ad vltimum, qui in fine mundi nasciturus est, porrecta.

La derniere de ces propositions censurées que nous marquerons est celle-cy: *Les endurcis & les aueuglez ont de la part de Dieu vne Grace suffisante pour se conuertir.* Et vn peu plus bas: *Tous les infidelles ont tousiours & en tous lieux des Graces suffisantes pour le salut.*

ASSERTIO. 14. Indurati & excæcati habent sufficiens auxilium ex parte Dei vt conuertantur. Et infra: Omnes infideles semper & vbique habent sufficiens auxilium, ex parte Dei.

Il faut reietter entierement (disent ces Docteur) *toute cette proposition comme faisant vn tort extreme au bienfait de cette Grace singuliere de Iesus-Christ qui n'est point commune à tous, & qui neantmoins est necessaire à tous pour se conuertir & pour acquerir le salut. Et il est tout à fait absurde,* adjoustent-ils, *de vouloir donner vne Grace suffisante pour la conuersion & pour le salut à ceux que l'Escriture tesmoigne auoir esté non seulement abandonnez de Dieu, mais aussi endurcis, aueuglez & liurez à des passions honteuses & en sens reprouué, puisque ce delaissement, cet endurcissement, cet aueuglement & cet abandonnement à leurs passions, ne marquent autre chose, sinon que Dieu leur refuse & retire d'eux les graces necessaires pour leur conuersion.*

Et parce que l'Autheur de ces propositions auoit voulu rendre toute sa nouuelle doctrine recommandable, en disant: *Qu'elle estoit tres-conforme à la bonté de Dieu, à l'authorité des Escritures, aux tesmoignages des Peres, & à l'equité de la raison naturelle; qu'elle ne fauorisoit en rien Pelagius: & qu'elle estoit tres-esloignee de l'opinion de Luther & de Caluin*: Les Docteurs de Louuain respondent: *Qu'on peut dire au contraire auec plus de raison, Que cette opinion obscurcit la bonté de Dieu, qu'elle affoiblit sa iustice, qu'elle se iouë des Escritures: qu'elle tourne les passages des Peres en des sens esloignez de leurs sentimens: qu'elle flatte & fauorise la corruption de la raison humaine, qu'elle destruit le fondement de l'humilité, qu'elle nous rend la priere peu necessaire, qu'elle inspire vne confiance en ses propres forces, qu'elle donne dans l'acquisition du salut la principale partie à l'homme & la moindre à Dieu; qu'elle assuiettit la Grace au libre Arbitre de l'homme, & la rend sa seruante: Et enfin qu'elle ne s'esloigne pas assez des sentimens de Pelagius. Et ceux qui la suiuent*, adioustent-ils, *voulant paroistre extremement esloignez de l'opinion de Luther & de Caluin, & des autres Heretiques de ce temps, & les combattre plus fortement que les autres, les establissent, & les confirment encore dauantage sans qu'ils y pensent. Car s'il est vray qu'on ne puisse, ou (comme on dit pour adoucir vn terme si odieux) qu'il soit difficile de ne point tomber dans leurs heresies, ou de se deffendre de leurs argumens en suiuant l'opinion de S. Augustin, qui ne voit quel aduantage on leur donne, en voulant faire croire, que leur erreur se confirme par vne aussi grande autorité, que celle de ce grand Saint?*

Censura Duacens. Reiiciẽda penitus tota hæc Assertio est velut beneficio singularis illius gratiæ Christique non omnibus est communis, & tamen omnibus ad conuersionem & salutem est necessaria, plurimum detrahens.

Quantum autem tota hæc doctrina assensu scripturæ dissonet, ostẽdunt ea loca in quibus legitur quosdam non tantum deseri à Deo ac dimitti secundũ vias suas, & secundum desiderium cordis sui verum etiam obdurati & excæcari: Ideoque quod ad præsentem eorum attinet dispositionem credere & benefacere non posse: quosdam item traditos in passiones ignominiæ & in reprobum sensum: Quibus quidem omnibus adhuc velle tribuere auxilium sufficiens ad conuersionem & ad salutem ex parte Dei, nimis absurdum est, cum eiusmodi dimissio, desertio, obduratio, excæcatio, & traditio significent auxilij necessarii negationem, vel substractionem. Assertio 31. Hæc sententia de Predestinatione & reprobatione maxime consentanea est diuinæ bonitati, scripturarum autoritati, Patrum testimoniis, & naturalis rationis æquitati, in nulla re omnino Pelagio fauens, & quam longissimè à sententia Lutheri & Caluini, & reliquorum hæreticorum nostræ tempestatis recedens, à quorum sententia & argumentis difficile est alteram sententiam vindicare Censura Louaniensis. Imo vero iustius fortasse alius quispiam dixerit: sententia hęc diuinam bonitatem obscurat; iustitiam eneruat; scripturis illudit; Patrum testimonia in sensus alienos detorquet; humanę rationis corruptioni applaudit; humilitatis fundamentum euertit; precandi necessitatem non magnam relinquit; propriarum Virium fiduciam generat; in salutis negotio, quod pręcipuum est homini donat. quod minus Deo; gratiam Dei libero arbitrio subiicit, ac eius pedissequam facit. In summa à Pelagio non satis procul abscedit Lutheri vero, Caluini, & reliquorum nostræ tempestatis hæreticorum sententiam, dum ab ea videri vult quam longissimè recedere, Potentiusque debellare, magis etiam imprudens stabilit, atque confirmat. Nam si non possumus, vel (vt ad mitigandam inuidiam dicitur) difficile est ab eorum sensis & argumentis B. Augustini doctrinam vindicare quis non videat quanti iam ponderis, & autoritatis accessione hæreticorum sententia roboretur.

Censura Louaniensis in Præfatione Cum nuper ad aures nostras peruenisset, peregrina, offensiua & periculosa quædam dogmata circa Dei Gratiā & Prædestinationem in publicis prælectionibus vestris anno superiori tradita atque asserta fuisse, quæ proinde inter auditores, cōmunesque discipulos dissidia, contentiones, ac partium studia generarent, non id putauimus negligendum.

Ainsi, nous voyons que *ces impietez & ces blasphemes*, que Monsieur Habert s'imagine auoir trouué dans le Liure de Monsieur d'Ipre, & qu'il pretend principalement estre dignes de censure & d'anatheme, pour n'auoir point esté enseignez dans l'Eglise depuis l'erection des Facultez, ont esté soustenuës par deux Facultez tres-celebres & tres-Catholiques, comme des sentimens tres Orthodoxes, & entierement conformes à l'Escriture sainte & à la Tradition; & que les opinions contraires qu'il publie dans sa Chaire auec tant d'asseurance, comme si elles ne pouuoient estre contestées que par *des Heretiques & des Schismatiques*, ont esté condamnées par des Censures publiques, *Comme des dogmes estrangers, scandaleux & perilleux, qui excitent des troubles & des dissentions, & qui forment des partis dans l'Eglise: Comme des opinions nouuelles & dangereuses, qui ont esté il y a desia long-temps condamnees & reiettees: Qui ne blessent pas seulement l'opinion de sainct Augustin en quelque partie, mais dont les Auteurs semblent auoir entrepris de la combattre, & de la ruiner entierement, Qui rendent par vne hardiesse insupportable saint Augustin mesme suspect de Lutheranisme & de Caluinisme, & qui le traitte comme vn homme stupide & aueugle, selon lesquelles les Papes ne deuoient point releuer par des eloges si magnifiques.*

Quando præcipuum illud de Gratia Christi ac diuina Prædestinatione argumentum, tot nouis, imo iam olim reprobatis, reiectisque periculosis opinionibus corrumpi ac infici cerneremus In primis quod D. Augustini de Gratia & libero Arbitrio, deque Prædestinatione, & Reprobatione doctrinam non in aliqua, vt dicitis, sui particula, sed totam propemodum ex proposito oppugnari, funditusque destrui, ac euerti videmus. Intolerabile nobis visum est, quod non solum aduersus Pelagium, & eius hæredes infeliciter laborasse Augustinus fingitur, sed idem quoque de Lutheranismo, ac Caluinismo suspectus redditur, tanquam imperitus, stupidus ac cæcus habetur. Grauissimè profecto & à Sede Apostolica & cæteris Ecclesiæ proceribus peccatum est, qui B. Augustini vigilias, labores, atque doctrinam tam magnificè prædicauerint, cum tanquam periculosam, perniciosam, & hæreticam arguere potius, damnareque debuerint. Mirum vero quid ita visum sit non hanc modo, sed cæteras etiam pænè omnes Massiliensium aliorumque eidem huic B. Augustini doctrinæ per Gallias olim obstrepentium querelas post Catharinum ac Pighium de integro renouare ac suscitare. quas tamen à Sede Apostolica per Celestinum Pontificem repressas, coërcitas, castigatasque, & æterno constat esse damnatas silentio. Quæ quam paruo discrimine ac interuallo distent à Massiliensium sententia per communem quæsumus salutem aduertere dignemini. Quam vero tum hæc, tum superiora omnia & periculosa, &, vt liberius loquamur, perniciosa sint, velimus prudentia vestra pressius consideret, deprehensuram speramus ex his doctrinę fontibus pestiferos istos manare riuulos.

gnifiques.

magnifiques la Doctrine de saint Augustin touchant la Grace, mais la reietter plustost, & la condamner comme dangereuse, pernicieuse, & heretique; Qui renouuellent auiourd'huy les mesmes plaintes contre saint Augustin, qu'ont fait autrefois les Semipelagiens, & que le Siege Apostolique a repoussées & enseuelies dans vn eternel silence; Qui sont tres peu differentes des erreurs des Semipelagiens; Et enfin, *comme des sentimens pernicieux, & des sources corrompuës, qui produisent des ruisseaux empoisonnez.*

Et ce qui est extremement considerable, c'est que la Faculté de Louuain, ayant fait cette Censure en l'année 1586. & l'ayant depuis confirmée par vn Liure entier, qu'elle enuoya à sa Sainteté en 1591. sur quelques bruits qu'on fit courir que cette Faculté auoit changé d'aduis, elle s'assembla en 1613. & confirma de nouueau sa Censure auec le consentement vnanime de tous ses Docteurs, sans qu'il y en eust vn seul qui y contredist. Et dans cette Acte, elle declare & proteste, *Qu'elle a tousiours tenu, & qu'elle tient encore presentement la doctrine contenuë dans cette Censure, qu'elle y a tousiours persisté, & qu'elle y persiste encore; qu'elle ne s'en est iamais separée, & qu'auec l'ayde de Dieu, elle ne s'en separera iamais, iusqu'à ce que le saint Siege en ordonne autrement.* Et parce que l'Auteur de ces propositions, qui n'auoient esté que dictées auparauant, les auoit fait imprimer, & les auoit soustenuës en suitte, la Faculté declare; *Que tant s'en faut qu'elle ait changé d'aduis, qu'elle improuue maintenant son Liure imprimé sur cette matiere, comme elle auoit autrefois improuué ses Escrits.*

Cum in Italia, Hispania, & alibi rumor percrebuisset Facultatem Theologicam Louaniensem in materia de auxiliis & gratia Christi mutasse sententias, & ab antiqua quam in sua Censura summo Pontifici Romano trãsmissa quõdam tenuerat, retrò cessisse; idque ob energiam argumentorũ quæ P. Lessius tum viuæ vocis dictamine, tum edito sibi o in medium attulerat; Facultas volens huic falso rumori obuiare, & veritatem omni volenti scire, manifestare, sub iuramento congregata in Capitulo paruo S Petri die 13 Mens. Iulii post Vesperas an. 1613 nullo Magistrorũ ipsius contradicente, tota Facultas vniformiter declarauit, & testata est se semper tenuisse, & de præsenti tenere, semper perstitisse & nunc de præsenti persistere in sua antiqua sententiâ quam in dicta Censura tenuit & ibi declarauit nec vnquam ab illa discessisse, nec in posterum Deo fauente discessuram, donec per summum Pontificem aliud definiatur, aut à sancta Romana Ecclesia (cuius Censuræ & correctioni omnia in prædicta Censura contenta, & quælibet alia à se dicta, & in posterum dicenda humiliter subiicit) aliud tenere ei præcipiatur Declarauit insuper tantum abesse vt argumentis P. Lessii ante dicti à sua sententiâ recesserit, vt ex aduerso quemadmodum olim ipsius dictata improbauit, ita nunc improbet ipsius edita scripta in hac determinata materia, permisitque prædicta Facultas, & voluit copiam huius Acti omni volenti habere dari, & ad quascumque partes transmitti.

Qui ne trouuera donc estrange, que Monsieur le Theologal ait repeté tant de fois dans ses Sermons, que Monsieur d'Ipre auoit introduit de nouuelles opinions inconnuës à l'Eglise, & qu'aucun Theologien n'auoit enseignées depuis cinqcens ans, puisque ces mesmes opinions contre lesquelles il a parlé auec tant de chaleur, ont esté approuuées solennellement par des Facultez toutes entieres, qui doiuent estre d'autant plus considerable, que ces assemblées tiennent le mesme lieu parmy les Theologiens, que les Conciles parmy les Euesques.

L'ORDRE DE PREMONSTRE'.

Apres ces Censures de deux Facultez si celebres, nous pouuons produire le tesmoignage de tout vn Ordre Religieux. Il n'y a gueres plus de vingt ans, que dans vn Chapitre Prouincial de l'Ordre de Premonstré, approuué par le General, il fut resolu : *Que tous les Professeurs en Theologie suiuroient dans la matiere de la Grace les sentimens de saint Augustin ;* dont ils apportent cette excellente raison : *De peur que donnant trop à la force de la nature, & trop peu à la Grace, Dieu ne retire sa Grace d'eux, qu'ils ne demeurent pas fermes en s'appuyant sur eux-mesmes, & qu'estans priuez de l'esprit de la vraye humilité, ils ne tombent d'vne cheute honteuse.* Et ces Theologiens n'ont pas plustost veu l'Ouurage de Monsieur d'Ipre, qu'ils l'ont approuué, & l'ont embrassé auec vne affection tres-particuliere, y reconnoissans la pure doctrine de saint Augustin, & les veritables fondemens de toute la vertu Chrestienne, & Religieuse.

In materia de Gratia omnes humilimi Patris Augustini sententiam sequantur, & ab eo quoadusque aliud definierit Ecclesia, nulla ratione se diuelli patiantur: Ne dū plus naturæ viribus, & minus Gratiæ tribuunt quam oportet, à Gratia deserantur, & in se stantes non stent sed spiritu veræ humilitatis vacui, turpiter labantur *Capit. Prouinc. anno 1621 Tit. de Lectore.*

Florent Conrius, Archeuesque d'Hybernie.

Nous pourrions encore rapporter icy, ce que nous auons dit dans la Preface de ce sçauant Archeuesque d'Hybernie, qui ayant trauaillé durant seize années entieres, pour s'instruire des maximes de la Grace dans les Ouurages de saint Augustin, & y ayant apporté le mesme esprit que Monsieur d'Ipre, c'est à dire l'esprit d'humilité & de priere, selon le conseil de saint Fulgence, y a trouué les mesmes veritez que luy, comme il les auoit recherchées par la mesme voye, & a fait voir par cette vniformité de sentimens, que cette Doctrine n'est obscure qu'à ceux qui ne veulent pas se donner la peine de la puiser dans sa source, ou qui n'y ont recours, que pour y trouuer quelque foible appuy, & quelque fausse couleur aux imaginations dont ils sont preoccupez.

Approbateurs du Liure de Monsieur d'Ipre.

NOus obmettons aussi en cet endroit ces Approbations si aduantageuses, que tant de Prelats, de Docteurs, & de Theologiens de toutes sortes d'Ordres ont donné aux Pays-bas & en France à l'Ouurage de Monsieur d'Ipre, & l'applaudissement general qu'il a receu de tous les habiles gens non passionnez, & qui se sont voulu donner la peine de iuger de l'eminence, & la pureté de sa doctrine par leurs propres yeux plustost que par ceux d'autruy, & par vne humble defference à la verité, que par vne attache opiniastre aux preoccupations de leur esprit.

N'est-il donc pas bien estrange, que Monsieur le Theologal, non content de surprendre le peuple, en luy persuadant que la doctrine si ancienne de saint Augustin rapportée par Monsieur d'Ipre est nouuelle, & que l'autre, qui est reconnuë pour nouuelle par le tesmoignage mesme de ses Auteurs & de ses protecteurs est ancienne; il veüille encore accuser des Euesques, des Docteurs, & des Theologieus tant Ecclesiastiques, que Religieux, à qui toutes les nouueautez sont suspectes dans la foy & dans la creance de l'Eglise, de ce qu'ils aiment mieux suiure saint Augustin, qui a esté entre les Peres touchant la Grace, ce que saint Paul a esté entre les Apostres; & dont tant de Papes, tant de Peres, tant de Saints, & les Chefs mesmes des Scholastiques, se sont glorifiez d'estre les disciples & les Sectateurs, que d'espouser par vn iugement aueugle l'opinion d'vn Auteur particulier, qui s'est voulu glorifier auec plus de presomption, que de suffisance d'estre le Censeur & le Reformateur des maximes de ce Pere; & de ce qu'ils aiment mieux se ranger sous les enseignes de cet ancien General de l'Armée Royalle du Fils de Dieu, sous la conduitte duquel l'Eglise a triomphé des Pelagiens & des Semipelagiens, que de suiure ce nouueau Chef d'vne Compagnie particuliere, qui n'a rien eu de plus eminent que sa vanité & sa hardiesse; qui a esté accusé *de nouueauté, de Semipelagianisme, & de Pelagianisme*, mesme par quelques-vns de ses Confreres, & que nul Saint, & nul Pape ne nous asseure estre

Molina.

Bellarmin, Tannerus, Henriques, Mariana.

né au seiziéme siecle pour éclaircir la matiere de la Grace; au lieu que toute l'Antiquité, & la voix des Saints, & des Papes nous asseure, que saint Augustin a esté suscité particulierement, & esclairé de Dieu pour la deffendre, & pour l'expliquer il y a plus de douze siecles contre la plus dangereuse de toutes les heresies.

CONCLVSION.

Que Monsieur le Theologal ne doit pas estre receu à condamner les autres par l'autorité des Scholastiques, les ayant tous reiettez par l'Approbation qu'il a donnée à vne nouuelle doctrine touchant la Confirmation.

MAis pour conclure ce poinct, Monsieur le Theologal nous oblige de le faire encore ressouuenir d'vne chose qu'il ne deuoit pas auoir oubliée, & dont la consideration seule deuoit vn peu refroidir sa passion. Car tous les hommes de iugement m'aduoüeront, que ce n'est pas à vne personne qui a approuué vn Liure, contenant vne doctrine toute nouuelle, touchant l'vn des points les plus importans de la Religion Chrestienne, & dont luy-mesme ne peut nier que les opinions n'ayent esté iusques à cette heure inconnuës à tous les Theologiens Catholiques, & n'ayent passé dans l'Eschole pour des erreurs & des heresies, de condamner les autres comme *des Heretiques*, & *des personnes qui ont perdu la Foy*, parce qu'il pretend que leur doctrine n'a point esté enseignée depuis cinq cens ans, & qu'ils se sont separez de la Communion de l'Eglise, en se separant des opinions qui sont communément receuës dans les Escholes de l'Eglise. Si cela est, il n'est plus luy-mesme dans la Communion de l'Eglise; il s'en est separé approuuant ce Liure; & il a signé son Arrest en signant l'Aprobation qu'il luy a donnée. Comment donc peut il accuser vn homme qu'il a iustifié deslors par son action, & qu'il ne peut accuser auiourd'huy, qu'en se condamnant soy-mesme?

Le second Antyrrheticus du P. Sirmõd, qui est remply d'heresies & d'erreurs touchant le Sacrement de Confirmation.

ARTICLE XXXIX.

TOut le monde n'a pas la Grace. C'est vn bouclier pour les Libertins. C'est ouurir la porte à toutes sortes de dissolutions, & mesme au desespoir.

RESPONSE.

Refutation de cette ancienne obiection des Semipelagiens; Que la doctrine de saint Augustin porte à la dissolution, & au desespoir.

COmme Monsieur d'Ipre ne fait autre chose dans son Liure que de proposer la doctrine de saint Augustin, il ne faut pas s'estonner, si on ne peut combattre que les mesmes armes dont les ennemis de la Grace se sont seruis pour combattre saint Augustin. Qui ne sçait que les Semipelagiens se sont plaints sans cesse, que la doctrine de ce Pere iettoit les hommes dans la dissolution, & dans le desespoir? *Cet arrest, disoient-ils, de la vocation de Dieu, oste aux pecheurs le soin de se conuertir, & donne occasion aux iustes de tomber dans la tiedeur & dans la negligence.* Et ils adioustent dans l'Epistre d'Hilaire que ce saint Augustin auoit dit, qu'apres la cheute d'Adam, l'homme ne pouuoit plus vouloir le bien, si Dieu ne luy donnoit cette volonté, *portoit les hommes au desespoir, parce que s'il y en a quelques-vns que Dieu abandonne de telle sorte, qu'ils ne viennent point à luy, ou que s'ils y viennent, ils s'en retirent, il ne faut point vser ny d'exhortations ny de menaces enuers ces personnes, puisque leur volonté est dans vne necessité ineuitable de ne vouloir iamais faire le bien.*

Hoc autẽ propositũ & lapsis curam resurgẽdi adimere, & sanctis occasionem temporis afferre. *Prosp. ad August.*

His verbis sanctitatis tuæ ita mouentur, vt dicant quãdam desperationem hominibus exhiberi. Si enim sic quidam deseruntur, vt aut nec accedant, aut si accesserint & recedant, ad illam voluntatem pertinuisse dicunt exhortationis, vel comminationis vtilitatem, quæ & persistendi & desistendi obtinebat liberam potestatẽ: non ad hanc cui nolle iustitiam ineuitabili necessitate coniunctum est. *Hilar. in Epist. ad Aug.*

Que si ce grand Sainct eust esté de l'aduis de Monsieur Habert, les Semipelagiens eussent esté ridicules de former contre luy toutes ces plaintes; & luy-mesme eust esté bien stupide, comme remarquent fort bien les Docteurs de Louuain dans leur Censure, de ne les pas estouffer par vn seul mot en disant, que la Grace estant donnée à tout le monde, & estant libre à chacun de s'en seruir, il faudroit auoir perdu le sens pour trouuer que cette doctrine iettast les hommes dans le desespoir. Mais il n'auoit garde de respondre de cette sorte, parce qu'il ne le pouuoit faire sans ruiner cette foy Catholique de la Grace, comme il l'appelle tousiours, qu'il auoit tirée de l'Escriture, selon laquelle il auoit dit tant de fois : *Que la Grace n'estoit point donnée à tout le monde, & qu'elle ne donnoit pas seulement la puissance de vouloir & de faire, mais la volonté mesme, & l'action*, comme les Papes & les Conciles ont dit apres luy.

C'est pourquoy il respond excellemment, que ce n'est pas porter les hommes au desespoir, que de les porter à mettre en Dieu seul toute leur esperance ; ET QVE CE SEROIT ESTRE BIEN MALHEVREVX, QVE DE DESESPERER DE SON SALVT, A CAVSE QV'ON NOVS ORDONNE DE METTRE NOSTRE ESPERANCE EN DIEV, ET NON PAS EN NOVS ; *puis que l'Escriture nous dit : Que maudit est l'homme qui met son esperance en l'homme. Et : Qu'il vaut mieux se confier au Seigneur, que se confier en l'homme ; parce que, ceux qui mettent leur confiance en Dieu, sont heureux.* Et plus bas : *Y a-t'il suiet*, adiouste ce grand Saint, *d'apprehender que l'homme ne desespere de son salut, lors qu'on luy monstre qu'il doit mettre son esperance en Dieu ; & de croire qu'il n'en desespereroit pas, s'il estoit superbe, & si malheureux, que de mettre son esperance en luy-mesme ?*

Et tesmoignant en vn autre endroit, qu'il a horreur de cette obiection des Semipelagiens, Prestres de Marseille, laquelle Monsieur Habert ne fait point de scrupule d'opposer de nouueau contre la doctrine de ce Pere, il dit : *Ie ne veux pas exaggerer par mes paroles, mais ie leur laisse plustost considerer en eux mesmes cette opinion qu'ils se sont formée, qu'en preschant la Predestination aux Chrestiens, on excite plustost des pensées de desespoir dans leurs esprits, que des mouuemens de conuersion dans leurs cœurs.* CAR C'EST A DIRE, QVE L'HOMME A SVIET DE DESESPERER DE SON SALVT, LORS QV'ON L'INSTRVIT A NE PAS METTRE SON ESPERAN-

Absit autem à vobis, ideo desperare de vobis, quoniam spem vestrã in ipso habere in homini, non in vobis. Maledictus enim omnis homo qui spé habet in homine Et : Bonum est cõfidere in Domino, quam cõfidere in homine, quia, Beati omnes qui cõfidunt in eum. *Aug. de Dono perseu. cap. 22.* An vero timẽdum est ne tũc de se homo desperet, quãdo spes eius ponenda demõstratur in Deo, non autem desperaret, si eam in seipso superbissimus, & infelicissimus poneret. *Ibid.* Ego autẽ nolo exaggerare verbis meis, sed ipsis potius cogitandum relinquo, vt videant quale sit quod sibi persuaserunt, prædicatione Prædestinationis plus desperationis, quam exhortationis afferri : Hoc est enim dicere, tunc de sua salute hominem desperare, quando spem suam non in seipso, sed in Deo didicerit ponere, cum Propheta clamet : Maledictus omnis qui spem ponit in homine. *Ibid. cap. 17.*

CE EN SOY-MESME, MAIS EN DIEU: *au lieu que le Prophete crie : Maudit est celuy qui met son esperance en l'homme.*

Et veritablement, peut-on donner vn conseil plus salutaire à vn pecheur, que celuy que luy donne saint Augustin, de s'humilier deuant Dieu, d'implorer son assistance, de gemir, & de prier, afin qu'il obtienne sa guerison, & de ne croire point de fondement plus solide pour l'esperer, que cette humble confiance en sa seule Grace? N'est-ce pas la conduite que l'Eglise instruite par Iesus-Christ, & par les Apostres, a gardée de tout temps dans ses prieres, sur lesquelles saint Augustin a principalement estably la Tradition Ecclesiastique touchant la necessité de la Grace & la foiblesse du Libre-arbitre contre les Pelagiens?

Prorsus in hac re non operosas disputationes expectet Ecclesia, sed attendat quotidianas orationes suas. *Aug. de Dono persev. cap. 7.*

Si l'Eglise n'espere la conuersion des pecheurs, qu'en ce qu'elle espere que Dieu receura fauorablement les prieres qu'elle luy offre pour eux, & enuoyera son Esprit Saint dans leurs ames pour les purifier de toute leur corruption, chaque Chrestien peut-il auoir vn autre sujet veritable d'esperer sa conuersion, que celuy qu'en a toute l'Eglise? Les enfans doiuent-ils se glorifier en eux-mesmes, & se flatter en leur propre volonté, puis que la Mere est instruite à ne se glorifier qu'au Seigneur, comme en celuy qui ne forme pas seulement la volonté & l'action, mais les prieres, & les pensées?

Si cette Mere Sainte qui gemit sans cesse pour la conuersion de ses enfans, dit à leur Pere celeste, au Pere des misericordes & des lumieres dans ses prieres publiques: *Qu'il est le protecteur de ceux qui esperent en luy; Que sans l'infusion de son esprit, il n'y a rien de pur dans l'ame de l'homme:* Si elle le supplie de *respandre dans leurs cœurs le sentiment de son amour; De leur donner l'esprit qu'il leur est necessaire pour former de bõnes pensées, & produire de bonnes œuures, & de faire qu'ils ne luy demandent que les choses qui luy sont agreables, afin qu'ils obtiennent de luy ce qu'ils desirent;* Si elle luy demande pour eux, *Qu'il leur donne l'augmentation de leur Foy, de leur esperance, & de leur amour, & qu'il leur fasse aimer ce qu'il leur commande, afin qu'ils meritent d'obtenir ce qu'il leur promet: que sa Grace les preuienne tousiours, & les suiue; Qu'il leur donne la force de pratiquer sans cesse de bonnes œuures; Et qu'il conduise leurs cœurs par l'operation de sa Grace, parce qu'ils ne peuuent luy plaire sans luy;* Si elle le coniure, *d'escouter fauorablement les pieuses prieres de*

Protector in te sperantium Deus. *Domin. 3. post Pentec.*
Sine tuo numine
Nihil est in homine,
Nihil est innoxium.
Infunde cordibus nostris tui amoris affectum. *Dom. 5. post Pentec.*
Largire nobis, quæsumus Domine semper spiritum co-

son Eglise, comme estant luy-mesme auteur de la pieté, & de luy accorder auec efficace ce qu'elle luy demande auec foy; D'exciter les volontez de ceux qui croyent en luy, & de fortifier son peuple par sa continuelle protection; puis qu'il n'espere qu'en sa Grace celeste, & qu'il n'a point d'autre appuy que cette vnique esperance; Si elle supplie *de rendre bons ceux qui sont meschans, & de conseruer les bons dans leur bonté;* Si elle a recours à luy *parce qu'il est tout-puissant pour conuertir vn pecheur, & que nul ne peut s'opposer à luy; qu'il sauue lors qu'il veut sauuer, & que personne ne peut resister à sa volonté;* Si elle le prie mesme pour *les infidelles & les incredules, afin qu'il les fasse croire en luy, qu'il leur ouure la porte de la foy, & qu'il conuertisse par sa Grace leurs volontez rebelles & ennemies;* Si en vn mot, l'Eglise

gitandi quæ recta sunt, propitius & agendi. *Domin. 8 post Pent.* Et vt petentibus desiderata concedas, fac eos, quæ tibi sunt placita postulare. *Domin. 9 post Pēt.* Da nobis fidei, spei, & charitatis augmentum, & vt mereamur assequi quod promittis, fac nos amare quod præcipis. *Domin. 3. post Pentec.* Tua nos Domine gratia semper & præueniat, & sequatur. Ac bonis operibus iugiter præstet esse intentos. *Domin. 16 post Pent.* Dirigat corda nostra quæsumus Domine tuæ miserationis operatio, quia tibi sine te placere non possumus *Dom 18. post Pent.* Adesto piis Ecclesiæ tuæ precibus autor ipse pietatis & præsta, vt quod fideliter petimus efficaciter consequamur. *Domin 22 post Pentec* Excita, quæsumus Domine tuorum fidelium voluntates. *Domin. 24. post Pentec.* Familiam tuam, quæsumus Domine continua pietate custodi, vt quæ in sola spe gratiæ cælestis innititur, tua semper protectione muniatur. *Dominic. 4. post Epiph* Malos, quæsumus Domine, bonos facito, bonos in bonitate conserua Omnia enim potes & non est qui contradicat tibi, cum volueris saluas, & non est qui resistat voluntati tuæ. *Oratio desumpta ex Liturgia S. Basilij quam pene vniuersus frequentat Oriens, vt refert Petrus Diaconus lib. de Incarn & Grat. Domini nostri I. Christi.* Orare pro incredulis vt eos Deus conuertat ad fidem *August. Epist. 107.* Frustra nos pro inimicis orare Deus iubet, si non est eius auersa, & aduersa corda conuertere. *August. lib. 4. contra Iul. cap 8.* Et ad te nostras etiam rebelles compelle propitius voluntates. *Secreta Missæ Sabb. ante Domin. Pass.*

animée du saint Esprit qui prie en elle, & la fait prier ne met toute son esperance qu'en la Grace actuelle & efficace que Dieu enuoye du Ciel; si elle ne considere point ces pretenduës Graces suffisantes, & ces grands aduantages du libre Arbitre de l'homme que les Pelagiens ont tant vantez, mais ne parle que de la foiblesse, que de sa misere, que de son impuissance pour faire le bien; si elle ne demande pas aux pecheurs vne Grace qui leur donne le pouuoir de se conuertir s'ils le veulent, mais la volonté efficace de se conuertir, mais leur effectiue conuersion, le changement de leur volonté mauuaise, la victoire sur leur volonté rebelle; Si elle regarde cette Grace comme vn don de Dieu, comme vn feu spirituel & celeste qu'il fait descendre aussi veritablement dans le cœur de l'homme, comme il fit tomber les langues de feu qui en estoient la figure, sur la teste des Apostres au iour de la Pentecoste, comme vne influence qui vient d'en-haut, qui n'est point attachée à la puissance du cœur, mais qui ne de-

pend

pend que de la faueur du Ciel; comme vn esprit nouueau, vne ame diuine, qui imprime des mouuemens & des sentimens diuins dans l'ame de l'homme, comme l'ame luy en imprime de raisonnables; Les fidelles doiuent-ils la regarder ailleurs que dans Dieu non plus que l'Eglise, la rechercher auec moins de soin, la demander auec moins d'humilité, & l'esperer auec moins de confiance?

Puis que l'Eglise dit tous les iours à Dieu: *Seigneur des vertus conuertissez-nous*: Puis que lors que Dieu dit dans l'Escriture, *Conuertissez-vous à moy, & ie me conuertiray à vous*; saint Augustin luy respond au nom de l'Eglise, *Conuertissez-nous Seigneur, & nous nous conuertirons à vous*. Puis que ce Pere nous enseigne, *Que la foy obtient par la priere la Grace qui fait accomplir tout ce que la Loy cõmande*: Puis que ses aduersaires mesmes reconnoissent que ce n'est point par la Grace suffisante qu'on se conuertit actuellement, mais par la Grace efficace & actuelle; que celle-là donne seulement la puissance, & celle-cy l'effet: Puis qu'à moins que d'estre Pelagiens, tous les Chrestiens sont obligez d'aduoüer qu'il faut recourir à Dieu pour obtenir par les prieres cette Grace actuelle & efficace; qui selon les Conciles est necessaire pour chaque bonne action, & ne depend pas de la liberté humaine, mais de la liberalité diuine: y a-t'il vn plus grand suiet d'esperer ce don du Ciel, qu'en le recherchant en la mesme maniere, que toute l'Eglise le recherche, auec prieres, auec assiduité, auec sousmission, auec esperance?

Domine Deus virtutum cõuerte nos. *Psal.* 79.

Conuertimini ad me, & ego conuertar ad vos. *Zach. ca.* 1. *v.* 3.

Thren. cap. 5. *v.* 21.

Fides impetrat quod lex imperat, *August. Enchyr. c.* 117.

Quand les Iuifs, figure des Chrestiens, voyant vne grande guerre s'esleuer contre eux, auoient recours à Dieu seul, selon le conseil des vrais Prophetes, Dieu ne manquoit iamais de les rendre victorieux: Mais lors qu'ils ne mettoient pas toute leur force dans leur silence, & leur esperance en Dieu, comme les Prophetes leur ordonnoient, *In silentio, & spe erit fortitudo vestra*; quand ils auoient recours au Roy d'Egypte; quand ils se fioient sur leurs forces, & sur la protection des Estrangers, comme sur des Graces suffisantes pour vaincre leurs ennemis, ils ne manquoient pas d'estre vaincus, & de reconnoitre par leur malheur, que c'est à Dieu à sauuer les hommes, que le secours des hommes est vain, & que l'Egypte n'estoit pas Dieu, mais vn homme, *Aegyptus homo, & non Deus*.

Isai. c. 30. *v.* 15.

Isai. c. 30. 3.

Il en est de mesme des Chrestiens. S'ils veulent vaincre les vices, il faut qu'ils reconnoissent leur foiblesse; S'ils veulent esperer beaucoup de Dieu, il faut qu'ils esperent tout de luy, & rien d'eux-mesmes. *L'homme espere en soy*, dit saint Augustin; *le Poëte Latin dit, Que chacun a son esperance en soy-mesme, spes sibi quisque; mais les Chrestiens doiuent escouter non vn Poëte, mais vn Prophete qui dit, Maudit est celuy qui espere en l'homme.* Rien n'attire dauantage la Grace de Dieu, que de reconnoistre la puissance de sa Grace, & l'impuissance de l'homme: Et comme en le reconnoissant Dieu des armées dans le Vieil Testament, on attiroit sa protection visible contre les hommes; En le reconnoissant Dieu de grace dans le Nouueau, on attire sa protection inuisible contre les pechez. Car la Grace est appellée sa force & sa gloire dans la nouuelle alliance, & c'est l'engager à faire paroistre sa vertu diuine dans l'infirmité humaine, que de reconnoistre l'vne & l'autre auec vne profonde humilité.

Aussi d'autre part *rien ne ferme dauantage la porte de la misericorde de Dieu*, (comme saint Augustin dit pour nous faire trembler dans nostre orgueil égal à nostre misere) *que de ne pas assez honnorer l'efficace & la necessité de la Grace*; que de ne pas assez confesser, qu'il faut la demander à Dieu auec des gemissemens & des prieres, parce *qu'elle ne depend pas de l'homme qui veut, & qui court, mais de Dieu qui fait misericorde*, que de ne pas assez reconnoistre, que la pureté de la foy consiste à nous faire prier, à nous faire chercher afin de trouuer, à nous faire demander afin de receuoir, à nous faire frapper à la porte, afin qu'on nous ouure; Et que le malheur de ceux qui ne reconnoissent pas ce besoin & ce deuoir, *est plus digne d'estre deploré par les soupirs des fidelles, que representé par des paroles. Nous ne serons iamais*, dit ce Pere, *dans vne si grande seureté de conscience que lors que nous confesserons, que c'est Dieu qui fait tout, & que nous n'attribuërons point vne partie de nostre action à Dieu, & vne partie à nous-mesmes. Non seulement la pieté & la verité, mais nostre bien, & nostre interest nous obligent à croire & à publier, que c'est Dieu qui est autheur de nostre conuersion, & à confesser auec humilité dans le ressentiment de nostre foiblesse, que c'est luy qui fait tout.*

Contra gratiâ qui disputat, côtra seipsum claudit ostium misericordiæ Dei. *August. de Pers. Iust. sub finem.*

Rom. c. 9. v. 16.

Nolo plura dicere de re tanta, quia melius eam committo fidelium gemitibus quam sermonibus meis *Ibid.* Tutiores viuimus, si totum demus Deo, non autem nos illi ex parte committimus *Idem de Dono Persev. cap. 6.* Hoc nobis expedit & credere & dicere. Hoc est pium, hoc verum, vt sit humilis & submissa confessio, & detur totum Deo. *Ibid. cap. 13.*

C'est cette doctrine de saint Augustin, & de l'Eglise Romaine qui durant tant de siecles a consolé tant de Catholiques tombez apres le Baptesme, qui n'estoient pas infectez de l'erreur des Semipelagiens, c'est elle qui a iustifié tant de Penitens. Et c'est peut-estre au contraire la doctrine nouuelle du dernier siecle qui apprenant aux hommes à se confier en leurs propres forces a apporté tant de dommage aux ames selon la prediction de la celebre Faculté de Louuain & produit cette impenitence si commune que tant de personnes saintes deplorent auiourd'huy auec tant de larmes.

Censura Louan·nsis in Præfat.

Et qui s'estonnera qu'vn homme qui se voyāt dans le vice, a recours à Dieu, qu'il sçait estre tout puissant pour le cōuertir, & non pas en soy-mesme, qu'il sçait estre impuissant de soy-mesme pour le faire, obtiēne à la fin vne Grace qu'il aura desiree auec ardeur, demandée auec humilité, & attenduë auec patiēce? Et qui s'estonnera au contraire, qu'vn hōme qui s'est persuadé, *Qu'il aura tousiours plus de Grace qu'il ne luy en faut* pour se cōuertir, & qu'aussi tost qu'il le voudra, il trouuera *vne abōdance & surabondance de Grace* qui accōpagnera sa volonté, remette de iour en iour sa conuersion iusqu'à sa mort, cōme vn ouurage qui ne dependra iamais de luy, & qu'il accomplira sans peine au mesme moment, qu'il desirera de l'accomplir.

Y a-t'il rien qui ne porte plus les pecheurs dans la dissolution & dans la negligence que cette vaine confiance qu'on leur donne? & doit-on trouuer estrange que dans cette creance qu'ils pourront tousiours se conuertir quand ils le voudront, ils ne se mettent pas en peine de demander cette Grace à Dieu durant plusieurs mois, ou plusieurs années, puis qu'ils sont persuadez, qu'elle leur sera tousiours presente? Que feront-ils en cela qu'il ne soit tres-raisonnable? *Car n'est ce pas vne sottise*, dit saint Augustin, *que de prier Dieu qu'il nous fasse faire ce que nous auons en nostre puissance de faire tousiours*, c'est à dire, ce que nous pourrons tousiours faire quand nous le voudrons?

Nam quid stultius quam orate vt facias, quod in potestate habeas *August. de Nat. & Gr. cap. 18.*

Adā qui auoit cette Grace suffisante que l'hōme a perduë, selon S. Augustin, par la grādeur du premier crime qu'il a cōmis, qui l'ayant corrōpu dans son ame & dans son corps, luy a rendu toute autre Grace que l'actuelle & efficace, impuissante pour le guerir, n'estoit point obligé de prier Dieu, qu'il luy fist faire des actions vertueuses, & qu'il luy en donnast la puissance, parce qu'il l'auoit par cette Grace qui ne luy manquoit iamais. *Il ne crioit pas à Dieu comme pauure*, dit S. Augustin, *mais il le loüoit de ses biens. Il ne gemissoit pas vers luy, mais il ioüyssoit de luy.* Il en est de mesme des pecheurs; s'imaginans auoir vne *Grace suffisante & surabondante*, comme Adam, ils ne se portent non plus à prier, que faisoit Adam; & ce qui estoit en luy vn effet de sa iustice originelle, & de sa parfaite felicité, est en eux vn effet de leur corruption naturelle, & de leur ignorance presomptueuse. Parce qu'ils se croyent riches, ils ne pratiquent point la priere, qui est vne action de pauure & de mendiant. Ils imitent la presomption du Pharisien, qui se croyant dans l'abondance, ne s'estimoit obligé que de loüer Dieu des biens qu'il croyoit auoir receus de luy, & ne luy faisoit aucune priere, comme remarque saint Augustin, pour obtenir de luy ceux qu'il n'auoit pas. Au lieu que le Publiquain, figure des humbles pecheurs, pensoit plus à demander à Dieu l'aumosne dans sa pauureté, c'est à dire, la Grace, qui est l'aumosne de Dieu enuers les hommes, qu'à le remercier des biens, qu'il n'auoit pas encore receus, & qu'il esperoit de sa bonté.

In paradiso nō clamabas, sed laudabas; non gemebas sed fruebant. *August. in Expos. 2. in Psalm. 29.*

Que fait donc cette confiance en cette pretenduë Grace plus que suffisante & *surabondante*, sinon d'esteindre la priere, comme dit saint Augustin, & d'allumer l'orgueil dans le cœur de l'homme, & en le flattant par l'abondance d'vne fausse grace, luy rauir la priere & l'humilité, qui sont les deux souuerains moyens de Dieu pour obtenir la veritable. Et qui en suitte peut trouuer estrange qu'vn homme qui se sera creu assez fort pour pouuoir tousiours se resusciter soy-mesme quand il luy plaira; qui s'imagine que le saint Esprit ne souffle pas où il veut, mais l'homme veut, & quand il veut; & qui s'estime assez puissant pour changer son cœur de pierre en vn cœur de chair, sans qu'il ait besoin d'vne grace particuliere de Dieu, qui peut seul faire ce miracle selon l'Escriture, n'attire pas sur luy la benediction du Ciel, & l'esprit de Penitence?

Que si on obiecte, Qu'vn pecheur ayant recours à Dieu, pour se conuertir, n'est pas asseuré d'obtenir la Grace qu'il luy demande; & que cette incertitude de la volonté de Dieu est vn grand suiet pour le refroidir & pour le desesperer. Ie responds, que cette obiection n'est point nouuelle, & qu'elle a esté proposée par les Semipelagiens à saint Augustin, qui la refute excellemment en ces termes. *Ce seroit*, dit-il, *vne chose bien estrange, que les hommes aimassent mieux s'appuyer sur leur foiblesse, que sur la fermeté des promesses de Dieu. Vous n'estes pas asseuré, dites-vous, de la volonté de Dieu touchant vostre conuersion. Et estes vous asseuré de vostre volonté propre? Et ne craignez-vous point qu'elle vous manque? L'Escriture dit: Que celuy qui est debout prenne garde de ne pas tomber. Puis donc que vous n'estes pas asseuré, ny de l'vn ny de l'autre, ne vaut-il pas mieux que l'homme mette toute sa foy, son esperance, & son amour en la Grace de Dieu, qui est si forte, qu'en sa volonté qui est si foible?* Mais s'il est vray, comme saint Ambroise dit, *Que nostre cœur & nos pensées ne sont pas en nostre puissance,* mais en la seule puissance de Dieu. Et si S. Augustin dit, *Que tout homme qui a vne pitié humble & veritable, sent en luy-mesme la verité de cette maxime*, ne deuons-nous pas plustost mettre nostre cœur entre les mains de Dieu, afin qu'il le change par la toute-puissance qu'il a de le faire, que de le retenir entre les nostres, sans que nous soyons asseurez que nous ne le voudrons, & encore moins que nous le pourrons changer?

Miror homines infirmitati suæ se mallo committere, quam firmitati promissionis Dei. Sed incerta est mihi, inquit, de me ipso voluntas Dei. Quid ergo? Tua ne tibi voluntas de teipso certa est, nec times? Qui videtur stare, videat ne cadat. Cũ igitur vtraq; incerta sit cur nõ homo firmiori quã infirmiori fidẽ suam, spẽ, charitatemq; committit? *Aug. de Præd. sanct. cap. 11.*

Non enim in potestate nostra cor nostrũ est, & nostræ cogitationes. *Ambr de fuga sec. cap. 1.*

Quod omnis qui humiliter & veraciter pius est, esse verissimũ sentit. *Aug. de Dono Persev. cap. 8.*

Ie veux, dit saint Augustin, *qu'il soit incertain, si Dieu nous pardonnera; Que perd tousiours à s'humilier deuant Dieu celuy qui n'a pas craint de perdre le salut en l'offensant? Est-on tousiours asseuré, que l'Empereur accordera vne Grace qu'on luy demande? Et neantmoins on ne laisse pas de despendre beaucoup, de passer les mers, de s'exposer à tous les perils des tempestes, & de se ietter presque dans la mort mesme pour euiter la mort. Apres tout cela, on employe des hommes pour presenter des requestes à vn homme. On ne trouue point qu'il y ait lieu de douter, qu'on ne doiue faire toutes ces choses, quoy que l'euenement en soit douteux.* Refuserons nous donc de demander long-temps à Dieu qu'il nous conuertisse, s'il nous asseure auparauant qu'il nous accordera nostre priere? le traiterons-nous auec moins de respect que les Roys? Et combien vn Chrestien a-t'il plus de sujet d'esperer de Dieu la Grace qu'il luy demande, que celle qu'il demande aux Princes. *Puis que Dieu*, dit saint Eucher, *a tant d'enuie de nous combler de ses biens, que non*

Sed fac incertum esse vtrũ ignoscat Deus? Quid perdit cum supplicat Deo, qui salutem perdere non dubitauit cum offenderet Deum? Quis enim certus est, quod etiam Imperator ignoscat? Et tamen pecunia funditur, maria transmeantur, procellarum incerta subeuntur, & pene, vt mors euitetur, mors ipsa suscipitur, supplicatur deinde per homines homini, cum sit dubium quo fine proueniant. *Idem homil. 50 cap. vlt.*

seulement il nous permet, comme les Roys, mais il nous commande mesme de les luy demander, de ne nous rebuter point, de ne nous lasser iamais, & de le forcer par vne assiduité opiniastre à nous accorder nostre priere?

Mais quel sujet veritable reste-t'il à vn homme vieilly dans le vice, d'esperer sa conuersion, lors que l'on ne le renuoye qu'à luy-mesme? I'auois creu, nous dira-t'il, que tout homme qui veut changer de vie, en change aysément, & qu'il ne tient qu'à nous d'en auoir la volonté pour le faire; Que i'auois *plus de grace qu'il ne m'en falloit* pour sortir du vice, & que ie la trouuerois tousiours plus que suffisante, *abondante & surabondante*. Mais ma conscience me dit, Qu'il y a vingt ans que ie veux changer de vie; Pourquoy donc quand ie l'ay voulu ay-je senty vne rebellion generale dans toutes les parties de mon ame & de mon corps, qui a rendu toutes mes resolutions vaines depuis tant d'années? Si i'ay vne si grande *surabondance de graces*, il faut que i'aye pû me conuertir auec vne tres-grande facilité, lors que ie l'ay entrepris: Et non seulement, il m'a esté difficile, mais il m'a esté impossible de le faire. Où est donc cette Grace suffisante, que l'on me veut faire croire que i'ay tousiours? Ceux qui me la donnent en paroles, me la donnent-ils en effet? Est-elle dans ma raison? Il y a vingt ans que ie suis raisonnable, & il y a vingt ans neantmoins que ie veillis dans le crime. Est-elle dans ma volonté? Il y a vingt ans que ie veux me conuertir: Ie l'ay dit cent fois à mes Confesseurs; Et cependant ie ne me conuertis point. Est-elle dans ma liberté? I'ay esté libre depuis vingt ans, & n'ay pas laissé de languir dans vne deplorable seruitude sous la tyrannie du vice.

Si ie consulte sainct Augustin, ie trouue qu'il dit parlant de soy-mesme: *Que l'Ennemy tenoit sa volonté prisonniere; qu'il en auoit formé vne chaisne qui le retenoit captif: Que sa volonté desreglée auoit produit la passion, que l'assouuissement de la passion auoit produit l'accoustumance, & que la longue accoustumance auoit produit la necessité de demeurer dans le vice, & la dureté d'vne vieille seruitude plus forte que la nouuelle volonté de changer de vie.*

Velle enim meum tenebat inimicus, & inde mihi catenam fecerat, & cõstrinxerat me. Quippe ex voluntate peruersa facta est libido, & dum seruitur libidini facta est consuetudo & dum consuetudini non resistitur, facta

Si ie considere saint Bernard, ie trouue qu'il me nomme libre dans mes crimes, mais d'vne liberté qui m'est commune auec les Demons, parce que ie fais volontairement, & auec plaisir mes actions vitieuses, qui est la liberté naturelle du libre Arbitre, mais que *ie ne laisse pas d'estre miserable, bien que ie sois libre*, & que ie ne puis trouuer que dans la Grace de Iesus-Christ, qui n'est point en la puissance de l'homme, aucun moyen de sortir de ma misere, *parce que ma volonté me rend d'vne part inexcusable, & de l'autre, la necessité de pecher où ie me suis engagé, me rend tout à fait incorrigible.*

Si ie consulte Aristote mesme, ie trouue qu'il declare que la liberté premiere que i'auois, s'est changée en necessité par la corruption de mes longues & de mes vicieuses habitudes, & qu'il prononce en termes formels: *Que mon mal est incurable.*

Et enfin, si ie consulte Pelagius, & ses disciples, qui releuent tant la puissance du libre Arbitre de l'homme, qu'ils ruinent celle de la Grace, ie trouue qu'ils confessent eux-mesmes, *Que la longue accoustumance des vices, a presque la force d'vne seconde nature: Qu'elle ne se peut vaincre que par de grands efforts, ou plustost que nuls efforts ne la peuuent vaincre; Qu'elle semble obscurcir toute la raison humaine, estouffer tout ce qu'il y a de bon dans la nature, & retenir l'homme dans vne espece de necessité de pecher, qui luy laissant le desir & la volonté du bien le precipite dans le mal par l'accoustumance.*

est necessitas; quibus quasi ansulis quibusdã sibimet innexis (inde catenã appellaui) tenebat me obstrictum dura seruitus. Voluntas autẽ noua quę mihi esse cœperat, vt te gratis colerem, nondũ erat idonea ad superandam priorem vetustate roboratã. *Aug. l. 8. Conf. c. 5 Bern. li. de Grat. & lib. Arb. passim.*

Manet ergo etiã post peccatum liberum arbitrium, & si miserum, tamen integrũ. *Bern. de Grat. & lib. Arb.*

Nusquã exitus misero patet, quem & voluntas inexcusabilem, & necessitas incorrigibilem facit. *Bern serm. 81 in Cant.* *Lib. 3. & 7. Ethic.* Neque vero alia nobis causa difficultatem benefaciendi facit, quam longa consuetudo vitiorum, quæ nos infecit à paruo, paulatimque par multos corrupit annos, & ita postea obligatos sibi & addictos, tenet, vt vim quodammodò videatur habere naturæ. *Pelag. Epist. ad Demetr.* Vt aut magnis molitionibus, aut nullis omninò superetur. *Iul. apud Aug. lib. 6. in Iul.* Humanæ rationi velut quandam caliginem longo vsu peccandi obduci *Pel. in Epist. ad Dem.* Bonum naturæ quodammodò obrui *Ibid.* Hominem nimia vitiosum consuetudine, velut quadam teneri necessitate peccandi, & quamuis bonum appetat voluntate, vsu tamen præcipitari in malum. *Pel. apud Aug. de Grat. Chr. cap. 39.*

Comment veut-on que ie me deliure de ma seruitude par ma raison, par ma volonté, par ma liberté, puis qu'elles sont esclaues elles mesmes? Ce sont elles qu'il faut deliurer, & on veut que ce soit par elles que ie me deliure. On me respond, Que si ie voulois le bien assez fortement, ie le ferois. Mais comment me puis-ie donner à moy-mesme la force que ie n'ay point? Si en vingt ans ie me suis trouué trop foible, pour me deffaire de ce vieil enchantement des plaisirs du monde dont ie me suis charmé, pour dompter l'ardeur de mes inclinations corrompuës, pour destaciner des habitudes qui me sont deuenuës comme naturelles, ay-ie sujet d'esperer que ma raison soit plus forte à l'auenir, qu'elle n'a esté par le passé, puis que mes passions qui sont plus viuantes que iamais, la rendent plus foible de iour en iour, & que plus il y a d'années que le Soleil de la Grace s'est esloigné de moy, plus les tenebres sont tousiours creuës dans mon ame.

Vous vantez la force de mon libre Arbitre; & ie le sens aussi foible pour faire le bien, que fort pour faire le mal. Si ie n'ay qu'à vouloir me conuertir, pour me conuertir effectiuement, pourquoy ne le suis-je pas de puis si longtemps, puis qu'il y a si long temps que ie le veux? Et si c'est que ie l'ay voulu trop foiblement, pourquoy ne l'ay-je pas voulu assez fortement, puis que selon vos paroles cette *Grace abondante & surabondante*, que vous dites ne dependre que de moy, est plus puissante qu'il ne faut pour rendre ma volonté assez forte? N'ay-ie pas suiet de croire, ou que cette Grace est imaginaire, ou que si elle est veritable, elle n'est pas tousiours presente, comme vous le dites, mais tousiours absente des pecheurs? Comment donc trouueray-ie en moy la force que ie sçay n'auoir point en moy, & que i'y cherche depuis tant de temps inutilement? Vous me renuoyez à moy-mesme; & moy, ie vous demande vn refuge, vn secours, & vne assistance contre moy-mesme. Les autres se conuertissent bien, me direz-vous. Mais qui m'asseurera que ce n'est pas Dieu qui les a conuertis par vne Grace extraordinaire, laquelle n'estoit point en leur puissance non plus qu'en la mienne? Que si vous me vouliez faire croire qu'ils se sont conuertis eux-mesmes, la force des autres peut-elle m'oster ma foiblesse? Et s'ils s'estoient gueris de leur maladie, lors qu'ils en auoient voulu guerir, il faudroit que la mienne fust incurable, puis que le voulant ie n'en gueris point. N'est-ce pas là le vray chemin au *libertinage & au desespoir*?

Mais quel plus grand suiet d'esperance peut-on donner à cet homme, qu'en luy disant, comme fait saint Augustin, que la corruption de sa vie passée, qui rend sa volonté si foible & si abbatuë ne rend point la Grace de Dieu plus foible pour le conuertir; Qu'il a beau sentir en luy-mesme vne difficulté inuincible à toute la raison humaine, & à toutes ces pretenduës Graces suffisantes, pour luy faire changer de vie, que la vraye Grace de Iesus-Christ surmontera toute cette inuincible difficulté auec vne vertu toute-puissante; Qu'il a beau

beau sentir son inclination, emportée par le vice auec violence, que la Grace la changera toute entiere, & luy fera vouloir auec force, ce qu'il ne vouloit qu'auec foiblesse; Qu'il a beau sentir vne rebellion dans sa volonté, que la Grace sçait dompter les volontez les plus rebelles; Que l'Esprit de Dieu pourra faire en luy, ce que luy ne peut faire de luy-mesme, parce que l'Esprit de Dieu est plus fort que luy, & que luy n'estant pas plus fort que soy-mesme, ne sçauroit aussi se vaincre soy-mesme: Et que si ces malades incurables, dont il est parlé dans l'Euangile, ces Paralytiques, & ces Aueugles, image des grands pecheurs, qui estoient couchez à l'entour de la piscine, attendoient auec esperance la guerison miraculeuse de leurs maladies, durant vingt, trente, & quarante années, sans iamais en desesperer, bien qu'il n'y eust qu'vn qui pût estre guery à la fois; les pecheurs qui sont couchez à l'entour de la piscine sacrée de l'Eglise, où Dieu verse l'abondance de ses Graces, ont beaucoup plus de suiet d'attendre leur guerison auec vne humble esperance, vn profond gemissement, & vn secret desir du cœur, qui est vne priere continuelle selon la doctrine de sainct Augustin, puis que l'Ange qui venoit dans la piscine, n'y descendoit qu'en vn certain temps; au lieu que cét heureux moment auquel le saint Esprit descend dans le cœur d'vn homme, peut arriuer à tous momens, & iusqu'à la derniere heure de sa vie.

Et cette voye d'esperer & de rechercher sa conuersion, *en faisant tout ce qu'on peut faire, & en demandant à Dieu ce qu'on ne peut faire*, comme le Concile de Trente nous l'enseigne, est si agreable à Dieu, qui n'a promis sa Grace qu'aux humbles, & à l'esprit du Christianisme, où l'on obtient tout par humilité, selon la parole d'vn grand Sainct, qu'on a veu des personnes, qui apres auoir esprouué long-temps l'impuissance de leur propre volonté, & de cette pretenduë Grace suffisante, & auoir demandé à Dieu auec grande abondance de larmes, non pas qu'il leur donnast *ou son amour, ou la mort*, comme dit Monsieur de Geneue, car alors ils ignoroient que ce fust à Dieu seul à conuertir les pecheurs, mais seulement qu'il les tirast du monde, & qu'il finist leurs crimes auec leur vie, n'ayans plus enfin attēdu leur guerison que de Dieu, & la luy ayant demandée auec des gemissemens & des prieres, ont esté touchez de sa Grace, & ont veu non seulement leurs prieres exaucées, & leurs vices changez en vertus, mais leurs souhaits mesmes surpassez, & leur patience couronnée en vn moment.

ARTICLE XL.

Lors mesme que vous estes le plus auant dans les vices, vous auez de la Grace plus qu'il ne vous en faut. I'atteste vostre conscience si vous ne sentez pas que Dieu vous pousse à vous conuertir. C'est vn article expres de la verité de la foy, & de la doctrine de l'Eglise.

RESPONSE.

Que ceux mesmes qui tiennent la Grace suffisante ne croyent pas qu'elle soit tousiours presente aux pecheurs & aux endurcis. Ce qui monstre auec combien peu de raison Monsieur le Theologal veut faire passer sa doctrine qui est tres-fausse pour vne doctrine de foy.

De Gr. & lib. Arbitr. lib. 2. cap. 6.

Preuues du Cardinal Bellarmin pour monstrer, que la Grace de la conuersiō n'est pas tousiours presente aux pecheurs,

LA fausseté de cette proposition a esté reconnuë de ceux mesmes qui soustiennent la grace suffisante. Et le Cardinal Bellarmin fait vn chapitre expres pour monstrer, que les pecheurs n'ont pas tousiours des graces suffisantes pour se conuertir. Les preuues qu'il en apporte de l'Escriture & des Peres sont si claires & si conuainquantes, qu'il faut auoir ou peu de lumiere, ou beaucoup de hardiesse pour y resister, & pour publier l'opinion contraire comme vn article exprés de la doctrine de la foy, & de la verité de l'Eglise, comme fait Monsieur Habert.

I. Considera opera Dei quod nemo potest corrigere, quē ille despexerit. Eccl. c. 7. v. 14. Certè qui hoc dixit pro comperto videtur habere aliquos à Deo interdum ita despici, ac deseri, vt conuerti nequeāt.

Car qu'y a-t'il de plus clair, *que ces paroles du Sage? Considerez les ouurages de Dieu, & que personne ne peut corriger celuy qu'il a mesprisé. Cette parole ne fait-elle pas voir manifestement, qu'il y en a qui sont tellement mesprisez & abandonnez de Dieu,* QV'ILS NE PEVVENT SE CONVERTIR?

II. Item Ioan. 12.

Qu'y a-t'il de plus clair, *que cette parole de saint Iean : Ils ne pouuoient croire; parce qu'Isaye a dit, Dieu a aueuglé leurs yeux, & endurcy leur cœur. Qui ne sçait, que les aueugles non seulement ne voyent point, mais mesmes ne peuuent voir tant que leur aueuglement dure?*

Propterea nō poterant credere, quia iterum dixit Isaias, Excæcauit oculos eorum,

Qu'y a-t'il de plus clair, *que ce que dit saint Paul à Timothée, lors qu'apres l'auoir aduerty de reprendre les pecheurs auec patience & auec douceur, il en apporte cette raison : Parce que peut-estre Dieu leur donnera vn iour la repentance pour connoistre la verité, & qu'ils se desgageront des liens du Diable. Ce qui nous fait voir*, dit ce Cardinal, QVE CE DON DE REPENTANCE N'EST PAS TOVSIOVRS PRESENT, *mais que Dieu le donne quand il luy plaist, & à qui il luy plaist. Autrement l'Apostre ne nous diroit pas, Ne quando det, parce qu'il leur pourra donner vn iour, s'il leur donnoit tousiours.*

& induxuit cor eorũ. Porro excæcati non solum non vident, sed etiam videre durante excæcatione non possunt.

III.

Præterea B. Paulus in posteriori Epistola ad Timotheum cap. 2. admonet, patienter ac mãsuetè corripiẽdos esse peccatores, & causam reddens ait: Nequando Deus det illis pœnitentiã ad cognoscẽdam veritatem & resipiscant à diaboli laqueis. Quo loco videmus donum pœnitentiæ non semper adesse, sed dari à Deo, quando & quibus ipse voluerit. Alioqui non diceret Apostolus; Nequando det, si semper daret.

Qu'y a-t'il de plus clair, que cette parole de saint Augustin rapportée par le mesme Cardinal : *Ceux qui ont desia l'vsage de la raison ne peuuent vouloir le bien que par la volonté & l'assistance de celuy qui prepare la volonté des hommes, comme dit le Sage. Que si vous me dittes, Pourquoy donc Dieu ne conuertit il pas à luy les volontez de tous ceux qui ne veulent pas le suiure? Ie vous respondray, pourquoy ne fait-il pas donner le Baptesme à tous les enfans ? Saint Augustin n'asseure-t'il pas deux choses en cet endroit ? L'vne que les hommes ne peuuent vouloir se conuertir sans la Grace preuenante de Dieu; L'autre*, QVE LA GRACE PREVENANTE N'EST PAS TOVSIOVRS DONNÉE AVX HOMMES.

Qu'y a-t'il de plus clair, *que cet autre passage de saint Gregoire? Que la parole de Dieu pût bien aduertir Cain de sa faute*, MAIS QV'IL NE PVT PAS POVR CELA SE CONVERTIR, *parce que Dieu auoit desia abandonné interieurement son cœur par vne iuste punition de sa malice, quoy qu'il luy parlast au dehors pour luy reprocher son crime.*

IIII.

S. Augustinus l. 4, in Iulian. cap. 8. Qui iam vtuntur libero voluntatis arbitrio, nisi eo volente ac subueniente à quo præparatur voluntas, velle non possunt : Vbi si dixeris mihi, Cur ergo non conuertit omnium nolentium voluntates? Respondebo, Cur non omnes morituros adoptat lauacro regenerationis infantes? Vides hic Augustinum affirmare, Non posse homines sine gratia præueniente velle conuerti & simul admittere, non semper dari gratiam istam præuenientem.

V.

S. Gregorius lib. 8 Moral. c. 5. Cain inquit, diuina voce admoneri potuit, & mutari non potuit, quia exigente culpa malitia, iam intus Deus cor reliquerat, cui foris ad testimonium verba faciebat.

Qu'y a t'il de plus clair; *que ce que dit saint Fulgence? Que l'on ne peut en aucune sorte croire en Dieu, si l'on ne reçoit la repentance par vn don particulier de Dieu, & que, selon l'Apostre, Dieu donne cette repentance à qui il luy plaist. Ce qui nous monstre* QVE LA GARCE NECESSAIRE POVR CROIRE, ET PAR CONSEQVENT POVR

VI.

S. Fulgentius in lib. de Incarn. & Grat. Christi ca. 17. Vt homo Deũ, inquit, credere incipiat, à Deo accipit pœnitentiam ad vitam, ita vt omnino credere non possit, nisi pœnitentiam dono Dei miserantis acceperit. Et paulo antedixerat, Reuera secundum Apostolum Deus quibus voluerit, dat pœnitentiam. Ex quibus locis intelligitur auxilium necessarium ad credendum, ac per hoc ad conuersionem & salutem non semper omnibus adesse.

ESTRE SAUVÉ, N'EST PAS TOUSIOURS PRESENTE A TOUS.

Et enfin, qu'y a-t'il de plus clair, *que ce que saint Isidore, & saint Anselme, disent formellement, qu'il y en a quelques-vns qui ne peuuent se conuertir.*

VII.

S. Isidorus in lib. 2. de sum. Bono cap. 15. & 19 & S. Anselmus in Comm. ad cap. 12 Matth. apertè dicunt aliquos non posse conuerti?

Probatur vltimò ratione. Nam non potest vllus conuerti sine gratia preueniente cum scriptum sit. Ioan. 6 Nemo potest ad me venire, nisi Pater, qui misit me, traxerit eum. Gratia vero illa præueniens non semper adest, vt vel experientia ipsa testatur; non enim sentimus assiduè nos illuminari, aut immitti bona desideria quibus excitemur ad conuersionem. Non igitur semper habemus auxilium sufficiens ad conuersionem Bellar. Ibid.

Mais Monsieur le Theologal en appelle à la conscience des pecheurs, & c'est par elle qu'il veut prouuer, qu'en quelque estat qu'ils soient, *ils ont tousiours de la Grace plus qu'il ne leur en faut* pour se conuertir. Ce qui est si esloigné de la verité, que c'est de là mesme que le Cardinal Bellarmin conclud tout le contraire de ce que Monsieur le Theologal pretend. *Personne*, dit-il, *ne se peut conuertir sans vne Grace preuenante, selon cette parole de l'Euangile, nul ne peut venir à moy, s'il n'est tiré par le Pere qui m'a enuoyé: Or cette Grace preuenante n'est pas tousiours presente, comme l'experience mesme nous le tesmoigne, car nous ne sentons pas continuellement, que Dieu nous esclaire, ou qu'il nous enuoye de bons desirs, qui nous portent à nous conuertir; Nous n'auons donc pas toujours de Grace suffisante pour nous conuertir.*

Gen. c. 6. v. 5. Psal. 9 v. 25. Iob. c. 15 v. 16. 2. Tim. cap. 4. v. 2. Rom. c. 1. v. 21. Ezech. cap. 11. v. 19. 2. Tim. cap. 2. v. 26.

En effet, n'est-ce pas se moquer de Dieu & des hommes, & combattre egallement l'Escriture sainte, & nostre propre experience, de nous vouloir persuader, que tant de personnes qui sont enseuelies dans leurs vices; qui ne songent qu'à satisfaire leurs passions continuelles; *dont les pensées se portent au mal, selon l'Escriture; dōt toutes les voyes sont impures & soüillées, qui boiuent l'iniquité comme de l'eau; dont la conscience ressemble à vne chair corrompuë qui n'a plus de sentiment*; *dont l'esprit est plein de tenebres; dont le cœur est plus dur que la pierre*; dont l'ame est plus morte, & plus pleine de puanteur qu'vn corps mort enterré depuis quatre iours; qui n'entendent parler de Dieu qu'auec degoust ou auec mespris, & qui n'en parlent que dans leurs impietez & dans leurs blasphemes; qui sont appellez les ministres du Diable, ses enfans, ses membres, ses organes, *& qui sont assuiettis de telle sorte à sa tyrannie, qu'il en fait tout ce qu'il veut*, selon saint Paul; qui sont du nombre de ceux que Dieu tesmoigne luy-mesme, qu'il *a delaissez*, qu'il *a reiettez*, qu'il a *mesprisez*, qu'il *a aueuglez*, qu'il *a endurcis*, qu'il *a abandonnez à leurs desirs*, *& liurez en sens reprouué*; que toutes ces personnes, dis-je, *sentent tousiours que Dieu les pousse pour retourner à luy, & ont plus de grace qu'il ne leur en faut* pour deuenir iustes ?

Si cela est, il ne faut plus dire auec l'Escriture, (comme a fort bien remarqué la Faculté de Doüay) *que le saint Esprit souffle où il luy plaist, & quand il luy plaist: mais qu'il souffle tousiours & en tous lieux; Et il n'est point necessaire de prier Dieu, qu'il touche, & qu'il amollisse par sa grace les cœurs des pecheurs: mais il suffit de les exhorter qu'ils consentent, & qu'ils cooperent à l'inspiration diuine; puis qu'ils ont desia de la part de Dieu assez de grace pour se conuertir, voire plus qu'il ne leur en faut*, selon Monsieur le Theologal ?

Psal. 80. v. 13. Osee cap. 9. v. 15. Eccle. cap. 7. v. 14. Ioan. cap. 12. v. 40. Ibid. 9. Rom. cap. 1. v. 24. Ibid. v. 28.

Quæ quidem Spiritus sancti præueniens inspiratio si putatur omnibus vbique & semper esse communis, iam non vbi, & cum vult, sed semper, & vbique spirat Spiritus sanctus Neque orandus erit Deus, vt spiritur sui inspiratione præueniat, moueat, & emolliat infidelium & induratorum corda, sed illi tantum erant monendi, vt diuinæ inspirationi consentiant & cooperentur; quandoquidem iam satis habeat ex parte Dei vnde credant & conuertantur. *Facul. Duacensis in Censura prop. 14.*

Certes, pour auoir ces pensées, il faut connoistre bien peu l'estat miserable où sont reduits les pecheurs, & l'extreme difficulté de sortir de la captiuité du Diable, & la Grace singuliere que Dieu fait à ceux qu'il en retire. Mais pour le moins que ceux qui ignorent ces veritez ne persecutent pas ceux qui les connoissent; Qu'ils n'ayent pas tant d'amour pour leurs imaginations particulieres, que de vouloir obliger tout le monde à les embrasser, comme si c'estoient des articles indubitables de nostre Foy; & que ce ne soit pas vn crime qui merite que l'on nous traitte *d'impies & d'Heretiques*, de preferer les maximes anciennes des anciens Peres, aux nouuelles opinions de quelques nouueaux Theologiens.

ARTICLE XLI.

C'*Est pourquoy le Concile d'Arles dit*, Qui dicit eum qui periit non accepisse vnde saluus fieret, Anathema sit.

RESPONSE.

Que cet Anatheme est de Fauste, Chef des Semipelagiens, & que Monsieur le Theologal en a retranché la moitié : Ce qui le rend pire qu'il n'est dans Fauste.

APres ce que nous auons dit de ce pretendu Concile d'Arles, tout ce qu'on peut conclure de cet Anatheme ; c'est que Fauste, qui en est l'Auteur, a eu la hardiesse de condamner saint Augustin, & les autres deffenseurs de la Grace, & que Monsieur Habert l'a bien voulu imiter en cela, aussi bien que dans sa doctrine. Et ce qui est encore plus estrange, c'est qu'il passe plus auant que ce Semipelagien, retranchant vne partie de cet Anatheme, & faisant vne proposition generale de ce que Fauste n'auoit osé aduancer qu'auec modification. Voicy ses paroles: *Anatheme à celuy qui dira, qu'vn homme qui s'est perdu, n'auoit point receu de Grace par laquelle il se pust sauuer. Ce qui s'entend d'vn baptizé, ou d'vn payen, qui est en vn âge, auquel il a pû croire, & ne l'a pas voulu.* Et dans la fin de la mesme Epistre, il dit comme pour rendre raison de cet Anatheme, *Que c'est faire grand tort à Dieu, que de dire, qu'il n'a pas donné à celuy qui s'est perdu, la puissance de se sauuer : Ce qui s'entend seulement de celuy qui pouuoit auoir l'vsage de sa liberté.*

Anathema qui illi dixerit, illũ qui periit non accepisse vt saluus esse posset, id est, de baptizato, vel de illius ætatis pagano qui credere potuit & noluit. *Faust. in ep. ad Lucid.* Grauem namque in autorẽ retorquemus inuidiam, si dicamus quod ei possibilitatem capessendæ salutis noluerit dare, qui periit, ei dumtaxat qui capere iam possit arbitrij libertatem. *Ibid.*

Il est visible par ces paroles, que Fauste n'a osé soustenir que tous les hommes generalement reçoiuent de Dieu des graces suffisantes pour se sauuer, mais seulement ceux qui ont l'vsage de la raison ; & ceux d'entre les Payens qui ont pû croire, & qui ne l'ont pas voulu, c'est à dire, qui ont entendu la predication de l'Euangile, & n'y ont pas voulu croire, puis qu'on ne peut croire, selon saint Paul, sans entendre la parole de Dieu. De sorte qu'il ne prononce Anatheme que contre ceux qui disent, que ceux qui ont esté baptisez, & les Payens à qui l'Euangile a esté annoncé, n'ont point receu de Dieu des Graces suffisantes pour se sauuer.

Et ainsi, Monsieur Habert rapportant cet Anatheme de Fauste, sans y mettre l'exception que Fauste mesme y auoit mise, passe plus auant que luy; quoy que frappé de l'absurdité manifeste qui se trouue dans cette generalité de la Grace suffisante, à cause de tant d'enfans, ausquels on ne peut dire qu'elle soit donnée, il ait esté cõtraint d'adiouster quelquefois, qu'il ne parloit que de ceux qui ont l'vsage de la raison. Tant il est vray, que tous ceux qui se sont opposez aux veritez de la Grace, n'ont iamais pû s'eschaper de l'argument de saint Augustin, & des autres Peres, qui se seruent si souuent de l'exemple de tant d'enfans qui meurent sans pouuoir estre baptisez, pour faire voir par cette preuue sensible, que Dieu refuse à qui bon luy semble les Graces necessaires pour le salut.

C'est pourquoy nous voyons que Fauste mesme dans ses deux Liures de la Grace, & du libre-Arbitre, dans lesquels il ne fait qu'estendre la doctrine de sa lettre à Lucide, voulant confirmer cet Anatheme, & s'estant proposé l'argument des enfans, il n'y respond que par des fuites & par des impertinences, *ineptissimè nugatur*, comme les Docteurs de Doüay ont fort bien dit. Et c'est ce qui l'a obligé de ne prononcer son Anatheme, qu'auec l'exception que nous auons rapportée.

Mais cette exception le ruine, & en fait voir la fausseté. Car si l'on peut dire, sans faire tort à la bonté de Dieu, ce que l'experience contraint les plus opiniastres d'aduoüer, qu'il ne donne pas des graces suffisantes à tous les enfans, qui ne sont coupables que par la contagion d'vn peché commun à toute la nature; pourquoy ne peut-on pas dire sans crainte de blesser la mesme bonté, qu'il ne la donne pas à tous ceux qui ont l'vsage de la raison, qui en sont beaucoup plus indignes, *& qui ont adiousté tant de debtes particulieres, à la debte generale de toute la race d'Adam*, comme dit sainct Iean Chrysostome.

Chrys. in hom. ad Neoph. refert Aug. li. 1. ad Iul. ca. 2.

Article XLII.

La quatriesme chose qu'ils disent, c'est, qu'il est impossible à ceux qui sont dans l'aueuglement & dans l'endurcissement de se sauuer, parce qu'ils sont dans vn estat de necessité de faire le mal. Ie ne veux pas dire, que c'est vne des plus grandes impietez qu'on puisse proferer.

Response.

Que ce n'est pas vne impieté, mais vne grande verité de dire que les aueuglez, & les endurcis, tant qu'ils demeurent en cet estat, n'ont pas des Graces suffisantes pour bien viure, quoy qu'il ne faille desesperer personne, parce qu'il n'y a point d'endurcissement, que la Grace ne puisse vaincre.

Monsieur l'Euesque d'Ipre n'a iamais dit, que les aueuglez & les endurcis fussent dans l'impossibilité d'estre sauuez, puis qu'il enseigne au contraire auec tous les disciples de saint Augustin, qu'il n'y a point d'esprit si aueuglé dont la Grace ne puisse dissiper les tenebres, ny de cœur si endurcy dont elle ne puisse vaincre la dureté. Et ce qui est plus, que quelque endurcy que soit le cœur d'vn homme, il ne rejette iamais la Grace interieure de Iesus-Christ, parce que le premier effet de cette Grace est de luy oster son endurcissement. Et en effet, qui ne sçait qu'vn grand nombre de ces Iuifs à qui le Fils de Dieu a reproché tant de fois leur aueuglement & leur endurcissement, ont esté conuertis par la predication des Apostres ?

Nã neque induratus conuerti potest, nisi per gratiã auferentẽ cor lapideum & tribuentem cor carneum, quã vtiquè quandiu induratus est, non habet: neque excæcatus potest aspicere lumen veritatis, nisi per gratiã tenebras eius il-

Monsieur d'Ipre ne nie donc pas qu'en quelque estat que soit vn homme, Dieu ne le puisse conuertir, & luy face changer de vie : mais tout ce qu'il enseigne sur ce sujet est compris dans ces belles paroles des Docteurs de Doüay, qu'il rapporte luy-mesme dans son Liure : *Que ceux qui sont endurcis ne peuuent se conuertir que par vne Grace qui leur oste ce cœur de pierre, & leur donne vn cœur de chair ; laquelle Grace il est certain qu'ils n'ont point tant qu'ils demeurent endurcis : Et que ceux qui sont aueuglez ne peuuent voir la lumiere de la verité, que par vne Grace qui esclaire leurs tenebres, & qui leue le voile de leur cœur, laquelle grace*

Grace il est de mesme constant qu'ils n'ont point tant qu'ils demeurent dans l'aueuglement.

luminastem, & velamē de corde eius auferentem, quam similiter quandiu excœcatus est, non habet. *Censura Duac. in prop. 14.*

C'est en abregé toute la doctrine de Monsieur d'Ipre, ou plustost celle des Peres & de l'Escriture ; & il faut se declarer ouuertement disciple de Fauste, pour oser dire apres luy, qu'elle est pleine *d'impieté*. Car c'est vn article de Foy, que le pecheur ne se peut conuertir que par la Grace de Dieu, & on ne peut pas dire que les endurcis & les aueuglez ayent cette Grace, puis que l'endurcissement & l'aueuglement ne viennent que de l'abandonnement de Dieu, & de la priuation de la Grace. *C'est ainsi que Dieu aueugle, & qu'il endurcit*, dit saint Augustin, *en delaissant, & en ne secourant point*. Et au mesme lieu : *Les hommes sont aueuglez & endurcis, parce que Dieu ne les ayde point, leur déniant son secours diuin*, c'est à dire, ne leur donnant point sa Grace.

Si excœcat, sic obdurat Deus, deserendo, & non adiuuando. *Aug. tract. 53. in Ioann.*

Dieu endurcit l'homme par sa iustice, dit saint Gregoire, *lors qu'il n'amollit point sa Grace par le cœur des reprouuez. Il ne destruit pas l'ame en la combattant, mais en s'en retirant, parce qu'estant abandonnée à elle-mesme, elle trouue tousiours en elle assez de force pour se perdre*, AD PERDITIONEM SVAM SVFFICIT SIBI DIMISSA. Il ne dit pas qu'elle ait en cet estat des Graces suffisantes pour se sauuer, mais qu'elle suffit à elle-mesme pour se perdre. *Dieu endurcit*, dit encore le Maistre des Sentences apres sainct Augustin, *non en inspirant la malice, mais en ne leur donnant point sa grace.*

Hinc excœcātur & indurantur, quia negando diuinū adiutoriū non adiuuantur. *Ibid.*

Nec obdurat Deus, vt ait Augustinus impartiendo malitiam, sed nō impartiendo gratiam. *Lib. 1. Sentent. dist. 40.*

Et cette doctrine est si claire dans S. Paul, qu'il est estrange que le respect que l'on doit à la parole de Dieu mesme, n'arreste pas la chaleur de ceux qui la deschirent auec tant de hardiesse. Car quand l'Apostre dit, *Que Dieu fait misericorde à qui il luy plaist, & qu'il endurcit qui il luy plaist* ; cette seule opposition ne fait-elle pas voir que comme Dieu fait misericorde en donnant sa grace, il endurcit en ne la donnant pas ? Et parce qu'il preuoyoit qu'on pouuoit opposer à cette doctrine, que les hommes seroient excusables dans leurs pechez, lors qu'ils n'obseruent pas les commandemens de Dieu, parce qu'ils ne le peuuent faire estant aueuglez & endurcis, il adiouste : *Mais vous me direz, Pourquoy se plaint-il encore ? Car qui est-ce qui peut resister à sa volonté ? Dicis itaque mihi : Quid adhuc queritur ? Voluntati enim eius quis resistit ? C'est à dire, Pourquoy se plaint-il de nous, de ce que nous viuons mal, puis que*

Deus cuius vult miseretur, & quem vult, indurat. *Rom. 9.*

Hoc est enim dicere, Quid de nobis fit querela, quod Deum offendamus male

personne ne peut resister à sa volonté, & que c'est luy qui nous a endurcis, en ne nous donnant pas sa grace?

viuendo, cum illius voluntati nemo possit resistere, qui nos obdurauit misericordiam non præstando. *Aug. epist. 105.*

Cette objection estoit ridicule, si la Grace ne manque iamais aux hommes, quelques aueuglez, & quelques endurcis qu'ils puissent estre; Et l'Apostre n'auoit qu'à respondre en vn mot, que Dieu auoit iuste sujet de se plaindre des pecheurs, parce qu'en quelque aueuglement, & quelque endurcissement qu'ils fussent, il leur donne tousiours des graces suffisantes pour éuiter les pechez, voire mesme *plus qu'il ne leur en faut*, selon Monsieur le Theologal. Qui ne s'estonnera, qu'vne response si aisée à trouuer, si claire, & si conuainquante, ne soit point venuë dans l'esprit de l'Apostre? Non seulement il ne s'en sert point, mais il ne respond, que ce que saint Augustin a respondu si souuent depuis luy: *O homme qui es tu pour oser seulement parler à Dieu? L'ouurage*, dit-il, *a son ouurier, Pourquoy m'as tu fait de cette sorte? Le potier n'a-t'il pas la puissance de faire d'vne mesme masse de terre vn vase d'honneur, & vn vase d'ignominie?* Ce qui ne veut dire autre chose, sinon, que tous les hommes estant engagez dans vne masse corrompuë, & vne tres-iuste damnation, il en peut faire ce qu'il veut, soit qu'il leur donne la Grace de bien viure par misericorde, soit qu'il la leur refuse par iustice. Ce qu'estant ainsi, qui peut trouuer estrange, que ceux de qui Dieu retire sa Grace par vn iuste iugement, demeurent dans la seruitude du peché, & dans vne malheureuse necessité de faire le mal, puis que c'est la Grace seule qui nous peut tirer de cette seruitude, & nous donner la puissance de faire le bien?

Et si c'est l'vne des plus grandes impietez que de parler de la sorte, comme pretend Monsieur Habert, saint Augustin a esté impie, lors qu'il a dit: *Que la lumiere de la verité abandonne iustement celuy qui viole la Loy de Dieu, & qu'ayant perdu cette lumiere, il deuient aueugle, & qu'il est* NECESSAIRE *qu'il tombe, & qu'en tombant il se blesse, & qu'estant blessé, il ne releue point.*

Nec cogitat præuaricatorem legis quã dignè lux deserat veritatis, qua desertus vtique fit cæcus, & plus NECESSE est offendat, & cadẽdo vexetur, vexatusque nõ surgat. *Lib. de Nat. & Grat. cap. 2.*

Il a esté impie, lors qu'il a dit: *Que la nature humaine est remplie de pechez qui viennent de la* NECESSITÉ *de l'ignorance & des passions, & qui ne sont pas seulement pechez, mais aussi peines des pechez.*

Peccatis de ignorãtiæ vel affectionum NECESSITATE venientibus, quæ iam non solum peccata, verum etiam pœnæ sunt peccatorum, plenum est genus humanum. *Idem lib. 1. Oper. imp. in Iul. p. 156.*

Il a esté impie, lors qu'il a dit : *Que c'estoit vne grande erreur de nier qu'il y ait* VNE NECESSITÉ DE PECHER, *ou de ne pas reconnoistre que cette necessité a esté la peine du peché, qui a esté commis sans necessité.*

Multum errat qui vel NECESSITATEM nullam putat esse peccandi, vel eam nō intelligis illius peccati esse pœnā, quod nulla necessitate commissum est. *Ibid. p. 155.*

Il a esté impie, lors qu'il a dit : *Que nous n'apprenions qu'auec grande peine, ce que nous deuons faire, ou ne faire pas, & que ceux qui l'ignorent, trouuent dans cette ignorance* VNE NECESSITÉ DE PECHER, *parce qu'il est necessaire que celuy là peche qui agit sans sçauoir ce qu'il doit faire, ou ce qu'il ne doit pas faire.*

Saint Prosper a esté impie, lors qu'il a dit : *Que la malice de beaucoup d'hommes est semblable à celle des Demons, sans qu'il y ait autre difference, sinon, qu'il n'y a nulle esperance de retour pour les demons, & que les hommes peuuent tousiours reuenir à Dieu, s'il luy plaist de leur faire misericorde.*

Saint Bernard a esté impie, lors que descriuant l'estat malheureux d'vn homme dans le peché, il dit : *Qu'il ne luy reste aucun moyen d'en sortir, parce que sa volonté le rend inexcusable, & qu'*VNE NECESSITÉ DE PECHER *le rend incorrigible.*

Cogitare te existimo quid appetendum, quid vitādum sit in agenda vita quanto labore discatur. Qui autē nesciūt, ipsam boni appetendi malique vitandi ignorātiam patiūtur PECCANDI NECESSITATEM. Necesse est enim vt peccet, qui nesciendo quid facere debeat, quid non debeat facere, facit. *Ibid.*

Multorum hominum malitia talis est, qualis & Dæmonum Sed hæc inter malos homines distat & Dæmones, quod hominibus etiam valde malis superest, si Deus misereatur, reconciliatio : Dæmonibus autem nulla est in æternum seruata conuersio *Prosp. ad Obiect. 6. Vincent.*

Nusquam exitus misero patet, quem & voluntas inexcusabilem, & NECESSITAS incorrigibilem facit. *Bern. serm. 80. in Cant.*

Monsieur le Theologal nous pardonnera, si nous aimons mieux estre appellez *impies* auec ces grands Saints, que d'estre loüez par la bouche d'vn homme qui trouue des impietez dans la doctrine des Peres, & des veritez orthodoxes dans celle des Semipelagiens ; Et si nous estimons plus ces belles paroles de Monsieur d'Ipre, que toutes ses iniures, & ses inuectiues. *Que personne*, dit ce grand Euesque, *ne tienne pour suspecte cette doctrine, qui est tres-certaine dans saint Augustin, tres-constante dans la verité, & tres puissamment establie par les Escritures, & par la Tradition de la Foy Catholique : Que personne n'en soit frappé comme d'vne doctrine nouuelle, & inoüye : Que personne ne s'irrite contre elle, comme contre vne doctrine dure & seuere. Sa certitude & sa verité ont terrassé l'heresie Pelagienne, & il est impossible de vaincre Iulien, Celestius, & Pelagius, que par ses*

Nemo doctrinam istam in Augustino exploratissiam, in veritate certissimam, in scripturis, Catholicæq; fide fundatissimā suspectam habeat. Nemo

forces, & par ses armes. Son Antiquité ayant commencé auec l'Eglise, a donné de siecle en siecle à tous les Saints la victoire contre le peché, & ayant brisé toutes les chaisnes de leurs passions les a rendus libres pour faire le bien. Sa dureté pretenduë, si ce n'est point faire iniure à la verité que de dire, qu'elle est dure, a rendu veritablement humble tous les Esleus. La bonté de Dieu est infinie; mais la seuerité de ses iugemens est tres-cachée, & tres incomprehensible. Pourquoy donc nous estonnons-nous? Pourquoy nous faschons nous? Pourquoy nous mettons-nous en colere contre la verité? C'est nous mesmes qui auons irrité Dieu contre nous, & qui nous laissans vaincre par nostre peché; nous sommes iettez dans cette malheureuse seruitude, qui est le supplice tres-iuste de nostre crime. Car comme dit excellemment saint Augustin: L'homme par sa seule volonté s'est reduit en cette NECESSITÉ FVNESTE *dont il ne peut se desgager maintenant par sa seule volonté. C'est pourquoy suiuant l'aduis de ce grand Maistre, nous ne deuons ny murmurer contre Dieu, ny disputer contre vne verité tres claire, mais seulement implorer sa misericorde, & la prier qu'il nous deliure d'vne peine que nous auons si iustement meritée.*

miretur velut nouam; nemo aduersus eam, velut duram, stomachetur. Veritas eius Pelagianã hæresim fregit, & extinxit, sine qua Iulianũ, Celestium ac Pelagium impossibile est superari. Antiquitas eius omnes sanctos ab Ecclesia cõdita peccati victores, & à cupiditatum vinculis ad bonum liberos fecit. Durities eius, si tamẽ veritas vlla dura dici debet, omnes electos veraciter humiles reddit. Bonitas Dei maxima est, sed seueritas iudiciorum eius profundissima. Quid miramur? Quid stomachamur, & ad veritatem frendimus? Nos ipsi iracundiam eius prouocauimus, & peccato victi supplicium iustissimum peccati seruitutem accersiuimus. Nam vt optimè Augustinus dicit: Sola hominis voluntate factum est, vt ad istam NECESSITATEM veniret, quam sola hominis voluntas superare non posset. Quapropter saluberrimè hac de re sanctissimus Doctor consulit, neque aduersus Deum murmurare, neque contra rem manifestissimam disputare, sed pro pœna nostra illius misericordiam quærere & orare debemus. *Iansen. de statu Nat. lap. lib. 3. cap. 12.*

Article XLIII.

Il n'y en a pas vn qui ne puisse euiter le peché. C'est pourquoy saint Augustin a dit au Liure 3. de Libero arbitrio : Non est peccatum, cum necessitas est, vt cedatur peccato.

Response.

Que saint Augustin a declaré en plusieurs endroits que cette parole : Où il a necessité, il n'y a point de peché ; n'a lieu qu'auant la cheute de l'homme, reconnoissant qu'apres sa cheute, il y a vne necessité de pecher hors l'estat de Grace, qui n'excuse point les pecheurs.

Celuy qui accuse vn aussi grand disciple de saint Augustin, comme a esté Monsieur l'Euesque d'Ipre ne doit pas ignorer, ou ne doit pas dissimuler, s'il le sçait, que saint Augustin a expliqué luy-mesme en plusieurs endroits cette maxime : *Qu'on ne peche point, lors qu'il y a necessité de pecher.* Car il dit clairement dans ses Retractations, & dans le dernier Ouurage contre Iulien : *Que cela ne se doit entendre que du peché, qui n'est point la peine d'vn autre peché, tel qu'a esté le peché d'Adam, duquel il s'agissoit dans ces Liures du Libre Arbitre ; parce que disputant contre les Manichéens, il estoit necessaire de rechercher, qu'elle auoit esté la premiere origine du peché.*

C'est la response que sainct Austustin a faite à Pelagius, qui a voulu abuser de ce passage, ainsi que fait Monsieur Habert, & qu'il confirme par les paroles mesmes de ce troisiesme liure du Libre Arbitre. Car apres auoir dit, Qu'il n'y a point de peché, lors qu'on ne peut resister au peché, il adiouste : *Il y a des actions, qui ont esté faites par ignorance, que l'on iuge deuoir estre corrigées, Or on condamne mesme qui ont esté faites par necessité, lors que l'homme voulant faire le bien ne le peut faire : Mais tout cela ne se trouue que dans des hommes qui viennent d'vne race, & d'vne tige condamnée à la mort. Car si c'estoit là l'estat de la nature, & non pas du supplice de l'homme, toutes ces choses ne pourroient estre peché :* Et vn peu plus bas : *De ce que l'homme approuue le faux pour le vray, & qu'il se trompe malgré luy, & qu'estant emporté par la violence de ses passions, il ne peut resister à sa concupiscence, & tombe dans des actions desreglées ; ce n'est pas l'estat de l'homme dans lequel Dieu l'a*

Potest videri falsa hæc definitio : sed si diligenter discutiatur, inuenietur esse verissima Peccatum quippe illud cogitandum est quod tantum modò peccatum est, non quod etiã pœna peccata. *August. lib. 1. Retract. c. 13.* Et tamen per ignorantiam facta quædam improbantur & corrigenda iudicantur Sũt etiam necessitate facta improbanda. vbi vult homo recte facere &

ué, mais du supplice auquel il l'a condamné apres sa reuolte.

nō poteſt. Sed hæc omnia hominum ſunt voces ex illa mortis damnatione venientium. Nam ſi non eſt iſta pœna hominis ſed natura, nulla iſta peccata ſunt. *Aug. lib. 3 de lib. Arb. cap. 18.*

Approbare falſa pro veris vt erret inuitus, & reſiſtente atque torquente dolore carnalis vinculi, non poſſe à libidinoſis operibus temperare, non eſt natura inſtituti hominis, ſed pœna damnati. *Ibid.*

Et Iulien, à l'exemple de ſon Maiſtre, ayant obiecté à ſaint Auguſtin vne definition du peché, qu'il auoit autrefois donnée dans le Liure des deux Ames, qui reuient à la maxime dont a parlé Monſieur le Theologal, ſçauoir : *Que le peché eſt proprement vne volonté d'acquerir, ou de retenir ce que la iuſtice deffend, & dont il eſt libre de s'abſtenir. Cette definition*, dit-il, *ne conuient qu'au peché, qui eſt ſimplement peché & non pas à celuy qui eſt auſſi peine du peché. Car s'agiſſant en cet endroit de rechercher l'origine du mal, c'eſt de cette premiere ſorte de peché, qu'il eſtoit neceſſaire de parler, tel qu'a eſté celuy qui a eſté commis par le premier homme auant tous les hommes. Apprenez donc, qu'il faut diſtinguer trois choſes : Ce qui eſt ſimplement peché; ce qui eſt peine du peché; & ce qui eſt l'vn & l'autre, c'eſt à dire, qui eſt tellement peché, qu'il ſoit auſſi peine du peché. Noſtre definition par laquelle nous auons dit, Que le peché eſt la volonté, de faire ce que la iuſtice deffend, & dont il eſt libre de s'abſtenir, ne conuient qu'à ce qui eſt ſimplement peché, & non point à ce qui eſt peine du peché ou à ce qui eſt l'vn & l'autre. Que ſi nous cherchons des exemples de ces trois eſpeces, la premiere nous paroiſt clairement dans le peché d'Adam: la ſeconde, dans le ſupplice de celuy qui eſt puny pour ſon crime, comme lors que l'on fait mourir vn criminel: la troiſieſme, ou le peché ſe rencontre auec la peine du peché en celuy qui dit, Ie fais le mal que ie ne veux pas. C'eſt à cette troiſieſme eſpece, que ſe rapportent tous les pechez qui ſe commettent par ignorance, lors qu'on fait le mal ſans croire qu'il ſoit mal, ou croyant meſme que ce ſoit vn bien. Car ſi l'aueuglement du cœur n'eſtoit pas peché, on le reprocheroit aux hommes iniuſtement. Et neantmoins l'Eſcriture le leur reproche, en diſant, Phariſien aueugle. Si ce meſme aueuglement n'eſtoit pas peine du peché, l'Euangile ne diroit pas que leur propre malice les a aueuglez. Et ſi cet aueuglement n'eſtoit pas enuoyé par vn iuſte iugement de Dieu, Dauid ne diroit pas, Que leurs yeux s'obſcurciſſent, afin qu'ils ne voyent point. Or qui eſt celuy qui de ſon propre choix, vouluſt eſtre aueugle du cœur, puis que perſonne ne veut eſtre aueugle du corps?*

Peccatum eſt voluntas retinendi vel conſequendi quod iuſtitia vetat, & vnde liberū eſt abſtinere. Hic peccatum definitum eſt, quod tantummodò peccatū eſt, non quod etiam pœna peccati. De hoc quippe agendum fuit, quādo mali origo quærebatur, quale commiſſum eſt à primo homine ante omnes homines malū. Ac per hoc, ſic tria iſta diſcernas & ſcias, aliud eſſe peccatum, aliud pœnam peccatis aliud vtrūque, id eſt, ita peccatum, vt ipſum etiā ſit pœna peccati. Intelligis quid horum trium pertineat ad illā definitionem vbi volūtas eſt agendi quod iuſtitia vetat, & vnde liberum eſt abſtinere. Peccatum namque iſto modo definitum eſt, non pœna peccati, non vtrūque. Horum ſane trium generum ſi requirantur exempla, primi generis in Adam ſine vllo modo quæſtionis occurrit.

Secundi autem generis vbi tantummodo est pœna peccati exemplum in eo malo est, quod quis ex nulla parte agit, sed tantummodo patitur, velut cum pro suo scelere, quia peccauit, occiditur. Tertij vero generis, vbi peccatum ipsum est & pœna peccati, potest intelligi in eo qui dicit: Quod nolo malum hoc ago. Ad hoc pertinent etiam omnia, quæ per ignorantiam cum aguntur, mala non putantur, vel etiam putantur bona. Cœcitas enim cordis si peccatum non esset, iniustè argueretur. Arguitur autem iustè vbi dicitur: Pharisæe cœce. Eademque rursus cœcitas si peccati pœna non esset, non diceretur: Excœcauit. n. illos malitia illorum. Quod si de Dei iudicio non veniret, non legeremus. Obscurentur oculi eorum ne videant. Quis porrò volens cœcus est corde, cum nemo velit cœcus esse vel corpore? *August. lib. 1. Oper. imperf.*

I'ay voulu rapporter icy toute cette suitte des paroles de saint Augustin, pour faire voir combien Monsieur le Theologal tesmoigne entendre peu les maximes de ce Pere, les prenant en des sens ausquels luy mesme a declaré qu'elles ne se doiuent pas entendre. Car tout ce que nous en auons dit, monstre clairement, que la parole que Monsieur Habert a allegué, *Qu'il ne peut y auoir de peché, lors qu'il y a necessité de pecher*, n'est veritable qu'à l'egard du premier peché, qui n'est point peine d'vne autre peché: mais que pour ce qui est des pechez, qui sont tous ensemble pechez, & peine des pechez, tels que sont ceux des aueuglez & des endurcis, ils ne laissent pas d'estre pechez, quoy qu'ils soient necessaires, comme saint Augustin dit tant de fois.

Mais cette doctrine Sainte ne surprendroit pas tant Monsieur le Theologal, s'il auoit bien conceu les playes profondes que le peché a imprimées dans toute la nature humaine, & la tres-iuste damnation à laquelle le premier homme a engagé tous les hommes par sa reuolte. Et si la passion qu'il auoit contre Monsieur d'Ipre, ne luy eust point preoccupé l'esprit, il luy eust esté aysé d'apprendre cette importante verité par l'instruction seule que l'Eglise luy en donnoit le iour mesme de son Sermon, qui estoit le Dimanche de la Septuagesime, auquel elle propose à tous ses enfans dans son Office ces belles paroles du Manuel de saint Augustin. *Tel estoit*, dit-il, *l'estat des choses. Toute la masse du genre humain qui auoit esté condamnée, se plongeoit & comme se rouloit dans ses maux, & se precipitoit des vns dans les autres. Et estant iointe auec les Anges rebelles, elle portoit la peine tres-iuste de sa desobeïssance criminelle. Car tout ce que les meschans font volontairement par vne passion aueugle & desreglée* ET TOVT CE QV'ILS SOVFFRENT INVOLONTAIREMENT PAR DES PEINES PVBLIQVES OV SECRETTES, APPARTIENT A LA IVSTE COLERE DE DIEV.

Ita ergo res se habebant. Iacebat in malis, vel etiam voluebatur, & de malis in mala præcipitabatur totius humani generis massa damnata, & adiuncta parti eorũ qui peccauerunt Angelorum, luebat impiæ desertionis dignissimas pœnas. Ad iram quippe Dei pertinet iustam, quid quid cœca & indomita concupiscentia faciunt libenter mali, & quicquid manifestis opertisque pœnis patiuntur inuiti. *August. in Enchyr. cap. 26.*

Article XLIV.

L*E Concile d'Arles condamne cette imposture.* Si quis dixerit vas contuliæ fieri non posse vas honoris, Anathema sit.

Response.

Que cet Anatheme de Fauste, Chef des Semipelagiens, a esté fait contre la doctrine de l'Eglise, touchant la predestination gratuite.

MOnsieur Habert se rendra-t'il tousiours disciple, & protecteur de Fauste? Combatra-t'il tousiours les veritables Conciles par vn faux Concile? Et lancera-t'il tousjours des foudres & des Anathemes qui paroissent terribles aux yeux du peuple, & ridicules à ceux qui ont quelque intelligence de ces matieres? Mais il deuoit au moins les considerer auec plus d'attention auant que de s'en seruir, & les alleguer plus à propos qu'il ne fait en cet endroit. Car cet Anatheme de Fauste, contre ceux qui disent, *Qu'vn vase d'ignominie ne peut deuenir vase d'honneur*, ne regarde point particulierement les aueuglez & les endurcis, sur le sujet desquels Monsieur Habert le rapporte: mais a esté fait par ce Semipelagien contre la predestination gratuite, estant visible qu'il a voulu condamner par là saint Augustin, & les autres deffenseurs de la Grace, qui enseignent apres saint Paul: Que Dieu par vn arrest eternel & immuable a fait de la mesme masse corrompuë des hommes, les vns vase d'honneur & les autres vases d'ignominie. C'est pourquoy Fauste a fait la mesme chose par cet Anatheme que Lucide qu'il auoit remply de ses erreurs a fait dans sa Lettre, qui est jointe à celle de Fauste, & qui n'est pas moins remplie de Semipelagianismes; lors qu'il condamne comme impie cette proposition, Que les vns sont destinez à la mort, & les autres predestinez à la vie. Et comme ces deux Lettres de Fauste & de Lucide contiennent en abregé toute la doctrine des deux Liures que Fauste a composez *de la Grace & du libre Arbitre*, il y a aussi dans ces Liures vn Chapitre exprés pour confirmer ces Anathemes, & tous les Anciens ont remarqué, que ces Liures ont esté ont esté faits principalement contre la doctrine de la Predestination gratuite. *Anathematizamus libros Fausti*, dit Pierre Diacre, *quos* CONTRA PRÆDESTINATIONIS SENTENTIAM SCRIPTOS ESSE NON DVBIVM EST.

De Incarn. & Grat. D. N. I. Chr. c. vlt.

Et ce qui fait voir encore plus clairement, que cette plainte de Fauste contre ceux qui disent, *Qu'vn Vase de colere ne peut deuenir Vase d'honneur*, regarde la Predestination gratuite, c'est que nous voyons dans saint Prosper la mesme plainte des premiers Semipelagiens contre la mesme doctrine conceuë en mesmes termes : *La raison principale*, dit-il, *qui a ietté ces personnes dans cette opinion qu'ils ont de la Grace, c'est qu'ils ont veu, que s'ils reconnoissoient qu'elle preuient tous nos merites, & que nous n'en pouuons auoir d'autres que ceux qu'elle nous donne, ils seroient obligez de reconnoistre en mesme temps, que Dieu selon le Decret eternel de sa volonté par vn iugement secret qu'il exerce sur les hommes, & qui paroist en suite par des effets visibles, fait les vns vases d'honneur, & les autres vases d'ignominie, parce que personne n'est iustifié que par la Grace, & que tous naissent dans le peché. Mais ils ne peuuent se resoudre à accorder cette verité. Ils craignent d'adouöer, que c'est la Grace qui fait le merite des Saincts, & que le nombre des Esleus, que Dieu a arresté dans sa Predestination eternelle, ne peut ny croistre, ny diminuer.*

In istam vero talis gratiæ prædicationẽ, hi quorũ contradictione offendimur, cum prius meliora sentirent ideo se vel maximè contulerunt. Quia si profiterentur ab ea omnia bona merita præueniri, & ab ipsa, vt possint esse, donari, necessitate cõcederent Deum secundum propositum & consilium voluntati suæ occulto iudicio & opere manifesto aliud vas condere in honorem, aliud in contumeliam: quia nemo nisi per gratiam iustificetur, & nemo nisi in præuaricatione nascatur. Sed refugium istud fateri, diuinoque ascribere operi Sanctorum merita formidant, nec acquiescunt [præ]destinatum electorum numerum nec augeri, posse, nec minui. *Prosp. in epist. ad August.*

Il est donc clair, que Fauste n'a fait autre chose par l'Anatheme de sa Lettre, que renouueller la plainte ancienne des premiers Maistres de son erreur ; & Monsieur le Theologal ne l'a pû rapporter en chaire contre Monsieur d'Ipre, qu'en iugeant digne d'Anatheme la doctrine de la Predestination gratuite, c'est à dire, la doctrine de l'Euangile, des Apostres, & des Peres, *& la foy de l'Eglise Catholique*, comme l'appelle auec raison le Cardinal Bellarmin.

Que la Doctrine de la Predestination auant les merites, est claire dans l'Escriture : & que les Peres n'en parlent pas comme d'vne opinion, mais comme d'vne doctrine de foy.

Car n'est-ce pas ce que le Fils de Dieu nous a voulu apprendre dans l'Euangile, lors qu'il a dit : [a] *Que la volonté de son Pere qui l'a enuoyé, est qu'il ne perde aucun de tous ceux qu'il luy a donnez :* C'est à dire, comme saint Augustin l'explique excellemment, ceux qui sont predestinez à la vie eternelle. [b] *Hi ergo Christo intelliguntur dari qui ordinati sunt in vitam æternam.* [c] *C'est pourquoy*, adjouste ce Pere, *nul de ceux là ne perit, parce qu'ils ont esté donnez à Iesus Christ, afin qu'ils ne perissent point, mais qu'ils eussent la vie eternelle.*

[d] *Vous ne croyez pas*, dit le mesme Sauueur aux Iuifs, *parce que vous n'estes pas du nombre de mes brebis. Mes brebis entendent ma voix, & ie les connois, & elles me suiuent, & ie leur donne la vie eternelle, & elles ne periront iamais, & nul ne les rauira de ma main.* [e] *Ce que mon Pere m'a donné, est plus grand que toutes choses, & personne ne le peut rauir des mains de mon Pere.*

N'est-ce pas encore, pour passer beaucoup d'autres lieux, ce que Iesus-Christ a marqué, lors qu'il a dit à ses Apostres : [f] *Qu'ils ne deuoient point craindre, parce qu'il auoit plu à leur Pere de leur donner le Royaume :* [g] Et que *ce n'estoit pas eux qui l'auoient esleu, mais luy qui les auoit esleus.*

N'est-ce pas le secret que l'Apostre bien aimé *auoit puisé de la poitrine du Sauueur*, comme dit saint Augustin, lors qu'il dit en parlant de ceux qui auoient quitté l'Eglise : [h] *Ils sont sortis d'auec nous, parce qu'ils n'estoient pas d'entre nous. Car s'ils eussent esté d'entre nous, ils fussent demeurez auec nous. Que veulent dire ces paroles,* ILS N'ESTOIENT PAS D'ENTRE NOVS, dit saint Augustin ? *N'auoient-ils pas esté crées de Dieu, appellez, iustifiez, renouuellez, aussi bien que les autres ? Mais l'Apostre a respondu à cette demande. Il est vray, que selon toutes ces choses ils estoient d'entre nous ; mais ils n'estoient pas d'entre nous selon vn autre discernement,* PARCE QV'ILS N'ESTOIENT PAS APPELLEZ SELON LE DECRET DE DIEV : *Ils n'estoient pas esleus en Iesus-Christ auant la creation du monde : Ils n'auoient pas acquis en luy le droit à l'heritage celeste : Ils n'estoient pas predestinez par l'arrest de celuy qui fait toutes choses selon sa volonté : car si*

[a] *Ioan. c. 6. v. 39.*

[b] *De corrupt. & gr cap. 9.*

[c] Ac per hoc, nullus eorum ex bono in malum mutatus finit hanc vitam, quoniam sic est ordinatus, & ideo Christo datus vt non pereat, sed habeat vitam æternam.

[d] *Ioan. c. 10 v. 26. ca. 27. &c.*

[e] D'autres lisent selon le Grec: Mon Pere, qui me les a données, est plus grãd que toutes choses.

[f] *Luc. cap. 12. v. 32.*

[g] *Ioan. cap. 15. v 16.*

Qui de pectore Domini biberat hoc secretum. *Aug. de Dono pers. cap. 8.*

[h] *1. Ioan. ca. 2. v 29.*

Quid est, quæso non erant ex nobis? Nõne vtrique à Deo creati, vtrique vocati, & vocantẽ secuti, vtriq; ex

cela eust esté, ils eussent esté d'entr'eux, & ils fussent demeurez infailliblement auec eux.

impiis iustificati, & per lauacrum regenerationis vtrique renouati? Sed si hoc audiret ille qui sciebat procul dubio quod dicebat respondere posset, & dicere vera sunt hæc, secundum hæc omnia ex nobis erant, verumtamen secundum aliam quandam discretionem non erant ex nobis, quia non erant secundum propositum vocati; non erant in Christo electi ante constitutionem mundi; non erant in eo sortem consecuti: non erant prædestinati secundum propositum eius qui vniuersa operatur. Nam si hoc essent, ex illis essent, & cum illis sine dubitatione mansissent. *August. de Dono perseu. cap. 8.*

N'est-ce pas le Mystere que saint Paul descouure dans ses Epistres, plus que pas vn des Apostres, lors qu'il dit: *Que les restes d'Israël ont esté sauuez selon l'eslection de la Grace?* Et pour faire voir, que Dieu n'auoit eu esgard en cela qu'à sa seule volonté, & non point à leurs bonnes œuures, Il adiouste aussi tost, *Que si c'est par Grace, ce n'est point par leurs œuures, autrement la* grace ne seroit plus grace.

Rom. cap. 11. v. 5.

Ibid. v. 6.

N'est-ce pas ce qui luy fait dire, *Que Dieu nous a esleus en Iesus-Christ auant la creation du monde, afin que nous fussions Saints & sans tache:* [a] *Non parce que nous estions Saints, mais afin que nous le fussions,* comme remarque souuent saint Augustin. Et c'est pourquoy l'Apostre adiouste: *Lequel nous a predestinez à l'adoption des enfans par Iesus Christ selon le bon plaisir de sa volonté, en la loüange de la gloire de sa grace,* c'est à dire, afin qu'on donnast la gloire du salut des Esleus à sa grace qui les a sauuez.

Ephes. cap. 1. v. 4.

[a] Non quia futuri eramus sed vt essemus sancti. *August. de prad. SS. cap 18.*

Ephes. c. 1. v. 5.

Et en fin, n'est-ce pas ce qu'il tesmoigne encore plus clairement dans le chapitre 9. de l'Epistre aux Romains, qui est toute sur ce sujet, lors que pour conuaincre les hommes de cette predestination gratuite, & qui ne dépend point des œuures, mais de la seule volonté de Dieu, il se sert de l'exemple de ces deux freres, qui estans entierement semblables dans toutes les qualitez de leur naissance, *& n'ayant encore fait ny bien, ny mal,* ont esté neantmoins tellement separez *par l'élection de la volonté de Dieu;* que non seulement il fut dit, *Que le plus grand seruiroit au plus ieune:* mais mesme, *Que Dieu a aimé Iacob, & qu'il a hay Esaü.* [b] *Et ce seroit vne folie,* comme dit S. Augustin, *de croire, que ce discernement ait esté fondé sur les actiōs differentes que Dieu preuoyoit qu'ils deuoient faire, puis qu'il eust esté aysé à l'Apostre de dire, que Dieu les auoit discernez de la sorte,*

[b] Propterquod profecto desipitis, qui, dicente Veritatis: Non ex operibus, sed ex vocante dictum est, Vos dicitis, Ex futuris operibus quæ Deus facturum illum esse præsciebat, Iacob fuisse dilectum: atque ita contradicitis Apostolo dicenti: Non ex operibus, quasi non posset dicere, Non ex præsentibus, sed ex futuris operibus. *August. lib. 2. ad Bonif. c. 7.*

non à cause de leurs actions presentes, mais à cause de celles qu'ils deuoient faire, & de respondre ainsi tres-aysément à cette objection qu'il se propose en suite : [a] *Que dirons-nous donc? Y a-t'il en Dieu quelque iniustice? Non certes.* [b] *Mais pourquoy*, dit sainct Augustin ? *Est-ce qu'il preuoyoit les actions de ces deux freres? Non certes, ce n'est point pour cela : mais c'est pour verifier la parole qui a esté dite à Moyse, Miserebor cuius misereor, & misericordiam præstabo cuius miserebor.*

a Quid ergo dicemus. Nūquid iniquitas apud Deū? Absit *Rom.* 9. *v.* 14.

b Sed quare, Absit? An propter opera quę præsciebat amborum ? Imo & hoc absit Moyses enim dicit : Miserebor cuius misertus ero, & misericordiā præstabo, cui misericors fuero. *Aug. epist.* 105.

Et pour estouffer toutes pensées charnelles des hommes, saint Paul ne rend autre raison de cette conduite de Dieu si differente sur les esleus, & sur les reprouuez, sinon celle que Fauste a iugé digne d'Anatheme, *Que le potier a la puissance de faire de la mesme masse de terre vn vase d'honneur, & vn vase d'ignominie*; c'est à dire, que de la mesme masse corrompuë de la nature humaine, Dieu fait les vns vases d'honneur sans qu'ils le meritent, par vne pure faueur de sa misericorde ; & les autres vases d'ignominie, comme ils le meritent, par vne iuste vengeance de sa colere.

Que si nous voulons maintenant passer aux Peres il suffit de dire ce qu'asseure le Cardinal Bellarmin : [c] *Qu'encore que cette question n'ait pas esté traittée exactement par ceux qui ont precedé l'heresie Pelagienne; il est constant neantmoins, que tous ceux, qui depuis le temps qu'elle a paru se sont rendus illustres dans l'Eglise par leur Sainteté, ont enseigné tres-clairement cette opinion de la predestination gratuite. Et ce qui est de plus, c'est* (qu'ainsi que remarque le mesme Cardinal) *ils ne l'ont pas enseignée comme vne opinion particuliere : mais comme vn article de foy, & en condamnant l'opinion contraire comme vn erreur Pelagienne.*

c Secundo loco probari potest veritas Prædestinationis gratuitæ ex Traditione Ecclesiastica. Nam quamuis ante exortam hæresim Pelagianam Veteres Patres quæstionem istam non adeò accuratè tractauerint, &c. Cæterum post illam hæresim exortam omnes omninò qui sanctitatis nomine in Ecclesia claruerunt, hanc ipsam sententiam apertissimè docuerunt. Neque solum sancti isti Patres hoc affirmant, sed antiquiores & doctiores ex ipsis quos cæteri postea secuti sunt, ad fidem Catholicam hanc sententiam pertinere tradunt, & contrariam ad Pelagianos reiiciunt. *Bellarm. lib. 2. de grat. & lib. Arbit. cap.* 11.

En cet effet, saint Augustin ayant expliqué fort au long la predestination gratuite dans les deux liures qu'il a faits sur ce sujet à saint Prosper & à Hilaire, & l'ayant definie, *l'Acte eternel, par lequel Dieu preuoit & prepare les moyens & les graces par lesquelles il sauue tres infailliblement tous ceux qui sont sauuez, & laissant les autres par vn iugement tres-iuste dans la masse de perdition;*

Hæc Prædestinatio Sanctorū nihil aliud est, quam Præscientia scili-

Il soustient, *que l'Eglise de Iesus-Christ n'a iamais esté sans la foy de cette predestination, laquelle pour lors elle estoit obligée de deffendre auec vn nouueau soin, & vne vigilance particuliere, à cause des nouueaux heretiques qui l'attaquoient.* Et sur ce qu'on luy obiectoit, que quelques Peres ne l'auoient pas tenuë comme luy, apres auoir monstré de quelle maniere on les pouuoit expliquer, il adiouste par vne responce generalle à tout ce qu'on pourroit tirer de leurs escrits contre son opinion. IE SVIS ASSEVRÉ, dit-il, QVE PERSONNE N'A IAMAIS PÛ PARLER QV'AVEC ERREVR CONTRE CETTE PREDESTINATION QVE NOVS DEFFENDONS PAR LES ESCRITVRES SAINTES. Ce tesmoignage de ce Pere seul deuroit suffire, puis qu'en cette matiere, on doit escouter saint Augustin, non comme vn Docteur particulier, mais comme *la voix, & l'organe de toute l'Eglise*, ainsi qu'a remarqué excellemment Monsieur le Cardinal du Perron. Neantmoins pour ruiner encore d'auantage le faux Concile que Monsieur Habert allegue, voyons de quelle sorte les autres Peres asseurent cette verité.

cet, & præparatio beneficiorum Dei, quibus certissimè liberátur, quicumque liberantur. Cæteri autem vbi nisi in massa perditionis iusto diuino iudicio relinquuntur? Aug. de Dono pers. c. 14.

Prædestinationis huius fidē quæ cōtra nouos hæreticos noua sollicitudine nunc defenditur, nunquam Ecclesia Christi non habuit. Idem cap. 23.

Hoc scio cōtra istam Prædestinationem, quam secundum Scripturas deffendimus, neminem nisi errando disputare potuisse. Ibid. cap. 18.

Saint Prosper rapporte comme la source & l'origine de toutes les erreurs des Semipelagiens l'opposition qu'ils ont faite à cette doctrine. *La raison*, dit-il, *pourquoy il y en a quelques-vns qui ne peuuent se resoudre à reconnoistre la verité de cette Grace, c'est qu'ils craignent, que s'ils la reconnoissent telle que l'Escriture Sainte nous la presente, & qu'elle se fait elle mesme connoistre par ses effets, ils ne soient obligez d'aduoüer en mesme temps que les hommes qui sont nez, & qui doiuent naistre dans tous les Siecles, Dieu en a choisi vn certain nombre pour en composer ce peuple qu'il a predestiné à la vie eternelle, & qu'il a esleu en l'appellant selon l'arrest de sa volonté; qui est vne verité qu'on ne peut combattre qu'auec la mesme impieté par laquelle on s'opposeroit à la Grace.*

Ab hac autem confessione gratiæ Dei, ideo quidam resiliunt, ne cū eam talem cōfessi fuerint, qualis diuino eloquio prædicatur, & qualis opere suæ potestatis agnoscitur, etiam hoc necesse habeant cōfiteri, quod ex ōmni numero hominum per sæcula cuncta natorum, certus apud Deum, definitusque sit numerus prædestinati in vitam æternam populi, & secundum propositum Dei vocantis electi. QVOD QVIDEM TAM IMPIVM EST NEGARI, QVAM IPSI GRATIAE CONTRAIRE. Prosp. in epist. ad Ruff.

Saint Fulgence dans le liure de la Foy qu'il a escrit à Pierre Diacre, luy propose cette doctrine comme vn article indubitable de la foy, qu'il auoit entrepris de luy exp[illegible]quer. [a]*Croyez fermement*, dit-il, *& comme vne maxime indubita[illegible], que tous ceux dont Dieu a fait des vases de misericorde par* [illegible] *bonté toute gratuite, ont esté predestinez de Dieu auant la cre*[illegible]*ur estre adoptez au nombre de ses enfans; & qu'aucun de ceux q*[illegible] *predestinez au Royaume du Ciel ne peut perir: comme au contraire aucun de ceux qu'il n'a point predestinez à la vie, ne peut estre sauué en aucune sorte.*

Pierre Diacre escriuant aux Euesques d'Afrique au nom de l'Eglise d'Orient, rapporte pour cause de l'Anatheme qu'il prononce contre les Liures de Fauste, Qu'ils auoient esté faits contre la doctrine de la Predestination.[b] *Nous anathematizons*, dit-il, *Pelagius, Celestius, & Iulien, & tous ceux qui sont dans les mesmes sentimens, & principalement les Liures de Fauste, Euesque de France, qui a esté tiré du Monastere de Lerins, que l'on sçait certainement auoir esté escrits* CONTRE LA VERITÉ DE LA PREDESTINATION.[c] Le mesme Pierre Diacre asseure, que ce sentiment estoit celuy de toute l'Eglise d'Orient, *& le confirme par vne priere de saint Basile, dont presque tout l'Orient se seruoit au sacrifice de la Messe: Seigneur donnez nous force & protection. Rendés bons ceux qui sont meschans; conserués les bons dans leur bonté. Car vous pouués tout, & nul ne peut s'opposer à vous. Vous sauués lors que vous voulés, & personne ne peut resister à vostre volonté.*

Mais pour passer ce que les autres Peres ont escrit sur ce sujet, voyons maintenant ce qu'en ont dit les Conciles.

Celuy de Sardaigne dont nous auons déja parlé plusieurs fois, soustient, que c'est combattre la foy Apostolique, que de disputer contre la Predestination. *C'est*, dit-il, *vne extreme opiniastreté, puis que personne ne peut s'opposer aux paroles de l'Apostre, qui tesmoigne si clairement, que non seulement les Saints, mais Iesus-Christ mesme a esté predestiné. Et ainsi, celuy qui ne reconnoist pas que Iesus Christ & les Saints ont esté predestinés, combat la foy Apostolique par son erreur.* Ce qui s'entend indubitablement de la predestination gratuite, & qui precede les merites, puis que les Semipelagiens contre lesquels ce Concile parle, ne nierent iamais la Predestination apres les merites. Et cela se voit par

[a] Firmissimè tene, & nullatenus dubites, omnes quos vasa misericordiæ gratuita bonitate Deus fecit ante constitutionẽ mũdi in adoptionem filiorum Dei, prædestinatos à Deo, neque perire posse aliquem eorum quos prædestinauit ad regnum cælorum: nec quem quam eorũ quos non prædestinauit ad vitam, vlla ratione posse saluari. *Fulg. de fide ad Petr. cap. 3.*

[b] Anathematizamus Pelagiũ Cælestium, simulque etiam Iulianum Elanensem, & qui illis similia sapiũt, præcipuè Libros Fausti Galliarum Episcopi, qui de Monasterio Lirinensi profectus est quos CONTRA PRÆDESTINATIONIS SENTENTIAM scriptos esse non dubiũ est. *Pet. Diac. de Inc. & Gr. cap. vlt.*

[c] Hinc etiam B. Basilius Cæsariensis Episcopus in Oratione Sacri altaris quam penè vniuersus frequẽtat Oriens, inter cætera: Dona, inquit, Domine virtutem ac tutamentum: malos quæsumus, bonos facito, bonos in bonitate conserua. Omnia enim potes, & non est qui contradicat tibi. Cum enim volueris saluas, & nullus resistit voluntati tuæ. *Ibid.*

[d] Contra Prædestinationem vero Sanctorum magnæ peruicaciæ est aliquem vel parare, vel habere conflictum, cum Apostolicæ prædicationi nullus audeat refragari qua non solum dicitur de Domino. Quos autem præsciuit & prædestinauit, &c. Verum etiam ipsum caput nostrum B. Paulus prædestinatum con-

ce qu'il adiouste: *Que tous ces Predestinés sont ceux que Dieu veut sauuer, parce que la volonté de Dieu ne manqua iamais d'estre accomplie: Et il n'attend point quelque commancement de bonne volonté en ceux à qui il veut donner la vie, mais il leur donne la vie en leur inspirant la bonne volonté.*

Le Concile de Valence ne determine pas moins precisément cette verité Catholique dans son troisiesme Canon. *Touchant la Predestination de Dieu*, dit-il, *Nous auons ordonné, & nous ordonnons selon les principes de la foy, qu'on en doit iuger par ces paroles de l'Apostre: Le Potier n'a t'il pas la puissance de faire d'vne mesme masse de terre vn vaisseau d'honneur, & vn autre d'ignominie? C'est pourquoy nous aduoüons, & nous publions hardiment la Predestination des Esleus à la vie, & la Predestination des meschans à la mort; reconnoissans neantmoins que la misericorde de Dieu precede toutes sortes de merites & de bonnes œuures dans l'Eslection de ceux qui doiuent estre sauués, & que le peché precede le iuste iugement de Dieu dans la damnation de ceux qui doiuent perir.*

fidenter prædicat, &c. Quisquis ergo prædestinatũ Christum & Sãctos eius negat, Apostolicam fidem peruersus oppugnat: omnes autem Prædestinati sunt quos vult saluos fieri, & ad agnitionẽ veritatis venire, sẽper quippe volũtas Dei omnipotentis impletur. Verũ namque est, quod de se testatus est, Filius, quia in viuificandis nullum initium humanæ voluntatis expectat, sed ipsam voluntatem bonam faciendo viuificat. *Epist. Syn. Afror. Episc. in Sard. exulum.* a Sed & de Prædestinatione Dei placuit, & fideliter placet à iuxta auctoritatem Apostolicam quæ dicit: An non habet potestatem figulus luti ex eadem massa facere aliud vas in honorem, aliud vero in contumeliam? Fidenter fatemur Prædestinationem Electorum ad vitam, & Prædestinationem impiorum ad mortem: In electione tamen saluandorum misericordiam Dei præcedere meritum bonum: In damnatione autem petiturorum meritum malum præcedere iustum Dei iudicium. *Concil. Valent. 3. can. 3.*

Mais le Concile qu'Hincmare fit assembler contre Gothescalque, fait encore mieux voir combien cette doctrine a esté tenue pour indubitable dans l'Eglise. Car encore qu'il se soit escarté en quelque chose des Sentimens des anciens Peres, & que pour cette raison ses Canons ayent esté reiettez par le Concile de Valence; Il n'a point laissé neantmoins de determiner ce point de la Predestination gratuite auant les merites, comme vne verité constante qui ne tomboit point en dispute parmi tous les Catholiques. *L'homme*, dit-il, *ayant mal vsé de son libre Arbitre a peché, & est descheu de son premier estat, & il s'est fait de tout le genre humain vne masse de perdition. Mais Dieu estant tout ensemble misericordieux & iuste, a choisi de cette masse de perdition selon sa Science eternelle, ceux que par sa grace*

Homo libero arbitrio malè vtens peccauit, & cecidit, & factus est massa perditionis totius humani generis. Deus autem bonus & iustus elegit ex eadem massa perditionis secundum præscientiam suam, quos per gratiam prædestinauit ad vitam & vitam illis prædestinauit æternam. Cæteros autem quos iustitiæ iudicio in massa perditionis reliquit perituros, præsciuit, sed non vt perirent prædestinauit: pœnam autem illis, quia iustus est, prædestinauit æternam. *Synod. Carisiaca c. 1. tom. 2, Conc. Gall.*

il a predestinés à la vie. Mais quant aux autres, qu'il a laissés dans cette masse de perdition par vn iuste iugement, il a preueu qu'ils periroient, mais il ne les a pas destinés à la mort.

Le mesme Hincmare, ou quelque autre Euesque de son party dans vne Lettre à l'Eglise de Lyon, reconnoist ainsi la veri[té] de la Predestination gratuite des Esleus à la gloire. *Dieu selon sa prescience eternelle a tiré quelques hommes de la masse du peché, & les a predestinés, (c'est à dire les a preparés par grace, & par misericorde) à la vie, & au Royaume, ainsi que l'Euangile nous le tesmoigne par ces paroles : Venés ceux que mon Pere a benis, c'est à dire, vous, que mon Pere par sa grace & par sa misericorde a tirés de la premiere malediction, qu'il a esleus, & qu'il a predestinés. Et pour les autres, selon sa prescience eternelle, il ne les a point predestinés à la mort, & au feu eternel, mais il les a laissés tres-iustement dans la masse du peché & de la perdition, laquelle par vn iugement tres iuste, quoy que tres caché, il ne les a pas desliurez par sa Predestination, c'est à dire par vne preparation de Grace & de misericorde.*

Deus ex massa peccati quosdam sicut præsciuit, prædestinauit (id est gratiâ præparauit) ad vitã & regnũ, Euãgelio teste, quod dicit, Venite benedicti, id est de prima maledictione gratiâ erepti, electi & prædestinati: quosdã autẽ sicut præsciuit non ad mortem, neq; ad ignem Prædestinauit, sed in massa peccati & perditionis iustè deseruitia qua eos prædestinatione sua, id est gratiæ præparatione, occulto, sed non iniusto iudicio nequaquam eripuit. *in epist. ad Eccles. Lugdun. quæ refertur in li. de 3. epist.*

Et dans vn Ouurage qu'il a fait sur ce mesme suiet: *Les vns, dit-il selon la prescience de Dieu par son iuste iugement, ont esté laissés pour estre punis dans la masse perduë, & condamnée de tout le genre humain, & les autres par la grace & la misericorde de Dieu ont esté tirez de ceste masse, & predestinez à la gloire.*

Et Iean l'Escossois, qui a escrit contre Gottescalgue, & que Flore de Lyon a refuté comme combattant la doctrine de saint Augustin, demeure neantmoins d'accord de cette verité de la Predestination & de la Reprobation. *Dieu, dit-il, a laissé les pecheurs dans la masse du peché originel; les y ayant laissez il les a abandonnez. Ainsi ayant esté abandonnez de la lumiere ils ont esté couuerts de tenebres, & ayant esté abandonnez de la vie, ils sont tombez dans la mort.*

b Alij præsciencia Dei ex retributione iustitiæ in massa perditionis totius humani generis relicti sunt ad pœnam. Alij gratia Dei ex eadem massa prædestinati ad gloriam. *Hincm. opusc. contra Hincm. Laudun. cap. 48.*

c Peccatores Deus in massa originalis peccati reliquit, relictos deseruit, desertos lumine tenebras torquere, desertos vita mortem interimere. *Ioan. Scot. in 19. Cap. cap. 18.*

Tel est le iugement des Peres & des Conciles touchant cette doctrine, que tous les anciens Docteurs de l'Eschole ont embrassée apres eux. Nous auons desia dit que la Faculté de Theologie de Paris a censuré l'opinion contraire cõme vn erreur, il y a pres de trois cens ans. Nous auons aussi rapporté ce té ce que le Maistre des Sentences, & saint Thomas en ont dit. Et il est à remarquer, que saint Thomas a reietté cette nouuelle imagination que quelques-vns veulent introduire aiourd'huy; *Que le nombre des predestinés n'est arresté que quant à la determination du nombre, & non pas quant à la determination des personnes*. Ce qu'il refute comme ruinant la certitude de la predestination.

S. Thom. 1. p. qu. 23. art. 7. in corp.

Mais parce que dans ces derniers Siecles quelques personnes hardies, comme Orosius, & Catharin, ont renouuellé l'opinion que tous les Peres auoient condamnée, & que quelques Theologiens, à leur exemple, l'ont introduite dans l'Escholle; les deux Facultez de Louuain, & de Doüay se sont creuës obligées de s'opposer à ces nouueautez, & de condamner cette doctrine par ces belles Censures dont nous auons desia parlé. Et le Cardinal Bellarmin disputant contre les Heretiques de ce temps, establit si fortement la doctrine ancienne & veritable de l'Eglise touchant ce point de la predestination gratuite, qu'il ne craint point de dire: *Que ce n'est pas l'opinion de quelques Docteurs, mais la foy de l'Eglise Catholique*. Et il aduertit ceux qui pourroient estre d'vn aduis contraire. *Que s'ils considerent ce que les Peres ont dit sur cette doctrine, ils reconnoistront clairement qu'ils sont dans l'erreur*. C'est neantmoins ce que des Predicateurs de ce temps, & de la mesme Compagnie que ce Cardinal, ne veulent pas reconnoistre, publiant des faussetez auec la mesme hardiesse que si c'estoient des veritez Catholiques; Et ce qui est plus insupportable, condamnans auec vne presomption merueilleuse ceux qui demeurent fermes dans la doctrine ancienne de l'Escriture des Peres.

Art. 38 Au commencement. Vt iã hæc sententia nõ quorumuis Doctorũ opinio, sed fides Ecclesiæ Catholicæ dici debeat. *Bellarm. de Grat. & Lib. Arb. lib. 2. cap. 11.*

Vt si qui cõtra sentiunt, intelligant ex iudicio Sanctissimorũ Patrum quam in manifesto error versentur. *Ib.*

Article XLV.

N'Est-il pas estrange, qu'on accuse toute l'Eglise auant saint Augustin, & tous les Docteurs depuis cinq cens ans? Qu'on dise que tous les Peres, auant saint Augustin, estoient dans le Pelagianisme? Que les Basiles, les Chrysostomes n'ont pas entendu la matiere de la Grace? Cela est dans ce liure, & ce sont autant d'erreurs.

Que l'auctorité de saint Augustin est beaucoup plus considerable dans la matiere de la Grace, que celle des Peres Grecs.

NOus auons desia fait voir, qu'il est tres-faux, que Monsieur d'Ipre ait accusé toute l'Eglise d'estre dans l'erreur depuis cinq cens ans. Ce que l'on adiouste en cet endroit: *Qu'il a accusé toute l'Eglise d'auoir esté dans le Pelagianisme*, n'est pas moins esloigné de la verité. Tout ce qui peut auoir donné suiet d'imputer ce crime à ce grand Prelat, est, que parlant de quelques Theologiens de ces derniers Siecles, qui, à l'exemple des Semipelagiens, s'efforcent de renuerser la doctrine Catholique de saint Augustin par les passages de quelques Peres Grecs, qui ont escrit auant l'heresie Pelagienne, il dit. Que ces Peres Grecs ayant puisé vne grande partie de leurs explications sur l'Escriture, des Commentaires d'Origene, qui sont remplis d'vne infinité de Pelagianisme (ce qui a fait dire à S. Hierosme, que cette heresie estoit vne branche de la doctrine de cet ancien Auteur) il ne faut pas s'estonner, s'ils sont tombez par mesgarde dans quelques erreurs dont les Semipelagiens ont depuis formé la doctrine qu'ils ont opposée aux veritables sentimẽs de l'Eglise touchant la Grace. Et parlant de la mesme chose en vn autre endroit, il dit simplement: *Qu'on a beaucoup de peine à montrer qu'ils n'ayent point commis d'erreurs sur ce suiet, au moins quand à la maniere de parler*. Et ailleurs: *Qu'il n'y en a point qui ayent parlé plus imparfaitement de la Grace, que les Grecs*. Voila tout ce qui se trouue dans le liure de Monsieur d'Ipre sur ce suiet, & ce qui le iustifie entierement des reproches de Monsieur Habert.

In Parallel. Nota 76.

Vt à nonnullis non segniter ab erroribus, saltem in loquendi modo commissis vindicentur. *Libr. Proœm. c. 12.*

Nec vlli imperfectiùs de Gratia qui Græci locuti sint. *Lib. 3. de Grat. Chryst. salu. c. 19.*

Car premierement, est-ce vne chose supportable de vouloir faire croire, que Monsieur d'Ipre ait dit de *toute l'Eglise*, ce qu'il n'a dit que de quelques Peres Grecs depuis Origene? Est-ce que Monsieur le Theologal voudroit faire remonter le Schisme des Grecs iusques dans les premiers Siecles, & donner cette vanité à cette orgueilleuse Nation, d'auoir elle seule composé toute l'Eglise dans son aage le plus florissant? Voudroit-il retrancher du Corps de l'ancienne Eglise Catholique toute l'Eglise Latine, dont saint Hierosme ne straint point de dire, *Qu'elle seule auoit conseruée pure & entiere la succession de ses Peres, & que le Soleil de Iustice se leuoit dās l'Occidēt?* Et enfin, veut il separer la Teste des membres; Et fait-il si peu d'estat de la Maistresse de toutes les Eglises, & du Siege de S. Pierre, que de renfermer toute l'ancienne Eglise dans quelques Peres Grecs, qui ont pû tomber innocemment par la lecture des Liures d'Origene, non dans l'heresie Pelagienne, qu'ils ont tous detestée, mais dans l'erreur plus subtile des Semipelagiens, dans laquelle saint Augustin estoit tombé auant son Episcopat, lors mesme qu'il establissoit dauantage la Grace de Dieu (tant il estoit besoin alors d'vne lumiere extraordinaire pour penetrer dans tous les replis de cette profonde verité) ou qui, au moins ont pris d'Origene quelques expressions qu'il est necessaire d'expliquer, afin qu'elles ne blessent point la doctrine de l'Eglise establie depuis plus clairement par saint Augustin lors qu'elle a esté combattuë par l'heresie des Pelagiens.

Apud vos solos incorrupta Patrum seruatur hæreditas. Nūc in Occidente Sol iustitiæ oritur *Hieron. ep. ad Dam.*

Et comment Monsieur d'Ipre accuseroit-il toute l'Eglise d'auoir esté dans le Pelagianisme auant saint Augustin, puis qu'il rapporte luy-mesme, *Que Saint Augustin n'a fait qu'estendre ce que le saint Esprit auoit renfermé dans les prieres de l'Eglise, & dans le cœur des vrays fidelles;* Puis qu'il declare par tout, *Que ce saint n'a point estably vne foy nouuelle, mais esclaircy seulement la foy ancienne;* Qu'il l'a nommée dans ses Ouurages *l'ancienne verité;* Qu'il a soustenu, *qu'elle s'estoit tousiours conseruée dans l'Eglise depuis les Apostres* (ce qui fait appeller ce Pere par saint Hierosme, *le Restaurateur de l'ancienne foy*) Qu'il la autorisée en plusieurs endroits contre les Semipelagiens, mesmes par des tesmoignages excellens de saint Ambroise & de saint Cyprien, & particulierement par cette belle reflexion de ce S. Martyr sur ce passage de saint Paul: *Qu'auez-vous que vous n'ayez point receu?* Où il dit: *Que nous ne deuons nous glorifier de rien, puis qu'il n'y a rien de nous, & que tout est de Dieu.* Ce que saint Augustin rapporte souuent, & il tesmoigne que ce mesme passage de saint Paul luy fit quitter l'erreur du Semipelagianisme, où il estoit tombé sans y penser auant la naissance de

Licet Patribus antiquioribus diuina gratia in fide, & oratione, & actione cognita fuerit, primus tamē Augustinus id quod in eorum fide & disciplina latebat, aperuit, thesaurosque gratiæ ac charitatis absconditos fidelium intelligentiæ patefecit. *Iansen. l. Proœm. cap. 23.*

Nō sic pius atque humilis Doctor ille sapiebat, Cyprianum beatissimum loquor, qui dixit: In nullo gloriandum, quando nostrum nihil sit. Quod vt ostenderet, adhibuit Apostolum testem, dicentem: Quid autem habes quod non accepisti? Si autem accepisti, quid gloriaris quasi non acceperis? Quo præcipuè testimonio etiam conuictus sum, cum similiter errarem, &c. cum de hac re aliter saperem, quam mihi Deus in hac quæstione soluenda, cum ad Episcopum Simplicianum, sicut dixi, scriberem, reuelauit. *August. de Præd. Sanct. c. 3. & 4.*

l'heresie,& qu'il fut entierement éclaircy de toute la verité de la Grace par vne reuelation de Dieu qui éclaira son esprit au mesme temps.

Mais en second lieu, Monsieur d'Ipre n'a rien dit des Grecs, qui ne soit tres ordinaire & tres commun. Pererius bien que Iesuite, parle ainsi: LES PERES GRECS, *& quelques Docteurs Latins ont creu, & ont enseigné dans leurs Liures, que la cause de la Predestination des hommes à la vie eternelle, est, que Dieu a preueu de toute eternité les bonnes œuures qu'ils deuoient faire, ou la foy qu'ils deuoient auoir. Ce qui paroist contraire à l'Escriture saincte, & principalement à la doctrine de saint Paul.*

Le Cardinal Tolet, bien qu'il eust esté Iesuite, dit: *Qu'il y en a qui croyent que Dieu donne la foy à ceux qui s'en rendent dignes par quelque preparation. Et ils ne sont pas seuls dans ce sentiment. Mais il se trouue encore d'autres Docteurs du mesme aduis,* & PARTICVLIEREMENT LES GRECS, *qui donnoient beaucoup au libre Arbitre auant la naissance de l'Heresie Pelagienne, & principalement au temps de saint Iean Chrysostomé. Mais saint Augustin enseigne le contraire en plusieurs endroits.*

Est autem hæc doctrina (Deũ fide dignos vocare) non istorum tantum, sed aliorum Doctorum maximè GRAECORVM, qui libero arbitrio humano multum tribuebãt nondum Pelagiana tũc hæresi grassante, maximè Chrysostomi temporibus. Augustinus autem multis in locis multò aliter sentit & docet. *Tolet. in Ioan. cap. 6. Annot. 10.*

Maldonat bien que Iesuite, dit sur le mesme Chapitre de saint Iean: *Qu'à la demande qu'on fait pourquoy Dieu n'attire pas tous les hommes à la foy de* IESVS-CHRIST; *Ammonius, Saint Cyrille, Theophylacte, & Euthymius respondent, Que tous ne sont pas attirez, parce que tous n'en sont pas dignes. Ce qui est trop conforme,* dit-il, *à l'erreur des Pelagiens.*

Molina, bien que Iesuite, dit: *Qu'auant l'Heresie des Pelagiens, qui a obligé saint Augustin a examiner auec soin la matiere de la Grace, il n'y auoit rien entre les Peres de certain, ny d'asseuré touchant cette question, sçauoir, si le commencement du salut venoit de nous, & de nostre libre Arbitre, en sorte que nous preuinsions la Grace de Dieu, ou si Dieu nous preuenoit par sa Grace, selon la doctrine de l'Eglise. C'est pourquoy il ne faut pas s'estonner, si* S. CHRYSOSTOME, *& quelques-vns d'entre ceux qui ont escrit auant cette heresie, ont dit le contraire, & si les Prestres de Marseille ont disputé contre Sainct Augustin touchant ce poinct dans la naissance de l'heresie Pelagienne.*

Ammonius, Cyrillus, Theophilactus, & Euthymius respondent non omnes trahi, quia non omnes digni sunt. Quod nimis affine est Pelagianorum errori. *Malden. in cap. 6. Ioan. n. 69.*

Vasquez, bien que Iesuite, soustient formellement, *Que les Peres Grecs ont esté dans l'erreur des Semipelagiens,* & refute mesme toutes les interpretations fauorables que l'on apporte pour les excuser. *Et personne,* dit-il, *ne doit s'estonner, comme d'vne chose incroyable, que les* PERES GRECS, *dont la doctrine & l'autorité sont si recommendables dans l'Eglise, ayent enseigné cette opinion, puis que les Prestres de Marseille, & tant de personnes celebres en France ont esté du mesme sentiment. Car c'estoit vne chose tres subtile & tres difficile à expliquer, auant que saint Augustin eust éclaircy cette matiere, comme beaucoup d'autres, auec la lumiere si viue, & si penetrante de son esprit.* Et c'est pourquoy cét Auteur appelle d'ordinaire l'erreur des Semipelagiens, *l'opinion des Grecs, & des Prestres de Marseille.* Et il adjoute en vn autre endroit, *Que dans ces questions il vaut beaucoup mieux suiure le sentiment de saint Augustin, que celuy des autres Peres, parce que dans la matiere de la Grace & de la Predestination, il reluit entre les Docteurs de l'Eglise, comme le Soleil entre les estoilles.*

Apres cela, n'y a-t'il pas dequoy s'estonner, que l'on prenne sujet de dechirer vn Euesque, comme s'il s'estoit emporté iusqu'à cet excez que d'accuser toute l'Eglise depuis Iesus-Christ iusqu'à saint Augustin, d'estre tombee dans l'erreur; pour auoir dit des Peres Grecs en passant, & auec grande moderation, ce que tant d'autres auant luy ont dit beaucoup plus hardiment, & auec moins de retenuë? Et il est visible, que Monsieur d'Ipre n'a point eu en cela d'autre but, que de ruiner le mauuais dessein que les Semipelagiens ont eu autresfois, & que quelques Theologiens ont voulu renouueller en ces derniers temps, d'alterer la doctrine de la Grace, que saint Augustin a expliquée, par l'opposition des Grecs qui semblent auoir esté dans des sentimens contraires. Or on ne peut ruiner ce dessein que par deux voyes, ou en reconnoissant comme Vasquez & les autres que nous auons rapportez, que ces Peres Grecs n'ayant point receu de Dieu vne lumiere particuliere pour l'intelligence de cette matiere si obscure & si difficille, sont tombez sans y penser, dans quelques opinions que l'Eglise a esté contrainte de rejetter depuis comme des erreurs, lors qu'elle a veu qu'on en vouloit faire des Dogmes qui ruinoient la pureté de sa foy: Ou en adoucissant quelques expressions de ces Peres vn peu dures, & qui approchent du langage des Pelagiens, parce, comme dit S. Augustin, qu'ils parloient plus librement, & auec moins de retenuë n'ayãt point d'ennemis en teste, qui les obligeassent d'estre sur leurs gardes & qui pesassent toutes leurs paroles, *Nondum litigantibus Pelagianis securiùs loquebantur;* & en

August. lib 1. cont. Iul. c. 6.

rendant par des interpretations fauorables la doctrine de ces Peres conforme à celle de l'Eglise, contenuë dans les Ouurages de saint Augustin. Ce que l'on est obligé de faire en beaucoup d'autres occasions, où nous voyons que les Peres qui ont escrit auant la naissance des Heresies, comme auãt l'Arianisme, le Nestorianisme, & autres semblables, ont parlé quelquefois d'vne telle sorte de ces Mysteres que ces Heresies ont combattus, qu'il est besoin d'vne suffisance non commune pour discerner leurs expressions hardies, & peu conformes en apparence à la foy de l'Eglise d'auec les erreurs des heretiques.

Mais soit que l'on se serue de l'vne, ou de l'autre de ces deux manieres pour expliquer les Peres Grecs, il faut tousjours demeurer d'accord, qu'en les suiuant à la lettre, & en prenant leurs paroles à la rigueur, ou on ne peut manquer de tomber dans beaucoup d'erreurs. Que ce n'est pas de leurs Ouurages, mais de ceux de saint Augustin, qu'il faut rechercher la doctrine de l'Eglise touchant ces Mysteres, comme tant de Papes & tant de Conciles nous y obligent; Et que la doctrine diuine de ce grand Saint nous doit seruir de regle, ou pour corriger les sentimens moins conformes à la verité Apostolique, ou pour adoucir les paroles moins iustes & moins exactes de quelques anciens Docteurs de l'Eglise Grecque.

Que Monsieur Habert ne s'efforce donc point d'attirer la haine du peuple contre Monsieur d'Ipre en s'escriant, que l'on veut faire croire, *Que les Basiles, & les Chrysostomes n'ont pas entendu la matiere de la Grace*: Parce qu'on ne croit pas auec tous les Papes, tous les Conciles, & tous les Peres Latins depuis douze Siecles, qu'ils l'ayent aussi parfaitement entenduë que le plus grand esprit que Dieu ayt donné à l'Eglise depuis les Apostres, & dont toute la terre a reconnu les lumieres extraordinaires que le saint Esprit luy a communiquées auec tant de plenitude pour esclaircir les mysteres de la Grace qui estoient comme cachez dans l'Escriture Sainte, & dans les prieres de l'Eglise, & pour adjouster la clarté de l'intelligence à la certitude & à l'obscurité de la foy.

Y a-t'il suiet de s'estonner, dit Vasquez, *de ce que les Peres Grecs qui ont pû disputé contre Pelagius, n'ont pas esté si exacts dans leurs sentimens touchant la Grace que saint Augustin, qui a fait vne si lon-*

gue & si heureuse guerre à Pelagius, & à ceux qui ont suiuy ses erreurs ou en tout, ou en partie? Et peut-on treuuer estrange que les Irenées, les Iustins, les Clemens Alexandrins, les Tertuliens, les Cypriens, les Denis d'Alexandrie, les Gregoires Taumaturgues, & plusieurs autres Peres, qui ont escrit auant Arius, n'ayent pas si bien entendu le Mystere de la Trinité, que saint Athanaze, & saint Hilaire?

Certes Monsieur le Theologal ne deuoit pas tesmoigner tant d'estonnement d'vne chose que les exemples de l'Antiquité, & les principes de la foy luy doiuent auoir apprise. Car le principal dessein de Dieu, lors qu'il permet les Heresies, est de faire seruir l'erreur à l'eclaircissement de la verité. *Les Heretiques*, dit saint Augustin, *estant separez de l'Eglise de Dieu, l'ont voulu troubler par leurs questions. Ce qui a fait, qu'on a descouuert beaucoup de mysteres qui estoient cachez, parce qu'il y auoit beaucoup de personnes qui pouuoient bien entendre, & expliquer l'Escriture Sainte, lesquelles estoient cachez parmy le peuple de Dieu, & qui ne se mettoiẽt point en peine de resoudre les questions difficiles, lors qu'il n'y auoit personne qui les mit en dispute. Ainsi l'on n'a point traitté parfaitement de la Sainte Trinité auant que les Ariens la combatissent: On n'a point traitté parfaitement de la Penitence, auant l'opposition des Nouatiens: On n'a point traitté parfaitement du Baptesme, auant qu'il se fust troué des personnes qui estant hors de l'Eglise, ont la hardiesse de rebaptiser les fidelles: Et on n'auoit point expliqué si clairement, ce qui regarde l'Vnité du Corps de Iesus Christ, auant que le Schisme des Donatistes eust commencé à troubler les ames foibles.* Et nous pouuons dire de la mesme sorte, qu'on n'auoit point traitté parfaitement de la Grace de Iesus-Christ, auant que les Pelagiens & les Semipelagiens eussent entrepris de la ruiner, ou de l'affoiblir.

Multa latebãt in Scripturis, & cum præcisi essent hæretici, quæstionibus agitauerunt Ecclesiam Dei. Aperta sunt quæ latebãt. Ergo multi qui optimè poterant Scripturas dignoscere & pertractare latebant in populo Dei, nec afferebãt solutionẽ quæstionum difficilium, cũ calumniator nullus instaret. Nunquid enim perfectè de Trinitate tractatum est, antequam oblatrarent Ariani? Numquid perfectè de Pœnitentia tractatum est, antequam obsisterent Nouatiani? Sic nõ perfectè de Baptismate tractatum est, antequam contradicerent foris positi rebaptizatores? Nec de ipsa vnitate Christi enucleatè dicta erant, quæ dicta sunt, nisi postea quam separatio illa vrgere cœpit fratres infirmos.

Et c'est aussi ce que le mesme Saint tesmoigne en vn autre endroit, lors qu'apres auoir dit, *Que l'heresie Pelagienne l'auoit obligé à trauailler pour expliquer, & pour deffendre la predestination*, il adjouste: *Car nous sçauons que chaque heresie a formé de nouuelles questions dans l'Eglise, contre lesquelles il a fallu examiner plus particulierement les sens de l'Escriture Sainte, & les appuyer auec plus de*

Hæc est Predestinatio manifesta & certa Sanctorum, quam postea diligẽtius & operosiùs cum iam contra Pelagianos disputaremus, deffendere necessitas compulit. Didicimus enim singulas quisque hæreses intulisse Ecclesiæ proprias quæstiones, contra quas deligentiùs deffenderetur Scriptura diuina quam si nulla talis necessitas cogeret. *August. de Dono persev. cap. 20.*

force, que si on n'y estoit pas contraint par vne telle necessité.

Et il est vray, que les Peres Grecs n'ont parlé qu'imparfaitement de la Grace, comme dit Monsieur l'Euesque d'Ipre auec vne modestie qu'on ne sçauroit trop loüer; que les Semipelagiens mesmes qui vouloient destruire les explications Catholiques que saint Augustin donnoit aux paroles de saint Paul, qui sont les fondemens de la Grace, par celles que les autres Peres qui auoient escrit auant luy en auoient apportées, reconnurent ingenuement à saint Prosper, qui les pressa d'expliquer l'Apostre selon le sentiment de tel de ces Peres qu'ils voudroient choisir, *Qu'ils n'auoient rien trouué dans leurs Liures sur ce suiet qui leur pleust, & qu'il valloit mieux ne point parler de ces questions, parce que nul de ces Auteurs, ny aucun autre, n'en auoit bien penetré la profondeur.*

Obstinationẽ suam vetustate defendunt, vt ea quæ de Epistola Pauli Romanis scribentis ad manifestationem diuinæ gratiæ præuenientis Electorũ merita proferuntur, à nullo vnquam Ecclesiasticorum, ita esse intellecta, vt nunc sentiuntur, affirment. Cumque vt ipsi ea exponant secundum quorum velint sensa deposcimus, nihil se profitētur inuenisse quod placeat, & de his taceri exigunt, quorum altitudinẽ nullus attigerit. *Prosper. in ep. ad Aug.*

CONCLVSION GENERALE DE CETTE APOLOGIE.

Ce que nous auons dit iusques à cette heure dans toutes les parties de cette Apologie suffit, si ie ne me trompe, pour iustifier clairement la doctrine de Monsieur l'Euesque d'Ipre, & pour faire voir que n'estant pas sa doctrine, mais celle de saint Augustin, on n'a pû le condamner d'erreur & d'heresie, dans les poincts que nous auons marquez, sans condamner en sa personne ce Maistre diuin de la grace, dont il est visible qu'il n'a esté que l'interprete & que le disciple. C'est pourquoy si Monsieur Habert veut tesmoigner à tout le monde les raisons qui l'ont porté à traiter d'vne maniere si outrageuse ce sçauant Prelat, comme son honneur & sa conscience luy obligent, c'est à luy à diuiser auparauant sa doctrine d'auec celle de saint Augustin, & à faire voir par S. Augustin mesme, qu'il a estably des principes contraires à ceux de ce grand Saint, qu'il l'a obscurcy au lieu de l'esclaircir, & qu'il luy a attribué des sentimens faux & estrangers, au lieu de representer à l'Eglise ses maximes constantes & indubitables.

Nous deuons tousiours nous mettre deuant les yeux en cette affaire le principal & l'vnique point dont il s'agit, qui est que toute cette question consiste à sçauoir si Monsieur l'Euesque d'Ipre a rapporté fidellement dans son Liure les sentimens veritables de saint Augustin touchant la grace.

C'est

C'est le seul dessein qu'il s'est proposé; c'est la seule matiere qu'il a traitée. Il faut ou attaquer son ouurage par cét endroit, ou reconnoistre qu'il est inuincible. Car tant qu'on croira que le Liure de ce grand Euesque n'est autre chose qu'vn esclaircissement de toute la doctrine de saint Augustin, on ne pourra auoir pour luy que des pensées de respect & de reuerence; Et on le croira tousiours iusqu'à ce que ses aduersaires ayent monstré clairement qu'il ait alteré ses maximes, puisque c'est aux accusateurs à prouuer ce qu'ils auancent, & que iusqu'à ce qu'ils l'ayent fait, on presume tousjours pour l'innocence de l'accusé.

Ainsi toutes les personnes & equitables voyent aysément que si Monsieur Habert veut affoiblir en quelque chose l'autorité, & l'Ouurage de ce Prelat, il faut qu'il entreprenne de faire voir ce qu'il a proposé d'abord sans se mettre en peine de le prouuer, que le Liure de Monsieur d'Ipre intitulé AVGVSTINVS n'est point le veritable saint Augustin, mais *vn saint Augustin, mal entendu, mal expliqué, mal allegué* : il faut qu'il monstre qu'il entend mieux les Escrits de ce grand Saint, que celuy qui a trauaillé vingt-deux ans pour s'en acquerir l'intelligence; qu'il les explique mieux que celuy qui auoit leu trente fois auec vne double lumiere de nature & de grace tous les Ouurages de saint Augustin sur cette matiere; & qu'il les allegue mieux, que celuy dont la parfaite fidelité a esté reconnuë iusqu'à cette heure, ou par la confession, ou par le silence de ses aduersaires.

Lors que Monsieur Habert combattra de la sorte Monsieur l'Euesque d'Ipre, qui est la seule voye par laquelle on le peut combattre, puis qu'il n'a entrepris que de representer les maximes de saint Augustin & de iustifier sa fidelité, & non pas la Doctrine de ce Pere; lors qu'il apportera d'autres raisons contre luy que celles qu'il a apportées iusques à cette heure, qui n'ont esté, comme nous l'auons fait voir, que les vieilles obiections des Semipelagiens, ou quelques passages obscurs des Peres Grecs, qui auant la naissance de l'heresie Pelagienne, n'ont parlé qu'imparfaitement de cette matiere selon les paroles expresses de saint Augustin, & selon la reconnoissance mesme des plus habiles Iesuites: On croira qu'il agit en homme habile, & tous les sçauans attendront auec impatience qu'il leur communique ces lumieres extraordinaires, qu'il a receuës en vn moment touchant la doctrine de saint Augustin, que ce grand Euesque si humble & si éclairé dans sa science n'auroit pû descouurir apres vn trauail infatigable de tant d'années.

Mais s'il se contente de faire des apostrophes deuant le peuple comme il a fait iusques à cette heure; de rendre suspectes, les veritez les plus constantes par des expressions dures & odieuses; & de iuger par la raison humaine & corrompuë des Mysteres de nostre Foy, au lieu d'en iuger par la raison diuine qui est la Foy mesme; & si apres cela il continuë de dire que les maximes que rapporte ce Prelat, & qu'il establit par cent passages de saint Augustin, sont *des erreurs, des impietez, & des heresies*, nous ne luy répondrons autre chose, sinon que ces maximes sont des erreurs, il faut que ce soient les erreurs de saint Augustin; que si ce sont des impietez, il faut que ce soient les impietez de saint Augustin; si ce sont des heresies, il faut que ce soient les heresies de saint Augustin. C'est à luy à diuiser clairement & solidement ces deux Auteurs, pour faire voir qu'il peut déchirer l'vn sans outrager l'autre. Mais tant qu'ils demeureront vnis ensemble, & inseparables dans l'vnité de leur doctrine, les anathemes qu'il prononcera contre Monsieur d'Ipre tomberont necessairement sur celuy, dont il n'a esté que l'organe dans son Ouurage.

Et nous nous trouuons d'autant plus obligez d'arrester les esprits sur ce poinct, dont il s'agit particulierement en cette rencontre, qui est de monstrer que la doctrine de Monsieur Iansenius n'est pas celle de saint Augustin, que nous auons remarqué dans les trois derniers Sermons de Monsieur Habert, qu'il a preschez cét Aduent dernier sur la mesme matiere, (& que nous pourrons peut estre examiner en particulier, lors qu'il aura satisfait aux doutes que nous luy proposons sur ces trois premiers) qu'il a commencé a destourner la question, proposant en chacun de ses Sermons vn des Peres Grecs, pour iustifier leur doctrine touchant la Grace, & tesmoignant assez qu'il ayme mieux examiner leurs sentimens que ceux de saint Augustin sur cette matiere, quoy que ce ne soit pas eux, mais à saint Augustin seul que les Papes nous ont renuoyé pour sçauoir sur ce poinct les sentimens de toute l'Eglise.

Cecy nous fait voir l'injustice de ceux, qui voulant faire passer pour des nouueautez & des erreurs dans Monsieur Iansenius, les plus constantes veritez de la Grace, donnent le nom de Iansenistes à tous ceux qui reconnoissent en luy, & qui suiuent auec luy les sentimens de saint Augustin, comme si Monsieur Iansenius auoit inuenté, & auoit introduit vne nouuelle secte parmy les Catholiques. Car cette accusation est tellement vaine & esloignée de toute vray semblance, que ceux qui soustiennent aujourd'huy auec plus de fermeté la doctrine de Monsieur l'Euesque d'Ipre, soustenoient les mesmes opinions touchant la Grace long temps auant que son Liure fust mis en lumiere. De sorte qu'ils ne suiuent pas auiourd'huy ces sentimens parce qu'ils les ont trouuez dans son Liure, mais ils approuuent son Liure, parce qu'ils y ont trouué leurs sentimens, qui n'estoient autres que ceux de S. Augustin. Et nous pouuons dire que non seulement ceux qui reuerent auec Monsieur l'Euesque d'Ipre les maximes celestes de saint Augustin, ne sont pas Iansenistes au sens qu'ils pretendent, mais que Monsieur Iansenius luy-mesme n'est pas Ianseniste en la maniere qu'ils l'entendent, puis qu'il ne suit en rien ses propres pensées, & qu'il propose simplement la doctrine de l'Eglise, non comme Maistre, mais comme disciple; non comme auteur de ses sentimens, mais comme interprete de ceux de saint Augustin.

Ce sont les Sectateurs de Molina Iesuite, à qui on peut donner auec bien plus de raison le nom de Molinistes, puis qu'ils suiuent vne opinion nouuelle qu'vn particulier *a trouuée depuis trois iours*, comme reconnoissent en termes exprés ses propres confreres, dont luy-mesme se vante d'estre l'auteur; De sorte que ceux qui le suiuent sont proprement disciples d'vn homme, disciples de Molina, & non de saint Augustin, lequel ce Theologien nouueau par vne estrange hardiesse accuse de n'auoir pû descouurir dans l'explication de la Grace, ce qu'il y a descouuert, & à qui il publie hautement que sa belle & sa nouuelle inuention pour accorder la liberté auec la Grace, auoit esté entierement inconnuë. Monsieur d'Ipre tesmoigne au contraire qu'il est si esloigné de vouloir dire rien de luy-mesme, *que si quelqu'vn luy peut monstrer, qu'il s'est esgaré en quelque chose dans la recherche des sentimẽs de S. Augustin, il croira luy estre tres particulierement obligé, s'il daigne luy*

Hesterna Ludouici Molinæ Commenta. *Mariana Iesuite.*

Quapropter si quis in sensibus eius inuestigandis me viam regiam reliquisse arbitretur, magni beneficij gratiam & multi laboris compendium mihi præstabit si & mihi aperuerit, quod sibi, Deo forte inspirante, vel reuelante, certius liquidiusq; claruerit. *Iansen. lib. Proœm. cap. 29.*

faire part de la lumiere que Dieu luy aura peut-estre communiquée auec plus d'abondance sur ce suiet.

Comment donc peut-on s'esloigner d'auantage de suiure vne Secte particuliere, & s'asseurer de n'estre disciple que de sainct Augustin, c'est à dire de toute l'Eglise, qu'en suiuant les maximes d'vn autheur qui s'appuye sans cesse sur les principes, sur les paroles, & sur les pensées de ce grand Sainct, & qui est prest de rejetter dans son propre ouurage tout ce qu'on pourroit luy faire voir n'estre pas conforme aux sentimens de ce Pere. Mais il est tres-considerable que toute cette Question pouuant estre reduite à ce syllogisme: La doctrine de saint Augustin touchant la Grace ayant esté tant de fois approuuée par le saint Siege, & par le consentement de toute l'Eglise, ne peut estre condamnée sans vne estrange temerité comme fausse & pleine d'erreur. Or la doctrine de Monsieur d'Ipre n'est autre que la doctrine de sainct Augustin: Elle ne peut donc estre condamnée sans vne estrange temerité. Les plus grands ennemis de ce Prelat sont demeurez d'accord des deux premieres propositions, & par consequent ne peuuent disputer de la consequence sans ruiner le sens commun.

Car dans les Theses de Louuain faites contre cét Ouurage au nom de toute la Compagnie, ils n'ont sceu respondre autre chose à ce raisonnement qui leur auoit esté fait par les defenseurs de Monsieur d'Ipre, sinon qu'il estoit semblable à celuy des Caluinistes: On ne peut condamner la doctrine que le Sainct Esprit nous a enseignée dans les Escritures. Or toute la doctrine de Caluin n'est autre chose que cette doctrine enseignée par le sainct Esprit dans les Escritures. Et par consequent on ne les peut condamner. Reconnoissans que dans l'vn & dans l'autre de ces Syllogismes il falloit demeurer d'accord de la premiere Proposition, & que la difficulté n'estoit qu'à prouuer la seconde.

Il est donc constant par les Iesuites mesmes, que la doctrine de Monsieur d'Ipre ne peut estre condamnée si elle n'est point differente de celle de sainct Augustin; comme on ne pourroit pas condamner celle de Caluin s'il estoit vray, comme il est tres-faux, que ce fust la doctrine que le sainct Esprit nous a enseignée dans les Escritures Saintes.

Voyons maintenant comme ils sont demeurez d'accord

de la secōde Proposition, que la doctrine de Monsieur d'Ipre est celle de saint Augustin. Ils ont reproché depuis peu par vn escrit à vn grand Archeuesque, dont la suffisance & la Vertu sont aussi connuës de toute la France, que le veritable zele pour la dignité de l'Eglise est estimé dans Rome, ils luy ont dis-ie osé reprocher dans vn escrit, comme vn crime, *qu'il auoit donné au public en son Nom, vn Abbregé des Articles de toute la doctrine de Iansenius, pour seruir de Direction aux Curez Ruraux de son Diocese :* qui est la plus formelle declaration qu'ils pouuoient iamais faire que la doctrine de Monsieur Iansenius n'est autre chose que celle de saint Augustin : Car ce Liure n'estant qu'vn simple extrait des passages de saint Augustin, & ne contenant vn seul mot qui ne soit de saint Augustin, non pas mesme aucune explication ny aucune consequence ; Et Monsieur Iansenius n'y estant pas seulement nommé ; comment les Iesuites pouuoient-ils mieux confesser que la doctrine de Monsieur d'Ipre, n'est que la doctrine de saint Augustin, qu'en publiant eux-mesmes qu'vn Liure qui ne contient que les seules paroles de ce Pere, est vn *Abbregé des Articles de toute la doctrine de Iansenius.*

Monseigneur l'Archeuesque de Sens.

C'est pourquoy ie supplie ceux qui daigneront lire cette Apologie, de considerer auec vn esprit de paix, & auec *la prudence des Iustes*, qui est la prudence de la foy selon l'Escriture, si dans vne question qui est selon les Peres le fondement de la pieté & de la Religion Chrestienne ; ils doiuent plustost suiure des maximes nouuelles & inoüyes à toute l'Antiquité, par la reconnoissance mesme de celuy qui en est l'Auteur, que celles du grand saint Augustin, qui ont esté embrassées par toute l'Eglise, & reuerées par la voix commune de tous les siecles.

Molina Iesuite.

C'est en vain qu'on oppose à vne si grande lumiere des considerations basses & humaines, pour flatter nos sens & la corruption naturelle de nostre esprit ; en disant que ces opinions troublent le monde, & quelles causent de l'horreur seulement à les entendre. Tant s'en faut que cette consideration seule nous doiue porter à les rejetter ; que si cela n'étoit pas, nous les deurions tenir pour suspectes. Car saint Paul nous asseurant que le dessein de Dieu dans la dispensation de la Grace, a esté *de fermer la bouche à tous les hommes, & d'assuietir tout le monde à la souueraineté de sa puissance* ; soustenant

Vt omne os obstruatur & subditus fiat omnis mūdus Deo. Rom. 3. v. 19.

qu'il fait misericorde à qui il luy plaist, & qu'il endurcit qui il luy plaist; & s'écriant luy-mesme, estant frappé d'vne sainte *horreur*, dit sainct Augustin, en voyant l'abysme si profond & si impenetrable des iugemens aussi iustes qu'incomprehensibles qu'il exerce sur ses creatures : il faut necessairement que cette Grace que nous proposent les Theologiens nouueaux, qui peut estre comprise par le moindre des fideles, qui rend vaine & presque ridicule cette grande exclamation de l'Apostre, & qui appaise tous les troubles & toutes les inquietudes de l'orgueil de l'homme, parce qu'elle le fait dependre de soy-mesme & de son libre arbitre, soit entierement esloignée de ces Mysteres si merueilleux de la Grace, que sainct Paul a appris de Iesus-Christ, & que sainct Augustin a appris de sainct Paul. Il ne faut donc pas dire qu'on doit rejetter ces opinions, parce que d'abord elles nous estonnent. Car si elles ne produisent point cet effet en nous, elles ne sont point conformes aux sentimens de ce grand Apostre qui en a esté estonné le premier, & qui a creu qu'il nous estoit tres-vtile d'estre ainsi abbatus & humiliez sous la majesté souueraine de Dieu, remettant entre ses mains auec vne humble & ferme confiance tout le soin de nostre salut, & reuerans ces secrets qu'il nous a appris par la bouche de ses Saincts, auec vn esprit de paix & d'amour; parce, comme a dit vn excellent Pere, que *tout ce qui est veritable est doux à celuy qui aime la verité.*

Aug. in Psal. 118. vers 39. Amator veritatis suaue clamat esse quod verum est.

Ainsi attendans auec vne parfaite soumission, que l'Eglise de Rome qui a eu cette gloire particuliere, selon saint Prosper, de s'estre opposée auec plus d'ardeur & de zele à toutes les entreprises des ennemis de la Grace, establisse sur ce point selon le dessein du Pape Clement VIII. la creance de tous les fideles, en separant la doctrine qu'elle improuue, de celle de sainct Augustin qu'elle a approuuée tant de fois. Rendons cependant aux Souuerains Vicaires de Iesus-Christ, la tres-humble obeïssance que nous leur deuons, en recherchant les sentimens de l'Eglise Romaine & vniuerselle touchant la Grace dans les Liures de ce grand Sainct, ausquels elle nous a renuoyé si souuent, & écoutant les Oracles des Souuerains Pontifes, Sainct Innocent, Sainct Zozime, Sainct Boniface, Sainct Celestin, Gelase, Hormisdas, Felix IV. Boniface II. Iean II. Martin V. Clement VIII.

qui nous asseurent tous d'vne voix, *que l'Eglise Romaine, c'est à dire l'Eglise Catholique & vniuerselle, suit la doctrine de sainct Augustin dans les matieres de la Grace :* Que les sentimens de ce Diuin Maistre sont les sentimens des Papes, & qu'ils ne souffriront iamais que l'on leur rauisse le depost de sa Doctrine celeste, qui est *comme hereditaire* dans la Chaire de S. Pierre.

FIN.

www.ingramcontent.com/pod-product-compliance
Ingram Content Group UK Ltd.
Pitfield, Milton Keynes, MK11 3LW, UK
UKHW021852190726
13855UKWH00001B/270

9 782012 846067